Über dieses Buch Forschungsgegenstand der *Geheimwissenschaft* ist im Gegensatz zur »Naturwissenschaft« nicht die äußere, sinnlich wahrnehmbare Natur, sondern dasjenige, »wohin die Seele sich orientiert, wenn sie ihr Inneres nach dem Geiste richtet«. Die in dieser Schrift dargestellte Evolutionslehre beinhaltet eine ausführliche Schilderung sowohl der Entwicklung des Menschen und der Menschheit als auch des gesamten kosmischen Entwicklungsgeschehens. Der Leser wird hier in die der Erdenentwicklung vorangegangenen planetarischen Zustände zurückgeführt, um von dort aus das Evolutionsgeschehen in seiner geistigen Dimension erfassen zu können.

Der Gegensatz zu heute gängigen, auf rein naturwissenschaftlicher Forschung basierender Anschauungen über den Ursprung (Urknalltheorie) und die Evolution der Welt, kommt in dieser umfassenden Studie, in der u.a. auch ausgeführt wird, daß die Erde die Wiederverkörperung eines uralten Planeten darstellt, deutlich zum Ausdruck und kann damit zu einem neuen Begreifen der großen Entwicklungszusammenhänge wertvolle Anregungen geben.

Der Autor Rudolf Steiner, Dr. phil., geboren 1861 in Kraljevec (damals Österreich-Ungarn, heute Jugoslawien), gestorben 1925 in Dornach/Schweiz. Studierte in Wien Naturwissenschaften, Mathematik und Philosophie. Trat als Herausgeber von Goethes Naturwissenschaftlichen Schriften in Kürschners ›*Deutsche National-Litteratur*‹ und Mitarbeiter an der Weimarer *Sophienausgabe* hervor. In Berlin vielfältige Redaktions-, Lehr- und Vortragstätigkeit (u.a. Herausgabe des ›*Magazin für Literatur*‹ und Lehrer an der Arbeiterbildungsschule). Mit Beginn des 20. Jahrhunderts Entwicklung der »anthroposophisch orientierten Geisteswissenschaft« und Aufbau der anthroposophischen Bewegung. Bis Herbst 1924 über 6000 Vorträge im In- und Ausland, daneben reges künstlerisches Schaffen (»Eurythmie«, Architektur, »Mysteriendramen«). Anregungen für die Erneuerung zahlreicher Lebensgebiete (Waldorfschul-Pädagogik, Medizin, biologisch-dynamischer Landbau).

Die Gesamtausgabe seiner Schriften und Vorträge umfaßt derzeit ca. 300 Bände.

Rudolf Steiner
Ausgewählte Werke

Herausgegeben von
Kurt E. Becker und Hans-Peter Schreiner

Band 1
Die Philosophie der Freiheit
Grundzüge einer modernen Weltanschauung

Band 2
Die Mystik
im Aufgange des neuzeitlichen Geisteslebens
und ihr Verhältnis zur modernen Weltanschauung

Band 3
Das Christentum als mystische Tatsache
und die Mysterien des Altertums

Band 4
Wie erlangt man Erkenntnisse der höheren Welten?

Band 5
Die Geheimwissenschaft im Umriß

Band 6
Die Kernpunkte der sozialen Frage
in den Lebensnotwendigkeiten der Gegenwart und Zukunft

Band 7
Mein Lebensgang

Band 8
Arbeitsfelder der Anthroposophie
Medizin und Pädagogik
Vorträge und Aufsätze

Band 9
Der künstlerische Impuls Rudolf Steiners
Bühnenkunst und Eurythmie
Vorträge und Aufsätze

Band 10
Im Mittelpunkt der Mensch
Eine Einführung in die ausgewählten Werke Rudolf Steiners

Rudolf Steiner

Die Geheimwissenschaft im Umriß

Ausgewählte Werke
Band 5

Fischer Taschenbuch Verlag

Diesem vorliegenden Band liegt der Text
der Gesamtausgabe (GA) Dornach 1977, Bibl.-Nr. 13, zugrunde
Die Anmerkungen wurden überprüft und ergänzt,
das Personen- und Sachregister wurde
von Annette Wälz erstmals erstellt

Veröffentlicht im Fischer Taschenbuch Verlag GmbH,
Frankfurt am Main, Oktober 1985

Lizenzausgabe mit freundlicher Genehmigung
der Rudolf Steiner-Nachlaßverwaltung Dornach/Schweiz

Umschlaggestaltung: Jan Buchholz/Reni Hinsch
Gesamtherstellung: Clausen & Bosse, Leck
Printed in Germany
ISBN-3-596-23095-0

INHALT

Ein * neben einer Zeile
verweist auf eine Anmerkung,
die auf den Seiten 441–444 abgedruckt ist.

Wer ein Buch wie das vorliegende der Öffentlichkeit übergibt, der soll mit Gelassenheit jede Art von Beurteilung seiner Ausführungen sich vorstellen können, welche in der Gegenwart möglich ist. Da könnte zum Beispiel jemand die hier gegebene Darstellung dieses oder jenes Dinges zu lesen beginnen, welcher sich Gedanken über diese Dinge gemäß den Forschungsergebnissen der Wissenschaft gemacht hat. Und er könnte zu dem folgenden Urteil kommen: «Man ist erstaunt, wie dergleichen Behauptungen in unserer Zeit nur überhaupt möglich sind. Mit den einfachsten naturwissenschaftlichen Begriffen wird in einer Weise umgesprungen, die auf eine geradezu unbegreifliche Unbekanntschaft mit selbst elementaren Erkenntnissen schließen läßt. Der Verfasser gebraucht Begriffe, wie zum Beispiel ‹Wärme›, in einer Art, wie es nur jemand vermag, an dem die ganze moderne Denkweise der Physik spurlos vorübergegangen ist. Jeder, der auch nur die Anfangsgründe dieser Wissenschaft kennt, könnte ihm zeigen, daß, was er da redet, nicht einmal die Bezeichnung Dilettantismus verdient, sondern nur mit dem Ausdruck: absolute Ignoranz belegt werden kann ...» Es könnten nun noch viele solche Sätze einer derartigen, durchaus möglichen Beurteilung hingeschrieben werden. Man könnte sich aber nach den obigen Aussprüchen auch etwa folgenden Schluß denken: «Wer ein paar Seiten dieses Buches gelesen hat, wird es, je nach seinem Temperament, lächelnd oder entrüstet weglegen und sich sagen: ‹Es ist doch sonderbar, was für Auswüchse eine verkehrte Gedankenrichtung in gegenwärtiger Zeit treiben kann. Man legt diese Ausführungen am besten zu mancherlei anderem

Kuriosen, was einem jetzt begegnet›.» – Was sagt aber nun der Verfasser dieses Buches, wenn er etwa wirklich eine solche Beurteilung erfahren würde? Muß er nicht einfach, von *seinem* Standpunkte aus, den Beurteiler für einen urteilsunfähigen Leser halten oder für einen solchen, der nicht den guten Willen hat, um zu einem verständnisvollen Urteile zu kommen? – Darauf soll geantwortet werden: *Nein,* dieser Verfasser tut das durchaus nicht immer. Er vermag sich vorzustellen, daß sein Beurteiler eine sehr kluge Persönlichkeit, auch ein tüchtiger Wissenschafter und jemand sein kann, der sich ein Urteil auf ganz gewissenhafte Art bildet. Denn dieser Verfasser ist in der Lage, sich hineinzudenken in die Seele einer solchen Persönlichkeit und in die Gründe, welche diese zu einem solchen Urteil führen können. Um nun kenntlich zu machen, was der Verfasser wirklich sagt, ist etwas notwendig, was ihm selbst im allgemeinen oft unpassend scheint, wozu aber gerade bei diesem Buche eine dringende Veranlassung ist: nämlich über einiges Persönliche zu reden. Allerdings soll in dieser Richtung nichts vorgebracht werden, was nicht mit dem Entschlusse zusammenhängt, dieses Buch zu schreiben. Was in einem solchen Buche gesagt wird, hätte gewiß kein Daseinsrecht, wenn es nur einen persönlichen Charakter trüge. Es *muß* Darstellungen enthalten, zu denen *jeder* Mensch kommen kann, und es muß so gesagt werden, daß keinerlei persönliche Färbung zu bemerken ist, soweit dies überhaupt möglich ist. In dieser Beziehung soll also das Persönliche nicht gemeint sein. Es soll sich nur darauf beziehen, verständlich zu machen, wie der Verfasser die oben gekennzeichnete Beurteilung seiner Ausführungen begreiflich finden kann und dennoch dieses Buch schreiben konnte. Es gäbe ja allerdings etwas, was die Vorbringung eines solchen Persönlichen überflüssig machen könnte: wenn man, in ausführlicher Art, alle Einzelheiten geltend machte, welche zeigen, wie die Darstellung dieses Buches in Wirklichkeit doch mit allen Fortschritten gegenwärtiger Wissenschaft übereinstimmt. Dazu wären nun aber allerdings viele Bände als Einleitung zu dem Buche notwendig. Da diese augenblicklich nicht geliefert werden können, so scheint es dem Verfasser notwendig, zu sagen, durch welche persönlichen Verhältnisse er sich berechtigt glaubt, eine solche Übereinstimmung in befriedigender Art für möglich zu halten. – Er hätte ganz gewiß alles dasjenige niemals zu veröffentlichen unternommen, was in diesem Buche zum Beispiel mit Bezug auf Wärmevorgänge gesagt wird, wenn er sich nicht das Folgende gestehen dürfte: Er war vor nunmehr dreißig Jahren in der Lage, ein Studium der Physik durchzumachen, welches sich in die verschiedenen Gebiete dieser Wissenschaft verzweigte. Auf dem Felde der Wärmeerscheinungen standen damals die Erklärungen im Mittelpunkte des Studiums, welche der sogenannten «mechanischen Wärmetheorie» angehören. Und diese «mechanische Wärmetheorie» interessierte ihn sogar ganz besonders. Die geschichtliche Entwickelung der entsprechenden Erklärungen, die sich an Namen wie Jul. Robert Mayer, * Helmholtz, Joule, Clausius und so weiter damals knüpfte, * gehörte zu seinen fortwährenden Studien. Dadurch hat er sich in der Zeit seiner Studien die hinreichende Grundlage und Möglichkeit geschaffen, bis heute alle die tatsächlichen Fortschritte auf dem Gebiete der physikalischen Wärmelehre verfolgen zu können und keine Hindernisse zu finden, wenn er versucht, einzudringen in alles das, was die Wissenschaft auf diesem Felde leistet. Müßte sich der Verfasser sagen: er kann das nicht, so wäre dies für ihn ein Grund, die in dem Buche vorgebrachten Dinge ungesagt und ungeschrieben zu lassen. Er hat es sich wirklich zum Grundsatz gemacht, nur über solches auf dem Gebiete der Geisteswissenschaft zu reden oder zu schreiben, bei dem er in einer ihm genügend erscheinenden Art auch zu sagen wüßte, was die gegenwärtige Wissenschaft darüber weiß. Damit will er durchaus nicht etwas aussprechen, was eine allgemeine Anforderung an alle Menschen sein soll. Es kann jedermann sich mit Recht gedrängt fühlen, dasjenige mitzuteilen und zu veröffentlichen, wozu ihn seine Urteilskraft, sein gesunder Wahrheitssinn und sein Gefühl treiben, auch wenn er nicht weiß, was über die betreffenden Dinge vom Gesichtspunkt zeitgenössischer Wissenschaft aus zu sagen ist. Nur der Verfasser dieses Buches möchte sich für sich an das oben Ausgesprochene halten. Er möchte zum Beispiel nicht die paar Sätze über das menschliche Drüsensystem oder das menschliche Nervensystem machen, welche in diesem Buche sich finden, wenn er nicht in der Lage wäre, über diese Dinge auch den Versuch zu machen, in den Formen zu sprechen, in denen ein gegenwärtiger Naturgelehrter vom Standpunkte der Wissenschaft aus über das Drüsen- oder Nervensystem spricht. – Trotzdem also das Urteil möglich ist, derjenige, welcher so, wie es hier geschieht, über «Wärme» spricht, wisse nichts von den Anfangsgründen der gegenwärtigen Physik, ist doch richtig, daß sich der Verfasser dieses Buches vollberechtigt glaubt zu dem, was er getan hat, *weil* er die gegenwärtige Forschung wirklich zu kennen bestrebt ist, und daß er es unterlassen würde, so zu sprechen, wenn sie ihm fremd wäre. Er weiß, wie das Motiv, aus dem heraus ein solcher Grundsatz ausgesprochen wird, recht leicht mit Unbescheidenheit verwechselt werden kann. Es ist aber doch nötig, gegenüber diesem Buche solches auszusprechen, damit des Verfassers wahre Motive nicht mit noch ganz anderen verwechselt werden. Und *diese* Verwechslung könnte eben noch weit schlimmer sein als diejenige mit der Unbescheidenheit.

Nun wäre aber auch eine Beurteilung von einem philosophischen Standpunkte aus möglich. Sie könnte sich folgendermaßen gestalten. Wer als Philosoph dieses Buch liest, der frägt sich: «Hat der Verfasser die ganze erkenntnistheoretische Arbeit der Gegenwart verschlafen? Hat er nie etwas davon erfahren, daß ein Kant gelebt hat und daß, nach diesem, es einfach philosophisch unstatthaft ist, derlei Dinge vorzubringen?» – Wieder könnte in dieser Richtung fortgeschritten werden. Aber auch so könnte die Beurteilung schließen: «Für den Philosophen ist derlei unkritisches, naives, laienhaftes Zeug unerträglich, und ein weiteres Eingehen darauf wäre Zeitverlust.» – Aus demselben Motiv, das oben gekennzeichnet worden ist, möchte trotz aller Mißverständnisse, die sich daran schließen können, der Verfasser auch hier wieder Persönliches vorbringen. Sein Kantstudium begann in seinem sechzehnten Lebensjahre; und heute glaubt er wahrhaftig, ganz objektiv alles das, was in dem vorliegenden Buch vorgebracht wird, vom Kantschen Standpunkte aus beurteilen zu dürfen. Er würde auch von dieser Seite her einen Grund gehabt haben, das Buch ungeschrieben zu lassen, wüßte er nicht, was einen Philosophen dazu bewegen kann, es naiv zu finden, wenn der kritische Maßstab der Gegenwart angelegt wird. Man kann aber wirklich wissen, wie im Sinne Kants hier die Grenzen einer möglichen Erkenntnis überschritten werden; man kann wissen, wie Herbart «naiven Realismus» finden würde, der es * nicht zur «Bearbeitung der Begriffe» gebracht hat usw. usw.; man kann sogar wissen, wie der moderne Pragmatismus James, Schillers und so weiter das Maß dessen überschritten finden würde, was «wahre Vorstellungen» sind, welche «wir uns aneignen, die wir geltend machen, in Kraft setzen und verifizieren können*». Man *kann* dies alles wissen und trotzdem, ja eben *deshalb* sich berechtigt finden, diese hier vorliegenden Ausführungen zu schreiben. Der Verfasser dieses Buches hat sich mit philosophischen Gedankenrichtungen auseinandergesetzt in seinen Schriften «Erkenntnistheorie der Goetheschen Weltanschauung», «Wahrheit und Wissenschaft», «Philosophie der Freiheit», «Goethes Weltanschauung», «Welt- und Lebensanschauungen im neunzehnten Jahrhundert», «Die Rätsel der Philosophie»**.

Viele Arten von möglichen Beurteilungen könnten noch angeführt werden. Es könnte auch jemanden geben, welcher eine der früheren Schriften des Verfassers gelesen hat, zum Beispiel «Welt- und Lebensanschauungen im neunzehnten Jahrhundert» oder etwa dessen kleines Schriftchen: «Haeckel und seine Gegner». Ein solcher könnte sagen: «Es ist geradezu unerfindlich, wie ein und derselbe Mensch *diese* Schriften und auch, neben der bereits von ihm erschienenen ‹Theosophie›, dieses hier vorliegende Buch schreiben kann. Wie kann man einmal so für Haeckel eintreten und dann wieder allem ins Gesicht schlagen, was als gesunder ‹Monismus› aus Haeckels Forschungen folgt? Man könnte begreifen, daß der Verfasser dieser ‹Geheimwissenschaft› mit

* Man kann sogar die Philosophie des «Als ob», den Bergsonismus und die «Kritik der Sprache» in ernste Erwägung gezogen und studiert haben. [Anmerkung Rudolf Steiners zur vierten Auflage, 1913.]

** [Dieses Werk wird von der siebenten Auflage, 1920, an erwähnt.]

‹Feuer und Schwert› gegen Haeckel zu Felde ziehe; daß er ihn verteidigt hat, ja daß er ihm sogar ‹Welt- und Lebensanschauungen im neunzehnten Jahrhundert› gewidmet hat, das ist wohl das Ungeheuerlichste, was sich denken läßt. Haeckel hätte sich für diese Widmung wohl ‹mit nicht mißzuverstehender Ablehnung› bedankt, wenn er gewußt hätte, daß der Widmer einmal solches Zeug schreiben werde, wie es diese ‹Geheimwissenschaft› mit ihrem mehr als plumpen Dualismus enthält.» – Der Verfasser dieses Buches ist nun der Ansicht, daß man ganz gut Haeckel verstehen kann, und doch nicht zu glauben braucht, man verstünde ihn nur dann, wenn man alles für Unsinn hält, was nicht aus Haeckels eigenen Vorstellungen und Voraussetzungen fließt. Er ist aber ferner der Ansicht, daß man zum Verständnis Haeckels nicht kommt, wenn man ihn mit «Feuer und Schwert» bekämpft, sondern wenn man auf dasjenige eingeht, was er der Wissenschaft geleistet hat. Und am allerwenigsten glaubt der Verfasser, daß die Gegner Haeckels im Rechte sind, gegen welche er zum Beispiel in seiner Schrift «Haeckel und seine Gegner» den großen Naturdenker verteidigt hat. Wahrhaftig, wenn der Verfasser dieser Schrift weit über Haeckels Voraussetzungen hinausgeht und die geistige Ansicht über die Welt neben die bloß natürliche Haeckels setzt, so braucht er deshalb mit des letzteren Gegnern nicht einer Meinung zu sein. Wer sich bemüht, die Sache richtig anzusehen, wird den Einklang von des Verfassers gegenwärtigen Schriften mit seinen früheren schon bemerken können.

Auch ein solcher Beurteiler ist dem Verfasser völlig verständlich, der ganz im allgemeinen ohne weiteres die Ausführungen dieses Buches als Ergüsse einer wild gewordenen Phantastik oder eines träumerischen Gedankenspiels ansieht.

Doch ist alles, was in dieser Beziehung zu sagen ist, in dem Buche selbst enthalten. Es ist da gezeigt, wie in vollem Maße das vernunftgemäße Denken zum Probierstein des Dargestellten werden kann und *soll.* Wer auf dieses Dargestellte die vernunftgemäße Prüfung ebenso anwendet, wie sie sachgemäß zum Beispiel auf die Tatsachen der Naturwissenschaft angewendet wird, der erst wird entscheiden können, was die Vernunft bei solcher Prüfung sagt.

Nachdem so viel über solche Persönlichkeiten gesagt ist, welche dieses Buch zunächst ablehnen können, darf auch ein Wort an diejenigen fallen, welche sich zu demselben zustimmend zu verhalten Anlaß haben. Für sie ist jedoch das Wesentlichste in dem ersten Kapitel «Charakter der Geheimwissenschaft» enthalten. Ein weniges aber soll noch hier gesagt werden. Obwohl das Buch sich mit Forschungen befaßt, welche dem an die Sinnenwelt gebundenen Verstand nicht erforschbar sind, so ist doch nichts vorgebracht, was nicht verständlich sein kann unbefangener Vernunft und gesundem Wahrheitssinn einer jeden Persönlichkeit, welche diese Gaben des Menschen anwenden will. Der Verfasser sagt es unumwunden: er möchte vor allem Leser, welche nicht gewillt sind, auf blinden Glauben hin die vorgebrachten Dinge anzunehmen, sondern welche sich bemühen, das Mitgeteilte an den Erkenntnissen der eigenen Seele und an den Erfahrungen des eigenen Lebens zu prüfen*. Er möchte vor allem *vorsichtige* Leser, welche nur das logisch zu Recht-

* Gemeint ist hier nicht etwa *nur* die geisteswissenschaftliche Prüfung durch die übersinnlichen Forschungsmethoden, sondern vor allem die *durchaus mögliche* vom gesunden, vorurteilslosen Denken und Menschenverstand aus. [Anmerkung Rudolf Steiners zur vierten Auflage, 1913.]

fertigende gelten lassen. Der Verfasser weiß, sein Buch wäre *nichts* wert, wenn es nur auf blinden Glauben angewiesen wäre; es ist nur in dem Maße tauglich, als es sich vor der unbefangenen Vernunft rechtfertigen kann. Der blinde Glaube kann so leicht das Törichte und Abergläubische mit dem Wahren verwechseln. Mancher, der sich mit dem bloßen Glauben an «Übersinnliches» gerne begnügt, wird finden, daß in diesem Buche dem Denken zu viel zugemutet wird. Doch es handelt sich wahrlich bei den hier gegebenen Mitteilungen nicht bloß darum, daß etwas mitgeteilt werde, sondern darum, daß die Darstellung *so* ist, wie es einer gewissenhaften Anschauung auf dem entsprechenden Gebiete des Lebens angemessen ist. Es ist ja das Gebiet, wo sich die höchsten Dinge mit gewissenloser Charlatanerie, wo sich auch Erkenntnis und Aberglaube im wirklichen Leben so leicht berühren und wo sie, vor allem, auch so leicht verwechselt werden können.

Wer mit übersinnlicher Forschung bekannt ist, wird beim Lesen des Buches wohl merken, daß versucht worden ist, die Grenzen scharf einzuhalten zwischen dem, was aus dem Gebiete der übersinnlichen Erkenntnisse gegenwärtig mitgeteilt werden kann und soll, und dem, was zu einer späteren Zeit oder wenigstens in anderer Form dargestellt werden soll.

Geschrieben im Dezember 1909 — Rudolf Steiner

Wer es unternimmt, geisteswissenschaftliche Ergebnisse solcher Art darzustellen, wie sie in diesem Buche aufgezeichnet sind, der muß vor allen Dingen damit rechnen, daß diese Art gegenwärtig in weitesten Kreisen als eine unmögliche angesehen wird. Werden doch in den folgenden Ausführungen Dinge gesagt, von welchen ein in unserer Zeit als streng geltendes Denken behauptet, daß sie «für menschliche Intelligenz vermutlich überhaupt unentscheidbar bleiben». – Wer die Gründe kennt und zu würdigen weiß, welche manche ernste Persönlichkeit dazu führen, solche Unmöglichkeit zu behaupten, der möchte immer wieder von neuem den Versuch machen, zu zeigen, auf welchen Mißverständnissen der Glaube beruht, daß dem menschlichen Erkennen ein Eindringen in die übersinnlichen Welten versagt sei.

Denn zweierlei liegt vor. Erstens wird sich auf die Dauer keine menschliche Seele bei tieferem Nachdenken vor der Tatsache verschließen können, daß ihre wichtigsten Fragen nach Sinn und Bedeutung des Lebens unbeantwortet bleiben müßten, wenn es einen Zugang zu übersinnlichen Welten nicht gäbe. Man kann sich theoretisch über diese Tatsache hinwegtäuschen; die Tiefen des Seelenlebens gehen aber mit dieser Selbsttäuschung nicht mit. – Wer auf diese Seelentiefen nicht hinhören will, der wird Ausführungen über die übersinnlichen Welten naturgemäß ablehnen. Doch gibt es eben Menschen, deren Zahl wahrhaft nicht gering ist, welche unmöglich sich taub gegen die Forderungen dieser Tiefen verhalten können. Sie müssen stets an die Pforten klopfen, welche nach der Meinung der anderen das «Unfaßbare» verschließen.

Zweitens, es sind die Darlegungen des «strengen Denkens» keineswegs gering zu achten. Wer sich mit ihnen beschäftigt, der wird da, wo sie ernst zu nehmen sind, diesen Ernst durchaus mitfühlen. Der Schreiber dieses Buches möchte nicht als ein solcher angesehen werden, der leichten Herzens sich hinwegsetzt über die gewaltige Gedankenarbeit, die aufgewendet worden ist, um die Grenzen des menschlichen Intellektes zu bestimmen. Diese Gedankenarbeit läßt sich nicht abtun mit einigen Redensarten über «Schulweisheit» und dergleichen. So wie sie in vielen Fällen auftritt, hat sie ihren Quell in wahrem Ringen der Erkenntnis und in echtem Scharfsinn. – Ja, es soll noch vielmehr zugegeben werden: es sind Gründe dafür vorgebracht worden, daß diejenige Erkenntnis, welche gegenwärtig als wissenschaftlich gilt, nicht in die übersinnlichen Welten vordringen kann, und diese Gründe *sind in gewissem Sinne unwiderleglich.*

Weil dies von dem Schreiber dieses Buches ohne weiteres selbst zugegeben wird, deshalb *kann* es manchem ganz sonderbar erscheinen, daß er es nun doch unternimmt, Ausführungen zu machen, die sich auf übersinnliche Welten beziehen. Es scheint ja fast ausgeschlossen zu sein, daß jemand die Gründe für die Unerkennbarkeit der übersinnlichen Welten *in gewissem Sinne* gelten läßt und dennoch von diesen übersinnlichen Welten spricht.

Und doch kann man sich so verhalten. Und man kann zugleich begreifen, daß dieses Verhalten als widerspruchsvoll empfunden wird. Es läßt sich eben nicht jedermann auf die Erfahrungen ein, welche man macht, wenn man mit dem menschlichen Verstande an das übersinnliche Gebiet heranrückt. Da stellt sich heraus, daß die Beweise dieses Verstandes wohl *unwiderleglich* sein können; und daß sie *trotz ihrer*

Unwiderleglichkeit für die Wirklichkeit nicht entscheidend zu sein brauchen. Statt aller theoretischen Auseinandersetzungen sei hier versucht, durch einen Vergleich eine Verständigung herbeizuführen. Daß Vergleiche selbst nicht beweisend sind, wird dabei ohne weiteres zugegeben; doch hindert dies nicht, daß sie oft verständlich machen, was ausgedrückt werden soll.

Das menschliche Erkennen, so wie es im alltäglichen Leben und in der gewöhnlichen Wissenschaft arbeitet, ist wirklich so beschaffen, daß es in die übersinnlichen Welten nicht eindringen kann. Dies ist unwiderleglich zu beweisen; allein dieser Beweis kann für eine gewisse Art des Seelenlebens keinen anderen Wert haben als derjenige, welchen jemand unternehmen wollte, um zu zeigen, daß das natürliche Auge des Menschen mit seinem Sehvermögen nicht bis zu den kleinen Zellen eines Lebewesens oder bis zur Beschaffenheit ferner Himmelskörper vordringen kann. So richtig und beweisbar die Behauptung ist: das gewöhnliche Sehvermögen dringt nicht bis zu den Zellen, so richtig und beweisbar ist die andere, daß das gewöhnliche Erkennen nicht in die übersinnlichen Welten eindringen könne. Und doch entscheidet der Beweis, daß das gewöhnliche Sehvermögen vor den Zellen haltmachen muß, nichts gegen die Erforschung der Zellen. Warum sollte der Beweis, daß das gewöhnliche Erkenntnisvermögen vor den übersinnlichen Welten haltmachen muß, etwas gegen die Erforschung dieser Welten entscheiden?

Man kann die Empfindung fühlen, welche mancher bei diesem Vergleiche haben muß. Man kann selbst mitempfinden, wenn gezweifelt wird, daß jemand den ganzen Ernst der erwähnten Gedankenarbeit auch nur ahnt, der dieser

Arbeit mit einem solchen Vergleich entgegentritt. Und doch ist derjenige, welcher dieses schreibt, von diesem Ernste nicht nur durchdrungen, sondern er ist der Ansicht, daß diese Gedankenarbeit zu den edelsten Leistungen der Menschheit zählt. Zu beweisen, daß das menschliche Sehvermögen nicht ohne Bewaffnung zu den Zellen gelangen könne, wäre allerdings ein unnötiges Beginnen; in strengem Denken sich der Natur dieses Denkens bewußt werden, ist notwendige Geistesarbeit. Daß derjenige, welcher sich solcher Arbeit hingibt, nicht bemerkt, daß die Wirklichkeit ihn widerlegen kann, ist nur allzu verständlich. So wenig in den Vorbemerkungen zu diesem Buche der Platz sein kann, auf manche «Widerlegungen» der ersten Auflagen von seiten solcher Persönlichkeiten einzugehen, denen alles Verständnis für das Erstrebte abgeht oder welche ihre unwahren Angriffe auf die Person des Verfassers richten, so sehr muß betont werden, daß in dem Buche eine Unterschätzung ernster wissenschaftlicher Denkerarbeit nur der vermuten kann, der sich vor der *Gesinnung* der Ausführungen verschließen will.

Das Erkennen des Menschen kann verstärkt, erkraftet werden, wie das Sehvermögen des Auges verstärkt werden kann. Nur sind die Mittel zur Erkraftung des Erkennens durchaus von geistiger Art; sie sind innere, rein seelische Verrichtungen. Sie bestehen in dem, was in diesem Buche als Meditation, Konzentration (Kontemplation) beschrieben wird. Das gewöhnliche Seelenleben ist an die Werkzeuge des Leibes gebunden; das erkraftete Seelenleben macht sich davon frei. Es gibt Gedankenrichtungen der Gegenwart, für welche eine solche Behauptung ganz unsinnig erscheinen muß, für welche sie nur auf Selbsttäuschung beruhen muß. Solche Gedankenrichtungen werden es von ihrem Gesichtspunkte aus leicht finden, nachzuweisen, wie «alles Seelenleben» an das Nervensystem gebunden sei. Wer auf dem Standpunkte steht, von dem aus dieses Buch geschrieben ist, der versteht durchaus solche Beweise. Er versteht die Menschen, welche sagen, es könne nur Oberflächlichkeit behaupten, daß man irgendein vom Leibe unabhängiges Seelenleben haben könne. Welche ganz davon überzeugt sind, daß für solche Seelenerlebnisse ein Zusammenhang mit dem Nervenleben vorliegt, den «geisteswissenschaftlicher Dilettantismus» nur nicht durchschaut.

Hier stehen demjenigen, was in diesem Buche geschildert wird, gewisse – durchaus begreifliche – Denkgewohnheiten so schroff gegenüber, daß mit vielen eine Verständigung gegenwärtig noch ganz aussichtslos ist. Man steht hier eben vor dem Punkte, an welchem sich der Wunsch geltend machen muß, daß es in der Gegenwart dem Geistesleben nicht mehr entsprechen sollte, eine Forschungsrichtung sogleich als Phantasterei, Träumerei usw. zu verketzern, die schroff von der eigenen abweicht. – Auf der andern Seite steht aber doch schon gegenwärtig die Tatsache, daß für die übersinnliche Forschungsart, wie sie auch in diesem Buche dargestellt wird, eine Anzahl von Menschen Verständnis haben. Menschen, welche einsehen, daß der Sinn des Lebens sich nicht in allgemeinen Redensarten über Seele, Selbst usw. enthüllt, sondern nur durch das wirkliche Eingehen auf die Ergebnisse der übersinnlichen Forschung sich ergeben kann. Nicht aus Unbescheidenheit, sondern in freudiger Befriedigung wird von dem Verfasser dieses Buches tief empfunden die Notwendigkeit dieser vierten Auflage nach verhältnismäßig kurzer Zeit.

Um in Unbescheidenheit dies zu betonen, dazu fühlt der

Verfasser nur allzudeutlich, wie wenig auch die neue Auflage dem entspricht, was sie als «Umriß einer übersinnlichen Weltanschauung» eigentlich sein sollte. Noch einmal wurde zur Neuauflage das Ganze durchgearbeitet, viele Ergänzungen wurden an wichtigen Stellen eingefügt, Verdeutlichungen wurden angestrebt. Doch fühlbar wurde dem Verfasser an zahlreichen Stellen, wie spröde sich die Mittel der ihm zugänglichen Darstellung erweisen gegenüber dem, was die übersinnliche Forschung zeigt. So konnte kaum mehr als ein Weg gezeigt werden, um zu Vorstellungen zu gelangen, welche in dem Buche für Saturn-, Sonnen-, Mondenentwickelung gegeben werden. Ein wichtiger Gesichtspunkt ist in dieser Auflage auch auf diesem Gebiete in Kürze neu behandelt worden. Doch weichen die Erlebnisse in bezug auf solche Dinge so sehr von allen Erlebnissen auf dem Sinnesgebiete ab, daß die Darstellung ein fortwährendes Ringen nach einem nur einigermaßen genügend scheinenden Ausdruck notwendig macht. Wer auf den hier gemachten Versuch der Darstellung einzugehen willens ist, wird vielleicht bemerken, daß manches, was dem trockenen Worte zu sagen unmöglich ist, durch die *Art* der Schilderung erstrebt wird. Diese ist anders zum Beispiel bei der Saturn-, anders bei der Sonnen- usw. Entwickelung.

Viele dem Verfasser des Buches wichtig erscheinende Ergänzungen und Erweiterungen erfuhr in der neuen Auflage der zweite Teil des Buches, welcher von der «Erkenntnis der höheren Welten» handelt. Es lag das Bestreben vor, die Art der inneren Seelenvorgänge anschaulich darzustellen, durch welche die Erkenntnis von ihren in der Sinnenwelt vorhandenen Grenzen sich befreit und sich für das Erleben der übersinnlichen Welt geeignet macht. Versucht wurde zu zeigen, daß dieses Erleben, obwohl es durch ganz innerliche Mittel und Wege erworben wird, doch nicht eine bloß subjektive Bedeutung für den einzelnen Menschen hat, der es erwirbt. Es sollte aus der Darstellung hervorgehen, daß *innerhalb* der Seele deren Einzelheit und persönliche Besonderheit abgestreift und ein Erleben erreicht wird, das *jeder* Mensch in der gleichen Art hat, der eben in rechter Art die Entwickelung aus seinen subjektiven Erlebnissen heraus bewirkt. Erst wenn die «Erkenntnis der übersinnlichen Welten» mit diesem Charakter gedacht wird, vermag man sie zu unterscheiden von allen Erlebnissen bloß subjektiver Mystik usw. Von solcher Mystik kann man wohl sagen, daß sie mehr oder weniger doch eine subjektive Angelegenheit des Mystikers ist. Die geisteswissenschaftliche Seelenschulung, wie sie hier gemeint ist, strebt aber nach solchen objektiven Erlebnissen, deren Wahrheit zwar ganz innerlich erkannt wird, die aber doch gerade deshalb in ihrer Allgemeingültigkeit durchschaut werden. – Auch hier ist ja wieder ein Punkt, an dem eine Verständigung mit manchen Denkgewohnheiten unserer Zeit recht schwierig ist.

Zum Schlusse möchte der Verfasser des Buches die Bemerkung machen, daß auch von Wohlmeinenden diese Ausführungen als das hingenommen werden mögen, als was sie sich durch ihren eigenen Inhalt geben. Es herrscht heute vielfach das Bestreben, dieser oder jener Geistesrichtung diesen oder jenen alten Namen zu geben. Dadurch scheint sie manchem erst wertvoll. Es darf aber gefragt werden: was sollen die Ausführungen dieses Buches dadurch gewinnen, daß man sie als «rosenkreuzerisch» oder dergleichen bezeichnet? Worauf es ankommt, ist, daß hier mit den Mitteln, welche in der gegenwärtigen Entwickelungsperiode der Seele möglich und dieser angemessen sind, ein Einblick in die übersinnlichen Welten versucht wird, und daß von diesem Gesichtspunkte aus die Rätsel des menschlichen Schicksals und des menschlichen Daseins über die Grenzen von Geburt und Tod hinaus betrachtet werden. Es soll sich nicht handeln um ein Streben, welches diesen oder jenen alten Namen trägt, sondern um ein Streben nach Wahrheit.

Auf der andern Seite sind auch in gegnerischer Absicht Bezeichnungen für die in dem Buche dargestellte Weltanschauung gebraucht worden. Abgesehen davon, daß diejenigen, mit welchen man den Verfasser hat am schwersten treffen und diskreditieren wollen, absurd und objektiv unwahr sind, charakterisieren sich solche Bezeichnungen in ihrer Unwürdigkeit dadurch, daß sie ein völlig *unabhängiges* Wahrheitsstreben herabsetzen, indem sie es nicht aus sich selbst beurteilen, sondern die von ihnen erfundene oder grundlos übernommene und weiter getragene Abhängigkeit von dieser oder jener Richtung andern als Urteil beibringen wollen. So notwendig diese Worte angesichts mancher Angriffe gegen den Verfasser sind, so widerstrebt es diesem doch, *an diesem Orte* auf die Sache weiter einzugehen.

Geschrieben im Juni 1913 — Rudolf Steiner

VORREDE ZUR SIEBENTEN AUFLAGE 1920

Für diese Neuauflage meiner «Geheimwissenschaft im Umriß» habe ich den ersten Abschnitt «Charakter der Geheimwissenschaft» fast ganz neu gestaltet. Ich glaube, daß dadurch nun weniger zu den Mißverständnissen Anlaß sein wird, die ich aus der früheren Fassung dieses Abschnittes heraus habe entstehen sehen. Von vielen Seiten konnte ich hören: Andere Wissenschaften beweisen; was hier als Wissenschaft sich gibt, sagt einfach: die Geheimwissenschaft stellt dies oder jenes fest. Ein solches Vorurteil stellt sich naturgemäß ein, da ja das Beweisende der übersinnlichen Erkenntnis sich durch die Darstellung nicht so aufdrängen kann wie bei der Darlegung von Zusammenhängen der sinnenfälligen Wirklichkeit. Daß man es aber nur mit einem Vorurteil zu tun hat, wollte ich durch die Umarbeitung des ersten Abschnittes dieses Buches deutlicher machen, als es mir in früheren Auflagen gelungen zu sein scheint. – In den andern Teilen des Buches habe ich durch Ergänzungen des Inhaltes manches Dargestellte schärfer herauszuarbeiten gesucht. Durch das Ganze hindurch habe ich mich bemüht, an zahlreichen Stellen Änderungen in der Einkleidung des Inhalts vorzunehmen, die mir das wiederholte Durchleben des Dargestellten notwendig erscheinen ließ.

Berlin, Mai 1920 Rudolf Steiner

VORREDE ZUR SECHZEHNTEN AUFLAGE 1925

Jetzt, nachdem fünfzehn Jahre seit dem ersten Erscheinen dieses Buches verflossen sind, darf ich wohl vor der Öffentlichkeit einiges sagen über die Seelenverfassung, aus der heraus es entstanden ist.

Ursprünglich war mein Plan, seinen wesentlichen Inhalt als letzte Kapitel meinem lange vorher erschienenen Buche «Theosophie» anzufügen. Das ging nicht. Dieser Inhalt rundete sich damals, als die «Theosophie» ausgeführt wurde, nicht in der Art in mir ab wie derjenige der «Theosophie». Ich hatte in meinen Imaginationen das geistige Wesen des Einzelmenschen vor meiner Seele stehen und konnte es darstellen, nicht aber standen damals schon die kosmischen Zusammenhänge, die in der «Geheimwissenschaft» darzulegen waren, ebenso vor mir. Sie waren im einzelnen da; nicht aber im Gesamtbild.

Deshalb entschloß ich mich, die «Theosophie» mit dem Inhalte erscheinen zu lassen, den ich als das Wesen des Lebens eines einzelnen Menschen erschaut hatte, und die «Geheimwissenschaft» in der nächsten Zeit in aller Ruhe durchzuführen.

Der Inhalt dieses Buches mußte nach meiner damaligen Seelenstimmung in Gedanken gegeben werden, die für die Darstellung des Geistigen geeignete weitere Fortbildungen der in der Naturwissenschaft angewendeten Gedanken sind. Man wird es den hier wieder abgedruckten «Vorbemerkungen zur ersten Auflage» anmerken, wie stark ich mich mit allem, was ich damals über Geisteserkenntnis schrieb, vor der Naturwissenschaft verantwortlich fühlte.

Aber man kann nicht in solchen Gedanken allein das zur Darstellung bringen, was sich dem geistigen Schauen als Geist-Welt offenbart. Denn diese Offenbarung geht in einen bloßen Gedankeninhalt nicht ein. Wer das Wesen solcher Offenbarung erlebend kennengelernt hat, der weiß, daß die Gedanken des gewöhnlichen Bewußtseins nur geeignet sind, das sinnlich Wahrgenommene, nicht aber das geistig Geschaute, auszudrücken.

Der Inhalt des geistig Geschauten läßt sich nur in Bildern (Imaginationen) wiedergeben, durch die Inspirationen sprechen, die von intuitiv erlebter geistiger Wesenheit herrühren. (Über das Wesen von Imagination, Inspiration und Intuition findet man das Notwendige in dieser «Geheimwissenschaft» selbst und in meinem Buche «Wie erlangt man Erkenntnisse der höheren Welten?»*.)

Aber der Darsteller der Imaginationen aus der Geist-Welt kann gegenwärtig nicht bloß diese Imaginationen hinstellen. Er stellte damit etwas dar, das als ein ganz anderer Bewußtseinsinhalt neben dem Erkenntnisinhalt unseres Zeitalters, ohne allen Zusammenhang mit diesem, stünde. Er muß das gegenwärtige Bewußtsein mit dem erfüllen, was ein anderes Bewußtsein, das in die Geist-Welt schaut, erkennen kann. Dann wird seine Darstellung diese Geist-Welt zum Inhalte haben; aber dieser Inhalt tritt in der Form von Gedanken auf, in die er hineinfließt. Dadurch wird er dem gewöhnlichen Bewußtsein, das im Sinne der Gegenwart denkt, aber noch nicht in die Geist-Welt hineinschaut, voll verständlich.

Diese Verständlichkeit bleibt nur dann aus, wenn man sich selbst Hindernisse vor sie legt. Wenn man die Vorurteile, die die Zeit aus einer falsch aufgefaßten Naturanschauung von «Grenzen des Erkennens» sich gebildet hat, zu den eigenen macht.

Im Geist-Erkennen ist alles in intimes Seelen-Erleben getaucht. Nicht nur das geistige Anschauen selbst, sondern auch das Verstehen, das das nicht-schauende gewöhnliche Bewußtsein den Ergebnissen des Schauenden entgegenbringt.

Von *dieser* Intimität hat keine Ahnung, wer in dilettantischer Art davon spricht, daß der, der zu verstehen glaubt, sich das Verständnis selbst suggeriert.

Aber es ist so, daß, was innerhalb des Begreifens der physischen Welt bloß in Begriffen als Wahrheit oder Irrtum sich auslebt, der geistigen Welt gegenüber Erlebnis wird.

Wer in sein Urteil nur leise empfindend die Behauptung einfließen läßt, das geistig Geschaute ist von dem gewöhnlichen, noch nicht schauenden Bewußtsein – wegen dessen Grenzen – nicht erfaßbar, dem legt sich *dieses* empfindende Urteil wie eine verfinsternde Wolke vor das Erfassen; und er kann wirklich nicht verstehen.

Aber dem unbefangenen nicht-schauenden Bewußtsein ist das Geschaute voll verständlich, wenn es der Schauende bis in die Gedankenform hineinbringt. Es ist verständlich, wie dem Nicht-Maler das fertige Bild des Malers verständlich ist. Und zwar ist das Verständnis der Geist-Welt nicht das künstlerisch-gefühlsmäßige wie bei einem Kunstwerk, sondern ein durchaus gedankenmäßiges wie der Naturerkenntnis gegenüber.

Um aber ein solches Verständnis wirklich möglich zu machen, muß der Darsteller des geistig Geschauten seine Schauungen bis zu einem richtigen Hineingießen in Gedankenform bringen, ohne daß sie innerhalb dieser Form ihren imaginativen Charakter verlieren.

Das stand alles vor meiner Seele, als ich meine «Geheimwissenschaft» ausarbeitete.

1909 fühlte ich dann, daß ich mit diesen Voraussetzungen ein Buch zustandebringen könne, das: erstens den Inhalt meiner Geistesschau bis zu einem gewissen, aber zunächst genügenden Grade, in die Gedankenform gegossen, brachte; und das zweitens von jedem denkenden Menschen, der sich *keine Hindernisse* vor das Verständnis legt, verstanden werden kann.

Ich sage das heute, indem ich zugleich ausspreche, daß damals – 1909 – mir die Veröffentlichung des Buches als ein Wagnis erschien. Denn ich wußte ja, daß die geforderte Unbefangenheit gerade diejenigen nicht aufbringen *können*, die Naturwissenschaft beruflich treiben, und ebensowenig alle die zahlreichen Persönlichkeiten, die in ihrem Urteile von diesen abhängig sind.

Aber es stand gerade *die* Tatsache vor meiner Seele, daß in der Zeit, in der sich das Bewußtsein der Menschheit von der Geist-Welt am weitesten entfernt hatte, die Mitteilungen aus dieser Geist-Welt einer allerdringendsten Notwendigkeit entsprechen.

Ich zählte darauf, daß es auch Menschen gibt, die mehr oder weniger die Entfernung von aller Geistigkeit so schwer als Lebenshindernis empfinden, daß sie zu Mitteilungen aus der Geist-Welt mit innerer Sehnsucht greifen.

Und die folgenden Jahre haben das ja voll bestätigt. Die «Theosophie» und «Geheimwissenschaft» haben als Bücher, die im Leser guten Willen voraussetzen, auf eine schwierige Stilisierung einzugehen, weite Verbreitung gefunden.

Ich habe ganz bewußt angestrebt, nicht eine «populäre» Darstellung zu geben, sondern eine solche, die notwendig macht, mit rechter Gedankenanstrengung in den Inhalt hineinzukommen. Ich habe damit meinen Büchern einen solchen Charakter aufgeprägt, daß deren Lesen selbst schon der Anfang der Geistesschulung ist. Denn die ruhige, besonnene Gedankenanstrengung, die dieses Lesen notwendig macht, verstärkt die Seelenkräfte und macht sie dadurch fähig, der geistigen Welt nahe zu kommen.

Daß ich dem Buche den Titel «Geheimwissenschaft» gegeben habe, hat sogleich Mißverständnisse hervorgerufen. Von mancher Seite wurde gesagt, was «Wissenschaft» sein will, darf nicht «geheim» sein. Wie wenig bedacht war ein solcher Einwand. Als ob jemand, der einen Inhalt *veröffentlicht,* mit diesem «geheim» tun wolle. Das ganze Buch zeigt, daß nichts als «geheim» bezeichnet, sondern eben in eine solche Form gebracht werden sollte, daß es verständlich sei wie nur irgendeine «Wissenschaft». Oder will man, wenn man das Wort «Naturwissenschaft» gebraucht, nicht andeuten, daß es sich um Wissen von der «Natur» handelt? Geheimwissenschaft ist Wissenschaft von dem, was sich insoferne im «Geheimen» abspielt, als es nicht draußen in der Natur wahrgenommen wird, sondern da, wohin die Seele sich orientiert, wenn sie ihr Inneres nach dem Geiste richtet. «Geheimwissenschaft» ist Gegensatz von «Naturwissenschaft».

Meinen Schauungen in der geistigen Welt hat man immer wieder entgegengehalten, sie seien veränderte Wiedergaben dessen, was im Laufe älterer Zeit an Vorstellungen der Menschen über die Geist-Welt hervorgetreten ist. Man sagte, ich hätte mancherlei gelesen, es ins Unterbewußte aufgenommen und dann in dem Glauben, es entspringe aus dem eigenen Schauen, zur Darstellung gebracht. Aus gnostischen

Lehren, aus orientalischen Weisheitsdichtungen und so weiter soll ich meine Darstellungen gewonnen haben.

Man ist, indem man dieses behauptet hat, mit den Gedanken ganz an der Oberfläche geblieben.

Meine Erkenntnisse des Geistigen, dessen bin ich mir voll bewußt, sind Ergebnisse eigenen Schauens. Ich hatte jederzeit bei allen Einzelheiten und bei den großen Übersichten mich streng geprüft, ob ich jeden Schritt im schauenden Weiterschreiten so mache, daß voll-besonnenes Bewußtsein diese Schritte begleite. Wie der Mathematiker von Gedanke zu Gedanke schreitet, ohne daß Unbewußtes, Autosuggestion und so weiter eine Rolle spielen, so – sagte ich mir – muß geistiges Schauen von objektiver Imagination zu objektiver Imagination schreiten, ohne daß etwas anderes in der Seele lebt als der geistige Inhalt klar besonnenen Bewußtseins.

Daß man von einer Imagination weiß, sie ist nicht bloß subjektives Bild, sondern Bild-Wiedergabe objektiven Geist-Inhaltes, dazu bringt man es durch gesundes inneres Erleben. Man gelangt dazu auf geistig-seelische Art, wie man im Bereich der Sinnesanschauung bei gesunder Organisation Einbildungen von objektiven Wahrnehmungen richtig unterscheidet.

So hatte ich die Ergebnisse meines Schauens vor mir. Sie waren zunächst «Anschauungen», die ohne Namen lebten.

Sollte ich sie mitteilen, so bedurfte es der Wortbezeichnungen. Ich suchte *dann* später nach solchen in älteren Darstellungen des Geistigen, um das noch Wortlose in Worten ausdrücken zu können. Ich gebrauchte diese Wortbezeichnungen frei, so daß wohl kaum *eine* derselben in meinem Gebrauche zusammenfällt mit dem, was sie dort war, wo ich sie fand.

Ich suchte aber nach solcher Möglichkeit, mich auszudrükken, *stets erst,* nachdem mir der Inhalt im eigenen Schauen aufgegangen war.

Vorher Gelesenes wußte ich beim eigenen forschenden Schauen durch die Bewußtseinsverfassung, die ich eben geschildert habe, auszuschalten.

Nun fand man in meinen *Ausdrücken* Anklänge an ältere Vorstellungen. Ohne auf den Inhalt einzugehen, hielt man sich an solche Ausdrücke. Sprach ich von «Lotosblumen» in dem Astralleib des Menschen, so war das ein Beweis, daß ich indische Lehren, in denen man den Ausdruck findet, wiedergäbe. Ja, sprach ich von «Astralleib» selbst, so war dies das Ergebnis des Lesens mittelalterlicher Schriften. Gebrauchte ich die Ausdrücke: Angeloi, Archangeloi und so weiter, so erneuerte ich einfach die Vorstellungen christlicher Gnosis.

Solches ganz an der Oberfläche sich bewegende Denken fand ich immer wieder mir entgegengehalten.

Auch auf diese Tatsache wollte ich gegenwärtig beim Wiedererscheinen der «Geheimwissenschaft» in neuer Auflage hinweisen. Das Buch enthält ja die Umrisse der Anthroposophie als eines Ganzen. Es wird daher vorzüglich betroffen von den Mißverständnissen, denen diese ausgesetzt ist.

Ich habe seit der Zeit, in der in meiner Seele die Imaginationen, die das Buch wiedergibt, in ein Gesamtbild zusammengeflossen sind, unausgesetzt das forschende Schauen in den Menschen, in das geschichtliche Werden der Menschheit, in den Kosmos und so weiter fortgebildet; ich bin im einzelnen zu immer neuen Ergebnissen gekommen. Aber, was ich in der «Geheimwissenschaft» vor fünfzehn Jahren als Umriß gegeben habe, ist für mich in nichts erschüttert worden. Alles, was ich seither sagen konnte, erscheint, wenn es an der rechten Stelle diesem Buche eingefügt wird, als eine weitere Ausführung der damaligen Skizze.

Goetheanum, 10. Januar 1925 Rudolf Steiner

Ein altes Wort: «Geheimwissenschaft» wird für den Inhalt dieses Buches angewendet. Das Wort kann Veranlassung werden, daß sogleich bei den verschiedenen Menschen der Gegenwart die entgegengesetztesten Empfindungen wachgerufen werden. Für viele hat es etwas Abstoßendes; es ruft Spott, mitleidiges Lächeln, vielleicht Verachtung hervor. Sie stellen sich vor, daß eine Vorstellungsart, die sich so bezeichnet, nur auf einer müßigen Träumerei, auf Phantasterei beruhen könne, daß sich hinter solcher «vermeintlichen» Wissenschaft nur der Drang verbergen könne, allerlei Aberglauben zu erneuern, den mit Recht meidet, wer «wahre Wissenschaftlichkeit» und «echtes Erkenntnisstreben» kennengelernt hat. Auf andere wirkt das Wort so, als ob ihnen das damit Gemeinte etwas bringen müsse, was auf keinem anderen Wege zu erlangen ist und zu dem sie, je nach ihrer Veranlagung, tief innerliche Erkenntnissehnsucht oder seelisch verfeinerte Neugierde hinzieht. Zwischen diesen schroff einander gegenüberstehenden Meinungen gibt es alle möglichen Zwischenstufen der bedingten Ablehnung oder Annahme dessen, was sich der eine oder der andere vorstellt, wenn er das Wort «Geheimwissenschaft» vernimmt. – Es ist nicht in Abrede zu stellen, daß für manchen das Wort «Geheimwissenschaft» deshalb einen zauberhaften Klang hat, weil es seine verhängnisvolle Sucht zu befriedigen scheint nach einem auf naturgemäßem Wege nicht zu erlangenden Wissen von einem «Unbekannten», Geheimnisvollen, ja Unklaren. Denn viele Menschen wollen die tiefsten Sehnsuchten ihrer Seele nicht durch das befriedigen, was klar erkannt werden kann. Ihre Überzeugung geht dahin, daß es außer demjenigen, was man in der Welt erkennen könne, noch etwas geben müsse, das sich der Erkenntnis entzieht. Mit einem sonderbaren Widersinn, den sie nicht bemerken, lehnen sie für die tiefsten Erkenntnissehnsuchten alles ab, was «bekannt ist», und wollen dafür nur etwas gelten lassen, wovon man nicht sagen könne, daß es durch naturgemäßes Forschen bekannt werde. Wer von «Geheimwissenschaft» redet, wird gut daran tun, sich vor Augen zu halten, daß ihm Mißverständnisse entgegenstehen, die von solchen Verteidigern einer derartigen Wissenschaft verursacht werden; von Verteidigern, die eigentlich nicht ein Wissen, sondern das Gegenteil davon anstreben.

Diese Ausführungen richten sich an Leser, welche sich ihre Unbefangenheit nicht dadurch nehmen lassen, daß ein Wort durch verschiedene Umstände Vorurteile hervorruft. Von einem Wissen, das in irgendeiner Beziehung als ein «geheimes», nur durch besondere Schicksalsgunst für manchen zugängliches, gelten soll, wird hier nicht die Rede sein. Man wird dem hier gemeinten Wortgebrauche gerecht werden, wenn man an dasjenige denkt, was Goethe im Sinne hat, wenn er von den «offenbaren Geheimnissen» in den Welterscheinungen spricht. Was in diesen Erscheinungen «geheim», unoffenbar bleibt, wenn man sie nur durch die Sinne und den an die Sinne sich bindenden Verstand erfaßt, das wird als der Inhalt einer übersinnlichen Erkenntnisart angesehen*. – Wer als «Wissenschaft» nur gelten läßt, was

* Es ist vorgekommen, daß man den Ausdruck «Geheimwissenschaft» – wie er von dem Verfasser dieses Buches schon in früheren Auflagen gebraucht worden ist – gerade aus dem Grunde abgelehnt hat, weil eine Wissenschaft doch für niemand etwas «Geheimes» sein könne. Man hätte Recht, wenn die Sache so gemeint wäre. Allein das ist nicht der Fall. So wenig Naturwissenschaft eine «natürliche» Wissenschaft in

durch die Sinne und den ihnen dienenden Verstand offenbar wird, für den kann selbstverständlich das hier als «Geheimwissenschaft» Gemeinte keine Wissenschaft sein. Ein solcher müßte aber, wenn er sich selbst verstehen wollte, zugeben, daß er nicht aus einer begründeten Einsicht heraus, sondern durch einen seinem rein persönlichen Empfinden entstammenden Machtspruch eine «Geheimwissenschaft» ablehnt. Um das einzusehen, hat man nur nötig, Überlegungen darüber anzustellen, wie Wissenschaft entsteht und welche Bedeutung sie im menschlichen Leben hat. Das Entstehen der Wissenschaft, dem Wesen nach, erkennt man nicht an dem Gegenstande, den die Wissenschaft ergreift; man erkennt es an der im wissenschaftlichen Streben auftretenden Betätigungsart der menschlichen Seele. Wie sich die Seele verhält, indem sie Wissenschaft sich erarbeitet, darauf hat man zu sehen. Eignet man sich die Gewohnheit an, diese Betätigungsart nur dann ins Werk zu setzen, wenn die Offenbarungen der Sinne in Betracht kommen, dann gerät man leicht auf die Meinung, diese Sinnesoffenbarung sei das Wesentliche. Und man lenkt dann den Blick nicht darauf, daß ein gewisses Verhalten der menschlichen Seele eben nur auf die Sinnesoffenbarung angewendet worden ist. Aber man kann über diese willkürliche Selbstbeschränkung hinauskommen und, abgesehen von dem besonderen Falle der Anwendung, den Charakter der wissenschaftlichen Betätigung

dem Sinne genannt werden kann, daß sie jedem «von Natur eigen» ist, so wenig denkt sich der Verfasser unter «Geheimwissenschaft» eine «geheime» Wissenschaft, sondern eine solche, welche sich auf das in den Welterscheinungen für die gewöhnliche Erkenntnisart *Unoffenbare*, «Geheime» bezieht, eine Wissenschaft von dem «Geheimen», von dem «offenbaren Geheimnis». Geheimnis aber soll diese Wissenschaft für niemand sein, der ihre Erkenntnisse auf den ihr entsprechenden Wegen sucht.

ins Auge fassen. Dies liegt zugrunde, wenn hier für die Erkenntnis nichtsinnlicher Weltinhalte als von einer «wissenschaftlichen» gesprochen wird. An *diesen* Weltinhalten will sich die menschliche Vorstellungsart so betätigen, wie sie sich im andern Falle an den naturwissenschaftlichen Weltinhalten betätigt. Geheimwissenschaft will die naturwissenschaftliche Forschungsart und Forschungsgesinnung, die auf ihrem Gebiete sich an den Zusammenhang und Verlauf der sinnlichen Tatsachen hält, von dieser besonderen Anwendung loslösen, aber sie in ihrer denkerischen und sonstigen Eigenart festhalten. Sie will über Nichtsinnliches in derselben Art sprechen, wie die Naturwissenschaft über Sinnliches spricht. Während die Naturwissenschaft im Sinnlichen mit dieser Forschungsart und Denkweise stehenbleibt, will Geheimwissenschaft die seelische Arbeit an der Natur als eine Art Selbsterziehung der Seele betrachten und das Anerzogene auf das nichtsinnliche Gebiet anwenden. Sie will so verfahren, daß sie zwar nicht über die sinnlichen Erscheinungen als solche spricht, aber über die nichtsinnlichen Weltinhalte so, *wie* der Naturforscher über die sinnenfälligen. Sie hält von dem naturwissenschaftlichen Verfahren die seelische Verfassung innerhalb dieses Verfahrens fest, also gerade das, durch welches Naturerkenntnis Wissenschaft erst wird. Sie darf sich deshalb als Wissenschaft bezeichnen.

Wer über die Bedeutung der Naturwissenschaft im menschlichen Leben Überlegungen anstellt, der wird finden, daß diese Bedeutung nicht erschöpft sein kann mit der Aneignung von Naturerkenntnissen. Denn diese Erkenntnisse können nie und nimmer zu etwas anderem führen als zu einem Erleben desjenigen, was die Menschenseele selbst *nicht* ist. Nicht in dem lebt das Seelische, was der Mensch an der

Natur erkennt, sondern in dem Vorgang des Erkennens. In ihrer Betätigung an der Natur erlebt sich die Seele. Was sie in dieser Betätigung *lebensvoll* sich erarbeitet, das ist noch etwas anderes als das Wissen über die Natur selbst. Das ist an der Naturerkenntnis erfahrene Selbstentwickelung. Den Gewinn dieser Selbstentwickelung will die Geheimwissenschaft betätigen auf Gebieten, die über die bloße Natur hinaus liegen. Der Geheimwissenschafter will den Wert der Naturwissenschaft nicht verkennen, sondern ihn noch besser anerkennen als der Naturwissenschafter selbst. Er weiß, daß er ohne die Strenge der Vorstellungsart, die in der Naturwissenschaft waltet, keine Wissenschaft begründen kann. Er weiß aber auch, daß, wenn diese Strenge durch ein echtes Eindringen in den Geist des naturwissenschaftlichen Denkens erworben ist, sie festgehalten werden kann durch die Kraft der Seele für andere Gebiete.

Etwas, was bedenklich machen kann, tritt dabei allerdings auf. In der Betrachtung der Natur wird die Seele durch den betrachteten Gegenstand in einem viel stärkeren Maße geleitet als in derjenigen nichtsinnlicher Weltinhalte. In dieser muß sie in einem höheren Maße aus rein inneren Impulsen heraus die Fähigkeit haben, das Wesen der wissenschaftlichen Vorstellungsart festzuhalten. Weil sehr viele Menschen – unbewußt – glauben, daß nur an dem Leitfaden der Naturerscheinungen dieses Wesen festgehalten werden kann, sind sie geneigt, durch einen Machtspruch sich dahin zu entscheiden; sobald dieser Leitfaden verlassen wird, tappt die Seele mit ihrem wissenschaftlichen Verfahren im Leeren. Solche Menschen haben sich die Eigenart dieses Verfahrens nicht zum Bewußtsein gebracht; sie bilden sich ihr Urteil zumeist aus den Verirrungen, die entstehen müssen, wenn die wissenschaftliche Gesinnung an den Naturerscheinungen nicht gefestigt genug ist und trotzdem die Seele sich an die Betrachtung des nichtsinnlichen Weltgebietes begeben will. Da entsteht selbstverständlich viel unwissenschaftliches Reden über nichtsinnliche Weltinhalte. Aber nicht deswegen, weil solches Reden seinem Wesen nach nicht wissenschaftlich sein kann, sondern weil es, im besonderen Falle, an der wissenschaftlichen Selbsterziehung durch die Naturbeobachtung hat fehlen lassen.

Wer von Geheimwissenschaft reden will, muß allerdings mit Rücksicht auf das eben Gesagte einen wachsamen Sinn haben für alles Irrlichtelierende, das entsteht, wenn über die offenbaren Geheimnisse der Welt etwas ausgemacht wird ohne wissenschaftliche Gesinnung. Dennoch führte es zu etwas Ersprießlichem nicht, wenn hier, gleich im Anfange geheimwissenschaftlicher Ausführungen, über alle möglichen Verirrungen gesprochen würde, die in der Seele vorurteilsvoller Personen jedes Forschen in dieser Richtung in Mißachtung bringen, weil solche Personen aus dem Vorhandensein wahrlich recht zahlreicher Verirrungen auf das Unberechtigte des ganzen Strebens schließen. Da aber zumeist bei Wissenschaftern oder wissenschaftlich gesinnten Beurteilern die Ablehnung der Geheimwissenschaft doch nur auf dem oben gekennzeichneten Machtspruch beruht und die Berufung auf die Verirrungen nur – oft unbewußter – Vorwand ist, so wird eine Auseinandersetzung mit solchen Gegnern zunächst wenig fruchtbar sein. Nichts hindert sie ja, den gewiß durchaus berechtigten Einwand zu machen, daß *von vornherein* durch nichts festgestellt werden kann, ob denn bei demjenigen, der andere in Verirrung befangen glaubt, der oben gekennzeichnete feste Grund wirklich vorhanden ist. Daher kann der nach einer Geheimwissenschaft Strebende nur einfach vorführen, was er glaubt sagen zu dürfen. Das Urteil über seine Berechtigung können nur andere, aber auch nur solche Personen sich bilden, welche unter Vermeidung aller Machtsprüche sich einzulassen vermögen auf die Art seiner Mitteilungen über die offenbaren Geheimnisse des Weltgeschehens. Obliegen wird ihm allerdings, zu zeigen, wie sich das von ihm Vorgebrachte zu anderen Errungenschaften des Wissens und des Lebens verhält, welche Gegnerschaften möglich sind und inwieferne die unmittelbare äußere sinnenfällige Lebenswirklichkeit Bestätigungen bringt für seine Beobachtungen. Aber er sollte niemals darnach streben, seine Darstellung so zu halten, daß diese statt durch ihren Inhalt durch seine Überredungskunst wirke.

Man kann gegenüber geheimwissenschaftlichen Ausführungen oftmals den Einwand hören: diese beweisen nicht, was sie vorbringen; sie stellen nur das eine oder das andere hin und sagen: die Geheimwissenschaft stelle dieses fest. Die folgenden Ausführungen verkennt man, wenn man glaubt, irgend etwas in ihnen sei in diesem Sinne vorgebracht. Was hier angestrebt wird, ist, das in der Seele am Naturwissen Entfaltete sich so weiter entwickeln zu lassen, wie es sich seiner eigenen Wesenheit nach entwickeln kann, und dann darauf aufmerksam zu machen, daß bei solcher Entwickelung die Seele auf übersinnliche Tatsachen stößt. Es wird dabei vorausgesetzt, daß jeder Leser, der auf das Ausgeführte einzugehen vermag, ganz notwendig auf diese Tatsachen stößt. Ein Unterschied gegenüber der rein naturwissenschaftlichen Betrachtung liegt allerdings in dem Augenblicke vor, in dem man das geisteswissenschaftliche

Gebiet betritt. In der Naturwissenschaft liegen die Tatsachen im Felde der Sinneswelt vor; der wissenschaftliche Darsteller betrachtet die Seelenbetätigung als etwas, das gegenüber dem Zusammenhang und Verlauf der Sinnes-Tatsachen zurücktritt. Der geisteswissenschaftliche Darsteller muß diese Seelenbetätigung in den Vordergrund stellen; denn der Leser gelangt nur zu den Tatsachen, wenn er diese Seelenbetätigung in rechtmäßiger Weise zu seiner eigenen macht. Diese Tatsachen sind nicht wie in der Naturwissenschaft – allerdings unbegriffen – auch *ohne* die Seelenbetätigung vor der menschlichen Wahrnehmung; sie treten vielmehr in diese nur *durch* die Seelenbetätigung. Der geisteswissenschaftliche Darsteller setzt also voraus, daß der Leser mit ihm gemeinsam die Tatsachen *sucht*. Seine Darstellung wird in der Art gehalten sein, daß er von dem Auffinden dieser Tatsachen *erzählt* und daß in der Art, wie er erzählt, nicht persönliche Willkür, sondern der an der Naturwissenschaft herangezogene wissenschaftliche Sinn herrscht. Er wird daher auch genötigt sein, von den *Mitteln* zu sprechen, durch die man zu einer Betrachtung des Nichtsinnlichen – des Übersinnlichen – gelangt. – Wer sich in eine geheimwissenschaftliche Darstellung einläßt, der wird bald einsehen, daß durch sie Vorstellungen und Ideen erworben werden, die man vorher nicht gehabt hat. So kommt man zu neuen Gedanken auch über das, was man vorher über das Wesen des «Beweisens» gemeint hat. Man lernt erkennen, daß für die naturwissenschaftliche Darstellung das «Beweisen» etwas ist, was an diese gewissermaßen von außen herangebracht wird. Im geisteswissenschaftlichen Denken liegt aber die Betätigung, welche die Seele beim naturwissenschaftlichen Denken auf den Beweis wendet, schon in dem Suchen nach den Tatsachen. Man kann diese nicht finden, wenn nicht der Weg zu ihnen schon ein *beweisender* ist. Wer diesen Weg wirklich durchschreitet, hat auch schon das Beweisende erlebt; es kann nichts durch einen von außen hinzugefügten Beweis geleistet werden. Daß man dieses im Charakter der Geheimwissenschaft verkennt, ruft viele Mißverständnisse hervor.

Alle Geheimwissenschaft muß aus zwei Gedanken hervorkeimen, die in jedem Menschen Wurzel fassen können. Für den Geheimwissenschafter, wie er hier gemeint ist, drücken diese beiden Gedanken Tatsachen aus, die man erleben kann, wenn man sich der rechten Mittel dazu bedient. Für viele Menschen bedeuten schon diese Gedanken höchst anfechtbare Behauptungen, über die sich viel streiten läßt, wenn nicht gar etwas, dessen Unmöglichkeit man «beweisen» kann.

Diese beiden Gedanken sind, daß es hinter der sichtbaren Welt eine unsichtbare, eine *zunächst* für die Sinne und das an diese Sinne gefesselte Denken *verborgene* Welt gibt, und daß es dem Menschen durch Entwickelung von Fähigkeiten, die in ihm schlummern, möglich ist, in diese verborgene Welt einzudringen.

Solch eine verborgene Welt gibt es nicht, sagt der eine. Die Welt, welche der Mensch durch seine Sinne wahrnimmt, sei die einzige. Man könne ihre Rätsel aus ihr selbst lösen. Wenn auch der Mensch gegenwärtig noch weit davon entfernt sei, alle Fragen des Daseins beantworten zu können, es werde schon die Zeit kommen, wo die Sinneserfahrung und die auf sie gestützte Wissenschaft die Antworten werden geben können.

Man könne nicht behaupten, daß es nicht eine verborgene Welt hinter der sichtbaren gebe, sagen andere; aber die menschlichen Erkenntniskräfte können nicht in diese Welt eindringen. Sie haben Grenzen, die sie nicht überschreiten können. Mag das Bedürfnis des «Glaubens» zu einer solchen Welt seine Zuflucht nehmen: eine wahre Wissenschaft, die sich auf gesicherte Tatsachen stützt, könne sich mit einer solchen Welt nicht beschäftigen.

Eine dritte Partei ist die, welche es für eine Art Vermessenheit ansieht, wenn der Mensch durch seine Erkenntnisarbeit in ein Gebiet eindringen will, in bezug auf welches man auf «Wissen» verzichten und sich mit dem «Glauben» bescheiden soll. Wie ein Unrecht empfinden es die Bekenner dieser Meinung, wenn der schwache Mensch vordringen will in eine Welt, die einzig dem religiösen Leben angehören könne.

Auch das wird vorgebracht, daß allen Menschen eine gemeinsame Erkenntnis der Tatsachen der Sinneswelt möglich sei, daß aber in bezug auf die übersinnlichen Dinge einzig die persönliche Meinung des einzelnen in Frage kommen könne und daß von einer allgemein geltenden Gewißheit in diesen Dingen nicht gesprochen werden sollte.

Andere behaupten vieles andere.

Man kann sich klar darüber werden, daß die Betrachtung der sichtbaren Welt dem Menschen Rätsel vorlegt, die niemals aus den Tatsachen dieser Welt selbst gelöst werden können. Sie werden auch dann auf diese Art nicht gelöst werden, wenn die Wissenschaft dieser Tatsachen so weit wie nur irgend möglich fortgeschritten sein wird. Denn die sichtbaren Tatsachen weisen deutlich durch ihre eigene innere Wesenheit auf eine verborgene Welt hin. Wer solches nicht einsieht, der verschließt sich den Rätseln, die überall deutlich aus den Tatsachen der Sinneswelt hervorspringen. Er *will* gewisse Fragen und Rätsel gar nicht sehen; deshalb glaubt er, daß alle Fragen durch die sinnenfälligen Tatsachen beantwortet werden können. Diejenigen Fragen, welche er stellen *will*, sind wirklich auch *alle* durch die Tatsachen zu beantworten, von denen er sich verspricht, daß man sie im Laufe der Zukunft entdecken werde. Das kann man ohne weiteres zugeben. Aber warum sollte der auch auf Antworten in gewissen Dingen warten, der gar keine Fragen stellt? Wer nach Geheimwissenschaft strebt, sagt nichts anderes, als daß für ihn solche Fragen selbstverständlich seien und daß man sie als einen vollberechtigten Ausdruck der menschlichen Seele anerkennen müsse. Die Wissenschaft kann doch nicht dadurch in Grenzen eingezwängt werden, daß man dem Menschen das unbefangene Fragen verbietet.

Zu der Meinung, der Mensch habe Grenzen seiner Erkenntnis, die er nicht überschreiten könne und die ihn zwingen, vor einer unsichtbaren Welt haltzumachen, muß doch gesagt werden: es kann gar kein Zweifel obwalten, daß man durch diejenige Erkenntnisart, welche da gemeint ist, *nicht* in eine unsichtbare Welt eindringen könne. Wer *diese* Erkenntnisart für die einzig mögliche hält, der kann gar nicht zu einer andern Ansicht als zu der kommen, daß es dem Menschen versagt sei, in eine etwa vorhandene höhere Welt einzudringen. Aber man kann doch auch das Folgende sagen: wenn es möglich ist, eine *andere* Erkenntnisart zu entwickeln, so kann doch *diese* in die übersinnliche Welt führen. Hält man eine solche Erkenntnisart für unmöglich, dann kommt man zu einem Gesichtspunkte, von dem aus gesehen alles Reden über eine übersinnliche Welt als der reine Unsinn erscheint. Gegenüber einem unbefangenen Urteil kann es aber für eine solche Meinung keinen andern

Grund geben als den, daß dem Bekenner derselben jene andere Erkenntnisart unbekannt ist. Wie kann man aber über dasjenige überhaupt urteilen, von dem man behauptet, daß man es nicht kenne? Unbefangenes Denken muß sich zu dem Satze bekennen, daß man nur von demjenigen spreche, *was man kennt,* und daß man über dasjenige nichts feststelle, was man *nicht* kennt. Solches Denken kann nur von dem Rechte sprechen, daß jemand eine Sache mitteile, die er erfahren hat, nicht aber von einem Rechte, daß jemand für unmöglich erkläre, was er nicht weiß oder nicht wissen will. Man kann niemand *das* Recht bestreiten, sich um das Übersinnliche nicht zu kümmern; aber niemals kann sich ein echter Grund dafür ergeben, daß jemand nicht nur für das sich maßgebend erklärte, was *er* wissen kann, sondern auch für alles das, was «ein Mensch» *nicht* wissen kann.

Denen gegenüber, welche es als Vermessenheit erklären, in das übersinnliche Gebiet einzudringen, muß eine geheimwissenschaftliche Betrachtung zu bedenken geben, daß man dies könne und daß es eine Versündigung sei gegen die dem Menschen gegebenen Fähigkeiten, wenn er sie veröden läßt, statt sie zu entwickeln und sich ihrer zu bedienen.

Wer aber glaubt, die Ansichten über die übersinnliche Welt müssen ganz dem persönlichen Meinen und Empfinden angehören, der verleugnet das Gemeinsame in allen menschlichen Wesen. Es ist gewiß richtig, daß die Einsicht in diese Dinge ein jeder durch sich selbst finden müsse, es ist auch eine Tatsache, daß *alle* diejenigen Menschen, welche nur weit genug gehen, über diese Dinge nicht zu verschiedenen, sondern zu der gleichen Einsicht kommen. Die Verschiedenheit ist nur solange vorhanden, als sich die Menschen nicht auf einem wissenschaftlich gesicherten Wege, sondern auf dem der persönlichen Willkür den höchsten Wahrheiten nähern wollen. Das allerdings muß ohne weiteres wieder zugestanden werden, daß nur derjenige die Richtigkeit des geheimwissenschaftlichen Weges anerkennen könne, der sich in dessen Eigenart einleben will.

Den Weg zur Geheimwissenschaft kann jeder Mensch in dem für ihn geeigneten Zeitpunkte finden, der das Vorhandensein eines Verborgenen aus dem Offenbaren heraus erkennt oder auch nur vermutet oder ahnt, und welcher aus dem Bewußtsein heraus, daß die Erkenntniskräfte entwickelungsfähig seien, zu dem Gefühl getrieben wird, daß das Verborgene sich ihm enthüllen könne. Einem Menschen, der durch diese Seelenerlebnisse zur Geheimwissenschaft geführt wird, dem eröffnet sich durch diese nicht nur die Aussicht, daß er für gewisse Fragen seines Erkenntnisdranges die Antwort finden werde, sondern auch noch die ganz andere, daß er zum Überwinder alles dessen wird, was das Leben hemmt und schwach macht. Und es bedeutet in einem gewissen höheren Sinne eine Schwächung des Lebens, ja einen seelischen Tod, wenn der Mensch sich gezwungen sieht, sich von dem Übersinnlichen abzuwenden oder es zu leugnen. Ja, es führt unter gewissen Voraussetzungen zur Verzweiflung, wenn ein Mensch die Hoffnung verliert, daß ihm das Verborgene offenbar werde. Dieser Tod und diese Verzweiflung in ihren mannigfaltigen Formen sind zugleich innere, seelische Gegner geheimwissenschaftlicher Bestrebung. Sie treten ein, wenn des Menschen innere Kraft dahinschwindet. Dann muß ihm alle Kraft des Lebens von außen zugeführt werden, wenn überhaupt eine solche in seinen Besitz kommen soll. Er nimmt dann die Dinge, die Wesenheiten und Vorgänge wahr, welche an seine Sinne herantreten; er zergliedert diese mit seinem Verstande. Sie bereiten ihm Freude und Schmerz; sie treiben ihn zu den Handlungen, deren er fähig ist. Er mag es eine Weile so weiter treiben: er muß aber doch einmal an einen Punkt gelangen, an dem er innerlich abstirbt. Denn was so aus der Welt für den Menschen herausgezogen werden kann, erschöpft sich. Dies ist nicht eine Behauptung, welche aus der persönlichen Erfahrung eines einzelnen stammt, sondern etwas, was sich aus einer unbefangenen Betrachtung *alles* Menschenlebens ergibt. Was vor dieser Erschöpfung bewahrt, ist das Verborgene, das in der Tiefe der Dinge ruht. Erstirbt in dem Menschen die Kraft, in diese Tiefen hinunterzusteigen, um immer neue Lebenskraft heraufzuholen, so erweist sich zuletzt auch das Äußere der Dinge nicht mehr lebenfördernd.

Die Sache verhält sich keineswegs so, daß sie nur den einzelnen Menschen, nur dessen persönliches Wohl und Wehe anginge. Gerade durch wahre geheimwissenschaftliche Betrachtungen wird es dem Menschen zur Gewißheit, daß von einem höheren Gesichtspunkte aus das Wohl und Wehe des einzelnen innig zusammenhängt mit dem Heile oder Unheile der ganzen Welt. Es gibt da einen Weg, auf dem der Mensch zu der Einsicht gelangt, daß er der ganzen Welt und allen Wesen in ihr einen Schaden zufügt, wenn er *seine* Kräfte nicht in der rechten Art zur Entfaltung bringt. Verödet der Mensch sein Leben dadurch, daß er den Zusammenhang mit dem Übersinnlichen verliert, so zerstört er nicht nur in seinem Innern etwas, dessen Absterben ihn zur Verzweiflung zuletzt führen kann, sondern er bildet durch seine Schwäche ein Hemmnis für die Entwickelung der ganzen Welt, in der er lebt.

Nun kann sich der Mensch täuschen. Er kann sich dem

Glauben hingeben, daß es ein Verborgenes nicht gäbe, daß in demjenigen, was an seine Sinne und an seinen Verstand herantritt, schon alles enthalten sei, was überhaupt vorhanden sein kann. Aber diese Täuschung ist nur für die Oberfläche des Bewußtseins möglich, nicht für dessen Tiefe. Das Gefühl und der Wunsch fügen sich diesem täuschenden Glauben nicht. Sie werden immer wieder in irgendeiner Art nach einem Verborgenen verlangen. Und wenn ihnen dieses entzogen ist, drängen sie den Menschen in Zweifel, in Lebensunsicherheit, ja eben in die Verzweiflung hinein. Ein Erkennen, welches das Verborgene offenbar macht, ist geeignet, alle Hoffnungslosigkeit, alle Lebensunsicherheit, alle Verzweiflung, kurz alles dasjenige zu überwinden, was das Leben schwächt und es unfähig zu dem ihm notwendigen Dienste im Weltganzen macht.

Das ist die schöne Frucht geisteswissenschaftlicher Erkenntnisse, daß sie dem Leben Stärke und Festigkeit und nicht allein der Wißbegierde Befriedigung geben. Der Quell, aus dem solche Erkenntnisse Kraft zur Arbeit, Zuversicht für das Leben schöpfen, ist ein unversieglicher. Keiner, der *einmal* an diesen Quell wahrhaft herangekommen ist, wird bei wiederholter Zuflucht, die er zu demselben nimmt, ungestärkt hinweggehen.

Es gibt Menschen, die aus dem Grunde von solchen Erkenntnissen nichts wissen wollen, weil sie in dem eben Gesagten schon etwas Ungesundes sehen. Für die Oberfläche und das Äußere des Lebens haben solche Menschen durchaus recht. Sie wollen das nicht verkümmert wissen, was das Leben in der sogenannten Wirklichkeit darbietet. Sie sehen eine Schwäche darin, wenn sich der Mensch von der Wirklichkeit abwendet und sein Heil in einer verborgenen Welt sucht, die für sie ja einer phantastischen, erträumten gleichkommt. Will man bei solchem geisteswissenschaftlichen Suchen nicht in krankhafte Träumerei und Schwäche verfallen, so muß man das teilweise Berechtigte solcher Einwände anerkennen. Denn sie beruhen auf einem gesunden Urteile, welches nur dadurch nicht zu einer ganzen, sondern zu einer halben Wahrheit führt, daß es nicht in die Tiefen der Dinge dringt, sondern an deren Oberfläche stehenbleibt. – Wäre ein übersinnliches Erkenntnisstreben dazu angetan, das Leben zu schwächen und den Menschen zur Abkehr zu bringen von der wahren Wirklichkeit, dann wären sicher solche Einwände stark genug, dieser Geistesrichtung den Boden unter den Füßen wegzuziehen.

Aber auch diesen Meinungen gegenüber würden geheimwissenschaftliche Bestrebungen nicht den rechten Weg gehen, wenn sie sich im gewöhnlichen Sinne des Wortes «verteidigen» wollten. Auch da können sie nur durch ihren für jeden Unbefangenen erkennbaren Wert sprechen, wenn sie fühlbar machen, wie sie Lebenskraft und Lebensstärke dem erhöhen, der sich im rechten Sinne in sie einlebt. Diese Bestrebungen können nicht zum weltfremden Menschen, nicht zum Träumer machen; sie erkraften den Menschen aus denjenigen Lebensquellen, aus denen er, seinem geistig-seelischen Teil nach, stammt.

Andere Hindernisse des Verständnisses noch legen sich manchem Menschen in den Weg, wenn er an geheimwissenschaftliche Bestrebungen herantritt. Es ist nämlich grundsätzlich zwar richtig, daß der Leser in der geheimwissenschaftlichen Darstellung eine Schilderung findet von Seelenerlebnissen, durch deren Verfolgung er sich zu den übersinnlichen Weltinhalten hinbewegen kann. Allein in der

Praxis muß sich dieses doch als eine Art Ideal ausleben. Der Leser muß zunächst eine größere Summe von übersinnlichen Erfahrungen, die er noch nicht selbst erlebt, mitteilungsgemäß aufnehmen. Das kann nicht anders sein und wird auch mit diesem Buche so sein. Es wird geschildert werden, was der Verfasser zu wissen vermeint über das Wesen des Menschen, über dessen Verhalten in Geburt und Tod und im leibfreien Zustande in der geistigen Welt; es wird ferner dargestellt werden die Entwickelung der Erde und der Menschheit. So könnte es scheinen, als ob doch die Voraussetzung gemacht würde, daß eine Anzahl vermeintlicher Erkenntnisse wie Dogmen vorgetragen würden, für die Glauben auf Autorität hin verlangt würde. Es ist dies aber doch nicht der Fall. Was nämlich von übersinnlichen Weltinhalten gewußt werden kann, das lebt in dem Darsteller als lebendiger Seeleninhalt; und lebt man sich in diesen Seeleninhalt ein, so entzündet dieses Einleben in der eigenen Seele die Impulse, welche nach den entsprechenden übersinnlichen Tatsachen hinführen. Man lebt im Lesen von geisteswissenschaftlichen Erkenntnissen auf andere Art, als in demjenigen der Mitteilungen sinnenfälliger Tatsachen. Liest man Mitteilungen aus der sinnenfälligen Welt, so liest man eben *über* sie. Liest man aber Mitteilungen über übersinnliche Tatsachen im rechten Sinne, so lebt man sich ein in den Strom geistigen Daseins. Im Aufnehmen der Ergebnisse nimmt man zugleich den eigenen Innenweg dazu auf. Es ist richtig, daß dies hier Gemeinte von dem Leser zunächst oft gar nicht bemerkt wird. Man stellt sich den Eintritt in die geistige Welt viel zu ähnlich einem sinnenfälligen Erlebnis vor, und so findet man, daß, was man beim Lesen von dieser Welt erlebt, viel zu gedankenmäßig ist. Aber in dem *wahren* gedankenmäßigen Aufnehmen steht man in dieser Welt schon drinnen und hat sich nur noch klar darüber zu werden, daß man schon unvermerkt erlebt hat, was man vermeinte, bloß als Gedankenmitteilung erhalten zu haben. – Man wird über die echte Natur dieses Erlebten dann volle Klarheit erhalten, wenn man praktisch durchführt, was im zweiten (letzten) Teile dieses Buches als «Weg» zu den übersinnlichen Erkenntnissen geschildert wird. Man könnte leicht glauben, das Umgekehrte sei richtig: dieser Weg müsse zuerst geschildert werden. Das ist aber nicht der Fall. Wer, ohne auf bestimmte Tatsachen der übersinnlichen Welt den Seelenblick zu richten, nur «Übungen» macht, um in die übersinnliche Welt einzutreten, für den bleibt diese Welt ein unbestimmtes, sich verwirrendes Chaos. Man lernt sich einleben in diese Welt gewissenmaßen naiv, indem man sich über bestimmte Tatsachen derselben unterrichtet, und dann gibt man sich Rechenschaft, wie man – die Naivität verlassend – vollbewußt selbst zu den Erlebnissen gelangt, von denen man Mitteilung erlangt hat. Man wird sich, wenn man in geheimwissenschaftliche Darstellungen eindringt, überzeugen, daß ein sicherer Weg zu übersinnlicher Erkenntnis doch nur dieser sein kann. Man wird auch erkennen, daß alle Meinung, es könnten die übersinnlichen Erkenntnisse zuerst als Dogmen gewissermaßen durch suggestive Macht wirken, unbegründet ist. Denn der Inhalt dieser Erkenntnisse wird in einem solchen Seelenleben erworben, das ihm jede bloß suggestive Gewalt benimmt und ihm nur die Möglichkeit gibt, auf demselben Wege zum andern zu sprechen, auf dem alle Wahrheiten zu ihm sprechen, die sich an sein besonnenes Urteil richten. Daß der andere zunächst nicht bemerkt, wie er in der geistigen Welt lebt, dazu liegt nicht der Grund in einem unbesonnenen suggestiven Aufnehmen, sondern in der Feinheit und dem Ungewohnten des im Lesen Erlebten. – So wird man durch das erste Aufnehmen der Mitteilungen, wie sie im ersten Teile dieses Buches gegeben sind, zunächst *Mit-Erkenner* der übersinnlichen Welt; durch die praktische Ausführung der im zweiten Teile angegebenen Seelenverrichtungen wird man selbständiger Erkenner in dieser Welt.

Dem Geiste und dem *wahren* Sinne nach wird auch kein echter Wissenschafter einen Widerspruch finden können zwischen seiner auf den Tatsachen der Sinnenwelt erbauten Wissenschaft und der Art, wie die übersinnliche Welt erforscht wird. Jener Wissenschafter bedient sich gewisser Werkzeuge und Methoden. Die Werkzeuge stellt er sich durch Verarbeitung dessen her, was ihm die «Natur» gibt. Die übersinnliche Erkenntnisart bedient sich auch eines Werkzeugs. Nur ist dieses Werkzeug der Mensch selbst. Und auch dieses Werkzeug muß für die höhere Forschung erst zugerichtet werden. Es müssen in ihm die zunächst ohne des Menschen Zutun ihm von der «Natur» gegebenen Fähigkeiten und Kräfte in höhere umgewandelt werden. Dadurch kann sich der Mensch selbst zum Instrument machen für die Erforschung der übersinnlichen Welt.

Bei der Betrachtung des Menschen vom Gesichtspunkte einer übersinnlichen Erkenntnisart tritt sogleich in Kraft, was von dieser Erkenntnisart im allgemeinen gilt. Diese Betrachtung beruht auf der Anerkennung des «offenbaren Geheimnisses» in der eigenen menschlichen Wesenheit. Den Sinnen und dem auf sie gestützten Verstande ist nur ein Teil von dem zugänglich, was in übersinnlicher Erkenntnis als menschliche Wesenheit erfaßt wird, nämlich der *physische Leib.* Um den Begriff von diesem physischen Leib zu beleuchten, muß zunächst die Aufmerksamkeit auf die Erscheinung gelenkt werden, die wie das große Rätsel über alle Beobachtung des Lebens ausgebreitet liegt: auf den Tod und, im Zusammenhang damit, auf die sogenannte leblose Natur, auf das Reich des Mineralischen, das stets den Tod in sich trägt. Es ist damit auf Tatsachen hingewiesen, deren volle Aufklärung nur durch übersinnliche Erkenntnis möglich ist und denen ein wichtiger Teil dieser Schrift gewidmet werden muß. Hier aber sollen vorerst nur einige Vorstellungen zur Orientierung angeregt werden.

Innerhalb der offenbaren Welt ist der physische Menschenleib dasjenige, worinnen der Mensch der mineralischen Welt gleich ist. Dagegen kann nicht als physischer Leib das gelten, was den Menschen vom Mineral unterscheidet. Für eine unbefangene Betrachtung ist vor allem die Tatsache wichtig, daß der Tod dasjenige von der menschlichen Wesenheit bloßlegt, was, wenn der Tod eingetreten ist, mit der mineralischen Welt gleicher Art ist. Man kann auf den Leichnam als auf das vom Menschen hinweisen, was nach dem Tode Vorgängen unterworfen ist, die sich im Reiche der mineralischen Welt finden. Man kann die Tatsache betonen, daß in diesem Gliede der Menschenwesenheit, dem Leichnam, dieselben Stoffe und Kräfte wirksam sind wie im mineralischen Gebiet; aber nötig ist, nicht minder stark zu betonen, daß mit dem Tode für diesen physischen Leib der Zerfall eintritt. Berechtigt ist aber auch, zu sagen: gewiß, es sind im physischen Menschenleibe dieselben Stoffe und Kräfte wirksam wie im Mineral; aber ihre Wirksamkeit ist während des Lebens in einen höheren Dienst gestellt. Sie wirken erst der mineralischen Welt gleich, wenn der Tod eingetreten ist. Da treten sie auf, wie sie ihrer eigenen Wesenheit gemäß auftreten müssen, nämlich als Auflöser der physischen Leibesgestaltung.

So ist im Menschen scharf zu scheiden das Offenbare von dem Verborgenen. Denn während des Lebens muß ein Verborgenes einen fortwährenden Kampf führen gegen die Stoffe und Kräfte des Mineralischen im physischen Leibe. Hört dieser Kampf auf, so tritt die mineralische Wirksamkeit auf. – Damit ist auf den Punkt hingewiesen, an dem die Wissenschaft vom Übersinnlichen einsetzen muß. Sie hat dasjenige zu suchen, was den angedeuteten Kampf führt. Und dies eben ist für die Beobachtung der Sinne verborgen. Es ist erst der übersinnlichen Beobachtung zugänglich. Wie der Mensch dazu gelangt, daß ihm dieses «Verborgene» so offenbar werde, wie es den gewöhnlichen Augen die sinnlichen Erscheinungen sind, davon wird in einem späteren Teile dieser Schrift gesprochen werden. Hier aber soll beschrieben werden, was sich der übersinnlichen Beobachtung ergibt.

Es ist schon gesagt worden: nur dann können die Mitteilungen über den Weg, auf dem man zum höheren Schauen gelangt, dem Menschen von Wert sein, wenn er sich zuerst durch die bloße Erzählung bekanntgemacht hat mit dem, was die übersinnliche Forschung enthüllt. Denn *begreifen* kann man eben auch das auf diesem Gebiete, was man noch nicht *beobachtet*. Ja es ist der gute Weg zum Schauen derjenige, welcher vom Begreifen ausgeht.

Wenn nun auch jenes Verborgene, das in dem physischen Leibe den Kampf gegen den Zerfall führt, nur für das höhere Schauen zu beobachten ist: in seinen *Wirkungen* liegt es für die auf das Offenbare sich beschränkende Urteilskraft klar zutage. Und diese Wirkungen drücken sich in der *Form* oder Gestalt aus, in welcher während des Lebens die mineralischen Stoffe und Kräfte des physischen Leibes zusammengefügt sind. Diese Form entschwindet nach und nach, und der physische Leib wird ein Teil der übrigen mineralischen Welt, wenn der Tod eingetreten ist. Die übersinnliche Anschauung aber kann dasjenige als selbständiges Glied der menschlichen Wesenheit beobachten, was die physischen Stoffe und Kräfte während des Lebens hindert, ihre eigenen Wege zu gehen, welche zur Auflösung des physischen Leibes führen. Es sei dieses selbständige Glied der «Ätherleib» oder «Lebensleib» genannt. – Wenn sich nicht sogleich, von Anfang an, Mißverständnisse einschleichen sollen, so muß gegenüber diesen Bezeichnungen eines zweiten Gliedes der menschlichen Wesenheit zweierlei berücksichtigt werden. Das Wort «Äther» wird hier in einem andern Sinne gebraucht, als dies von der gegenwärtigen Physik geschieht. Diese bezeichnet zum Beispiel den Träger des Lichtes als Äther. Hier soll aber das Wort in dem Sinne begrenzt werden, der oben angegeben worden ist. Es soll angewendet werden für dasjenige, was dem höheren Schauen zugänglich ist und was sich für die Sinnesbeobachtung nur in seinen Wirkungen zu erkennen gibt, nämlich dadurch, daß es den im physischen Leibe vorhandenen mineralischen Stoffen und Kräften eine bestimmte Form oder Gestalt zu geben vermag. Und auch das Wort «Leib» soll nicht mißverstanden werden. Man muß zur Bezeichnung der höheren Dinge des Daseins eben doch die Worte der gewöhnlichen Sprache gebrauchen. Und diese drücken ja für die Sinnesbeobachtung nur das Sinnliche aus. Im sinnlichen Sinne ist natürlich der «Ätherleib» durchaus nichts Leibliches, wie fein man sich ein solches auch vorstellen mag.*

Indem man in der Darstellung des Übersinnlichen bis zur Erwähnung dieses «Ätherleibes» oder «Lebensleibes» gelangt, ist schon der Punkt erreicht, an dem solcher Darstellung der Widerspruch mancher gegenwärtigen Ansicht begegnen muß. Die Entwickelung des Menschengeistes hat dahin geführt, daß in unserer Zeit das Sprechen von einem solchen Gliede der menschlichen Wesenheit als etwas Unwissenschaftliches angesehen werden muß. Die materialistische Vorstellungsart ist dazu gelangt, in dem lebendigen Leibe nichts anderes zu sehen als eine Zusammenfügung von physischen Stoffen und Kräften, wie sie sich in dem sogenannten leblosen Körper, in dem Mineral, auch findet. Nur sei die Zusammenfügung in dem Lebendigen komplizierter als in dem Leblosen. Man hat auch in der gewöhnlichen Wissenschaft vor nicht allzulanger Zeit noch andere Ansichten gehabt. Wer die Schriften manchen ernsten Wissenschafters aus der ersten Hälfte des neunzehnten Jahr-

* Daß mit der Bezeichnung «Ätherleib», «Lebensleib» nicht einfach die Anschauung von der alten, naturwissenschaftlich überwundenen «Lebenskraft» erneuert werden soll, darüber hat sich der Verfasser dieses Buches in seiner «Theosophie» ausgesprochen.

hunderts verfolgt, dem wird klar, wie da auch «echte Naturforscher» sich bewußt waren, daß in dem lebendigen Leibe noch etwas anderes vorhanden ist als in dem leblosen Mineral. Man sprach von einer «Lebenskraft». Zwar wird diese «Lebenskraft» nicht als das vorgestellt, was oben als «Lebensleib» gekennzeichnet ist; aber der betreffenden Vorstellung liegt doch eine Ahnung davon zugrunde, daß es dergleichen gibt. Man stellte sich diese «Lebenskraft» etwa so vor, wie wenn sie in dem lebendigen Leibe zu den physischen Stoffen und Kräften hinzukäme auf ähnliche Art, wie die magnetische Kraft zu dem bloßen Eisen in dem Magneten. Dann kam die Zeit, in welcher diese «Lebenskraft» aus dem Bestande der Wissenschaft entfernt wurde. Man wollte für alles mit den bloßen physischen und chemischen Ursachen ausreichen. Gegenwärtig ist in dieser Beziehung bei manchem naturwissenschaftlichen Denker wieder ein Rückschlag eingetreten. Es wird von mancher Seite zugegeben, daß die Annahme von etwas der «Lebenskraft» Ähnlichem doch kein völliger Unsinn sei. Doch wird auch derjenige «Wissenschafter», der sich zu solchem herbeiläßt, mit der hier dargestellten Anschauung in bezug auf den «Lebensleib» nicht gemeinsame Sache machen wollen. Es wird in der Regel zu keinem Ziele führen, wenn man sich vom Gesichtspunkte übersinnlicher Erkenntnis mit solchen Ansichten in eine Diskussion einläßt. Es sollte vielmehr die Sache dieser Erkenntnis sein, anzuerkennen, daß die materialistische Vorstellungsart eine notwendige Begleiterscheinung des großen naturwissenschaftlichen Fortschrittes in unserer Zeit ist. Dieser Fortschritt beruht auf einer gewaltigen Verfeinerung der Mittel zur Sinnesbeobachtung. Und es liegt einmal im Wesen des Menschen, daß er innerhalb der Entwickelung jeweilig einzelne Fähigkeiten auf Kosten anderer zu einem gewissen Vollkommenheitsgrade bringt. Die genaue Sinnesbeobachtung, die sich in einem so bedeutungsvollen Maße durch die Naturwissenschaft entwickelt hat, mußte die Pflege derjenigen menschlichen Fähigkeiten in den Hintergrund treten lassen, welche in die «verborgenen Welten» führen. Aber eine Zeit ist wieder da, in welcher diese Pflege notwendig ist. Und das Verborgene wird nicht dadurch anerkannt, daß man die Urteile bekämpft, welche aus dem Ableugnen dieses Verborgenen ja doch mit logischer Folgerichtigkeit sich ergeben, sondern dadurch, daß man dieses Verborgene selbst in das rechte Licht setzt. Anerkennen werden es dann diejenigen, für welche die «Zeit gekommen ist».

Es mußte dies hier nur gesagt werden, damit man nicht Unbekanntschaft mit den Gesichtspunkten der Naturwissenschaft voraussetzt, wenn von einem «Ätherleib» gesprochen wird, der doch in manchen Kreisen für etwas völlig Phantastisches gelten muß.

Dieser Ätherleib ist also ein zweites Glied der menschlichen Wesenheit. Ihm kommt für das übersinnliche Erkennen ein höherer Grad von Wirklichkeit zu als dem physischen Leibe. Eine Beschreibung, wie ihn das übersinnliche Erkennen sieht, kann erst in den folgenden Teilen dieser Schrift gegeben werden, wenn hervortreten wird, in welchem Sinne solche Beschreibungen zu nehmen sind. Vorläufig mag es genügen, wenn gesagt wird, daß der Ätherleib den physischen Körper überall durchsetzt und daß er wie eine Art Architekt des letzteren anzusehen ist. Alle Organe * werden in ihrer Form und Gestalt durch die Strömungen und Bewegungen des Ätherleibes gehalten. Dem physischen

Herzen liegt ein «Ätherherz» zugrunde, dem physischen Gehirn ein «Äthergehirn» usw. Es ist eben der Ätherleib in sich gegliedert wie der physische, nur komplizierter, und es ist in ihm alles in lebendigem Durcheinanderfließen, wo im physischen Leibe abgesonderte Teile vorhanden sind.

Diesen Ätherleib hat nun der Mensch so mit dem Pflanzlichen gemein, wie er den physischen Leib mit dem Mineralischen gemein hat. Alles Lebendige hat seinen Ätherleib.

Von dem Ätherleib steigt die übersinnliche Betrachtung auf zu einem weiteren Gliede der menschlichen Wesenheit. Sie deutet zur Bildung einer Vorstellung von diesem Gliede auf die Erscheinung des Schlafes hin, wie sie beim Ätherleib auf den Tod hingewiesen hat. – Alles menschliche Schaffen beruht auf der Tätigkeit im Wachen, so weit das Offenbare in Betracht kommt. Diese Tätigkeit ist aber nur möglich, wenn der Mensch die Erstarkung seiner erschöpften Kräfte sich immer wieder aus dem Schlafe holt. Handeln und Denken schwinden dahin im Schlafe, aller Schmerz, alle Lust versinken für das bewußte Leben. Wie aus verborgenen, geheimnisvollen Brunnen steigen beim Erwachen des Menschen bewußte Kräfte aus der Bewußtlosigkeit des Schlafes auf. Es ist dasselbe Bewußtsein, das beim Einschlafen hinuntersinkt in die dunklen Tiefen und das beim Aufwachen wieder heraufsteigt. Dasjenige, was das Leben immer wieder aus dem Zustand der Bewußtlosigkeit erweckt, ist im Sinne übersinnlicher Erkenntnis das dritte Glied der menschlichen Wesenheit. Man kann es den Astralleib nennen. Wie der physische Leib nicht durch die in ihm befindlichen mineralischen Stoffe und Kräfte seine Form erhalten kann, sondern wie er, um dieser Erhaltung willen, von dem Ätherleib durchsetzt sein muß, so können die Kräfte des

Ätherleibes sich nicht durch sich selbst mit dem Lichte des Bewußtseins durchleuchten. Ein Ätherleib, der bloß sich selbst überlassen wäre, müßte sich fortdauernd in dem Zustande des Schlafes befinden. Man kann auch sagen: er könnte in dem physischen Leibe nur ein Pflanzensein unterhalten. Ein wachender Ätherleib ist von einem Astralleib durchleuchtet. Für die Sinnesbeobachtung verschwindet die Wirkung dieses Astralleibes, wenn der Mensch in Schlaf versinkt. Für die übersinnliche Beobachtung bleibt er noch vorhanden; nur erscheint er von dem Ätherleib getrennt oder aus ihm herausgehoben. Die Sinnesbeobachtung hat es eben nicht mit dem Astralleib selbst zu tun, sondern nur mit seinen Wirkungen in dem Offenbaren. Und solche sind während des Schlafes nicht unmittelbar vorhanden. In demselben Sinne, wie der Mensch seinen physischen Leib mit den Mineralien, seinen Ätherleib mit den Pflanzen gemein hat, ist er in bezug auf seinen Astralleib gleicher Art mit den Tieren. Die Pflanzen sind in einem fortdauernden Schlafzustande. Wer in diesen Dingen nicht genau urteilt, der kann leicht in den Irrtum verfallen, auch den Pflanzen eine Art von Bewußtsein zuzuschreiben, wie es die Tiere und Menschen im Wachzustande haben. Das kann aber nur dann geschehen, wenn man sich von dem Bewußtsein eine ungenaue Vorstellung macht. Man sagt dann, wenn auf die Pflanze ein äußerer Reiz ausgeübt wird, dann vollziehe sie gewisse Bewegungen wie das Tier auch. Man spricht von der *Empfindlichkeit* mancher Pflanzen, welche zum Beispiel ihre Blätter zusammenziehen, wenn gewisse äußere Dinge auf sie einwirken. Doch ist es nicht das Bezeichnende des Bewußtseins, daß ein Wesen auf eine Wirkung eine gewisse Gegenwirkung zeigt, sondern daß das Wesen in seinem

Innern etwas erlebt, was zu der bloßen Gegenwirkung als ein Neues hinzukommt. Sonst könnte man auch von Bewußtsein sprechen, wenn sich ein Stück Eisen unter dem Einflusse von Wärme ausdehnt. Bewußtsein ist erst vorhanden, wenn das Wesen durch die Wirkung der Wärme zum Beispiel innerlich Schmerz erlebt.

Das vierte Glied seiner Wesenheit, welches die übersinnliche Erkenntnis dem Menschen zuschreiben muß, hat er nun nicht mehr gemein mit der ihn umgebenden Welt des Offenbaren. Es ist sein Unterscheidendes gegenüber seinen Mitwesen, dasjenige, wodurch er die Krone der zunächst zu ihm gehörigen Schöpfung ist. Die übersinnliche Erkenntnis bildet eine Vorstellung von diesem weiteren Gliede der menschlichen Wesenheit, indem sie darauf hinweist, daß auch innerhalb der wachen Erlebnisse noch ein wesentlicher Unterschied besteht. Dieser Unterschied tritt sofort hervor, wenn der Mensch seine Aufmerksamkeit darauf lenkt, daß er im wachen Zustande einerseits fortwährend in der Mitte von Erlebnissen steht, die kommen und gehen *müssen,* und daß er andererseits auch Erlebnisse hat, bei denen dies nicht der Fall ist. Es tritt das besonders scharf hervor, wenn man die Erlebnisse des Menschen mit denen des Tieres vergleicht. Das Tier erlebt mit großer Regelmäßigkeit die Einflüsse der äußeren Welt und wird sich unter dem Einflusse der Wärme und Kälte, des Schmerzes und der Lust, unter gewissen regelmäßig ablaufenden Vorgängen seines Leibes des Hungers und Durstes bewußt. Des Menschen Leben ist mit solchen Erlebnissen nicht erschöpft. Er kann Begierden, Wünsche entwickeln, die über das alles hinausgehen. Beim Tier würde man immer nachweisen können, wenn man weit genug zu gehen vermöchte, wo außer dem Leibe oder in dem Leibe die Veranlassung zu einer Handlung, zu einer Empfindung ist. Beim Menschen ist das keineswegs der Fall. Er kann Wünsche und Begierden erzeugen, zu deren Entstehung die Veranlassung weder innerhalb noch außerhalb seines Leibes hinreichend ist. Allem, was in dieses Gebiet fällt, muß man eine besondere Quelle geben. Und diese Quelle kann man im Sinne der übersinnlichen Wissenschaft im «Ich» des Menschen sehen. Das «Ich» kann daher als das vierte Glied der menschlichen Wesenheit angesprochen werden. – Wäre der Astralleib sich selbst überlassen, es würden sich Lust und Schmerz, Hunger- und Durstgefühle in ihm abspielen; was aber dann nicht zustandekäme, ist die Empfindung: es sei ein *Bleibendes* in alle dem. Nicht das Bleibende als solches wird hier als «Ich» bezeichnet, sondern dasjenige, welches dieses Bleibende erlebt. Man muß auf diesem Gebiete die Begriffe ganz scharf fassen, wenn nicht Mißverständnisse entstehen sollen. Mit dem Gewahrwerden eines Dauernden, Bleibenden im Wechsel der inneren Erlebnisse beginnt das Aufdämmern des «Ichgefühles». Nicht daß ein Wesen zum Beispiel Hunger empfindet, kann ihm ein Ichgefühl geben. Der Hunger stellt sich ein, wenn die erneuerten Veranlassungen zu ihm sich bei dem betreffenden Wesen geltend machen. Es fällt dann über seine Nahrung her, weil eben diese erneuerten Veranlassungen da sind. Das Ichgefühl tritt erst ein, wenn nicht nur diese erneuerten Veranlassungen zu der Nahrung hintreiben, sondern wenn bei einer vorhergehenden Sättigung eine Lust entstanden ist und das Bewußtsein dieser Lust geblieben ist, so daß nicht nur das *gegenwärtige* Erlebnis des Hungers, sondern das *vergangene* der Lust zu dem Nahrungsmittel treibt. – Wie der physische Leib zerfällt, wenn ihn nicht der Ätherleib zusammenhält, wie der

Ätherleib in die Bewußtlosigkeit versinkt, wenn ihn nicht der Astralleib durchleuchtet, so müßte der Astralleib das Vergangene immer wieder in die *Vergessenheit* sinken lassen, wenn dieses nicht vom «Ich» in die Gegenwart herübergerettet würde. Was für den physischen Leib der Tod, für den Ätherleib der Schlaf, das ist für den Astralleib das *Vergessen.* Man kann auch sagen: dem Ätherleib sei das *Leben* eigen, dem Astralleib das *Bewußtsein* und dem Ich die *Erinnerung.*

Noch leichter als in den Irrtum, der Pflanze Bewußtsein zuzuschreiben, kann man in denjenigen verfallen, bei dem Tiere von Erinnerung zu sprechen. Es liegt so nahe, an Erinnerung zu denken, wenn der Hund seinen Herrn wiedererkennt, den er vielleicht ziemlich lange nicht gesehen hat. Doch in Wahrheit beruht solches Wiedererkennen gar nicht auf Erinnerung, sondern auf etwas völlig anderem. Der Hund empfindet eine gewisse Anziehung zu seinem Herrn. Diese geht aus von der Wesenheit des letzteren. Diese Wesenheit bereitet dem Hunde Lust, wenn der Herr für ihn gegenwärtig ist. Und jedesmal, wenn diese Gegenwart des Herrn eintritt, ist sie die Veranlassung zu einer Erneuerung der Lust. Erinnerung ist aber nur dann vorhanden, wenn ein Wesen nicht bloß mit seinen Erlebnissen in der Gegenwart empfindet, sondern wenn es diejenigen der Vergangenheit bewahrt. Man könnte sogar dieses zugeben und dennoch in den Irrtum verfallen, der Hund habe Erinnerung. Man könnte nämlich sagen: er trauert, wenn sein Herr ihn verläßt, also bleibt ihm die Erinnerung an denselben. Auch das ist ein unrichtiges Urteil. Durch das Zusammenleben mit dem Herrn wird für den Hund dessen Gegenwart Bedürfnis, und er empfindet dadurch die Abwesenheit in ähnlicher Art, wie er den Hunger empfindet. Wer solche Unterscheidungen nicht macht, wird nicht zur Klarheit über die wahren Verhältnisse des Lebens kommen.

Aus gewissen Vorurteilen heraus wird man gegen diese Darstellung einwenden, daß man doch nicht wissen könne, ob beim Tiere etwas der menschlichen Erinnerung Ähnliches vorhanden sei oder nicht. Solcher Einwand beruht aber auf einer ungeschulten Beobachtung. Wer wirklich sinngemäß beobachten kann, wie sich das Tier im Zusammenhange seiner Erlebnisse verhält, der bemerkt den Unterschied dieses Verhaltens von dem des Menschen. Und er wird sich klar, daß das Tier sich so verhält, wie es dem Nichtvorhandensein der Erinnerung entspricht. Für die übersinnliche Beobachtung ist das ohne weiteres klar. Doch, was dieser übersinnlichen Beobachtung unmittelbar zum Bewußtsein kommt, das kann *an seinen Wirkungen* auf diesem Gebiete auch von der sinnlichen Wahrnehmung und deren denkender Durchdringung erkannt werden. Wenn man sagt, der Mensch wisse von *seiner* Erinnerung durch innere Seelenbeobachtung, die er doch beim Tiere nicht anstellen könne, so liegt einer solchen Behauptung ein verhängnisvoller Irrtum zugrunde. Was sich der Mensch über seine Erinnerungsfähigkeit zu sagen hat, das kann er nämlich gar nicht einer inneren Seelenbeobachtung entnehmen, sondern allein dem, was er mit sich in dem Verhalten zu den Dingen und Vorgängen der Außenwelt erlebt. Diese Erlebnisse macht er *mit sich* und mit einem andern Menschen und auch mit den Tieren auf die ganz gleiche Weise. Es ist nur ein Schein, der den Menschen blendet, wenn er glaubt, er *beurteile* das Vorhandensein der Erinnerung nur an der inneren Beobachtung. Was der Erinnerung als Kraft zugrunde liegt, mag innerlich genannt werden; das *Urteil* über diese Kraft wird auch für die eigene Person durch den Blick auf den Zusammenhang des Lebens an der Außenwelt erworben. Und diesen Zusammenhang kann man wie bei sich auch bei dem Tiere beurteilen. In bezug auf solche Dinge leidet unsere gebräuchliche Psychologie an ihren ganz ungeschulten, ungenauen, im hohen Maße durch Beobachtungsfehler täuschenden Vorstellungen.

Für das «Ich» bedeuten Erinnerung und Vergessen etwas durchaus Ähnliches wie für den Astralleib Wachen und Schlaf. Wie der Schlaf die Sorgen und Bekümmernisse des Tages in ein Nichts verschwinden läßt, so breitet Vergessen einen Schleier über die schlimmen Erfahrungen des Lebens und löscht dadurch einen Teil der Vergangenheit aus. Und wie der Schlaf notwendig ist, damit die erschöpften Lebenskräfte neu gestärkt werden, so muß der Mensch gewisse Teile seiner Vergangenheit aus der Erinnerung vertilgen, wenn er neuen Erlebnissen frei und unbefangen gegenüberstehen soll. Aber gerade aus dem Vergessen erwächst ihm Stärkung für die Wahrnehmung des Neuen. Man denke an Tatsachen wie das Lernen des Schreibens. Alle Einzelheiten, welche das Kind zu durchleben hat, um schreiben zu lernen, werden vergessen. Was bleibt, ist die Fähigkeit des Schreibens. Wie würde der Mensch schreiben, wenn beim jedesmaligen Ansetzen der Feder alle die Erlebnisse in der Seele als Erinnerung aufstiegen, welche beim Schreibenlernen durchgemacht werden mußten.

Nun tritt die Erinnerung in verschiedenen Stufen auf. Schon das ist die einfachste Form der Erinnerung, wenn der Mensch einen Gegenstand wahrnimmt und er dann nach dem Abwenden von dem Gegenstande die *Vorstellung* von ihm wieder erwecken kann. Diese Vorstellung hat der Mensch sich gebildet, während er den Gegenstand wahrgenommen hat. Es hat sich da ein Vorgang abgespielt zwischen seinem astralischen Leibe und seinem Ich. Der Astralleib hat den äußeren Eindruck von dem Gegenstande bewußt gemacht. Doch würde das Wissen von dem Gegenstande nur so lange dauern, als dieser *gegenwärtig* ist, wenn das Ich nicht das Wissen in sich aufnehmen und zu seinem Besitztume machen würde. – Hier an diesem Punkte scheidet die übersinnliche Anschauung das Leibliche von dem Seelischen. Man spricht vom *Astralleibe*, solange man die Entstehung des Wissens von einem gegenwärtigen Gegenstande im Auge hat. Dasjenige aber, was dem Wissen Dauer gibt, bezeichnet man als *Seele*. Man sieht aber zugleich aus dem Gesagten, wie eng verbunden im Menschen der Astralleib mit dem Teile der Seele ist, welcher dem Wissen Dauer verleiht. Beide sind gewissermaßen zu einem Gliede der menschlichen Wesenheit vereinigt. Deshalb kann man auch diese Vereinigung als Astralleib bezeichnen. Auch kann man, wenn man eine genaue Bezeichnung will, von dem Astralleib des Menschen als dem *Seelenleib* sprechen, und von der Seele, insofern sie mit diesem vereinigt ist, als der *Empfindungsseele*.

Das Ich steigt zu einer höheren Stufe seiner Wesenheit, wenn es seine Tätigkeit auf das richtet, was es aus dem Wissen der Gegenstände zu seinem Besitztum gemacht hat. Dies ist die Tätigkeit, durch welche sich das Ich von den Gegenständen der Wahrnehmung immer mehr loslöst, um in seinem eigenen Besitze zu arbeiten. Den Teil der Seele, dem dieses zukommt, kann man als *Verstandes-* oder *Gemütsseele* bezeichnen. – Sowohl der Empfindungsseele wie der

Verstandesseele ist es eigen, daß sie mit dem arbeiten, was sie durch die Eindrücke der von den Sinnen wahrgenommenen Gegenstände erhalten und davon in der Erinnerung bewahren. Die Seele ist da ganz hingegeben an das, was für sie ein Äußeres ist. Auch dies hat sie ja von außen empfangen, was sie durch die Erinnerung zu ihrem eigenen Besitz macht. Sie kann aber über all das hinausgehen. Sie ist nicht allein Empfindungs- und Verstandesseele. Die übersinnliche Anschauung vermag am leichtesten eine Vorstellung von diesem Hinausgehen zu bilden, wenn sie auf eine einfache Tatsache hinweist, die nur in ihrer umfassenden Bedeutung gewürdigt werden muß. Es ist diejenige, daß es im ganzen Umfange der Sprache einen einzigen Namen gibt, der seiner Wesenheit nach sich von allen andern Namen unterscheidet. Dies ist eben der Name «Ich». Jeden andern Namen kann dem Dinge oder Wesen, denen er zukommt, *jeder* Mensch geben. Das «Ich» als Bezeichnung für ein Wesen hat nur dann einen Sinn, wenn dieses Wesen sich diese Bezeichnung selbst beilegt. Niemals kann von außen an eines Menschen Ohr der Name «Ich» als seine Bezeichnung dringen; nur das Wesen selbst kann ihn auf sich anwenden. «Ich bin ein Ich nur für mich; für jeden andern bin ich ein Du; und jeder andere ist für mich ein Du.» Diese Tatsache ist der äußere Ausdruck einer tief bedeutsamen Wahrheit. Das eigentliche Wesen des «Ich» ist von allem Äußeren unabhängig; *deshalb* kann ihm sein Name auch von keinem Äußeren zugerufen werden. Jene religiösen Bekenntnisse, welche mit Bewußtsein ihren Zusammenhang mit der übersinnlichen Anschauung aufrechterhalten haben, nennen daher die Bezeichnung «Ich» den «unaussprechlichen Namen Gottes». Denn gerade auf das Angedeutete wird gewiesen, wenn dieser Ausdruck gebraucht wird. Kein Äußeres hat Zugang zu jenem Teile der menschlichen Seele, der hiermit ins Auge gefaßt ist. Hier ist das «verborgene Heiligtum» der Seele. Nur ein Wesen kann da Einlaß gewinnen, mit dem die Seele gleicher Art ist. «Der Gott, der im Menschen wohnt, spricht, wenn die Seele sich als Ich erkennt.» Wie die Empfindungsseele und die Verstandesseele in der äußeren Welt leben, so taucht ein drittes Glied der Seele in das Göttliche ein, wenn diese zur Wahrnehmung ihrer eigenen Wesenheit gelangt.

Leicht kann demgegenüber das Mißverständnis entstehen, als ob solche Anschauungen das Ich mit Gott für *Eins* erklärten. Aber sie sagen durchaus nicht, daß das Ich Gott sei, sondern nur, daß es mit dem Göttlichen von einerlei Art und Wesenheit ist. Behauptet denn jemand, der Tropfen Wasser, der dem Meere entnommen ist, sei das Meer, wenn er sagt: der Tropfen sei derselben Wesenheit oder Substanz wie das Meer? Will man durchaus einen Vergleich gebrauchen, so kann man sagen: wie der Tropfen sich zu dem Meere verhält, so verhält sich das «Ich» zum Göttlichen. Der Mensch kann in sich ein Göttliches finden, weil sein ureigenstes Wesen dem Göttlichen entnommen ist. So also erlangt der Mensch durch dieses sein drittes Seelenglied, ein inneres Wissen von sich selbst, wie er durch den Astralleib ein Wissen von der Außenwelt erhält. Deshalb kann die Geheimwissenschaft dieses dritte Seelenglied auch die *Bewußtseinsseele* nennen. Und in ihrem Sinne besteht das Seelische aus drei Gliedern: der Empfindungsseele, Verstandesseele und Bewußtseinsseele, wie das Leibliche aus drei Gliedern besteht, dem physischen Leib, dem Ätherleib und dem Astralleib.

Psychologische Beobachtungsfehler, ähnlich denjenigen, die schon für die Beurteilung der Erinnerungsfähigkeit besprochen worden sind, machen auch die rechte Einsicht in die Wesenheit des «Ich» schwierig. Man kann manches, das man glaubt einzusehen, für eine Widerlegung des oben in dieser Beziehung Ausgeführten halten, während es in Wahrheit eine Bestätigung darstellt. Solches ist der Fall, zum * Beispiel, mit den Bemerkungen, die *Eduard von Hartmann* auf Seite 55 f. seines «Grundrisses der Psychologie» über das «Ich» angibt: «Zunächst ist das Selbstbewußtsein älter als das Wort Ich. Die persönlichen Fürwörter sind ein ziemlich spätes Produkt der Sprachentwickelung und haben für die Sprache nur den Wert von Abkürzungen. Das Wort Ich ist ein kürzerer Ersatz für den Eigennamen des Redenden, aber ein Ersatz, den jeder Redende als solcher von sich braucht, gleichviel mit welchem Eigennamen die anderen ihn benennen. Das Selbstbewußtsein kann sich bei Tieren und bei ununterrichteten taubstummen Menschen sehr hoch entwickeln, selbst ohne an einen Eigennamen anzuknüpfen. Das Bewußtsein des Eigennamens kann vollständig den fehlenden Gebrauch des Ich ersetzen. Mit dieser Einsicht ist der magische Nimbus beseitigt, mit dem für viele das Wörtchen Ich umkleidet ist; es kann dem Begriff des Selbstbewußtseins nicht das mindeste hinzusetzen, sondern empfängt seinen ganzen Inhalt lediglich von diesem.» Man kann mit solchen Ansichten ganz einverstanden sein; auch damit, daß dem Wörtchen Ich kein magischer Nimbus verliehen werde, der die besonnene Anschauung über die Sache nur trübt. Aber für das Wesen einer *Sache* entscheidet nicht, wie allmählich die *Wortbezeichnung* für diese Sache herbeigeführt wird. Eben darauf kommt es an, daß die wirkliche Wesenheit des Ich im Selbstbewußtsein «älter ist als das Wort Ich». Und daß der Mensch genötigt ist, *dieses* mit seinen nur ihm zukommenden Eigenheiten behaftete Wörtchen für das zu gebrauchen, was er im Wechselverhältnis zur Außenwelt anders erlebt, als es das Tier erleben kann. So wenig irgend etwas über die Wesenheit des Dreiecks erkannt werden kann dadurch, daß man zeigt, wie das «Wort» Dreieck sich gebildet hat, so wenig entscheidet über die Wesenheit des Ich, was man wissen kann darüber, wie aus anderem Wortgebrauch der das Ich in der *Sprachentwickelung* sich gestaltet hat.

In der Bewußtseinsseele enthüllt sich erst die wirkliche Natur des «Ich». Denn während sich die Seele in Empfindung und Verstand an anderes verliert, ergreift sie als Bewußtseinsseele ihre eigene Wesenheit. Daher kann dieses «Ich» durch die Bewußtseinsseele auch nicht anders als durch eine gewisse innere Tätigkeit wahrgenommen werden. Die Vorstellungen von äußeren Gegenständen werden gebildet, so wie diese Gegenstände kommen und gehen; und diese Vorstellungen arbeiten im Verstande weiter durch ihre eigene Kraft. Soll aber das «Ich» sich selbst wahrnehmen, so kann es nicht bloß sich *hingeben;* es muß durch innere Tätigkeit seine Wesenheit aus den eigenen Tiefen erst heraufholen, um ein Bewußtsein davon zu haben. Mit der Wahrnehmung des «Ich» – mit der *Selbstbesinnung* – beginnt eine innere Tätigkeit des «Ich». Durch diese Tätigkeit hat die Wahrnehmung des Ich in der Bewußtseinsseele für den Menschen eine ganz andere Bedeutung als die Beobachtung alles dessen, was durch die drei Leibesglieder und durch die beiden andern Glieder der Seele an ihn herandringt. Die Kraft, welche in der Bewußtseinsseele das Ich offenbar macht, ist ja dieselbe wie diejenige, welche sich in aller übrigen Welt kundgibt. Nur tritt sie in dem Leibe und in den niederen Seelengliedern nicht unmittelbar hervor, sondern offenbart sich stufenweise in ihren Wirkungen. Die unterste Offenbarung ist diejenige durch den physischen Leib; dann geht es stufenweise hinauf bis zu dem, was die Verstandesseele erfüllt. Man könnte sagen, mit dem Hinansteigen über jede Stufe fällt einer der Schleier, mit denen das Verborgene umhüllt ist. In dem, was die Bewußtseinsseele erfüllt, tritt dieses Verborgene hüllenlos in den innersten Seelentempel. Doch zeigt es sich da eben nur wie ein Tropfen aus dem Meere der alles durchdringenden Geistigkeit. Aber der Mensch muß diese Geistigkeit hier zunächst ergreifen. Er muß sie in sich selbst erkennen; dann kann er sie auch in ihren Offenbarungen finden.

Was da wie ein Tropfen hereindringt in die Bewußtseinsseele, das nennt die Geheimwissenschaft den *Geist*. So ist die Bewußtseinsseele mit dem Geiste verbunden, der das *Verborgene* in allem Offenbaren ist. Wenn der Mensch nun den Geist in aller Offenbarung ergreifen will, so muß er dies auf dieselbe Art tun, wie er das Ich in der Bewußtseinsseele ergreift. Er muß die Tätigkeit, welche ihn zum Wahrnehmen dieses Ich geführt hat, auf die offenbare Welt hinwenden. Dadurch aber entwickelt er sich zu höheren Stufen seiner Wesenheit. Er setzt den Leibes- und Seelengliedern Neues an. Das nächste ist, daß er dasjenige auch noch selbst erobert, was in den niederen Gliedern seiner Seele verborgen liegt. Und dies geschieht durch seine vom Ich ausgehende Arbeit an seiner Seele. Wie der Mensch in dieser Arbeit begriffen ist, das wird anschaulich, wenn man einen Menschen, der noch ganz niederem Begehren und sogenannter sinnlicher Lust hingegeben ist, vergleicht mit einem edlen Idealisten. Der letztere wird aus dem ersteren, wenn jener sich von gewissen niederen Neigungen abzieht und höheren zuwendet. Er hat dadurch *vom Ich aus* veredelnd, vergeistigend auf seine Seele gewirkt. Das Ich ist Herr geworden innerhalb des Seelenlebens. Das kann so weit gehen, daß in der Seele keine Begierde, keine Lust Platz greift, ohne daß das Ich die Gewalt ist, welche den Einlaß ermöglicht. Auf diese Art wird dann die ganze Seele eine Offenbarung des Ich, wie es vorher nur die Bewußtseinsseele war. Im Grunde besteht alles Kulturleben und alles geistige Streben der Menschen aus einer Arbeit, welche diese Herrschaft des Ich zum Ziele hat. *Jeder* gegenwärtig lebende Mensch ist in dieser Arbeit begriffen: er mag wollen oder nicht, er mag von dieser Tatsache ein Bewußtsein haben oder nicht.

Durch diese Arbeit aber geht es zu höheren Stufen der Menschenwesenheit hinan. Der Mensch entwickelt durch sie neue Glieder seiner Wesenheit. Diese liegen als Verborgenes hinter dem für ihn Offenbaren. Es kann sich der Mensch aber nicht nur durch die Arbeit an seiner Seele vom Ich aus zum Herrscher über diese Seele machen, so daß diese aus dem Offenbaren das Verborgene hervortreibt, sondern er kann diese Arbeit auch erweitern. Er kann übergreifen auf den Astralleib. Dadurch bemächtigt sich das Ich dieses Astralleibes, indem es sich mit dessen verborgener Wesenheit vereinigt. Dieser durch das Ich eroberte, von ihm umgewandelte Astralleib kann das *Geistselbst* genannt werden. (Es ist dies dasselbe, was man in Anlehnung an die morgenländische Weisheit «Manas» nennt.) In dem Geistselbst ist ein höheres Glied der Menschenwesenheit gegeben, ein solches, das * in ihr gleichsam keimhaft vorhanden ist und das im Laufe ihrer Arbeit an sich selbst immer mehr herauskommt.

Wie der Mensch seinen Astralleib erobert dadurch, daß er zu den verborgenen Kräften, die hinter ihm stehen, vordringt, so geschieht das im Laufe der Entwickelung auch mit dem Ätherleibe. Die Arbeit an diesem Ätherleibe ist aber eine intensivere als die am Astralleibe; denn was sich in dem ersteren verbirgt, das ist in zwei, das Verborgene des Astralleibes jedoch nur in einen Schleier gehüllt. Man kann sich einen Begriff von dem Unterschiede in der Arbeit an den beiden Leibern bilden, indem man auf gewisse Veränderungen hinweist, die mit dem Menschen im Verlaufe seiner Entwickelung eintreten können. Man denke zunächst, wie gewisse Seeleneigenschaften des Menschen sich entwickeln, wenn das Ich an der Seele arbeitet. Wie Lust und Begierden, Freude und Schmerz sich ändern können. Der Mensch braucht da nur zurückzudenken an die Zeit seiner Kindheit. Woran hat er da seine Freude gehabt; was hat ihm Leid verursacht? Was hat er zu dem hinzugelernt, was er in der Kindheit gekonnt hat? Alles das aber ist nur ein Ausdruck davon, wie das Ich die Herrschaft erlangt hat über den Astralleib. Denn dieser ist ja der Träger von Lust und Leid, von Freude und Schmerz. Und man vergleiche damit, wie wenig sich im Laufe der Zeit gewisse andere Eigenschaften des Menschen ändern, zum Beispiel sein Temperament, die tieferen Eigentümlichkeiten seines Charakters usw. Ein Mensch, der als Kind jähzornig ist, wird gewisse Seiten des Jähzorns auch für seine Entwickelung in das spätere Leben hinein oft beibehalten. Die Sache ist so auffallend, daß es Denker gibt, welche die Möglichkeit ganz in Abrede stellen, daß der Grundcharakter eines Menschen sich ändern könne. Sie nehmen an, daß dieser etwas durch das Leben hindurch Bleibendes sei, welches sich nur nach dieser oder jener Seite offenbare. Ein solches Urteil beruht aber nur auf einem Mangel in der Beobachtung. Wer den Sinn dafür hat, solche Dinge zu sehen, dem wird klar, daß sich auch Charakter und Temperament des Menschen unter dem Einflusse seines Ich ändern. Allerdings ist diese Änderung im Verhältnis zur Änderung der vorhin gekennzeichneten Eigenschaften eine langsame. Man kann den Vergleich gebrauchen, daß das Verhältnis der beiderlei Änderungen ist wie das Vorrücken des Stundenzeigers der Uhr im Verhältnis zum Minutenzeiger. Nun gehören die Kräfte, welche diese Änderung von Charakter oder Temperament bewirken, dem verborgenen Gebiet des Ätherleibes an. Sie sind gleicher Art mit den Kräften, welche im Reiche des Lebens herrschen, also mit den Wachstums-, Ernährungskräften und denjenigen, welche der Fortpflanzung dienen. Auf diese Dinge wird durch die weiteren Ausführungen dieser Schrift das rechte Licht fallen. – Also nicht, wenn sich der Mensch bloß hingibt an Lust und Leid, an Freude und Schmerz, arbeitet das Ich am Astralleib, sondern wenn sich die Eigentümlichkeiten dieser Seeleneigenschaften ändern. Und ebenso erstreckt sich die Arbeit auf den Ätherleib, wenn das Ich seine Tätigkeit an eine Änderung seiner Charaktereigenschaften, seiner Temperamente usw. wendet. Auch an dieser letzteren Änderung arbeitet jeder Mensch: er mag sich dessen bewußt sein oder nicht. Die stärksten Impulse, welche im gewöhnlichen Leben auf diese Änderung hinarbeiten, sind die religiösen. Wenn das Ich die Antriebe, die aus der Religion fließen, immer wieder und wieder auf sich wirken läßt, so bilden diese in ihm eine Macht, welche bis in den Ätherleib hineinwirkt und diesen ebenso wandelt, wie geringere Antriebe des Lebens die Verwandlung des Astralleibes bewirken. Diese geringeren Antriebe des Lebens, welche durch Lernen, Nachdenken, Veredelung der Gefühle usw. an den Menschen herankommen, unterliegen dem mannigfaltig wechselnden Dasein; die religiösen Empfindungen drücken aber allem Denken, Fühlen und Wollen etwas Einheitliches auf. Sie breiten gleichsam ein gemeinsames, einheitliches Licht über das ganze Seelenleben aus. Der Mensch denkt und fühlt heute dies, morgen jenes. Dazu führen die verschiedensten Veranlassungen. Wer aber durch sein wie immer geartetes religiöses Empfinden etwas ahnt, das sich durch allen Wechsel hindurchzieht, der wird, was er heute denkt und fühlt, ebenso auf diese Grundempfindung beziehen wie die morgigen Erlebnisse seiner Seele. Das religiöse Bekenntnis hat dadurch etwas Durchgreifendes im Seelenleben; seine Einflüsse verstärken sich im Laufe der Zeit immer mehr, weil sie in fortdauernder Wiederholung wirken. Deshalb erlangen sie die Macht, auf den Ätherleib zu wirken. – In ähnlicher Art wirken die Einflüsse der wahren Kunst auf den Menschen. Wenn er durch die äußere Form, durch Farbe und Ton eines Kunstwerkes die geistigen Untergründe desselben mit Vorstellen und Gefühl durchdringt, dann wirken die Impulse, welche dadurch das Ich empfängt, in der Tat auch bis auf den Ätherleib. Wenn man diesen Gedanken zu Ende denkt, so kann man ermessen, welch ungeheure Bedeutung die Kunst für alle menschliche Entwickelung hat. Nur auf einiges ist hiermit hingewiesen, was dem Ich die Antriebe liefert, auf den Ätherleib zu wirken. Es gibt viele dergleichen Einflüsse im Menschenleben, die dem beobachtenden Blick nicht so offen liegen wie die genannten. Aber schon aus diesen ist ersichtlich, daß im Menschen ein weiteres Glied seiner Wesenheit verborgen ist, welches das Ich immer mehr und mehr herausarbeitet. Man kann dieses Glied als das zweite des Geistes, und zwar als den *Lebensgeist* bezeichnen. (Es ist dasselbe, was man mit Anlehnung an die morgenländische Weisheit «Buddhi» nennt.) Der Ausdruck «Lebensgeist» ist deshalb der entsprechende, weil in dem, was er bezeichnet, dieselben Kräfte wirksam sind wie in dem «Lebensleib»; nur ist in diesen Kräften, wenn sie als Lebensleib sich offenbaren, das menschliche Ich nicht tätig. Äußern sie sich aber als Lebensgeist, so sind sie von der Tätigkeit des Ich durchsetzt.

Die intellektuelle Entwickelung des Menschen, seine Läuterung und Veredelung von Gefühlen und Willensäußerungen sind das Maß seiner Verwandlung des Astralleibes zum Geistselbst; seine religiösen Erlebnisse und manche anderen Erfahrungen prägen sich dem Ätherleibe ein und machen diesen zum Lebensgeist. Im gewöhnlichen Verlaufe des Lebens geschieht dies mehr oder weniger unbewußt, dagegen besteht die sogenannte *Einweihung* des Menschen darin, daß er durch die übersinnliche Erkenntnis auf die Mittel hingewiesen wird, wodurch er diese Arbeit im Geistselbst und Lebensgeist ganz bewußt in die Hand nehmen kann. Von diesen Mitteln wird in späteren Teilen dieser Schrift die Rede sein. Vorläufig handelte es sich darum, zu zeigen, daß im Menschen außer der Seele und dem Leibe auch der Geist wirksam ist. Auch das wird sich später zeigen, wie dieser Geist zum *Ewigen* des Menschen, im Gegensatz zu dem vergänglichen Leibe, gehört.

Mit der Arbeit am Astralleib und am Ätherleib ist aber die Tätigkeit des Ich noch nicht erschöpft. Diese erstreckt sich auch auf den physischen Leib. Einen Anflug von dem Einflusse des Ich auf den physischen Leib kann man sehen, wenn durch gewisse Erlebnisse zum Beispiel Erröten oder Erbleichen eintreten. Hier ist das Ich in der Tat der Veranlasser eines Vorganges im physischen Leib. Wenn nun durch die Tätigkeit des Ich im Menschen Veränderungen eintreten in bezug auf seinen Einfluß im physischen Leibe, so ist das Ich wirklich vereinigt mit den verborgenen Kräften dieses physischen Leibes. Mit denselben Kräften, welche seine physischen Vorgänge bewirken. Man kann dann sagen, das Ich arbeitet durch eine solche Tätigkeit am physischen Leibe. Es darf dieser Ausdruck nicht mißverstanden werden. Die Meinung darf gar nicht aufkommen, als ob diese Arbeit etwas Grob-Materielles sei. Was am physischen Leibe als das Grob-Materielle erscheint, das ist ja nur das Offenbare an ihm. Hinter diesem Offenbaren liegen die verborgenen Kräfte seines Wesens. Und diese sind geistiger Art. Nicht von einer Arbeit an dem Materiellen, als welches der physische Leib *erscheint*, soll hier gesprochen werden, sondern von der geistigen Arbeit an den unsichtbaren Kräften, welche ihn entstehen lassen und wieder zum Zerfall bringen. Für das gewöhnliche Leben kann dem Menschen diese Arbeit des Ich am physischen Leibe nur mit einer sehr geringen Klarheit zum Bewußtsein kommen. Diese Klarheit kommt im vollen Maße erst, wenn unter dem Einfluß der übersinnlichen Erkenntnis der Mensch die Arbeit bewußt in die Hand nimmt. Dann aber tritt zutage, daß es noch ein drittes geistiges Glied im Menschen gibt. Es ist dasjenige, welches der *Geistesmensch* im Gegensatze zum physischen Menschen genannt werden kann. (In der morgenländischen Weisheit heißt dieser «Geistesmensch» das «Atma».) *

Man wird in bezug auf den Geistesmenschen auch dadurch leicht irregeführt, daß man in dem physischen Leibe das niedrigste Glied des Menschen sieht und sich deswegen mit der Vorstellung nur schwer abfindet, daß die Arbeit an diesem physischen Leibe zu dem höchsten Glied in der Menschenwesenheit kommen soll. Aber gerade deswegen, weil der physische Leib den in ihm tätigen Geist unter drei Schleiern verbirgt, gehört die höchste Art von menschlicher Arbeit dazu, um das Ich mit dem zu einigen, was sein verborgener Geist ist.

So stellt sich der Mensch für die Geheimwissenschaft als eine aus verschiedenen Gliedern zusammengesetzte Wesenheit dar. Leiblicher Art sind: der physische Leib, der Ätherleib und der Astralleib. Seelisch sind: Empfindungsseele, Verstandesseele und Bewußtseinsseele. In der Seele breitet das Ich sein Licht aus. Und geistig sind: Geistselbst, Lebensgeist und Geistesmensch. Aus den obigen Ausführungen geht hervor, daß die Empfindungsseele und der Astralleib eng vereinigt sind und in einer gewissen Beziehung ein Ganzes ausmachen. In ähnlicher Art sind Bewußtseinsseele und Geistselbst ein Ganzes. Denn in der Bewußtseinsseele leuchtet der Geist auf und von ihr aus durchstrahlt er die andern Glieder der Menschennatur. Mit Rücksicht darauf kann man auch von der folgenden Gliederung des Menschen sprechen. Man kann Astralleib und Empfindungsseele als ein Glied zusammenfassen, ebenso Bewußtseinsseele und Geistselbst und kann die *Verstandesseele*, weil sie an der Ich-Natur Teil hat, weil sie in einer gewissen Beziehung schon das «Ich» ist, das sich seiner Geistwesenheit nur noch nicht bewußt ist, als «Ich» schlechtweg bezeichnen und bekommt dann sieben Teile des Menschen: 1. Physischer Leib; 2. Ätherleib oder Lebensleib;

3. Astralleib; 4. Ich; 5. Geistselbst; 6. Lebensgeist; 7. Geistmensch.

Auch für den an materialistische Vorstellungen gewöhnten Menschen würde diese Gliederung des Menschen im Sinne der Siebenzahl nicht das «unklar Zauberhafte» haben, das er ihr oft zuschreibt, wenn er sich genau an den Sinn der obigen Auseinandersetzungen halten würde und nicht von vornherein dieses «Zauberhafte» selbst in die Sache hineinlegen würde. In keiner andern Art, nur vom Gesichtspunkte einer höheren Form der Weltbeobachtung aus, sollte von diesen «sieben» Gliedern des Menschen gesprochen werden, so wie man von den sieben Farben des Lichtes spricht oder von den sieben Tönen der Tonleiter (indem man die Oktave als eine Wiederholung des Grundtones betrachtet). Wie das Licht in sieben Farben, der Ton in sieben Stufen erscheint, so die *einheitliche* Menschennatur in den gekennzeichneten sieben Gliedern. So wenig die Siebenzahl bei Ton und Farbe etwas von «Aberglauben» mit sich führt, so wenig ist das mit Bezug auf sie bei der Gliederung des Menschen der Fall. (Es ist bei einer Gelegenheit, als dies einmal mündlich vorgebracht worden ist, gesagt worden, daß die Sache bei den Farben mit der Siebenzahl doch nicht stimme, da jenseits des «Roten» und des «Violetten» doch auch noch Farben liegen, welche das Auge nur nicht wahrnimmt. Aber auch in Anbetracht dessen stimmt der Vergleich mit den Farben, denn auch jenseits des physischen Leibes auf der einen Seite und jenseits des Geistesmenschen anderseits setzt sich die Wesenheit des Menschen fort; nur sind für die Mittel der geistigen Beobachtung diese Fortsetzungen «geistig unsichtbar», wie die Farben jenseits von Rot und Violett für das physische Auge unsichtbar sind. Diese Bemerkung mußte gemacht werden, weil so leicht die Meinung aufkommt, die übersinnliche Anschauung nehme es mit dem naturwissenschaftlichen Denken nicht genau, sie sei in bezug auf dasselbe dilettantisch. Wer aber richtig zusieht, was mit dem Gesagten gemeint ist, der kann finden, daß dies in Wahrheit nirgends in einem Widerspruch steht mit der echten Naturwissenschaft; weder wenn naturwissenschaftliche Tatsachen zur Veranschaulichung herangezogen werden, noch auch wenn mit den hier gemachten Äußerungen auf ein unmittelbares Verhältnis zu der Naturforschung gedeutet wird.)

Man kann das Wesen des wachen Bewußtseins nicht durchdringen ohne die Beobachtung desjenigen Zustandes, welchen der Mensch während des Schlafens durchlebt; und man kann dem Rätsel des Lebens nicht beikommen, ohne den Tod zu betrachten. Für einen Menschen, in dem kein Gefühl lebt von der Bedeutung der übersinnlichen Erkenntnis, können sich schon daraus Bedenken gegen diese ergeben, wie sie ihre Betrachtungen des Schlafes und des Todes treibt. Diese Erkenntnis kann die Beweggründe würdigen, aus denen solche Bedenken entspringen. Denn es ist nichts Unbegreifliches, wenn jemand sagt, der Mensch sei für das tätige, wirksame Leben da und sein Schaffen beruhe auf der Hingabe an dieses. Und die Vertiefung in Zustände wie Schlaf und Tod könne nur aus dem Sinn für müßige Träumerei entspringen und zu nichts anderem als zu leerer Phantastik führen. Es können leicht Menschen in der Ablehnung einer solchen «Phantastik» den Ausdruck einer gesunden Seele sehen und in der Hingabe an derlei «müßige Träumereien» etwas Krankhaftes, das nur Personen eignen mag, denen es an Lebenskraft und Lebensfreude mangelt und die nicht zum «wahren Schaffen» befähigt sind. Man tut Unrecht, wenn man ein solches Urteil ohne weiteres als unrichtig hinstellt. Denn es hat einen gewissen wahren Kern in sich; es ist eine Viertelwahrheit, die durch die übrigen drei Viertel, welche zu ihr gehören, ergänzt werden muß. Und man macht denjenigen, der das eine Viertel ganz gut einsieht, von den andern drei Vierteln aber nichts ahnt, nur mißtrauisch, wenn man das eine richtige Viertel bekämpft. – Es muß nämlich unbedingt zugegeben werden, daß eine

Betrachtung dessen, was Schlaf und Tod verhüllen, krankhaft ist, wenn sie zu einer Schwächung, zu einer Abkehr vom wahren Leben führt. Und nicht weniger kann man damit einverstanden sein, daß vieles, was sich von jeher in der Welt Geheimwissenschaft genannt hat und was auch gegenwärtig unter diesem Namen getrieben wird, ein ungesundes, lebensfeindliches Gepräge trägt. Aber dieses Ungesunde entspringt durchaus nicht aus *wahrer* übersinnlicher Erkenntnis. Der wahre Tatbestand ist vielmehr der folgende. Wie der Mensch nicht immer wachen kann, so kann er auch für die wirklichen Verhältnisse des Lebens in seinem ganzen Umfange nicht auskommen ohne das, was ihm das Übersinnliche zu geben vermag. Das Leben dauert fort im Schlafe, und die Kräfte, welche im Wachen arbeiten und schaffen, holen sich ihre Stärke und ihre Erfrischung aus dem, was ihnen der Schlaf gibt. So ist es mit dem, was der Mensch in der offenbaren Welt beobachten kann. Das Gebiet der Welt ist weiter als das Feld *dieser* Beobachtung. Und was der Mensch im Sichtbaren erkennt, das *muß* ergänzt und befruchtet werden durch dasjenige, was er über die unsichtbaren Welten zu wissen vermag. Ein Mensch, der sich nicht immer wieder die Stärkung der erschlafften Kräfte aus dem Schlafe holte, müßte sein Leben zur Vernichtung führen; ebenso muß eine Weltbetrachtung zur Verödung führen, die nicht durch die Erkenntnis des Verborgenen befruchtet wird. Und ähnlich ist es mit dem «Tode». Die lebenden Wesen verfallen dem Tode, damit neues Leben entstehen könne. Es ist eben die Erkenntnis des Übersinnlichen, welche klares Licht verbreitet über den schönen Satz Goethes: Die Natur hat den Tod erfunden, um viel Leben zu haben. *
Wie es kein Leben im gewöhnlichen Sinne geben könnte

ohne den Tod, so kann es keine wirkliche Erkenntnis der sichtbaren Welt geben ohne den Einblick in das Übersinnliche. Alles Erkennen des Sichtbaren muß immer wieder und wieder in das Unsichtbare untertauchen, um sich entwickeln zu können. So ist ersichtlich, daß die Wissenschaft vom Übersinnlichen erst das Leben des offenbaren Wissens möglich macht; sie schwächt niemals das Leben, wenn sie in ihrer wahren Gestalt auftaucht; sie stärkt es und macht es immer wieder frisch und gesund, wenn es sich, auf sich selbst angewiesen, schwach und krank gemacht hat.

Wenn der Mensch in Schlaf versinkt, dann verändert sich der Zusammenhang in seinen Gliedern. Das, was vom schlafenden Menschen auf der Ruhestätte liegt, enthält den physischen Leib und den Ätherleib, nicht aber den Astralleib und nicht das Ich. Weil der Ätherleib mit dem physischen Leibe im Schlafe verbunden bleibt, deshalb dauern die Lebenswirkungen fort. Denn in dem Augenblicke, wo der physische Leib sich selbst überlassen wäre, müßte er zerfallen. Was aber im Schlafe ausgelöscht ist, das sind die Vorstellungen, das ist Leid und Lust, Freude und Kummer, das ist die Fähigkeit, einen bewußten Willen zu äußern, und ähnliche Tatsachen des Daseins. Von alledem ist aber der Astralleib der Träger. Es kann für ein unbefangenes Urteilen natürlich die Meinung gar nicht in Betracht kommen, daß im Schlafe der Astralleib mit aller Lust und allem Leid, mit der ganzen Vorstellungs- und Willenswelt vernichtet sei. Er ist eben in einem andern Zustande vorhanden. Daß das menschliche Ich und der Astralleib nicht nur mit Lust und Leid und all dem andern Genannten erfüllt sei, sondern davon auch eine bewußte Wahrnehmung habe, dazu ist notwendig, daß der Astralleib mit dem physischen Leib und Ätherleib verbunden sei. Im Wachen ist er dieses, im Schlafen ist er es nicht. Er hat sich aus ihm herausgezogen. Er hat eine andere Art des Daseins angenommen als diejenige ist, die ihm während seiner Verbindung mit physischem Leibe und Ätherleibe zukommt. Es ist nun die Aufgabe der Erkenntnis des Übersinnlichen, diese andere Art des Daseins im Astralleibe zu betrachten. Für die Beobachtung in der äußeren Welt entschwindet der Astralleib im Schlafe; die übersinnliche Anschauung hat ihn nun zu verfolgen in seinem Leben, bis er wieder Besitz vom physischen Leibe und Ätherleibe beim Erwachen ergreift. Wie in allen Fällen, in denen es sich um die Erkenntnis der verborgenen Dinge und Vorgänge der Welt handelt, gehört zum Auffinden der wirklichen Tatsachen des Schlafzustandes in ihrer eigenen Gestalt die übersinnliche Beobachtung; wenn aber einmal ausgesprochen ist, was durch diese gefunden werden kann, dann ist dieses für ein wahrhaft unbefangenes Denken ohne weiteres verständlich. Denn die Vorgänge der verborgenen Welt zeigen sich in ihren Wirkungen in der offenbaren. Ersieht man, wie das, was die übersinnliche Betrachtung angibt, die sinnenfälligen Vorgänge verständlich macht, so ist eine solche Bestätigung durch das Leben der Beweis, den man für diese Dinge verlangen kann. Wer nicht die später anzugebenden Mittel zur Erlangung der übersinnlichen Beobachtung gebrauchen will, der kann die folgende Erfahrung machen. Er kann zunächst die Angaben der übersinnlichen Erkenntnis hinnehmen und dann sie auf die offenbaren Dinge seiner Erfahrung anwenden. Er kann auf diese Art finden, daß das Leben dadurch klar und verständlich wird. Und er wird zu dieser Überzeugung um so mehr kommen, je genauer und eingehender er das gewöhnliche Leben betrachtet.

Wenn auch der Astralleib während des Schlafes keine Vorstellungen erlebt, wenn er auch nicht Lust und Leid und ähnliches erfährt: er bleibt nicht untätig. Ihm obliegt vielmehr gerade im Schlafzustande eine rege Tätigkeit. Es ist eine Tätigkeit, in welche er in rhythmischer Folge immer wieder eintreten muß, wenn er eine Zeitlang in Gemeinschaft mit dem physischen und dem Ätherleib tätig war. Wie ein Uhrpendel, nachdem es nach links ausgeschlagen hat und wieder in die Mittellage zurückgekommen ist, durch die bei diesem Ausschlag gesammelte Kraft nach rechts ausschlagen muß: so müssen der Astralleib und das in seinem Schoße befindliche Ich, nachdem sie einige Zeit in dem physischen und dem Ätherleib tätig waren, durch die Ergebnisse dieser Tätigkeit eine folgende Zeit leibfrei in einer seelisch-geistigen Umwelt ihre Regsamkeit entfalten. Für die gewöhnliche Lebensverfassung des Menschen tritt innerhalb dieses leibfreien Zustandes des Astralleibes und des Ich Bewußtlosigkeit ein, weil diese eben den *Gegensatz* gegenüber dem im Wachzustande durch Zusammensein mit physischem und Ätherleib entwickelten Bewußtseinszustand darstellt: wie der rechte Pendelausschlag den Gegensatz des linken bildet. Die Notwendigkeit, in diese Bewußtlosigkeit einzutreten, wird von dem Geistig-Seelischen des Menschen als *Ermüdung* empfunden. Aber diese Ermüdung ist der Ausdruck dafür, daß Astralleib und Ich während des Schlafes sich bereit machen, im folgenden Wachzustande am physischen und Ätherleibe wieder zurückzubilden, was in diesen, solange sie frei vom Geistig-Seelischen waren, durch rein organische – unbewußte – Bildetätigkeit entstanden ist. Diese unbewußte

Bildetätigkeit und dasjenige, was im Menschenwesen während des Bewußtseins und durch dieses geschieht, sind Gegensätze. Solche Gegensätze, die in rhythmischer Folge sich abwechseln müssen. – Es kann dem physischen Leib die ihm für den Menschen zukommende Form und Gestalt nur durch den menschlichen Ätherleib erhalten werden. Aber diese menschliche Form des physischen Leibes kann nur durch einen solchen Ätherleib erhalten werden, dem seinerseits wieder von dem Astralleibe die entsprechenden Kräfte zugeführt werden. Der Ätherleib ist der Bildner, der Architekt des physischen Leibes. Er kann aber nur im richtigen Sinne bilden, wenn er die Anregung zu der Art, wie er zu bilden hat, von dem Astralleibe erhält. In diesem sind die *Vorbilder*, nach denen der Ätherleib dem physischen Leibe seine Gestalt gibt. Während des Wachens ist nun der Astralleib nicht mit diesen Vorbildern für den physischen Leib erfüllt oder wenigstens nur bis zu einem bestimmten Grade. Denn während des Wachens setzt die Seele ihre eigenen Bilder an die Stelle dieser Vorbilder. Wenn der Mensch die Sinne auf seine Umgebung richtet, so bildet er sich eben durch die Wahrnehmung in seinen Vorstellungen Bilder, welche die Abbilder der ihn umgebenden Welt sind. Diese Abbilder sind zunächst Störenfriede für diejenigen Bilder, welche den Ätherleib anregen zur Erhaltung des physischen Leibes. Nur dann, wenn der Mensch aus eigener Tätigkeit seinem Astralleibe diejenigen Bilder zuführen könnte, welche dem Ätherleibe die richtige Anregung geben können, dann wäre eine solche Störung nicht vorhanden. Im Menschendasein spielt aber gerade diese Störung eine wichtige Rolle. Und sie drückt sich dadurch aus, daß während des Wachens die Vorbilder für den Ätherleib nicht in ihrer vollen Kraft wirken. Seine Wachleistung vollbringt der Astralleib innerhalb des physischen Leibes; im Schlafe arbeitet er an diesem von außen*.

Wie der physische Leib zum Beispiel in der Zufuhr der Nahrungsmittel die Außenwelt braucht, mit der er gleicher Art ist, so ist etwas Ähnliches auch für den Astralleib der Fall. Man denke sich einen physischen Menschenleib aus der ihn umgebenden Welt entfernt. Er müßte zugrunde gehen. Das zeigt, daß er ohne die ganze physische Umgebung nicht möglich ist. In der Tat muß die ganze Erde eben so sein, wie sie ist, wenn auf ihr physische Menschenleiber vorhanden sein sollen. In Wahrheit ist nämlich dieser ganze Menschenleib nur ein Teil der Erde, ja in weiterem Sinne des ganzen physischen Weltalls. Er verhält sich in dieser Beziehung wie zum Beispiel der Finger einer Hand zu dem ganzen menschlichen Körper. Man trenne den Finger von der Hand, und er kann kein Finger bleiben. Er verdorrt. So auch müßte es dem menschlichen Leibe ergehen, wenn er von demjenigen Leibe entfernt würde, von dem er ein Glied ist; von den Lebensbedingungen, welche ihm die Erde liefert. Man erhebe ihn eine genügende Anzahl von Meilen über die Oberfläche der Erde, und er wird verderben, wie der Finger verdirbt, den man von der Hand abschneidet. Wenn der Mensch gegenüber seinem physischen Leibe diese Tatsache weniger beachtet als gegenüber Finger und Körper, so beruht das lediglich darauf, daß der Finger nicht am Leibe herumspazieren kann wie der Mensch auf der Erde, und daß für jenen daher die Abhängigkeit leichter in die Augen springt.

* Über das Wesen der Ermüdung vergleiche man die am Schlusse dieses Buches angefügten «Einzelheiten aus dem Gebiete der Geisteswissenschaft».

Wie nun der physische Leib in die physische Welt eingebettet ist, zu der er gehört, so ist der Astralleib zu der seinigen gehörig. Nur wird er durch das Wachleben aus dieser seiner Welt herausgerissen. Man kann das, was da vorgeht, mit einem Vergleiche sich veranschaulichen. Man denke sich ein Gefäß mit Wasser. Ein Tropfen ist innerhalb dieser ganzen Wassermasse nichts für sich Abgesondertes. Man nehme aber ein kleines Schwämmchen und sauge damit einen Tropfen aus der ganzen Wassermasse heraus. So etwas geht mit dem menschlichen Astralleibe beim Erwachen vor sich. Während des Schlafes ist er in einer mit ihm gleichen Welt. Er bildet etwas in einer gewissen Weise zu dieser Gehöriges. Beim Erwachen saugen ihn der physische Leib und der Ätherleib auf. Sie erfüllen sich mit ihm. Sie enthalten die Organe, durch die er die äußere Welt wahrnimmt. Er aber muß, um zu dieser Wahrnehmung zu kommen, aus seiner Welt sich herausscheiden. Aus dieser seiner Welt aber kann er nur die Vorbilder erhalten, welche er für den Ätherleib braucht. – Wie dem physischen Leibe zum Beispiel die Nahrungsmittel aus seiner Umgebung zukommen, so kommen dem Astralleib während des Schlafzustandes die *Bilder* der ihn umgebenden Welt zu. Er lebt da in der Tat außerhalb des physischen und des Ätherleibes im Weltall. In demselben Weltall, aus dem heraus der ganze Mensch geboren ist. In diesem Weltall ist die Quelle der Bilder, durch die der Mensch seine Gestalt erhält. Er ist harmonisch diesem Weltall eingegliedert. Und er hebt sich während des Wachens heraus aus dieser umfassenden Harmonie, um zu der äußeren Wahrnehmung zu kommen. Im Schlaf kehrt sein Astralleib in diese Harmonie des Weltalls zurück. Er führt beim Erwachen aus dieser so viel Kraft in seine Leiber ein, daß er das Verweilen in der Harmonie wieder für einige Zeit entbehren kann. Der Astralleib kehrt während des Schlafes in seine Heimat zurück und bringt sich beim Erwachen neugestärkte Kräfte in das Leben mit. Den äußeren Ausdruck findet der Besitz, den der Astralleib beim Erwachen mitbringt, in der Erquickung, welche ein gesunder Schlaf verleiht. Die weiteren Darlegungen der Geheimwissenschaft werden ergeben, daß diese Heimat des Astralleibes umfassender ist als dasjenige, was zum physischen Körper im engeren Sinne von der physischen Umgebung gehört. Während nämlich der Mensch als physisches Wesen ein Glied der Erde ist, gehört sein Astralleib Welten an, in welche noch andere Weltkörper eingebettet sind als unsere Erde. Er tritt dadurch – was, wie gesagt, erst in den weiteren Ausführungen klar werden kann – während des Schlafes in eine Welt ein, zu der andere Welten als die Erde gehören.

Es sollte überflüssig sein, auf ein leicht sich einstellendes Mißverständnis in bezug auf diese Tatsachen hinzuweisen. Es ist aber nicht unnötig in unserer Zeit, in der gewisse materialistische Vorstellungsarten vorhanden sind. Von Seiten, auf denen solche herrschen, kann natürlich gesagt werden, es sei einzig wissenschaftlich, so etwas wie den Schlaf nach seinen physischen Bedingungen zu erforschen. Wenn auch die Gelehrten über die physische Ursache des Schlafes noch nicht einig seien: das eine stehe doch fest, daß man bestimmte physische Vorgänge annehmen müsse, welche dieser Erscheinung zugrunde liegen. Wenn man aber doch anerkennen wollte, daß die übersinnliche Erkenntnis durchaus nicht mit dieser Behauptung im Widerspruch steht! Sie gibt alles zu, was von dieser Seite gesagt wird, wie man zugibt, daß für die physische Entstehung eines Hauses ein Ziegel auf den andern gelegt werden muß, und daß, wenn das Haus fertig ist, aus rein mechanischen Gesetzen seine Form und sein Zusammenhalt erklärt werden könne. Aber daß das Haus entsteht, dazu ist der Gedanke des Baumeisters notwendig. Ihn findet man nicht, wenn man lediglich die physischen Gesetze untersucht. – So wie hinter den physischen Gesetzen, welche das Haus erklärlich machen, die Gedanken seines Schöpfers stehen, so hinter dem, was die physische Wissenschaft in durchaus richtiger Weise vorbringt, dasjenige, wovon durch die übersinnliche Erkenntnis gesprochen wird. Gewiß, dieser Vergleich wird oft vorgebracht, wenn von der Rechtfertigung eines geistigen Hintergrundes der Welt die Rede ist. Und man kann ihn trivial finden. Aber in solchen Dingen handelt es sich nicht darum, daß man mit gewissen Begriffen bekannt ist, sondern darum, daß man ihnen zur Begründung einer Sache das richtige Gewicht beilegt. Daran kann man einfach dadurch verhindert sein, daß entgegengesetzte Vorstellungen eine zu große Macht über die Urteilskraft haben, um dieses Gewicht in der richtigen Weise zu empfinden.

Ein Zwischenzustand zwischen Wachen und Schlafen ist das Träumen. Was die Traumerlebnisse einer sinnigen Betrachtung darbieten, ist das bunte Durcheinanderwogen einer Bilderwelt, das aber doch auch etwas von Regel und Gesetz in sich birgt. Aufsteigen und Abfluten, oft in wirrer Folge, scheint zunächst diese Welt zu zeigen. Losgebunden ist der Mensch in seinem Traumleben von dem Gesetz des wachen Bewußtseins, das ihn kettet an die Wahrnehmung der Sinne und an die Regeln seiner Urteilskraft. Und doch hat der Traum etwas von geheimnisvollen Gesetzen, welche der menschlichen Ahnung reizvoll und anziehend sind und welche die tiefere Ursache davon sind, daß man das schöne Spiel der Phantasie, wie es künstlerischem Empfinden zugrunde liegt, immer gern mit dem «Träumen» vergleicht. Man braucht sich nur an einige kennzeichnende Träume zu erinnern, und man wird das bestätigt finden. Ein Mensch träumt zum Beispiel, daß er einen auf ihn losstürzenden Hund verjage. Er wacht auf und findet sich eben noch dabei, wie er unbewußt einen Teil der Bettdecke von sich abschiebt, die sich an eine ungewohnte Stelle seines Körpers gelegt hat und die ihm deshalb lästig geworden ist. Was macht da das Traumleben aus dem sinnlich wahrnehmbaren Vorgang? Was die Sinne im wachen Zustande wahrnehmen würden, läßt das Schlafleben zunächst völlig im Unbewußten liegen. Es hält aber etwas Wesentliches fest, nämlich die Tatsache, daß der Mensch etwas von sich *abwehren* will. Und um dieses herum spinnt es einen bildhaften Vorgang. Die Bilder als solche sind Nachklänge aus dem wachen Tagesleben. Die Art, wie sie diesem entnommen sind, hat etwas Willkürliches. Ein jeder hat die Empfindung, daß ihm der Traum bei derselben äußeren Veranlassung auch andere Bilder vorgaukeln könnte. Aber die Empfindung, daß der Mensch etwas abzuwehren hat, drücken sie sinnbildlich aus. Der Traum schafft Sinnbilder; er ist ein Symboliker. Auch innere Vorgänge können sich in solche Traumsymbole wandeln. Ein Mensch träumt, daß ein Feuer neben ihm prasselt; er sieht im Traume die Flammen. Er wacht auf und fühlt, daß er sich zu stark zugedeckt hat und ihm zu warm geworden ist. Das Gefühl zu großer Wärme drückt sich sinnbildlich in dem Bilde aus. Ganz dramatische Erlebnisse können sich im Traume abspielen. Jemand träumt zum Beispiel, er stehe an einem Abgrunde. Er sieht, wie ein Kind heranläuft. Der Traum läßt ihn alle Qualen des Gedankens erleben: wenn das Kind nur nicht unaufmerksam sein möge und in die Tiefe stürze. Er sieht es fallen und hört den dumpfen Aufschlag des Körpers unten. Er wacht auf und vernimmt, daß ein Gegenstand, der an der Wand des Zimmers hing, sich losgelöst hat und bei seinem Auffallen einen dumpfen Ton gegeben hat. Diesen einfachen Vorgang drückt das Traumleben in einem Vorgange aus, der sich in spannenden Bildern abspielt. – Man braucht sich vorläufig gar nicht in Nachdenken darüber einzulassen, wie es komme, daß in dem letzten Beispiele sich der Augenblick des dumpfen Aufschlagens eines Gegenstandes in eine Reihe von Vorgängen auseinanderlegt, die sich durch eine gewisse Zeit auszudehnen scheinen; man braucht nur ins Auge zu fassen, wie der Traum das, was die wache Sinneswahrnehmung darbieten würde, in ein *Bild* verwandelt.

Man sieht: sofort, wenn die Sinne ihre Tätigkeit einstellen, so macht sich für den Menschen ein Schöpferisches geltend. Es ist dies dasselbe Schöpferische, welches im vollen traumlosen Schlafe auch vorhanden ist und welches da jenen Seelenzustand darstellt, der als Gegensatz der wachen Seelenverfassung erscheint. Soll dieser traumlose Schlaf eintreten, so muß der Astralleib vom Ätherleib und vom physischen Leibe herausgezogen sein. Er ist während des Träumens vom physischen Leibe insofern getrennt, als er keinen Zusammenhang mehr hat mit dessen Sinnesorganen; er hält aber mit dem Ätherleibe noch einen gewissen Zusammenhang aufrecht. Daß die Vorgänge des Astralleibes in Bildern wahrgenommen werden können, das kommt von diesem seinem Zusammenhang mit dem Ätherleibe. In dem Augenblicke, in dem auch dieser Zusammenhang aufhört, versinken die Bilder in das Dunkel der Bewußtlosigkeit, und der traumlose Schlaf ist da. Das Willkürliche und oft Widersinnige der Traumbilder rührt aber davon her, daß der Astralleib wegen seiner Trennung von den Sinnesorganen des physischen Leibes seine Bilder nicht auf die richtigen Gegenstände und Vorgänge der äußeren Umgebung beziehen kann. Besonders klärend ist für diesen Tatbestand die Betrachtung eines solchen Traumes, in dem sich das Ich gewissermaßen spaltet. Wenn jemandem zum Beispiel träumt, er könne als Schüler eine ihm vom Lehrer vorgelegte Frage nicht beantworten, während sie gleich darauf der Lehrer selbst beantwortet. Weil der Träumende sich der Wahrnehmungsorgane seines physischen Leibes nicht bedienen kann, ist er nicht imstande, die beiden Vorgänge auf sich, als denselben Menschen, zu beziehen. Also auch um sich selbst als ein bleibendes Ich zu erkennen, gehört für den Menschen zunächst die Ausrüstung mit äußeren Wahrnehmungsorganen. Nur dann, wenn sich der Mensch die Fähigkeit erworben hätte, auf andere Art als durch solche Wahrnehmungsorgane sich seines Ich bewußt zu werden, wäre auch außer seinem physischen Leibe das bleibende Ich für ihn wahrnehmbar. Solche Fähigkeiten hat das übersinnliche Bewußtsein zu erwerben, und es wird in dieser Schrift von den Mitteln dazu im weiteren die Rede sein.

Auch der Tod tritt durch nichts anderes ein als durch eine Änderung im Zusammenhange der Glieder des Menschenwesens. Auch dasjenige, was in bezug darauf die übersinnliche Beobachtung ergibt, kann in seinen Wirkungen in der offenbaren Welt gesehen werden; und die unbefangene Urteilskraft wird durch die Betrachtung des äußeren Lebens auch hier die Mitteilungen der übersinnlichen Erkenntnis bestätigt finden. Doch ist für diese Tatsachen der Ausdruck des Unsichtbaren im Sichtbaren weniger offenliegend, und man hat größere Schwierigkeiten, um das Gewicht dessen voll zu empfinden, was in den Vorgängen des äußeren Lebens bestätigend für die Mitteilungen der übersinnlichen Erkenntnis auf diesem Gebiete spricht. Noch näher als für manches in dieser Schrift bereits Besprochene liegt es hier, diese Mitteilungen einfach für Phantasiegebilde zu erklären, wenn man sich der Erkenntnis verschließen will, *wie* im Sinnenfälligen der deutliche Hinweis auf das Übersinnliche enthalten ist.

Während sich beim Übergang in den Schlaf der Astralleib nur aus seiner Verbindung mit dem Ätherleib und dem physischen Leibe löst, die letzteren jedoch verbunden bleiben, tritt mit dem Tode die Abtrennung des physischen Leibes vom Ätherleib ein. Der physische Leib bleibt seinen eigenen Kräften überlassen und muß deshalb als Leichnam zerfallen. Für den Ätherleib ist aber nunmehr mit dem Tode ein Zustand eingetreten, in dem er während der Zeit zwischen Geburt und Tod niemals war, – bestimmte Ausnahmezustände abgerechnet, von denen noch gesprochen werden soll. Er ist nämlich jetzt mit seinem Astralleib vereinigt, ohne daß der physische Leib dabei ist. Denn nicht unmittelbar nach dem Eintritt des Todes trennen sich Ätherleib und Astralleib. Sie halten eine Zeitlang durch eine Kraft zusammen, von der leicht verständlich ist, daß sie vorhanden sein muß. Wäre sie nämlich nicht vorhanden, so könnte sich der Ätherleib gar nicht aus dem physischen Leibe herauslösen. Denn er wird mit diesem zusammengehalten: das zeigt der Schlaf, wo der Astralleib nicht imstande ist, diese beiden Glieder des Menschen auseinanderzureißen. Diese Kraft tritt beim

Tode in Wirksamkeit. Sie löst den Ätherleib aus dem physischen heraus, so daß der erstere jetzt mit dem Astralleib verbunden ist. Die übersinnliche Beobachtung zeigt, daß diese Verbindung für verschiedene Menschen nach dem Tode verschieden ist. Die Dauer bemißt sich nach Tagen. Von dieser Zeitdauer soll hier vorläufig nur mitteilungsweise die Rede sein. – Später löst sich dann der Astralleib auch von seinem Ätherleib heraus und geht ohne diesen seine Wege weiter. Während der Verbindung der beiden Leiber ist der Mensch in einem Zustande, durch den er die Erlebnisse seines Astralleibes wahrnehmen kann. Solange der physische Leib da ist, muß mit der Loslösung des Astralleibes von ihm sogleich die Arbeit von außen beginnen, um die abgenutzten Organe zu erfrischen. Ist der physische Leib abgetrennt, so fällt diese Arbeit weg. Doch die Kraft, welche auf sie verwendet wird, wenn der Mensch schläft, bleibt nach dem Tode, und sie kann jetzt zu anderem verwendet werden. Sie wird nun dazu gebraucht, um die eigenen Vorgänge des Astralleibes wahrnehmbar zu machen.

Eine am Äußeren des Lebens haftende Beobachtung mag immerhin sagen: das sind alles Behauptungen, die dem mit übersinnlicher Anschauung Begabten einleuchten; für einen andern Menschen sei aber keine Möglichkeit vorhanden, an ihre Wahrheit heranzudringen. Die Sache ist doch nicht so. Was die übersinnliche Erkenntnis auch auf diesem dem gewöhnlichen Anschauen entlegenen Gebiete beobachtet: es kann von der gewöhnlichen Urteilskraft, *nachdem es gefunden* ist, erfaßt werden. Es muß diese Urteilskraft nur die Lebenszusammenhänge, die im Offenbaren vorliegen, in der rechten Art vor sich hinstellen. Vorstellen, Fühlen und Wollen stehen unter sich und mit den an der Außenwelt von dem

Menschen gemachten Erlebnissen in einem solchen Verhältnis, daß sie unverständlich bleiben, wenn die Art ihrer *offenbaren* Wirksamkeit nicht als Ausdruck einer unoffenbaren genommen wird. Diese offenbare Wirksamkeit hellt sich für das Urteil erst auf, wenn sie in ihrem Verlauf im physischen Menschenleben als Ergebnis dessen angesehen werden kann, was die übersinnliche Erkenntnis für das nicht-physische feststellt. Man befindet sich dieser Wirksamkeit gegenüber ohne die übersinnliche Erkenntnis wie in einem finsteren Zimmer ohne Licht. Wie man die physischen Gegenstände der Umgebung erst im Lichte sieht, so wird, was durch das Seelenleben des Menschen sich abspielt, erst erklärbar durch die übersinnliche Erkenntnis.

Während der Verbindung des Menschen mit seinem physischen Leibe tritt die äußere Welt in Abbildern ins Bewußtsein; nach der Ablegung dieses Leibes wird wahrnehmbar, was der Astralleib erlebt, wenn er durch keine physischen Sinnesorgane mit dieser Außenwelt verbunden ist. Neue Erlebnisse hat er zunächst nicht. Die Verbindung mit dem Ätherleibe hindert ihn daran, etwas Neues zu erleben. Was er aber besitzt, das ist die *Erinnerung* an das vergangene Leben. Diese läßt der noch vorhandene Ätherleib als ein umfassendes, lebensvolles Gemälde erscheinen. Das ist das erste Erlebnis des Menschen nach dem Tode. Er nimmt das Leben zwischen Geburt und Tod als eine vor ihm ausgebreitete Reihe von *Bildern* wahr. Während dieses Lebens ist die Erinnerung nur im Wachzustand vorhanden, wenn der Mensch mit seinem physischen Leib verbunden ist. Sie ist nur insoweit vorhanden, als dieser Leib dies zuläßt. Der Seele geht nichts verloren von dem, was im Leben auf sie Eindruck macht. Wäre der physische Leib dazu ein vollkommenes Werkzeug: es müßte in jedem Augenblicke des Lebens möglich sein, dessen ganze Vergangenheit vor die Seele zu zaubern. Mit dem Tode hört dieses Hindernis auf. Solange der Ätherleib dem Menschen erhalten bleibt, besteht eine gewisse Vollkommenheit der Erinnerung. Sie schwindet aber in dem Maße dahin, in dem der Ätherleib die Form verliert, welche er während seines Aufenthaltes im physischen Leibe gehabt hat und welche dem physischen Leib ähnlich ist. Das ist ja auch der Grund, warum sich der Astralleib vom Ätherleib nach einiger Zeit trennt. Er kann nur so lange mit diesem vereint bleiben, als dessen dem physischen Leib entsprechende Form andauert. – Während des Lebens zwischen Geburt und Tod tritt eine Trennung des Ätherleibes nur in Ausnahmefällen und nur für kurze Zeit ein. Wenn der Mensch zum Beispiel eines seiner Glieder belastet, so kann ein Teil des Ätherleibes aus dem physischen sich abtrennen. Von einem Gliede, bei dem dies der Fall ist, sagt man, es sei «eingeschlafen». Und das eigentümliche Gefühl, das man dann empfindet, rührt von dem Abtrennen des Ätherleibes her. (Natürlich kann eine materialistische Vorstellungsart auch hier wieder das Unsichtbare in dem Sichtbaren leugnen und sagen: das alles rühre nur von der durch den Druck bewirkten physischen Störung her.) Die übersinnliche Beobachtung kann in einem solchen Falle sehen, wie der entsprechende Teil des Ätherleibes aus dem physischen herausrückt. Wenn nun der Mensch einen ganz ungewohnten Schreck oder dergleichen erlebt, so kann für einen großen Teil des Leibes für eine ganz kurze Zeit eine solche Abtrennung des Ätherleibes erfolgen. Es ist das dann der Fall, wenn der Mensch sich durch irgend etwas plötzlich dem Tode nahe sieht, wenn er zum Beispiel am Ertrinken ist oder bei einer Bergpartie ihm ein Absturz droht. Was Leute, die solches erlebt haben, erzählen, das kommt in der Tat der Wahrheit nahe und kann durch übersinnliche Beobachtung bestätigt werden. Sie geben an, daß ihnen in solchen Augenblicken ihr ganzes Leben wie in einem großen Erinnerungsbilde vor die Seele getreten ist. Es mag von vielen Beispielen, die hier angeführt werden könnten, nur auf eines hingewiesen werden, weil es von einem Manne herrührt, für dessen Vorstellungsart alles, was hier über solche Dinge gesagt wird, als eitel Phantasterei erscheinen muß. Es ist nämlich für den, welcher einige Schritte in die übersinnliche Beobachtung tut, immer sehr nützlich, wenn er sich mit den Angaben derjenigen bekannt macht, welche diese Wissenschaft für Phantasterei halten. Solchen Angaben kann nicht so leicht Befangenheit des Beobachters nachgesagt werden. (Die Geheimwissenschafter mögen nur recht viel von denen lernen, welche ihre Bestrebungen für Unsinn halten. Es braucht sie nicht irre zu machen, wenn ihnen von den letzteren in solcher Beziehung keine Gegenliebe entgegengebracht wird. Für die übersinnliche Beobachtung selbst bedarf es allerdings solcher Dinge nicht zur *Bewahrheitung* ihrer Ergebnisse. Sie will mit diesen Hinweisen auch nicht *beweisen*, sondern erläutern.) Der ausgezeichnete Kriminalanthropologe und auf vielen anderen Gebieten der Naturforschung bedeutsame Forscher *Moritz Benedikt* erzählt in seinen Lebenserinnerungen den von ihm selbst erlebten Fall, daß er einmal, als er dem Ertrinken in einem Bade nahe war, wie in einem einzigen Bilde sein ganzes Leben in der Erinnerung vor sich gesehen habe. – Wenn andere die bei ähnlicher Gelegenheit erlebten Bilder anders beschreiben, ja sogar so, daß sie mit den Vorgängen ihrer Vergangenheit * scheinbar wenig zu tun haben, so widerspricht das dem Gesagten nicht, denn die Bilder, welche in dem ganz ungewohnten Zustande der Abtrennung von dem physischen Leibe entstehen, sind manchmal in ihrer Beziehung zum Leben nicht ohne weiteres erklärlich. Eine richtige Betrachtung wird diese Beziehung aber immer erkennen. Auch ist es kein Einwand, wenn jemand zum Beispiel dem Ertrinken einmal nahe war und das geschilderte Erlebnis nicht gehabt hat. Man muß eben bedenken, daß dieses *nur* dann eintreten kann, wenn wirklich der Ätherleib von dem physischen getrennt ist und dabei der erstere mit dem Astralleib verbunden bleibt. Wenn durch den Schreck auch eine Lockerung des Ätherleibes und Astralleibes eintritt, dann bleibt das Erlebnis aus, weil dann wie im traumlosen Schlaf völlige Bewußtlosigkeit vorhanden ist.

In einem Erinnerungsgemälde zusammengefaßt erscheint in der ersten Zeit nach dem Tode die erlebte Vergangenheit. Nach der Trennung von dem Ätherleib ist nun der Astralleib für sich allein auf seiner weiteren Wanderung. Es ist unschwer einzusehen, daß in dem Astralleib alles das vorhanden bleibt, was dieser durch seine eigene Tätigkeit während seines Aufenthaltes im physischen Leibe zu seinem Besitz gemacht hat. Das Ich hat bis zu einem gewissen Grade das Geistselbst, den Lebensgeist und den Geistesmenschen herausgearbeitet. Soweit diese entwickelt sind, erhalten sie ihr Dasein nicht von dem, was als Organe in den Leibern vorhanden ist, sondern vom Ich. Und dieses Ich ist ja gerade dasjenige Wesen, welches keiner äußeren Organe zu seiner Wahrnehmung bedarf. Und es braucht auch keine solchen, um im Besitze dessen zu bleiben, was es mit sich selbst vereint hat. Man könnte einwenden: ja warum ist im Schlafe keine Wahrnehmung von diesem entwickelten Geistselbst, Lebensgeist und Geistesmenschen vorhanden? Sie ist deswegen nicht vorhanden, weil das Ich zwischen Geburt und Tod an den physischen Leib gekettet ist. Wenn es auch im Schlafe mit dem Astralleibe sich außerhalb dieses physischen Leibes befindet, so bleibt es doch mit diesem eng verbunden. Denn die Tätigkeit seines Astralleibes ist diesem physischen Leibe zugewandt. Dadurch ist das Ich mit seiner Wahrnehmung an die äußere Sinnenwelt verwiesen, kann somit die Offenbarungen des Geistigen in seiner unmittelbaren Gestalt nicht empfangen. Erst durch den Tod tritt diese Offenbarung an das Ich heran, weil dieses durch ihn frei wird von seiner Verbindung mit physischem und Ätherleib. In dem Augenblicke kann für die Seele eine andere Welt aufleuchten, in dem sie herausgezogen ist aus der physischen Welt, die im Leben ihre Tätigkeit an sich fesselt. – Nun gibt es Gründe, warum auch in diesem Zeitpunkte für den Menschen nicht alle Verbindung mit der äußeren Sinnenwelt aufhört. Es bleiben nämlich gewisse Begierden vorhanden, welche diese Verbindung aufrechterhalten. Es sind Begierden, welche sich der Mensch eben dadurch schafft, daß er sich seines Ich als des vierten Gliedes seiner Wesenheit bewußt ist. Diejenigen Begierden und Wünsche, welche aus der Wesenheit der drei niedrigen Leiber entspringen, können auch nur innerhalb der äußeren Welt wirken; und wenn diese Leiber abgelegt sind, dann hören sie auf. Hunger wird durch den äußeren Leib bewirkt; er schweigt, sobald dieser äußere Leib nicht mehr mit dem Ich verbunden ist. Hätte das Ich nun keine weiteren Begierden als diejenigen, welche seiner eigenen geistigen Wesenheit entstammen, so könnte es mit dem Eintritt des Todes volle Befriedigung aus der geistigen Welt schöpfen, in die es versetzt ist. Aber das Leben hat ihm noch andere Begierden gegeben. Es hat ein Verlangen in ihm entzündet nach Genüssen, die nur durch physische Organe befriedigt werden können, trotzdem sie selbst gar nicht aus dem Wesen dieser Organe selbst herkommen. Nicht nur die drei Leiber verlangen durch die physische Welt ihre Befriedigung, sondern das Ich selbst findet Genüsse innerhalb dieser Welt, für welche in der geistigen Welt überhaupt kein Gegenstand zur Befriedigung vorhanden ist. Zweierlei Wünsche gibt es für das Ich im Leben. Solche, die aus den Leibern herstammen, die also innerhalb der Leiber befriedigt werden müssen, die aber auch mit dem Zerfall der Leiber ihr Ende finden. Dann solche, die aus der geistigen Natur des Ich stammen. Solange das Ich in den Leibern ist, werden auch diese durch die leiblichen Organe befriedigt. Denn in den Offenbarungen der Organe des Leibes wirkt das verborgene Geistige. Und in allem, was die Sinne wahrnehmen, empfangen sie zugleich ein Geistiges. Dieses Geistige ist, wenn auch in anderer Form, auch nach dem Tode vorhanden. Alles, was das Ich von Geistigem innerhalb der Sinnenwelt begehrt, das hat es auch, wenn die Sinne nicht mehr da sind. Käme nun zu diesen zwei Arten von Wünschen nicht noch eine dritte hinzu, es würde der Tod nur einen Übergang bedeuten von Begierden, die durch Sinne befriedigt werden können, zu solchen, welche in der Offenbarung der geistigen Welt ihre Erfüllung finden. Diese dritte Art von Wünschen sind diejenigen, welche sich das Ich während seines Lebens in der Sinnenwelt erzeugt, weil es an ihr Gefallen findet auch insofern, als sich in ihr nicht das Geistige offenbart. – Die niedrigsten Genüsse können Offenbarungen des Geistes sein. Die Befriedigung, welche die Nahrungsaufnahme dem hungernden Wesen gewährt, ist eine Offenbarung des Geistes. Denn durch die Aufnahme von Nahrung wird das zustande gebracht, ohne welches das Geistige in einer gewissen Beziehung nicht seine Entwickelung finden könnte. Das Ich aber kann hinausgehen über den Genuß, der durch diese Tatsache notwendig geboten ist. Es kann nach der wohlschmeckenden Speise Verlangen tragen, auch ganz abgesehen von dem Dienste, welcher durch die Nahrungsaufnahme dem Geiste geleistet wird. Dasselbe tritt für andere Dinge der Sinnenwelt ein. Es werden dadurch diejenigen Wünsche erzeugt, die in der Sinnenwelt niemals zum Vorschein gekommen wären, wenn nicht das menschliche Ich in diese eingegliedert worden wäre. Aber auch aus dem geistigen Wesen des Ich entspringen solche Wünsche nicht. Sinnliche Genüsse *muß* das Ich haben, solange es im Leibe lebt, auch insofern es geistig ist. Denn im Sinnlichen offenbart sich der Geist; und nichts anderes genießt das Ich als den Geist, wenn es sich in der Sinnenwelt dem hingibt, durch das des Geistes Licht hindurchleuchtet. Und es wird im Genusse dieses Lichtes bleiben, auch wenn die Sinnlichkeit nicht mehr das Mittel ist, durch das die Strahlen des Geistes hindurchgehen. Für *solche* Wünsche aber gibt es keine Erfüllung in der geistigen Welt, für die nicht schon im Sinnlichen der Geist lebt. Tritt der Tod ein, dann ist für *diese* Wünsche die Möglichkeit des Genusses abgeschnitten. Der Genuß an einer wohlschmeckenden Speise kann nur dadurch herbeigeführt werden, daß die physischen Organe da sind, welche bei der Zuführung der Speise gebraucht werden: Gaumen, Zunge usw. Diese hat der Mensch nach Ablegung des physischen Leibes nicht mehr. Wenn aber das Ich noch Bedürfnis nach solchem Genuß hat, so muß solches Bedürfnis unbefriedigt bleiben. Sofern dieser Genuß dem Geiste entspricht, ist er nur so lange vorhanden, als die physischen Organe da sind. Sofern ihn aber das Ich erzeugt hat, ohne damit dem Geiste zu dienen, bleibt er nach dem Tode als Wunsch, der vergeblich nach Befriedigung dürstet. Was jetzt im Menschen vorgeht, davon läßt sich nur ein Begriff bilden, wenn man sich vorstellt, jemand leide brennenden Durst in einer Gegend, in der weit und breit kein Wasser zu finden ist. So geht es dem Ich, insofern es nach dem Tode die nicht ausgelöschten Begierden nach Genüssen der äußeren Welt hegt und keine Organe hat, sie zu befriedigen. Natürlich muß man den brennenden Durst, der als Vergleich mit dem Zustande des Ich nach dem Tode dient, sich ins Maßlose gesteigert denken und sich vorstellen, daß er ausgedehnt sei auf alle dann noch vorhandenen Begierden, für die *jede Möglichkeit* der Erfüllung fehlt. Der nächste Zustand des Ich besteht darin, sich frei zu machen von diesem Anziehungsband an die äußere Welt. Das Ich hat in sich eine Läuterung und Befreiung in dieser Beziehung herbeizuführen. Aus ihm muß alles herausgetilgt werden, was an Wünschen von ihm innerhalb des Leibes erzeugt worden ist und was in der geistigen Welt kein Heimatrecht hat. – Wie ein Gegenstand vom Feuer erfaßt und verbrannt wird, so wird die geschilderte Begierdenwelt nach dem Tode aufgelöst und zerstört. Es eröffnet sich damit der Ausblick in jene Welt, welche die übersinnliche Erkenntnis als das «verzehrende Feuer des Geistes» bezeichnen kann. Von diesem «Feuer» wird eine Begierde erfaßt, welche sinnlicher Art ist, aber dieses so ist, daß das Sinnliche *nicht* Ausdruck des Geistes ist. Man könnte solche Vorstellungen, wie sie in bezug auf diese Vorgänge die übersinnliche Erkenntnis geben muß, trostlos und furchtbar finden. Erschreckend könnte es erscheinen, daß eine Hoffnung, zu deren Befriedigung sinnliche Organe nötig sind, nach dem Tode sich in Hoffnungslosigkeit, daß ein Wunsch, den nur die physische Welt erfüllen kann, dann in brennende Entbehrung sich wandeln muß. Man kann eine solche Meinung nur so lange haben, als man nicht bedenkt, daß alle Wünsche und Begierden, die nach dem Tode von dem «verzehrenden Feuer» erfaßt werden, im höheren Sinne nicht wohltätige, sondern zerstörende Kräfte im Leben darstellen. Durch solche Kräfte knüpft das Ich mit der Sinnenwelt ein festeres Band, als notwendig ist, um aus dieser selben Sinnenwelt alles dasjenige in sich aufzunehmen, was ihm frommt. Diese Sinnenwelt ist eine Offenbarung des hinter ihr verborgenen Geistigen. Das Ich könnte den Geist niemals in der Form genießen, in der er sich nur durch leibliche Sinne offenbaren kann, wenn es diese Sinne nicht benutzen wollte zum Genusse des Geistigen im Sinnlichen. Doch entzieht sich das Ich auch so viel von dem wahren geistigen Wirklichen in der Welt, als es von der Sinnenwelt begehrt, ohne daß der Geist dabei spricht. Wenn der sinnliche Genuß als Ausdruck des Geistes *Erhöhung*, Entwickelung des Ich bedeutet, so derjenige, der ein solcher Ausdruck nicht ist, Verarmung, Verödung desselben. Wird eine derartige Begierde in der Sinnenwelt befriedigt, so bleibt ihre verödende Wirkung auf das Ich deshalb doch vorhanden. Nur wird vor dem Tode diese zerstörende Wirkung für das Ich nicht sichtbar. Deshalb kann im Leben der Genuß nach solcher Begierde neue gleichartige Wünsche erzeugen. Und der Mensch wird gar nicht gewahr, daß er durch sich selbst sich in ein «verzehrendes Feuer» hüllt. Nach dem Tode wird nur sichtbar, was ihn auch schon im Leben umgibt; und durch das

Sichtbarwerden erscheint dieses zugleich in seiner heilsamen, wohltätigen Folge. Wer einen Menschen lieb hat, wird doch nicht allein zu dem an ihm hingezogen, was durch die physischen Organe empfunden werden kann. Nur von diesem aber darf gesagt werden, daß es mit dem Tode der Wahrnehmung entzogen wird. Gerade das aber wird dann sichtbar an dem geliebten Menschen, zu dessen Wahrnehmung die physischen Organe nur das Mittel waren. Ja das einzige, was diese volle Sichtbarkeit hindert, ist dann das Vorhandensein derjenigen Begierde, die nur durch physische Organe befriedigt werden kann. Würde diese Begierde aber nicht ausgetilgt, so könnte die bewußte Wahrnehmung des geliebten Menschen nach dem Tode gar nicht eintreten. So betrachtet, verwandelt sich die Vorstellung des Furchtbaren und Trostlosen, das für den Menschen die Ereignisse nach dem Tode haben könnten, wie sie die übersinnliche Erkenntnis schildern muß, in diejenige des tief Befriedigenden und Trostreichen.

Die nächsten Erlebnisse nach dem Tode sind nun in noch einer Beziehung durchaus verschieden von denen während des Lebens. Während der Läuterung lebt der Mensch gewissermaßen nach rückwärts. Er macht alles dasjenige noch einmal durch, was er im Leben seit der Geburt erfahren hat. Von den Vorgängen, die dem Tode unmittelbar vorausgingen, beginnt er und erlebt alles nochmals bis zur Kindheit in rückwärtiger Reihenfolge. Und dabei tritt ihm alles geistig vor Augen, was nicht aus der geistigen Natur des Ich während des Lebens entsprungen ist. Nur erlebt er auch dieses alles jetzt in umgekehrter Art. Ein Mensch, der zum Beispiel im sechzigsten Jahre gestorben ist und der aus einer zornigen Aufwallung heraus in seinem vierzigsten Jahre jemand körperlichen oder seelischen Schmerz zugefügt hat, wird dieses Ereignis noch einmal erleben, wenn er bei seiner rückgängigen Daseinswanderung nach dem Tod an der Stelle seines vierzigsten Jahres angelangt ist. Nur erlebt er da nicht die Befriedigung, die ihm im Leben geworden ist durch den Angriff auf den andern, sondern dafür den Schmerz, der durch ihn diesem andern zugefügt worden ist. Aus dem Obigen kann man aber auch zugleich ersehen, daß nur dasjenige von einem solchen Vorgange nach dem Tode als peinvoll wahrgenommen werden kann, was aus einer Begierde des Ich entsprungen ist, die nur der äußeren physischen Welt entstammt. In Wahrheit schädigt das Ich nämlich nicht nur den andern durch die Befriedigung einer solchen Begierde, sondern sich selbst; nur bleibt ihm diese eigene Schädigung während des Lebens unsichtbar. Nach dem Tode aber wird diese ganze schädigende Begierdenwelt dem Ich sichtbar. Und zu jedem Wesen und jedem Dinge fühlt sich dann das Ich hingezogen, an dem solch eine Begierde entzündet worden ist, damit sie im «verzehrenden Feuer» ebenso wieder ausgetilgt werden kann, wie sie entstanden ist. Erst wenn der Mensch bei seiner Rückwärtswanderung in dem Zeitpunkte seiner Geburt angelangt ist, sind alle derartigen Begierden durch das Läuterungsfeuer hindurchgegangen, und nichts hindert ihn von jetzt ab an der vollen Hingabe an die geistige Welt. Er betritt eine neue Daseinsstufe. Wie er im Tode den physischen Leib, bald danach den Ätherleib abgelegt hat, so zerfällt jetzt derjenige Teil des astralischen Leibes, der nur im Bewußtsein der äußeren physischen Welt leben kann. Für die übersinnliche Erkenntnis gibt es somit drei Leichname, den physischen, den ätherischen und den astralischen. Der Zeitpunkt, in dem der letztere von dem Menschen abgeworfen wird, ist dadurch gekennzeichnet, daß die Zeit der Läuterung etwa das Drittel von derjenigen beträgt, welche zwischen Geburt und Tod verflossen ist. Später, wenn auf Grund der Geheimwissenschaft der menschliche Lebenslauf betrachtet werden wird, kann erst die Ursache deutlich werden, warum dies so ist. Für die übersinnliche Beobachtung sind in der menschlichen Umwelt fortwährend Astralleichname vorhanden, die abgeworfen sind von Menschen, welche aus dem Läuterungszustande in ein höheres Dasein übergehen. Es ist dies genau so, wie für die physische Wahrnehmung dort physische Leichname entstehen, wo Menschen wohnen.

Nach der Läuterung tritt für das Ich ein völlig neuer Bewußtseinszustand ein. Während ihm vor dem Tode die äußeren Wahrnehmungen zufließen mußten, damit auf sie das Licht des Bewußtseins fallen könne, strömt jetzt gleichsam von innen eine Welt, die zum Bewußtsein gelangt. Auch zwischen Geburt und Tod lebt das Ich in dieser Welt. Nur kleidet sich letztere da in die Offenbarungen der Sinne; und nur da, wo das Ich mit Außerachtlassung aller Sinneswahrnehmung sich selbst in seinem «innersten Allerheiligsten» wahrnimmt, kündigt sich das in unmittelbarer Gestalt an, was sonst nur in dem Schleier des Sinnlichen erscheint. So wie die Wahrnehmung des Ich im Innern vor dem Tode vor sich geht, so von innen heraus offenbart sich die geistige Welt in ihrer Fülle nach dem Tode und nach der Läuterung. Eigentlich ist diese Offenbarung schon sogleich nach dem Ablegen des Ätherleibes da; doch legt sich vor sie hin wie eine verfinsternde Wolke die Welt der Begierden, welche noch der äußeren Welt zugekehrt sind. Es ist da, wie wenn sich in eine selige Welt geistigen Erlebens die schwarzen dämonischen Schatten mischten, welche aus den im «Feuer sich verzehrenden» Begierden entstehen. Ja nicht bloß Schatten, sondern wirkliche Wesenheiten sind jetzt diese Begierden; das zeigt sich sofort, wenn die physischen Organe vom Ich entfernt sind und dieses dadurch wahrnehmen kann, was geistiger Art ist. Als Zerrbilder und Karikaturen dessen erscheinen diese Wesen, was dem Menschen vorher durch die sinnliche Wahrnehmung bekannt geworden ist. Die übersinnliche Beobachtung hat von dieser Welt des Läuterungsfeuers zu sagen, daß sie bewohnt ist von Wesen, deren Aussehen dem geistigen Auge grauenhaft und schmerzerregend sein kann, deren Lust die Vernichtung zu sein scheint und deren Leidenschaft auf ein Böses sich richtet, gegen welches das Böse der Sinnenwelt unbedeutend wirkt. Was der Mensch an den gekennzeichneten Begierden in diese Welt mitbringt, das erscheint für diese Wesenheiten wie eine Nahrung, durch welche ihre Gewalten stets aufs neue Kräftigung und Stärkung erhalten. Das Bild, das so von einer für die Sinne unwahrnehmbaren Welt entworfen wird, kann dem Menschen weniger unglaublich erscheinen, wenn er einmal mit einem unbefangenen Blicke einen Teil der Tierwelt betrachtet. Was ist für den geistigen Blick ein grausam herumziehender Wolf? Was offenbart sich in dem, was die Sinne an ihm wahrnehmen? Nichts anderes als eine Seele, die in Begierden lebt und sich durch diese betätigt. Man kann die äußere Gestalt des Wolfes eine Verkörperung dieser Begierden nennen. Und hätte der Mensch keine Organe, um diese Gestalt wahrzunehmen, er müßte das Dasein des entsprechenden Wesens doch anerkennen, wenn sich dessen Begierden unsichtbar in ihren Wirkungen zeigten, wenn also eine für das Auge unsichtbare Gewalt herumschliche, durch welche alles das geschehen könnte, was durch den sichtbaren Wolf geschieht. Nun, die Wesen des Läuterungsfeuers sind zwar nicht für das sinnliche, sondern nur für das übersinnliche Bewußtsein vorhanden; ihre Wirkungen liegen aber offenkundig da: sie bestehen in der Zerstörung des Ich, wenn ihnen dieses Nahrung gibt. Diese Wirkungen werden deutlich sichtbar, wenn sich der begründete Genuß zu Unmäßigkeit und Ausschweifung steigert. Denn was den Sinnen wahrnehmbar ist, würde auch das Ich nur insoweit reizen, als der Genuß in seiner Wesenheit begründet ist. Das Tier wird nur durch dasjenige in der Außenwelt zum Verlangen getrieben, wonach seine drei Leiber begehren. Der Mensch hat höhere Genüsse, weil zu den drei Leibesgliedern noch das vierte, das Ich, hinzukommt. Wenn aber nun das Ich nach einer solchen Befriedigung verlangt, die seinem Wesen nicht zur Erhaltung und Förderung, sondern zur Zerstörung dient, so kann ein solches Verlangen weder die Wirkung seiner drei Leiber noch diejenige seiner eigenen Natur sein, sondern nur diejenige von Wesenheiten, welche den Sinnen verborgen bleiben ihrer wahren Gestalt nach, die aber gerade an die höhere Natur des Ich sich heranmachen können und es zu Begierden zu reizen vermögen, die nicht mit der Sinnlichkeit zusammenhängen, doch aber nur durch diese befriedigt werden können. Es sind eben Wesen vorhanden, welche Leidenschaften und Begierden zu ihrer Nahrung haben, die von schlimmerer Art als alle tierischen sind, weil sie nicht im Sinnlichen sich ausleben, sondern das Geistige ergreifen und dieses in das sinnliche Feld herunterziehen. Die Gestalten solcher Wesen sind deshalb für den geistigen Blick häßlicher, grauenhafter als die Gestalten der wildesten Tiere, in denen sich doch nur Leidenschaften verkörpern, welche im Sinnlichen begründet sind; und die zerstörenden Kräfte dieser Wesen überragen maßlos alle Zerstörungswut, welche in der sinnlich wahrnehmbaren Tierwelt vorhanden ist. Die übersinnliche Erkenntnis muß auf diese Art den Blick des Menschen weiten als auf eine Welt von Wesen, die in gewisser Beziehung niedriger steht als die sichtbare zerstörungbringende Tierwelt.

Wenn der Mensch nach dem Tode durch diese Welt hindurchgegangen ist, dann findet er sich einer Welt gegenüber, welche Geistiges enthält und die auch nur ein Verlangen in ihm erzeugt, das im Geistigen seine Befriedigung findet. Aber auch jetzt unterscheidet der Mensch zwischen dem, was zu *seinem* Ich gehört, und dem, was die Umgebung dieses Ich – man kann auch sagen dessen geistige Außenwelt – bildet. Nur strömt ihm das, was er von dieser Umgebung erlebt, so zu, wie während seines Aufenthaltes im Leibe ihm die Wahrnehmung seines eigenen Ich zuströmt. Während also die Umgebung des Menschen im Leben zwischen Geburt und Tod durch die Organe seiner Leiber zu ihm spricht, dringt nach Ablegung aller Leiber die Sprache der neuen Umgebung unmittelbar in das «innerste Heiligtum» des Ich. Die ganze Umgebung des Menschen ist jetzt erfüllt von Wesenheiten, welche gleicher Art sind mit seinem Ich, denn nur ein Ich hat zu einem Ich den Zutritt. So wie Mineralien, Pflanzen und Tiere den Menschen in der Sinnenwelt umgeben und diese zusammensetzen, so ist er nach dem Tode von einer Welt umgeben, die aus Wesenheiten geistiger Art zusammengesetzt ist. – Doch bringt der Mensch etwas, was in ihr nicht seine Umgebung ist, in diese Welt mit; es ist dasjenige, was das Ich innerhalb der Sinnenwelt erlebt hat. Zunächst trat die Summe dieser Erlebnisse unmittelbar nach dem Tode, solange der Ätherleib noch mit dem Ich verbunden war, als ein umfassendes Erinnerungsgemälde auf. Der Ätherleib selbst wird dann zwar abgelegt, aber von dem Erinnerungsgemälde bleibt etwas als unvergänglicher Besitz des Ich zurück. Wie wenn man aus allen Erlebnissen und Erfahrungen, die zwischen Geburt und Tod an den Menschen herangetreten sind, einen Extrakt, einen Auszug machen würde, so nimmt sich das aus, was da zurückbleibt. Es ist dies das geistige Erträgnis des Lebens, die Frucht desselben. Dieses Erträgnis ist geistiger Art. Es enthält alles, was sich Geistiges durch die Sinne offenbart. Aber ohne das Leben in der Sinnenwelt hätte es nicht zustande kommen können. Diese geistige Frucht der Sinnenwelt empfindet nach dem Tode das Ich als das, was jetzt seine eigene, seine Innenwelt ist und womit es die Welt betritt, die aus Wesen besteht, die sich offenbaren, wie nur sein Ich sich selbst in seinem tiefsten Innern offenbaren kann. Wie ein Pflanzenkeim, der ein Extrakt der ganzen Pflanze ist, sich aber nur entfaltet, wenn er in eine andere Welt, in die Erde, versenkt wird, so entfaltet sich jetzt dasjenige, was das Ich aus der Sinnenwelt mitbringt, wie ein Keim, auf den die geistige Umgebung wirkt, die ihn nunmehr aufgenommen hat. Die Wissenschaft des Übersinnlichen kann allerdings nur Bilder geben, wenn sie schildern soll, was in diesem «Geisterland» vorgeht; doch können diese Bilder solche sein, welche dem übersinnlichen Bewußtsein sich als wahre Wirklichkeit darstellen, wenn es die entsprechenden, dem sinnlichen Auge unsichtbaren Ereignisse verfolgt. Was da zu schildern ist, kann durch Vergleiche mit der Sinnenwelt anschaulich gemacht werden. Denn trotzdem es ganz geistiger Art ist, hat es Ähnlichkeit in gewisser Beziehung mit der sinnlichen Welt.

Wie zum Beispiel in dieser eine Farbe erscheint, wenn dieser oder jener Gegenstand auf das Auge wirkt, so stellt sich vor das Ich im «Geisterlande» ein Erlebnis wie das durch eine Farbe hin, wenn auf dasselbe ein Wesen wirkt. Nur wird dieses Erlebnis so hervorgebracht, wie innerhalb des Lebens zwischen Geburt und Tod nur die Wahrnehmung des Ich im Innern bewirkt werden kann. Es ist nicht, wie wenn das Licht von außen herein in den Menschen fiele, sondern so, wie wenn ein anderes Wesen unmittelbar auf das Ich wirkte und dieses veranlaßte, sich diese Wirkung in einem Farbenbilde vorzustellen. So finden alle Wesen der geistigen Umgebung des Ich in einer farbenstrahlenden Welt ihren Ausdruck. Da sie eine andere Art der Entstehung haben, sind selbstverständlich diese Farbenerlebnisse der geistigen Welt auch von etwas anderem Charakter als die an den sinnlichen Farben. Auch für andere Eindrücke, welche der Mensch von der Sinnenwelt empfängt, muß Ähnliches gesagt werden. Am ähnlichsten den Eindrücken dieser Sinnenwelt sind nun aber die Töne der geistigen Welt. Und je mehr sich der Mensch einlebt in diese Welt, desto mehr wird sie für ihn ein in sich bewegtes Leben, das sich mit den Tönen und ihrer Harmonie in der sinnlichen Wirklichkeit vergleichen läßt. Nun fühlt er die Töne nicht als etwas, das von außen an ein Organ herankommt, sondern wie eine Macht, die durch sein Ich in die Welt hinausströmt. Er fühlt den Ton, wie in der Sinnenwelt sein eigenes Sprechen oder Singen; nur weiß er in der geistigen Welt, daß diese Töne, die aus ihm strömen, zugleich die Kundgebungen anderer Wesenheiten sind, die durch ihn sich in die Welt ergießen. Eine noch höhere Kundgebung im «Geisterland» findet statt, wenn der Ton zum «geistigen Wort» wird. Dann strömt durch das Ich nicht nur das *bewegte Leben* eines andern geistigen Wesens, sondern ein solches Wesen selbst teilt sein Inneres diesem Ich mit. Und ohne das Trennende, das ein jedes Beisammensein in der Sinnenwelt haben muß, leben dann, wenn das Ich von dem «geistigen Wort» durchströmt wird, zwei Wesen ineinander. Und in dieser Art ist wirklich das Beisammensein von dem Ich mit andern geistigen Wesen nach dem Tode.

Vor das übersinnliche Bewußtsein treten drei Gebiete des Geisterlandes, welche sich vergleichen lassen mit drei Teilen der physischen Sinnenwelt. Das erste Gebiet ist gewissermaßen das «feste Land» der geistigen Welt, das zweite das «Meeres- und Flußgebiet» und das dritte der «Luftkreis». – Was auf der Erde physische Formen annimmt, so daß es durch physische Organe wahrgenommen werden kann, das wird seiner geistigen Wesenheit nach in dem ersten Gebiet des «Geisterlandes» wahrgenommen. Von einem Kristall zum Beispiel kann da die Kraft wahrgenommen werden, welche seine Form bildet. Nur verhält sich dasjenige, was sich da offenbart, wie ein Gegensatz dessen, was in der Sinnenwelt auftritt. Der Raum, welcher in der letzteren Welt von der Gesteinsmasse ausgefüllt ist, erscheint für den geistigen Blick wie eine Art Hohlraum; aber rings um diesen Hohlraum wird die Kraft gesehen, welche die Form des Steines bildet. Eine Farbe, welche der Stein in der Sinnenwelt hat, erscheint in der geistigen wie das Erlebnis der Gegenfarbe; also ein rot gefärbter Stein ist vom Geisterland aus gesehen wie grünlich, ein grüner wie rötlich erlebt usw. Auch die anderen Eigenschaften erscheinen in ihrem Gegensatze. Wie Steine, Erdmassen und dergleichen das feste Land – das Kontinentalgebiet – der sinnlichen Welt bilden, so setzen die dargestellten Gebilde das «feste Land» der geistigen zusammen. – Alles, was innerhalb der Sinnenwelt Leben ist, das ist Meeresgebiet im Geistigen. Dem sinnlichen Blick erscheint das Leben in seinen Wirkungen bei Pflanzen, Tieren und Menschen. Dem geistigen Auge ist das Leben ein strömendes Wesen, das wie Meere und Flüsse das Geisterland durchsetzt. Besser noch ist der Vergleich mit dem Kreislauf des Blutes im Leibe. Denn während sich die Meere und Flüsse in der Sinnenwelt als unregelmäßig verteilt darstellen, herrscht in der Verteilung des strömenden Lebens im Geisterland eine gewisse Regelmäßigkeit, wie im Blutkreislauf. Eben dieses «strömende Leben» wird gleichzeitig wie ein geistiges Tönen wahrgenommen. – Das dritte Gebiet des Geisterlandes ist dessen «Luftkreis». Was in der Sinnenwelt als Empfindung auftritt, das ist im Geistgebiet so alles durchdringend vorhanden, wie die Luft auf der Erde vorhanden ist. Ein Meer von strömender Empfindung hat man sich da vorzustellen. Leid und Schmerz, Freude und Entzücken strömen in diesem Gebiete wie Wind und Sturm im Luftkreis der sinnlichen Welt. Man denke an eine Schlacht, die auf Erden geschlagen wird. Da stehen einander nicht bloß Gestalten der Menschen gegenüber, die das sinnliche Auge sehen kann, sondern Gefühle stehen gegen Gefühle, Leidenschaften gegen Leidenschaften; Schmerzen erfüllen das Schlachtfeld ebenso wie Menschengestalten. Alles, was da lebt an Leidenschaft, an Schmerz, an Siegesfreude, das ist nicht nur vorhanden, insofern es sich in sinnlich-wahrnehmbaren Wirkungen offenbart; es kommt dem geistigen Sinne zum Bewußtsein als Vorgang des Luftkreises im Geisterland. Ein solches Ereignis ist im Geistigen wie ein Gewitter in der physischen Welt. Und die Wahrnehmung dieser Ereignisse läßt sich vergleichen mit dem Hören der Worte in der physischen Welt. Deshalb sagt man: wie die Luft die Erdenwesen einhüllt und durchdringt, so die «wehenden geistigen Worte» die Wesen und Vorgänge des Geisterlandes.

Und weitere Wahrnehmungen sind noch möglich in dieser geistigen Welt. Auch das ist hier vorhanden, was sich mit der Wärme und mit dem Lichte der physischen Welt vergleichen läßt. Was wie die Wärme die irdischen Dinge und Wesen alles im Geisterlande durchdringt, das ist die Gedankenwelt selbst. Nur sind die Gedanken da als lebende, selbständige Wesen vorzustellen. Was der Mensch in der offenbaren Welt als Gedanken erfaßt, das ist wie ein Schatten dessen, was als Gedankenwesen im Geisterlande lebt. Man denke sich den Gedanken, wie er im Menschen vorhanden ist, herausgehoben aus diesem Menschen und als tätiges, handelndes Wesen mit einem eigenen Innenleben begabt, so hat man eine schwache Verbildlichung dessen, was das vierte Gebiet des Geisterlandes erfüllt. Was der Mensch als Gedanken in seiner physischen Welt zwischen Geburt und Tod wahrnimmt, das ist nur die Offenbarung der Gedankenwelt, so wie sie durch die Werkzeuge der Leiber sich bilden kann. Aber alles, was der Mensch an solchen Gedanken hegt, die eine *Bereicherung* in der physischen Welt bedeuten, das hat aus diesem Gebiete heraus seinen Ursprung. Man braucht bei solchen Gedanken nicht bloß an die Ideen der großen Erfinder, der genialen Personen zu denken, sondern man kann bei jedem Menschen sehen, wie er «Einfälle» hat, die er nicht bloß der Außenwelt verdankt, sondern durch die er diese Außenwelt selbst umgestaltet. Soweit Gefühle, Leidenschaften in Betracht kommen, zu denen die Veranlassung in der äußeren Welt liegt, so weit sind diese Gefühle usw. in das dritte Gebiet des Geisterlandes zu versetzen; alles das aber, was in der Menschenseele so leben kann, daß der Mensch ein Schaffender wird, daß er umgestaltend und befruchtend auf seine Umwelt wirkt: das wird in seiner ureigenen, wesenhaften Gestalt offenbar im vierten Felde der geistigen Welt. – Was in der fünften Region vorhanden ist, darf mit dem physischen *Licht* verglichen werden. Es ist in seiner ureigenen Gestalt sich offenbarende *Weisheit*. Wesen, welche Weisheit in ihre Umgebung ergießen, wie die Sonne Licht auf physische Wesen, gehören diesem Gebiete an. Was beschienen wird von dieser Weisheit, das zeigt sich in seinem wahren Sinn und seiner Bedeutung für die geistige Welt, wie ein physisches Wesen seine Farbe zeigt, wenn es vom Lichte beschienen wird. – Es gibt noch höhere Gebiete des Geisterlandes; sie werden ihre Darstellung an einer späteren Stelle dieser Schrift finden.

In diese Welt wird nach dem Tode das Ich eingesenkt mit dem Erträgnis, das es aus dem sinnlichen Leben mitbringt. Und dieses Erträgnis ist noch vereinigt mit jenem Teile des Astralleibes, der am Ende der Läuterungszeit nicht abgeworfen wird. Es fällt ja nur jener Teil ab, welcher nach dem Tode mit seinen Begierden und Wünschen dem physischen Leben zugewandt war. Die Einsenkung des Ich mit dem, was es aus der sinnlichen Welt sich zugeeignet hat, in die geistige Welt, läßt sich mit dem Einbetten eines Samenkorns in die reifende Erde vergleichen. Wie dieses Samenkorn die Stoffe und Kräfte aus seiner Umgebung heranzieht, um sich zu einer neuen Pflanze zu entfalten, so ist Entfaltung und Wachstum das Wesen des in die geistige Welt eingesenkten Ich. – In demjenigen, was ein Organ wahrnimmt, liegt auch die Kraft verborgen, durch welche dieses Organ selbst gebildet wird. Das Auge nimmt das Licht wahr. Aber ohne das Licht gäbe es kein Auge. Wesen, welche ihr Leben im Finstern zubringen, bilden an sich keine Werkzeuge zum Sehen aus. So aber ist der ganze leibliche Mensch herausgeschaffen aus den verborgenen Kräften dessen, was durch die Glieder der Leiber wahrgenommen wird. Der physische Leib ist durch die Kräfte der physischen Welt, der Ätherleib durch diejenigen der Lebenswelt auferbaut, und der Astralleib ist aus der astralen Welt herausgestaltet. Wenn nun das Ich in das Geisterland versetzt ist, so treten ihm eben jene Kräfte entgegen, die für die physische Wahrnehmung verborgen bleiben. Was im ersten Gebiet des Geisterlandes sichtbar wird, das sind die geistigen Wesenheiten, welche den Menschen immer umgeben und die seinen physischen Leib auch aufgebaut haben. In der physischen Welt nimmt der Mensch also nichts anderes wahr als die Offenbarungen derjenigen geistigen Kräfte, welche seinen eigenen physischen Leib auch gestaltet haben. Nach dem Tode ist er eben mitten unter diesen gestaltenden Kräften selbst, die sich ihm jetzt in ihrer eigenen, vorher verborgenen Gestalt zeigen. Ebenso ist er durch die zweite Region inmitten der Kräfte, aus denen sein Ätherleib besteht; in der dritten Region strömen ihm die Mächte zu, aus denen sein Astralleib herausgegliedert ist. Auch die höheren Gebiete des Geisterlandes lassen ihm jetzt das zufließen, aus dem er im Leben zwischen Geburt und Tod aufgebaut ist.

Diese Wesenheiten der geistigen Welt wirken nunmehr zusammen mit dem, was der Mensch als Frucht aus dem vorigen Leben mitgebracht hat und was jetzt zum Keime wird. Und durch dieses Zusammenwirken wird der Mensch zunächst als geistiges Wesen aufs neue aufgebaut. Im Schlafe bleiben der physische Leib und der Ätherleib bestehen; der Astralleib und das Ich sind zwar außerhalb dieser beiden, aber noch mit ihnen verbunden. Was diese in solchem Zustande an Einflüssen aus der geistigen Welt empfangen, kann nur dienen, die während des Wachens erschöpften Kräfte wiederherzustellen. Nachdem aber der physische Leib und der Ätherleib abgelegt sind und nach der Läuterungszeit auch jene Teile des Astralleibes, die noch durch ihre Begierden mit der physischen Welt zusammenhängen, wird nun alles, was aus der geistigen Welt dem Ich zuströmt, nicht nur zum Verbesserer, sondern zum Neugestalter. Und nach einer gewissen Zeit, über welche in späteren Teilen dieser Schrift zu sprechen ist, hat sich um das Ich herum ein Astralleib gegliedert, der wieder in einem solchen Ätherleib und physischen Leib wohnen kann, wie sie dem Menschen zwischen Geburt und Tod eigen sind. Der Mensch kann wieder durch eine Geburt gehen und in einem erneuten Erdendasein erscheinen, das nun in sich eingegliedert hat die Frucht des früheren Lebens. Bis zu der Neugestaltung eines Astralleibes ist der Mensch Zeuge seines Wiederaufbaues. Da sich ihm die Mächte des Geisterlandes nicht durch äußere Organe, sondern von innen aus offenbaren, wie das eigene Ich im Selbstbewußtsein, so kann er diese Offenbarung wahrnehmen, solange sein Sinn noch nicht auf eine äußere Wahrnehmungswelt gerichtet ist. Von dem Augenblicke an, wo der Astralleib neugestaltet ist, kehrt sich dieser Sinn aber nach außen. Der Astralleib verlangt nunmehr wieder einen äußeren Ätherleib und physischen Körper. Er wendet sich damit ab von den Offenbarungen des Innern. Deshalb gibt es jetzt einen Zwischenzustand, in dem der Mensch in

Bewußtlosigkeit versinkt. Das Bewußtsein kann erst wieder in der physischen Welt auftauchen, wenn die zur physischen Wahrnehmung notwendigen Organe gebildet sind. In dieser Zeit, in welcher das durch innere Wahrnehmung erleuchtete Bewußtsein aufhört, beginnt sich nun der neue Ätherleib an den Astralleib anzugliedern, und der Mensch kann dann auch wieder in einen physischen Leib einziehen. An diesen beiden Angliederungen könnte sich mit Bewußtsein nur ein solches Ich beteiligen, welches von sich aus die im Ätherleib und physischen Leib verborgen schaffenden Kräfte, den Lebensgeist und den Geistesmenschen, erzeugt hat. Solange der Mensch nicht soweit ist, müssen Wesenheiten, die weiter in ihrer Entwickelung sind als er selbst, diese Angliederung leiten. Der Astralleib wird von solchen Wesenheiten zu einem Elternpaare geleitet, so daß er mit dem entsprechenden Ätherleib und physischen Leibe begabt werden kann. – Bevor die Angliederung des Ätherleibes sich vollzieht, ereignet sich nun etwas außerordentlich Bedeutsames für den wieder ins physische Dasein tretenden Menschen. Dieser hat ja in seinem vorigen Leben störende Mächte geschaffen, die sich bei der Rückwärtswanderung nach dem Tode gezeigt haben. Man nehme das früher erwähnte Beispiel wieder auf. Der Mensch habe aus einer Zornaufwallung heraus in dem vierzigsten Jahre seines vorigen Lebens jemand Schmerz zugefügt. Nach dem Tode trat ihm dieser Schmerz des andern als eine störende Kraft für die Entwickelung des eigenen Ich entgegen. Und so ist es mit allen solchen Vorfällen des vorigen Lebens. Beim Wiedereintritt in das physische Leben stehen nun diese Hindernisse der Entwickelung wieder vor dem Ich. Wie mit dem Eintritte des Todes eine Art Erinnerungsgemälde vor dem menschlichen

Ich gestanden hat, so jetzt ein Vorblick auf das kommende Leben. Wieder sieht der Mensch ein solches Gemälde, das jetzt all die Hindernisse zeigt, welche der Mensch hinwegzuräumen hat, wenn seine Entwickelung weitergehen soll. Und das, was er so sieht, wird der Ausgangspunkt von Kräften, welche der Mensch ins neue Leben mitnehmen muß. Das Bild des Schmerzes, den er dem andern zugefügt hat, wird zur Kraft, die das Ich, wenn es nun wieder ins Leben eintritt, antreibt, diesen Schmerz wieder gutzumachen. So wirkt also das vorgängige Leben bestimmend auf das neue. Die Taten dieses neuen Lebens sind durch jene des vorigen in einer gewissen Weise verursacht. Diesen gesetzmäßigen Zusammenhang eines früheren Daseins mit einem späteren hat man als das *Gesetz des Schicksals* anzusehen; man ist gewohnt geworden, es mit dem aus der morgenländischen Weisheit entlehnten Ausdruck «Karma» zu bezeichnen.

Der Aufbau eines neuen Leibeszusammenhanges ist jedoch nicht die einzige Tätigkeit, welche dem Menschen zwischen dem Tode und einer neuen Geburt obliegt. Während dieser Aufbau geschieht, lebt der Mensch außerhalb der physischen Welt. Diese schreitet aber während dieser Zeit in ihrer Entwickelung weiter. In verhältnismäßig kurzen Zeiträumen ändert die Erde ihr Antlitz. Wie hat es vor einigen Jahrtausenden in den Gebieten ausgesehen, welche gegenwärtig von Deutschland eingenommen werden? Wenn der Mensch in einem neuen Dasein auf der Erde erscheint, sieht diese in der Regel niemals wieder so aus, wie sie zur Zeit seines letzten Lebens ausgesehen hat. Während er von der Erde abwesend war, hat alles mögliche sich geändert. In dieser Änderung des Antlitzes der Erde wirken nun auch verborgene Kräfte. Sie wirken aus derselben Welt heraus, in welcher sich der Mensch nach dem Tode befindet. Und er selbst muß an dieser Umgestaltung der Erde mitwirken. Er kann es nur unter der Anführung von höheren Wesenheiten, solange er sich nicht durch die Erzeugung von Lebensgeist und Geistesmenschen ein klares Bewußtsein über den Zusammenhang zwischen dem Geistigen und dessen Ausdruck im Physischen angeeignet hat. Aber er schafft mit an der Umwandlung der irdischen Verhältnisse. Man kann sagen, die Menschen gestalten während der Zeit vom Tode bis zu einer neuen Geburt die Erde so um, daß deren Verhältnisse zu dem passen, was sich in ihnen selbst entwickelt hat. Wenn wir einen Erdenfleck betrachten in einem bestimmten Zeitpunkt und dann nach langer Zeit wieder in einem völlig veränderten Zustande, so sind die Kräfte, welche diese Veränderung herbeigeführt haben, bei den toten Menschen. In solcher Art stehen diese auch zwischen dem Tode und einer neuen Geburt mit der Erde in Verbindung. Das übersinnliche Bewußtsein sieht in allem physischen Dasein die Offenbarung eines verborgenen Geistigen. Für die physische Beobachtung wirkt auf die Umgestaltung der Erde das Licht der Sonne, die Wandelungen des Klimas usw. Für die übersinnliche Beobachtung waltet in dem Lichtstrahl, der von der Sonne auf die Pflanze fällt, die Kraft der toten Menschen. Dieser Beobachtung kommt zum Bewußtsein, wie Menschenseelen die Pflanzen umschweben, wie sie den Erdboden wandeln und ähnliches. Nicht bloß sich selbst, nicht allein der Vorbereitung zu seinem eigenen neuen Erdendasein ist der Mensch nach dem Tode zugewandt. Nein, er ist da berufen, an der äußeren Welt geistig zu schaffen, wie er im Leben zwischen Geburt und Tod physisch zu schaffen berufen ist.

Es wirkt aber nicht nur das Leben des Menschen vom Geisterlande aus auf die Verhältnisse der physischen Welt ein, sondern umgekehrt auch die Tätigkeit im physischen Dasein hat ihre Wirkungen in der geistigen Welt. Ein Beispiel kann veranschaulichen, was in dieser Beziehung geschieht. Es besteht ein Band der Liebe zwischen Mutter und Kind. Von der Anziehung zwischen beiden, die in Kräften der Sinnenwelt wurzelt, geht diese Liebe aus. Aber sie wandelt sich im Laufe der Zeiten. Aus dem sinnlichen Bande wird immer mehr ein geistiges. Und dieses geistige Band wird nicht nur für die physische Welt gewoben, sondern auch für das Geisterland. Auch mit andern Verhältnissen ist es so. Was in der physischen Welt durch Geistwesen gesponnen wird, das bleibt in der geistigen Welt bestehen. Freunde, die sich im Leben innig verbunden haben, gehören auch im Geisterlande zusammen; und nach Ablegung der Leiber sind sie noch in einer viel innigeren Gemeinschaft als im physischen Leben. Denn als Geister sind sie so füreinander da, wie das oben bei den Offenbarungen geistiger Wesen an andere durch das Innere beschrieben worden ist. Und ein Band, das zwischen zwei Menschen gewoben worden ist, führt sie auch in einem neuen Leben wieder zusammen. Im wahrsten Sinne des Wortes muß daher von einem Wiederfinden der Menschen nach dem Tode gesprochen werden.

Was sich einmal mit dem Menschen vollzogen hat, von der Geburt bis zum Tode und von da bis zu einer neuen Geburt, das wiederholt sich. Der Mensch kehrt immer wieder auf die Erde zurück, wenn die Frucht, die er in einem physischen Leben erworben hat, im Geisterlande zur Reife gekommen ist. Doch besteht nicht eine Wiederholung ohne Anfang und Ende, sondern der Mensch ist einmal aus anderen Daseinsformen in solche übergetreten, welche in der gekennzeichneten Art verlaufen, und er wird in der Zukunft zu andern übergehen. Der Ausblick auf diese Übergangsstufen wird sich ergeben, wenn im Sinne des übersinnlichen Bewußtseins im folgenden die Entwickelung des Weltalls im Zusammenhang mit dem Menschen geschildert wird.

Die Vorgänge zwischen dem Tode und einer neuen Geburt sind für die äußere sinnliche Beobachtung natürlich noch verborgener als dasjenige, was dem offenbaren Dasein zwischen Geburt und Tod als Geistiges zugrunde liegt. Diese sinnliche Beobachtung kann für diesen Teil der verborgenen Welt die Wirkungen nur da sehen, wo sie ins physische Dasein eintreten. Es muß für sie die Frage sein, ob der Mensch, der durch die Geburt ins Dasein tritt, etwas mitbringt von dem, was die übersinnliche Erkenntnis von Vorgängen zwischen einem vorigen Tode und der Geburt beschreibt. Wenn jemand ein Schneckenhaus findet, in dem nichts von einem Tiere zu merken ist, so wird er doch nur anerkennen, daß dieses Schneckenhaus durch die Tätigkeit eines Tieres entstanden ist, und kann nicht glauben, daß es sich durch bloße physische Kräfte in seiner Form zusammengefügt hat. Ebenso kann jemand, der den Menschen im Leben betrachtet und etwas findet, was aus *diesem* Leben nicht stammen kann, vernünftigerweise zugeben, daß es von dem stammt, was die Wissenschaft des Übersinnlichen beschreibt, wenn dadurch ein erklärendes Licht auf das sonst Unerklärliche fällt. So könnte auch da die sinnlich-verständige Beobachtung aus den sichtbaren Wirkungen die unsichtbaren Ursachen begreiflich finden. Und wer dies Leben völlig unbefangen betrachtet, dem wird sich auch das mit jeder neuen Beobachtung immer mehr als das Richtige ergeben. Nur handelt es sich darum, den richtigen Gesichtspunkt zu finden, um die Wirkungen im Leben zu beobachten. Wo liegen zum Beispiel die Wirkungen dessen, was die übersinnliche Erkenntnis als Vorgänge der Läuterungszeit schildert? Wie tritt die Wirkung dessen zutage, was der Mensch nach dieser Läuterungszeit im rein geistigen Gebiete, nach den Angaben der geistigen Forschung, erleben soll?

Rätsel drängen sich jeder ernsten, tiefen Lebensbetrachtung auf diesem Felde genug auf. Man sieht den einen Menschen in Not und Elend geboren, mit nur geringen Begabungen ausgestattet, so daß er durch diese mit seiner Geburt gegebenen Tatsachen zu einem erbärmlichen Dasein vorherbestimmt erscheint. Der andere wird von dem ersten Augenblicke seines Daseins an von sorgenden Händen und Herzen gehegt und gepflegt; es entfalten sich bei ihm glänzende Fähigkeiten; er ist zu einem fruchtbaren, befriedigenden Dasein veranlagt. Zwei entgegengesetzte Gesinnungen können sich gegenüber solchen Fragen geltend machen. Die eine wird an dem haften wollen, was die Sinne wahrnehmen und der an diese Sinne sich haltende Verstand begreifen kann. Darin, daß ein Mensch in das Glück, der andere ins Unglück hineingeboren wird, wird diese Gesinnung keine Frage sehen. Sie wird, wenn sie auch nicht das Wort «Zufall» gebrauchen will, doch nicht daran denken, irgendeinen gesetzmäßigen Zusammenhang anzunehmen, der solches bewirkt. Und in bezug auf die Anlagen, die Begabungen wird eine solche Vorstellungsart sich an das halten, was von Eltern, Voreltern und sonstigen Ahnen «vererbt» ist. Sie wird es ablehnen, die Ursachen in geistigen Vorgängen zu suchen, welche der Mensch selbst vor seiner Geburt – abseits von der Vererbungslinie seiner Ahnen – durchgemacht hat und durch die er sich seine Anlagen und Begabungen gestaltet hat. – Eine andere Gesinnung wird sich durch eine solche Auffassung unbefriedigt fühlen. Sie wird sagen: es geschieht doch auch in der offenbaren Welt nichts an einem bestimmten Orte oder in einer bestimmten Umgebung, ohne daß man Ursachen voraussetzen müßte, warum dies der Fall ist. Mag auch in vielen Fällen der Mensch diese Ursachen noch nicht erforscht haben, vorhanden sind sie. Eine Alpenblume wächst nicht in der Tiefebene. Ihre Natur hat etwas, was sie mit der Alpengegend zusammenbringt. Ebenso muß es in einem Menschen etwas geben, was ihn in eine bestimmte Umgebung hineingeboren werden läßt. Mit Ursachen, die bloß in der physischen Welt liegen, ist es dabei nicht getan. Sie nehmen sich für den tiefer Denkenden so aus, als wenn die Tatsache, daß jemand einem andern einen Schlag versetzt habe, nicht mit den Gefühlen des ersteren, sondern mit dem physischen Mechanismus seiner Hand erklärt werden sollte. – Ebenso unbefriedigt muß sich diese Gesinnung mit aller Erklärung aus der bloßen «Vererbung» bei Anlagen und Begabungen zeigen. Man mag von ihr immerhin sagen: sehet, wie sich bestimmte Anlagen in Familien forterben. In zwei und einem halben Jahrhundert haben sich die musikalischen Anlagen in den Gliedern der Familie *Bach* vererbt. Aus der Familie *Bernoulli* sind acht Mathematiker hervorgegangen, die zum Teil in ihrer Kindheit zu ganz anderen Berufen bestimmt waren. Aber die «vererbten» Begabungen haben sie immer zu dem Familienberuf hingetrieben. Man mag ferner darauf verweisen, wie man durch eine genaue Erforschung der Vorfahrenreihe einer Persönlichkeit zeigen könne, daß in der einen oder der anderen Weise sich die Begabung dieser Persönlichkeit bei den Ahnen gezeigt habe und daß sie sich nur als eine Summierung vererbter Anlagen darstellt. – Wer die angedeutete zweite Art der Gesinnung hat, wird solche Tatsachen gewiß nicht außer acht lassen; sie können *ihm* aber nicht sein, was sie dem sind, der sich nur auf die Vorgänge in der Sinnenwelt bei seinen Erklärungen stützen will. Der erstere wird darauf hinweisen, daß sich ebensowenig die vererbten Anlagen von selbst zur Gesamtpersönlichkeit summieren können, wie sich die Metallteile der Uhr zu dieser von selbst formieren. Und wenn man ihm einwendet, daß ja doch das Zusammenwirken der Eltern die Kombination der Anlagen bewirken könne, also dieses gleichsam an die Stelle des Uhrmachers trete, so wird er erwidern: Sehet mit Unbefangenheit auf das völlig Neue hin, das mit jeder Kindes-Persönlichkeit gegeben ist; dieses kann nicht von den Eltern kommen, einfach deshalb nicht, weil es in diesen nicht vorhanden ist.

Ein unklares Denken kann auf diesem Gebiet viel Verwirrung stiften. Am schlimmsten ist es, wenn von den Trägern der ersten Gesinnung diejenigen der letzteren als Gegner dessen hingestellt werden, was doch auf «sichere Tatsachen» sich stützt. Aber es braucht diesen letzteren gar nicht in den Sinn zu kommen, diesen Tatsachen ihre Wahrheit oder ihren Wert abzusprechen. Sie sehen zum Beispiel durchaus auch, daß sich eine bestimmte Geistesanlage, ja Geistesrichtung in einer Familie «forterbt» und daß gewisse Anlagen, in einem Nachkommen summiert und kombiniert, eine bedeutende Persönlichkeit ergeben. Sie vermögen durchaus zuzugeben, wenn man ihnen sagt, daß der bedeutendste Name selten an der Spitze, sondern am Ende einer Blutsgenossenschaft steht. Man sollte es ihnen aber nicht übel vermerken, wenn sie gezwungen sind, daraus ganz andere

Gedanken zu bilden als diejenigen, welche nur beim Sinnlich-Tatsächlichen stehenbleiben wollen. Den letzteren kann eben erwidert werden: Gewiß zeigt ein Mensch die Merkmale seiner Vorfahren, denn das Geistig-Seelische, welches durch die Geburt in das physische Dasein tritt, entnimmt seine Leiblichkeit dem, was ihm die Vererbung gibt. Damit ist aber noch nichts gesagt, als daß ein Wesen die Eigentümlichkeiten des Mittels trägt, in das es untergetaucht ist. Es ist gewiß ein sonderbarer – trivialer – Vergleich, aber der Unbefangene wird ihm seine Berechtigung nicht absprechen, wenn gesagt wird: daß ein Menschenwesen sich in die Eigenschaften seiner Vorfahren eingehüllt zeigt, beweist für die Herkunft der persönlichen Eigenschaften dieses Wesens ebensowenig, wie es für die innere Natur eines Menschen etwas beweist, wenn er naß ist, weil er ins Wasser gefallen ist. Und weiter kann gesagt werden: wenn der bedeutendste Name am Ende einer Blutsgenossenschaft steht, so zeigt dies, daß der Träger dieses Namens jene Blutsgenossenschaft brauchte, um sich den Leib zu gestalten, den er für die Entfaltung seiner Gesamtpersönlichkeit notwendig hatte. Es beweist aber gar nichts für die «Vererbung» des Persönlichen selbst: ja es beweist für eine gesunde Logik diese Tatsache das gerade Gegenteil. Wenn sich nämlich die persönlichen Gaben vererbten, so müßten sie am Anfange einer Blutsgenossenschaft stehen und sich dann von hier ausgehend auf die Nachkommen vererben. Da sie aber am Ende stehen, so ist das gerade ein Zeugnis dafür, daß sie sich *nicht* vererben.

Nun soll nicht in Abrede gestellt werden, daß auf Seite derjenigen, welche von einer geistigen Verursachung im Leben sprechen, nicht minder zur Verwirrung beigetragen wird. Von ihnen wird oft viel zu sehr im allgemeinen, im unbestimmten geredet. Es ist gewiß mit der Behauptung zu vergleichen: die Metallteile einer Uhr haben sich selbst zu dieser zusammengestellt, wenn gesagt wird: aus den vererbten Merkmalen summiere sich die Persönlichkeit eines Menschen. Aber es muß auch zugegeben werden, daß es mit vielen Behauptungen in bezug auf eine geistige Welt sich nicht anders verhält, als wenn jemand sagte: die Metallteile der Uhr können sich selbst nicht so zusammenfügen, daß durch die Zusammenfügung die Zeiger vorwärtsgeschoben werden, also muß irgend etwas Geistiges da sein, welches dieses Vorwärtsschieben besorgt. Gegenüber einer solchen Behauptung baut allerdings der auf einen weit besseren Grund, welcher sagt: Ach, ich kümmere mich nicht weiter um solche «mystische» Wesen, welche die Zeiger vorwärtsschieben; ich suche die mechanischen Zusammenhänge kennenzulernen, durch welche das Vorwärtsschieben der Zeiger bewirkt wird. Es handelt sich eben gar nicht darum, nur zu wissen, hinter einem Mechanischen, zum Beispiel der Uhr, stehe ein Geistiges (der Uhrmacher), sondern bedeutungsvoll kann es allein sein, die Gedanken kennenzulernen, die im Geiste des Uhrmachers der Verfertigung der Uhr *vorangegangen* sind. Man kann diese Gedanken im Mechanismus wiederfinden.

Alles bloße Träumen und Phantasieren von dem Übersinnlichen bringt nur Verwirrung. Denn es ist ungeeignet, die Gegner zu befriedigen. Diese sind ja im Recht, wenn sie sagen, solches Hinweisen auf übersinnliche Wesen im allgemeinen fördert in nichts das Verständnis der Tatsachen. Gewiß, solche Gegner mögen auch gegenüber den *bestimmten* Angaben der Geisteswissenschaft das gleiche sagen. Dann aber kann hingewiesen werden darauf, wie sich im offenbaren Leben die Wirkungen der verborgenen geistigen Ursachen zeigen. Es kann gesagt werden: man nehme einmal an, es sei richtig, was die Geistesforschung durch Beobachtung festgestellt haben will, daß der Mensch nach seinem Tode eine Läuterungszeit durchgemacht habe und daß er während derselben seelisch *erlebt* habe, welches Hemmnis in der fortschreitenden Entwickelung eine bestimmte Tat sei, die er in einem vorhergegangenen Leben vollführt hat. Während er dieses erlebt hat, bildete sich in ihm der Trieb, die Folgen dieser Tat zu verbessern. Diesen Trieb bringt er sich für ein neues Leben mit. Und das Vorhandensein dieses Triebes bildet jenen Zug in seinem Wesen, der ihn an einen Platz stellt, von dem aus die Verbesserung möglich ist. Man beachte eine Gesamtheit solcher Triebe, und man hat eine Ursache für die schicksalsgemäße Umgebung, in welche ein Mensch hineingeboren wird. – Ebenso kann es mit einer anderen Annahme gehen. Man setze wieder voraus, es sei richtig, was von der Geisteswissenschaft gesagt wird, die Früchte eines verflossenen Lebens werden dem geistigen Keim des Menschen einverleibt, und das Geisterland, in dem sich dieser zwischen Tod und neuem Leben befindet, sei das Gebiet, in dem diese Früchte reifen, um, zu Anlagen und Fähigkeiten umgestaltet, in einem neuen Leben zu erscheinen und die Persönlichkeit so zu gestalten, daß sie als die Wirkung dessen erscheint, was in einem vorigen Leben gewonnen worden ist. – Wer diese Voraussetzungen macht und mit ihnen unbefangen das Leben betrachtet, dem wird sich zeigen, daß durch sie alles Sinnlich-Tatsächliche in seiner vollen Bedeutung und Wahrheit anerkannt werden kann, daß aber zugleich alles das begreiflich wird, was bei einem bloßen Bauen auf die sinnlichen Tatsachen für denjenigen immer unbegreiflich bleiben muß, dessen Gesinnung nach der geistigen Welt hin gerichtet ist. Und vor allem, es wird jede Unlogik von der Art verschwinden, wie die früher angedeutete eine ist: weil der bedeutendste Name am Ende einer Blutsgenossenschaft steht, müsse der Träger seine Begabung ererbt haben. Das Leben wird logisch begreiflich durch die von der Geisteswissenschaft ermittelten übersinnlichen Tatsachen.

Der gewissenhafte Wahrheitsucher, der ohne eigene Erfahrung in der übersinnlichen Welt sich zurechtfinden will in den Tatsachen, wird aber auch noch einen gewichtigen Einwand erheben können. Es kann nämlich geltend gemacht werden, daß es unzulässig sei, einfach aus dem Grunde das Dasein irgendwelcher Tatsachen anzunehmen, weil man sich dadurch etwas erklären könne, was sonst unerklärlich ist. Solch ein Einwand ist sicherlich für denjenigen ganz bedeutungslos, welcher die entsprechenden Tatsachen aus der übersinnlichen Erfahrung kennt. Und in den folgenden Teilen dieser Schrift wird der Weg angegeben, der gegangen werden kann, um nicht nur andere geistige Tatsachen, die hier beschrieben werden, sondern auch das Gesetz der geistigen Verursachung als eigenes Erlebnis kennenzulernen. Aber für jeden, welcher diesen Weg nicht antreten will, kann der obige Einwand eine Bedeutung haben. Und dasjenige, was wider ihn gesagt werden kann, ist auch für einen solchen wertvoll, der den angedeuteten Weg selbst zu gehen entschlossen ist. Denn wenn es jemand in der richtigen Art aufnimmt, dann ist es selbst der *beste* erste Schritt, der auf diesem Wege gemacht werden kann. – Es ist nämlich durchaus wahr: bloß weil man sich etwas dadurch erklären kann, was sonst unerklärlich bleibt, soll man etwas nicht annehmen, von dessen Dasein man sonst kein Wissen hat. Aber in dem

Falle mit den angeführten geistigen Tatsachen liegt die Sache doch noch anders. Wenn man sie annimmt, so hat das nicht nur die intellektuelle Folge, daß man durch sie das Leben begreiflich findet, sondern man erlebt durch die Aufnahme dieser Voraussetzungen in seine Gedanken noch etwas ganz anderes. Man denke sich den folgenden Fall: Es widerfährt jemand etwas, das in ihm recht peinliche Empfindungen hervorruft. Er kann sich nun in zweifacher Art dazu stellen. Er kann den Vorfall als etwas erleben, was ihn peinlich berührt, und sich der peinlichen Empfindung hingeben, vielleicht sogar in Schmerz versinken. Er kann sich aber auch anders dazu stellen. Er kann sagen: In Wahrheit habe ich selbst in einem vergangenen Leben in mir die Kraft gebildet, welche mich vor diesen Vorfall gestellt hat; ich habe in Wirklichkeit mir selbst die Sache zugefügt. Und er kann nun alle die Empfindungen in sich erregen, welche ein solcher Gedanke zur Folge haben kann. Selbstverständlich muß der Gedanke mit dem allervollkommensten Ernste und mit aller möglichen Kraft erlebt werden, wenn er eine solche Folge für das Empfindungs- und Gefühlsleben haben soll. Wer solches zustande bringt, für den wird sich eine Erfahrung einstellen, welche sich am besten durch einen Vergleich veranschaulichen läßt. Zwei Menschen – so wolle man annehmen – bekämen eine Siegellackstange in die Hand. Der eine stelle intellektuelle Betrachtungen an über die «innere Natur» der Stange. Diese Betrachtungen mögen sehr klug sein; wenn sich diese «innere Natur» durch nichts zeigt, mag ihm ruhig jemand erwidern: das sei Träumerei. Der andere aber reibt den Siegellack mit einem Tuchlappen, und er zeigt dann, daß die Stange kleine Körperchen anzieht. Es ist ein gewichtiger Unterschied zwischen den Gedanken, die durch des ersten Menschen Kopf gegangen sind und ihn zu den Betrachtungen angeregt haben, und denen des zweiten. Des ersten Gedanken haben keine tatsächliche Folge; diejenigen des zweiten aber haben eine Kraft, also etwas Tatsächliches, aus seiner Verborgenheit hervorgelockt. – So ist es nun auch mit den Gedanken eines Menschen, der sich vorstellt, er habe die Kraft, mit einem Ereignis zusammenzukommen, durch ein früheres Leben selbst in sich gepflanzt. Diese bloße Vorstellung regt in ihm eine wirkliche Kraft an, durch die er in einer ganz andern Art dem Ereignis begegnen kann, als wenn er diese Vorstellung nicht hegt. Es geht ihm dadurch ein Licht auf über die notwendige Wesenheit dieses Ereignisses, das er sonst nur als einen Zufall anerkennen könnte. Und er wird unmittelbar einsehen: ich habe den rechten Gedanken gehabt, denn dieser Gedanke hatte die Kraft, die Tatsache mir zu enthüllen. Wiederholt jemand solche innere Vorgänge, so werden sie fortgesetzt zu einem Mittel innerer Kraftzufuhr, und sie erweisen so ihre Richtigkeit durch ihre Fruchtbarkeit. Und diese Richtigkeit zeigt sich, nach und nach, kräftig genug. In geistiger, seelischer und auch physischer Beziehung wirken solche Vorgänge gesundend, ja in jeder Beziehung fördernd auf das Leben ein. Der Mensch wird gewahr, daß er sich dadurch in einer richtigen Art in den Lebenszusammenhang hineinstellt, während er bei Beachtung nur des einen Lebens zwischen Geburt und Tod sich einem Irrwahn hingibt. Der Mensch wird seelisch stärker durch das gekennzeichnete Wissen. – Einen solchen rein inneren Beweis von der geistigen Verursachung kann sich ein jeder allerdings nur selbst in seinem Innenleben verschaffen. Aber es kann ihn auch ein jeder haben. Wer ihn sich nicht verschafft hat, kann seine Beweiskraft allerdings nicht beurteilen. Wer ihn sich verschafft hat, der kann ihn aber auch kaum mehr anzweifeln. Man braucht sich auch gar nicht zu verwundern, daß dies so ist. Denn was so ganz und gar mit demjenigen zusammenhängt, was des Menschen innerste Wesenheit, seine Persönlichkeit ausmacht, von dem ist es nur natürlich, daß es auch nur im innersten Erleben genügend bewiesen werden kann. – Vorbringen kann man dagegen allerdings nicht, daß eine solche Angelegenheit, weil sie solchem inneren Erlebnis entspricht, ein jeder mit sich selbst abmachen müsse, und daß sie nicht Sache einer Geisteswissenschaft sein könne. Gewiß ist, daß ein jeder selbst das Erlebnis haben muß, wie ein jeder selbst den Beweis eines mathematischen Satzes einsehen muß. Aber der Weg, auf dem das Erlebnis erreicht werden kann, ist für alle Menschen gültig, wie die Methode, einen mathematischen Satz zu beweisen, für alle gültig ist.

Nicht in Abrede soll gestellt werden, daß – von den übersinnlichen Beobachtungen natürlich abgesehen – der eben angeführte Beweis durch die kraftherorbringende Gewalt der entsprechenden Gedanken der einzige ist, der jeder unbefangenen Logik standhält. Alle anderen Erwägungen sind gewiß sehr bedeutsam; aber sie werden doch alle etwas haben, an dem ein Gegner Angriffspunkte finden kann. Wer allerdings sich genug unbefangenen Blick angeeignet hat, der wird schon in der Möglichkeit und Tatsächlichkeit der Erziehung bei dem Menschen etwas finden, was logisch wirkende Beweiskraft dafür hat, daß ein geistiges Wesen sich in der leiblichen Hülle zum Dasein ringt. Er wird das Tier mit dem Menschen vergleichen und sich sagen: bei dem ersteren treten die für dasselbe maßgebenden Eigenschaften und Befähigungen mit der Geburt als etwas in sich Bestimmtes auf, das deutlich zeigt, wie es durch die Vererbung vorgezeichnet ist und sich an der Außenwelt entfaltet. Man sehe, wie das junge Küchlein Lebensverrichtungen von Geburt an in bestimmter Art vollzieht. An den Menschen aber tritt durch die Erziehung mit seinem Innenleben etwas in ein Verhältnis, was ohne alle Beziehung zu einer Vererbung stehen kann. Und er kann in der Lage sein, die Wirkungen solcher äußeren Einflüsse sich anzueignen. Wer erzieht, der weiß, daß solchen Einflüssen vom Innern des Menschen Kräfte entgegenkommen müssen; ist das nicht der Fall, dann ist alle Schulung und Erziehung bedeutungslos. Für den unbefangenen Erzieher stellt sich sogar ganz scharf die Grenze hin zwischen den vererbten Anlagen und jenen inneren Kräften des Menschen, welche durch diese Anlagen hindurchleuchten und welche aus früheren Lebensläufen herrühren. Sicherlich kann man für solche Dinge nicht so «gewichtige» Beweise anführen, wie für gewisse physikalische Tatsachen durch die Waage. Aber dafür sind diese Dinge eben die Intimitäten des Lebens. Und für den, der Sinn dafür hat, sind auch solche nicht handgreifliche Belege beweisend; sogar beweisender als die handgreifliche Wirklichkeit. Daß man ja auch Tiere dressieren kann, sie also gewissermaßen durch Erziehung Eigenschaften und Fähigkeiten annehmen, ist für den, der auf das Wesentliche zu schauen vermag, kein Einwand. Denn abgesehen davon, daß sich in der Welt allerorten Übergänge finden, verschmelzen die Ergebnisse der Dressur bei einem Tiere keineswegs in gleicher Art mit seinem persönlichen Wesen wie beim Menschen. Man betont ja sogar, wie die Fähigkeiten, welche den Haustieren im Zusammenleben mit dem Menschen andressiert werden, sich vererben, das heißt sofort gattungsmäßig, nicht persönlich wirken. Darwin beschreibt, wie Hunde apportieren, ohne dazu angelernt zu sein oder es gesehen zu haben. Wer wollte ein gleiches von der menschlichen Erziehung behaupten?

Nun gibt es Denker, welche durch ihre Beobachtungen über die Meinung hinauskommen, daß der Mensch durch die rein vererbten Kräfte von außen zusammengefügt sei. Sie erheben sich bis zu dem Gedanken, daß ein geistiges Wesen, eine Individualität, dem leiblichen Dasein vorangehe und dieses gestalte. Aber viele von ihnen finden doch nicht die Möglichkeit, zu begreifen, daß es wiederholte Erdenleben gibt, und daß in dem Zwischendasein zwischen den Leben die Früchte der vorigen mitgestaltende Kräfte sind. Es sei aus der Reihe solcher Denker einer angeführt. *Immanuel Hermann Fichte,* der Sohn des großen Fichte, führt in seiner «Anthropologie» seine Beobachtungen an, die ihn (Seite 528) zu folgendem zusammenfassenden Urteil bringen: «Die Eltern sind *nicht* die Erzeuger in vollständigem Sinne: den organischen Stoff bieten sie dar, und nicht bloß diesen, sondern zugleich jenes Mittlere, Sinnlich-Gemütliche, welches sich in Temperament, in eigentümlicher Gemütsfärbung, in bestimmter Spezifikation der Triebe und dergleichen zeigt, als deren gemeinschaftliche Quelle die *‹Phantasie›* in jenem weitern, von uns nachgewiesenen Sinn sich ergeben hat. In allen diesen Elementen der Persönlichkeit ist die Mischung und eigentümliche Verbindung der Elternseelen unverkennbar; diese daher für ein bloßes Produkt der Zeugung zu erklären, ist vollkommen begründet, noch dazu, wenn, wofür wir uns entscheiden mußten, die Zeugung als wirklicher Seelenvorgang aufgefaßt wird. Aber der eigentliche, schließende Mittelpunkt der Persönlichkeit fehlt hier gerade; denn bei tiefer eindringender Beobachtung ergibt sich, daß auch jene gemütlichen Eigentümlichkeiten nur eine Hülle und ein *Werkzeugliches* sind, um die eigentlich geistigen idealen Anlagen des Menschen in sich zu fassen, geeignet, sie zu fördern in ihrer Entwickelung oder zu hemmen, keineswegs aber fähig, sie aus sich entstehen zu lassen.» Und weiter wird da gesagt: «*Jeder* präexistiert nach seiner geistigen Grundgestalt; denn geistig betrachtet gleicht kein Individuum dem andern, sowenig als die eine *Tierspezies* einer der übrigen» (Seite 532). Diese Gedanken greifen nur so weit, daß sie in die physische Leiblichkeit des Menschen eintreten lassen eine geistige Wesenheit. Da deren gestaltende Kräfte aber nicht aus Ursachen früherer Leben hergeleitet werden, so müßte jedesmal, wenn eine Persönlichkeit ersteht, eine solche geistige Wesenheit aus einem göttlichen Urgrunde hervorgehen. Unter dieser Voraussetzung bestände aber keine Möglichkeit, die Verwandtschaft zu erklären, die ja besteht zwischen den sich aus dem menschlichen Innern herausringenden Anlagen und dem, was von der äußeren irdischen Umgebung im Laufe des Lebens an dieses Innere herandringt. Das menschliche Innere, das für jeden einzelnen Menschen aus einem göttlichen Urgrunde stammte, müßte ganz fremd gegenüberstehen dem, was ihm im irdischen Leben gegenübertritt. Nur dann wird das – wie es ja tatsächlich ist – nicht der Fall sein, wenn dieses menschliche Innere mit dem Äußern bereits verbunden war, wenn es nicht zum ersten Male in diesem lebt. Der unbefangene Erzieher kann klar die Wahrnehmung machen: ich bringe aus den Ergebnissen des Erdenlebens an meinen Zögling etwas heran, was zwar seinen bloß vererbten Eigenschaften fremd ist, was ihn aber doch so anmutet, als ob er bei der Arbeit, aus welcher diese Ergebnisse stammen, schon dabei gewesen wäre. Nur die wiederholten Erdenleben im Zusammenhang mit den von der Geistesforschung dargelegten Tatsachen im geistigen Gebiet zwischen den Erdenleben: nur dies alles kann eine befriedigende Erklärung des allseitig betrachteten Lebens der gegenwärtigen Menschheit geben. – Ausdrücklich wird hier gesagt: der «gegenwärtigen» Menschheit. Denn die geistige Forschung ergibt, daß allerdings einmal der Kreislauf der Erdenleben begonnen hat und daß damals andere Verhältnisse als gegenwärtig für das in die leibliche Hülle eintretende geistige Wesen des Menschen bestanden haben. In den folgenden Kapiteln wird auf diesen urzeitlichen Zustand des Menschenwesens zurückgegangen. Wenn dadurch aus den Ergebnissen der Geisteswissenschaft heraus wird gezeigt worden sein, wie dieses Menschenwesen seine gegenwärtige Gestalt im Zusammenhang mit der Erdentwickelung erhalten hat, wird auch noch genauer darauf hingedeutet werden können, wie der geistige Wesenskern des Menschen aus übersinnlichen Welten in die leiblichen Hüllen eindringt, und wie das geistige Verursachungsgesetz, das «menschliche Schicksal», sich heranbildet.

Es hat sich durch die vorangegangenen Betrachtungen ergeben, daß die Wesenheit des Menschen aus den vier Gliedern sich aufbaut: Physischer Leib, Lebensleib, Astralleib und Ich-Träger. Das «Ich» arbeitet innerhalb der drei andern Glieder und wandelt diese um. Durch solche Umwandlung entstehen auf einer niedrigeren Stufe: Empfindungsseele, Verstandesseele und Bewußtseinsseele. Auf einer höheren Stufe des Menschendaseins bilden sich: Geistselbst, Lebensgeist und Geistesmensch. Diese Glieder der Menschennatur stehen nun in den mannigfaltigsten Verhältnissen zu dem ganzen Weltall. Und ihre Entwickelung hängt mit der Entwickelung dieses Weltalls zusammen. Durch die Betrachtung dieser Entwickelung gewinnt man einen Einblick in die tieferen Geheimnisse dieser menschlichen Wesenheit.

Es ist klar, daß des Menschen Leben nach den verschiedensten Richtungen hin Beziehungen hat zur Umgebung, zu dem Wohnplatz, auf dem er sich entwickelt. Nun ist schon die äußerliche Wissenschaft durch die ihr gegebenen Tatsachen zu der Ansicht gedrängt worden, daß die Erde selbst, dieser Wohnplatz des Menschen im umfassendsten Sinne, eine Entwickelung durchgemacht hat. Diese Wissenschaft weist auf Zustände im Erdendasein hin, innerhalb welcher ein Mensch in seiner gegenwärtigen Form auf unserem Planeten noch nicht existiert hat. Sie zeigt, wie die Menschheit von einfachen Kulturzuständen herauf sich langsam und allmählich zu den gegenwärtigen Verhältnissen entwickelt hat. Also auch diese Wissenschaft kommt zu der Meinung, daß ein Zusammenhang bestehe zwischen der Entwickelung des Menschen und derjenigen seines Himmelskörpers, der Erde.

Die Geisteswissenschaft* verfolgt diesen Zusammenhang durch diejenige Erkenntnis, welche ihre Tatsachen aus der durch die geistigen Organe geschärften Wahrnehmung schöpft. Sie verfolgt den Menschen rückwärts in seinem Werdegange. Es zeigt sich ihr, daß das eigentliche innere geistige Wesen des Menschen durch eine Reihe von Leben auf dieser Erde geschritten ist. So aber kommt die Geistesforschung zu einem weit in der Vergangenheit zurückliegenden Zeitpunkte, in dem zum ersten Male dieses innere Menschenwesen in ein äußeres Leben in dem gegenwärtigen Sinne eingetreten ist. In dieser ersten irdischen Verkörperung war es, daß das «Ich» anfing, innerhalb der drei Leiber, Astralleib, Lebensleib, physischer Leib, sich zu betätigen. Und es nahm dann die Früchte dieser Arbeit mit in das folgende Leben hinüber.

Wenn man in der angedeuteten Art bis zu diesem Zeitpunkte in der Betrachtung rückwärts schreitet, so wird man gewahr, daß das «Ich» einen Erdenzustand vorfindet, innerhalb dessen die drei Leiber, physischer Leib, Lebensleib und Astralleib, schon entwickelt sind und schon einen gewissen Zusammenhang haben. Das «Ich» verbindet sich zum ersten Male mit der Wesenheit, welche aus diesen drei Leibern besteht. Es nimmt von jetzt ab dieses «Ich» an der Weiterentwickelung der drei Leiber teil. Vorher haben sich diese ohne ein solches Menschen-Ich bis zu der Stufe entwickelt, auf welcher sie dieses Ich damals angetroffen hat.

Die Geisteswissenschaft muß mit ihrer Forschung nun noch weiter zurückgehen, wenn sie die Fragen beantworten will: Wie sind die drei Leiber bis zu einer solchen Stufe der Ent-

* Geisteswissenschaft wird hier, wie aus dem Zusammenhang ersichtlich ist, gleichbedeutend mit «Geheimwissenschaft», mit übersinnlicher Erkenntnis gebraucht.

wickelung gelangt, auf der sie ein «Ich» in sich aufnehmen konnten, und wie ist dieses Ich selbst geworden und zu der Fähigkeit gelangt, innerhalb dieser Leiber wirken zu können?

Die Beantwortung dieser Fragen ist nur möglich, wenn man das Werden des Erdenplaneten selbst im geisteswissenschaftlichen Sinne verfolgt. Durch solche Forschung gelangt man an einen Anfang dieses Erdenplaneten. Diejenige Betrachtungsart, welche nur auf die Tatsachen der physischen Sinne baut, kann nicht bis zu Schlußfolgerungen gelangen, die mit diesem Erdenanfang etwas zu tun haben. Eine gewisse Ansicht, die sich solcher Schlußfolgerungen bedient, kommt zu dem Ergebnis, daß alles Stoffliche der Erde sich aus einem Urnebel heraus gebildet habe. Es kann nicht die Aufgabe dieser Schrift sein, auf solche Vorstellungen näher einzugehen. Denn für die Geistesforschung handelt es sich darum, nicht bloß die materiellen Vorgänge der Erdentwikkelung in Betracht zu ziehen, sondern vor allem die hinter dem Stofflichen liegenden geistigen Ursachen. Wenn man einen Menschen vor sich hat, der eine Hand hebt, so kann dieses Heben der Hand zu zweierlei Betrachtungsweisen anregen. Man kann den Mechanismus des Armes und des andern Organismus untersuchen und den Vorgang so beschreiben wollen, wie er sich rein physisch abspielt. Man kann aber auch den geistigen Blick auf dasjenige lenken, was in der Seele des Menschen vorgeht und was die seelische Veranlassung zum Heben der Hand bildet. In einer ähnlichen Art sieht der durch das geistige Wahrnehmen geschulte Forscher hinter allen Vorgängen der sinnlich-physischen Welt geistige Vorgänge. Für ihn sind alle Umwandlungen in dem Stofflichen des Erdenplaneten Offenbarungen geistiger

Kräfte, die hinter dem Stofflichen liegen. Wenn aber solche geistige Beobachtung in dem Leben der Erde immer weiter zurückgeht, so kommt sie an einen Entwickelungspunkt, an dem alles Stoffliche erst anfängt zu sein. Es entwickelt sich dieses Stoffliche aus dem Geistigen heraus. Vorher ist nur Geistiges vorhanden. Man nimmt durch diese geistige Beobachtung das Geistige wahr und sieht, wie in weiterem Verfolg sich dieses Geistige zu dem Stofflichen teilweise gleichsam verdichtet. Man hat einen Vorgang vor sich, der sich – auf einer höheren Stufe – so abspielt, wie wenn man ein Gefäß mit Wasser betrachtet, in dem sich nach und nach durch kunstvoll geleitete Abkühlungen Eisklumpen herausbildeten. Wie man hier aus dem, was vorher durchaus Wasser war, das Eis sich heraus verdichten sieht, so kann man durch geistige Beobachtung verfolgen, wie sich aus einem vorangehenden durchaus Geistigen die stofflichen Dinge, Vorgänge und Wesenheiten gleichsam verdichten. – So hat sich der physische Erdenplanet herausentwickelt aus einem geistigen Weltwesen; und alles, was stofflich mit diesem Erdenplaneten verknüpft ist, hat sich aus solchem herausverdichtet, was mit ihm vorher geistig verbunden war. Man hat sich aber nicht vorzustellen, daß jemals *alles* Geistige sich in Stoffliches umwandelt; sondern man hat in dem letzteren immer nur umgewandelte Teile des ursprünglichen Geistigen vor sich. Dabei bleibt das Geistige auch während der stofflichen Entwickelungsperiode das eigentlich leitende und führende Prinzip.

Es ist einleuchtend, daß diejenige Vorstellungsart, welche sich nur an die sinnlich-physischen Vorgänge halten will – und an dasjenige, was der Verstand aus diesen Vorgängen erschließen kann – nichts auszusagen vermag über das in

Rede stehende Geistige. Man nehme an, es könne ein Wesen geben, das nur solche Sinne hätte, die Eis wahrnehmen können, nicht aber den feineren Zustand des Wassers, aus dem sich das Eis durch Abkühlung abhebt. Für ein solches Wesen wäre das Wasser nicht vorhanden; und es wäre für dasselbe von dem Wasser erst dann etwas wahrzunehmen, wenn sich Teile desselben zu Eis umgebildet haben. So bleibt für einen Menschen das hinter den Erdenvorgängen liegende Geistige verborgen, wenn er nur das für die physischen Sinne Vorhandene gelten lassen will. Und wenn er von den physischen Tatsachen, die er gegenwärtig wahrnimmt, richtige Schlußfolgerungen sich bildet über frühere Zustände des Erdenplaneten, so kommt ein solcher Mensch eben nur bis zu jenem Entwickelungspunkte, in dem das vorangehende Geistige sich teilweise zu dem Stofflichen verdichtete. Dieses vorangehende Geistige sieht eine solche Betrachtungsweise ebensowenig wie das Geistige, das unsichtbar auch gegenwärtig hinter dem Stofflichen waltet.

Es kann erst in den letzten Kapiteln dieser Schrift von den Wegen gesprochen werden, auf denen der Mensch sich die Fähigkeit aneignet, in geistiger Wahrnehmung auf die früheren Erdenzustände zurückzublicken, von denen hier die Rede ist. Nur angedeutet soll hier vorläufig werden, daß für die geistige Forschung die Tatsachen auch urferner Vergangenheiten nicht verschwunden sind. Wenn ein Wesen zu einem körperlichen Dasein gelangt, so vergeht mit seinem körperlichen Tode das Stoffliche. Nicht in der gleichen Art «verschwinden» die geistigen Kräfte, welche dieses Körperhafte aus sich herausgetrieben haben. Sie lassen ihre Spuren, ihre genauen Abbilder in der geistigen Grundlage der Welt zurück. Und wer durch die sichtbare Welt hindurch die Wahrnehmung zu dem Unsichtbaren zu erheben vermag, der gelangt endlich dazu, etwas vor sich zu haben, was man mit einem gewaltigen geistigen Panorama vergleichen könnte, in dem alle vergangenen Vorgänge der Welt verzeichnet sind. Man kann diese unvergänglichen Spuren alles Geistigen die «Akasha-Chronik» nennen, indem man als Akasha-Wesenheit das Geistig-Bleibende des Weltgeschehens im Gegensatz zu den vergänglichen Formen des Geschehens bezeichnet. Nun muß auch hier wieder gesagt werden, daß Forschungen auf den übersinnlichen Gebieten des Daseins nur mit Hilfe des geistigen Wahrnehmens, also auf dem hier betrachteten Gebiete nur durch das Lesen der angedeuteten «Akasha-Chronik» angestellt werden können. Dennoch gilt auch hier dasjenige, was für Ähnliches schon an früherer Stelle dieser Schrift gesagt worden ist. *Erforscht* können die übersinnlichen Tatsachen nur durch die übersinnliche Wahrnehmung werden; sind sie aber erforscht und werden sie von der Wissenschaft des Übersinnlichen mitgeteilt, so können sie *eingesehen* werden durch das gewöhnliche Denken, wenn dieses nur wirklich unbefangen sein will. Es werden in dem folgenden im Sinne der übersinnlichen Erkenntnis die Entwickelungszustände der Erde mitgeteilt. Es werden die Umwandlungen unseres Planeten verfolgt werden bis zu dem Lebenszustande, in dem dieser gegenwärtig ist. Wenn nun jemand das betrachtet, was er gegenwärtig in bloßer sinnlicher Wahrnehmung vor sich hat, und dann dasjenige in sich aufnimmt, was die übersinnliche Erkenntnis darüber sagt, wie seit urferner Vergangenheit dieses Gegenwärtige sich entwickelt habe, so vermag er bei wahrhaft unbefangenem Denken sich zu sagen: erstens ist es durchaus logisch, was diese Erkenntnis berichtet; zweitens kann ich einsehen, daß die Dinge so geworden sind, wie sie mir eben entgegentreten, wenn ich annehme, daß dies richtig sei, was durch die übersinnliche Forschung mitgeteilt wird. Mit dem «Logischen» ist natürlich in diesem Zusammenhange nicht gemeint, daß innerhalb irgendeiner Darstellung übersinnlicher Forschung nicht Irrtümer in logischer Beziehung enthalten sein könnten. Auch hier soll von dem «Logischen» nur so gesprochen werden, wie man im gewöhnlichen Leben der physischen Welt davon spricht. Wie da die logische Darstellung als Forderung gilt, trotzdem der einzelne Darsteller eines Tatsachengebietes logischen Irrtümern verfallen kann, so ist es auch in der übersinnlichen Forschung. Es kann sogar vorkommen, daß ein Forscher, der auf übersinnlichen Gebieten wahrzunehmen vermag, sich Irrtümern in der logischen Darstellung hingibt, und daß einen solchen dann jemand verbessern kann, der gar nicht übersinnlich wahrnimmt, wohl aber die Fähigkeit eines gesunden Denkens hat. Aber im Wesen kann gegen die in der übersinnlichen Forschung angewandte Logik nichts eingewendet werden. Und gar nicht nötig sollte man haben zu betonen, daß gegen die Tatsachen selbst nichts aus bloß logischen Gründen vorgebracht werden kann. So wie man auf dem Gebiete der physischen Welt niemals logisch beweisen kann, ob es einen Walfisch gibt oder nicht, sondern nur durch den Augenschein, so können auch die übersinnlichen Tatsachen nur durch die geistige Wahrnehmung erkannt werden. – Es kann aber nicht genug betont werden, daß es für den Betrachter der übersinnlichen Gebiete eine Notwendigkeit ist, bevor er in eigenem Wahrnehmen sich den geistigen Welten nähern will, zuerst sich durch die angedeutete Logik eine Ansicht zu verschaffen, und nicht minder dadurch, daß er erkennt, wie die sinnlich-offenbare Welt überall verständlich erscheint, wenn man voraussetzt, die Mitteilungen der Geheimwissenschaft seien richtig. Es bleibt eben alles Erleben in der übersinnlichen Welt ein unsicheres – ja gefährliches – Herumtasten, wenn der geschilderte Vorbereitungsweg verschmäht wird. Deshalb wird in dieser Schrift auch zuerst das Übersinnlich-Tatsächliche der Erdentwickelung mitgeteilt, bevor über den Weg der übersinnlichen Erkenntnis selbst gesprochen wird. – Es kommt ja durchaus auch in Betracht, daß derjenige, welcher sich rein denkend in das hineinfindet, was die übersinnliche Erkenntnis zu sagen hat, keineswegs in derselben Lage ist wie jemand, der sich eine Erzählung anhört über einen physischen Vorgang, den er nicht selbst sehen kann. Denn das reine Denken ist selbst schon eine übersinnliche Betätigung. Es kann als Sinnliches nicht zu übersinnlichen Vorgängen durch sich selbst führen. Wenn man aber dieses Denken auf die übersinnlichen, durch die übersinnliche Anschauung erzählten Vorgänge anwendet, dann wächst es *durch sich selbst* in die übersinnliche Welt hinein. Und es ist sogar einer der allerbesten Wege, zu eigener Wahrnehmung auf übersinnlichem Gebiete dadurch zu gelangen, daß man durch das Denken über das von der übersinnlichen Erkenntnis Mitgeteilte in die höhere Welt hineinwächst. Ein solches Hineinkommen ist nämlich mit der größten Klarheit verbunden. Deshalb betrachtet auch eine gewisse Richtung geisteswissenschaftlicher Forschung *dieses* Denken als die gediegenste erste Stufe aller geisteswissenschaftlichen Schulung. – Auch muß es durchaus begreiflich erscheinen, daß in dieser Schrift nicht in bezug auf alle Einzelheiten der im Geiste wahrgenommenen Erdenentwickelung darauf hingewiesen wird, wie das Übersinnliche sich in dem Offenbaren bestätigt. Das war auch nicht die Meinung, als gesagt wurde, daß das Verborgene überall in seinen offenbaren Wirkungen nachgewiesen werden kann. Es ist vielmehr dies die Meinung, daß auf Schritt und Tritt alles lichtvoll und begreiflich für den Menschen werden *kann*, was ihm entgegentritt, wenn er die offenbaren Vorgänge sich in die Beleuchtung rückt, welche ihm durch die Geheimwissenschaft ermöglicht wird. Nur an einzelnen charakteristischen Stellen mag in den folgenden Betrachtungen probeweise auf Bestätigungen des Verborgenen durch das Offenbare verwiesen werden, um zu zeigen, wie man es *überall*, wo man nur will, im praktischen Verfolg des Lebens machen kann.

*

Man kommt im Sinne der obigen geisteswissenschaftlichen Forschung durch die Verfolgung der Erdentwickelung nach rückwärts zu einem geistigen Zustand unseres Planeten. Setzt man aber diesen Forschungsweg nach rückwärts weiter fort, dann findet man, daß jenes Geistige vorher bereits in einer Art physischer Verkörperung war. Man trifft also auf einen vergangenen physischen planetarischen Zustand, der sich später vergeistigt und nachher durch abermalige Verstofflichung sich zu unserer Erde umgewandelt hat. Unsere Erde stellt sich somit als die Wiederverkörperung eines uralten Planeten dar. Aber die Geisteswissenschaft kann noch weiter zurückgehen. Und sie findet dann den ganzen Vorgang noch zweimal wiederholt. Unsere Erde hat also drei vorhergehende planetarische Zustände durchgemacht, zwischen denen immer Zwischenzustände der Vergeistigung liegen. Das Physische erweist sich allerdings immer feiner und feiner, je weiter wir die Verkörperung nach rückwärts verfolgen.

Naheliegend ist der folgenden Darstellung gegenüber der

Einwand: Wie kann gesunde Urteilskraft sich einlassen auf die Annahme so unermeßlich weit zurückliegender Weltzustände, wie diejenigen sind, von denen hier gesprochen wird? Demgegenüber muß gesagt werden, daß für denjenigen, der verständnisvoll auf das *gegenwärtige* verborgene Geistige in dem offenbaren Sinnenfälligen hinzublicken vermag, auch die Einsicht in die, wenn auch noch so entfernten früheren Entwickelungszustände nichts Unmögliches darstellen kann. Nur wer für die Gegenwart dieses verborgene Geistige nicht anerkennt, für den verliert das Reden über eine solche Entwickelung, wie sie hier gemeint ist, allen Sinn. Wer es anerkennt, für den ist im Anblick des gegenwärtigen Zustandes der frühere ebenso gegeben, wie im Anblick des fünfzigjährigen Menschen der des einjährigen Kindes. Ja, kann man sagen, aber man hat mit Bezug auf das letztere neben fünfzigjährigen Menschen einjährige Kinder und alle möglichen Zwischenstufen vor sich. Das ist richtig; aber richtig ist es auch für die hier gemeinte Entwickelung des Geistigen. Wer auf diesem Felde zu einem sinngemäßen Urteil kommt, der sieht auch ein, daß in der vollständigen Beobachtung des Gegenwärtigen, die das Geistige mitumschließt, wirklich neben den Stufen des Daseins, die bis zur Entwickelungsvollkommenheit der Gegenwart fortgeschritten sind, auch die Entwickelungszustände der Vergangenheit erhalten geblieben sind, wie neben den fünfzigjährigen Menschen einjährige Kinder vorhanden sind. Man kann innerhalb des Erdengeschehens der Gegenwart das Urgeschehen schauen, wenn man nur die sich unterscheidenden aufeinanderfolgenden Entwickelungszustände auseinanderzuhalten vermag.

Nun tritt der Mensch in der Gestalt, in welcher er gegenwärtig sich entwickelt, erst auf der vierten der charakterisierten planetarischen Verkörperungen, auf der eigentlichen Erde auf. Und das Wesentliche dieser Gestalt ist, daß der Mensch aus den vier Gliedern zusammengesetzt ist: Physischer Leib, Lebensleib, Astralleib und Ich. Doch hätte diese Gestalt nicht auftreten können, wenn sie nicht durch die vorhergehenden Entwickelungstatsachen vorbereitet worden wäre. Diese Vorbereitung geschah dadurch, daß innerhalb der früheren planetarischen Verkörperung Wesen sich entwickelten, die von den gegenwärtigen vier Menschengliedern drei bereits hatten: den physischen Leib, den Lebensleib und den Astralleib. Diese Wesen, die man in einer gewissen Beziehung die Menschenvorfahren nennen kann, hatten noch kein «Ich», aber sie entwickelten die drei anderen Glieder und deren Zusammenhang so weit, daß sie reif wurden, später das «Ich» aufzunehmen. Somit gelangte der Menschenvorfahr auf der früheren Planeten-Verkörperung bis zu einem gewissen Reifezustand seiner drei Glieder. Dieser Zustand ging in eine Vergeistigung ein. Und aus der Vergeistigung bildete sich dann ein neuer physischer planetarischer Zustand, derjenige der Erde, heraus. In diesem waren, wie als Keime, die gereiften Menschenvorfahren enthalten. Dadurch, daß der ganze Planet durch eine Vergeistigung durchgegangen und in einer neuen Gestalt erschienen ist, bot er den in ihm enthaltenen Keimen mit dem physischen Leib, dem Lebensleib und dem Astralleib nicht nur die Gelegenheit, sich bis zu der Höhe wieder zu entwickeln, auf der sie vorher schon gestanden hatten, sondern auch die andere Möglichkeit: nachdem sie diese Höhe erreicht hatten, über sich hinauszugelangen durch die Aufnahme des «Ich». Die Erdentwickelung zerfällt also in zwei Teile. In einer ersten Periode erscheint die Erde selbst als Wiederverkörperung des früheren planetarischen Zustandes. Dieser Wiederholungszustand ist aber durch die inzwischen eingetretene Vergeistigung ein höherer als derjenige der vorhergehenden Verkörperung. Und die Erde enthält in sich die Keime der Menschenvorfahren vom früheren Planeten. Diese entwikkeln sich zunächst bis zu der Höhe, auf der sie schon waren. Wenn sie diese erreicht haben, ist die erste Periode abgeschlossen. Die Erde aber kann jetzt wegen ihrer eigenen höheren Entwickelungsstufe die Keime noch höher bringen, nämlich sie zur Aufnahme des «Ich» befähigen. Die zweite Periode der Erdentwickelung ist diejenige der Ich-Entfaltung im physischen Leibe, Lebens- und Astralleibe.

Wie auf diese Art durch die Erdentwickelung der Mensch um eine Stufe höher gebracht wird, so ist dieses auch schon bei den früheren planetarischen Verkörperungen der Fall gewesen. Denn bereits auf der ersten dieser Verkörperungen war vom Menschen etwas vorhanden. Daher wird Klarheit über die gegenwärtige Menschenwesenheit verbreitet, wenn deren Entwickelung bis in die urferne Vergangenheit der ersten der angeführten Planetenverkörperungen zurück verfolgt wird. – Man kann nun in der übersinnlichen Forschung diese erste Planetenverkörperung den Saturn nennen; die zweite als Sonne bezeichnen; die dritte als Mond; die vierte ist die Erde. Dabei hat man streng festzuhalten, daß diese Bezeichnungen *zunächst* in keinen Zusammenhang gebracht werden dürfen mit den gleichnamigen, die für die Glieder unseres gegenwärtigen Sonnensystems gebraucht werden. Saturn, Sonne und Mond sollen eben Namen für *vergangene* Entwickelungsformen sein, welche die Erde durchgemacht hat. Welches Verhältnis diese Welten der Vorzeit zu den Himmelskörpern haben, die das gegenwärtige Sonnensystem bilden, wird sich noch im Laufe der folgenden Betrachtungen zeigen. Es wird dann auch sich zeigen, warum diese Namen gewählt werden.

Wenn nunmehr die Verhältnisse der vier genannten planetarischen Verkörperungen geschildert werden, so kann das nur ganz skizzenhaft geschehen. Denn die Vorgänge, Wesenheiten und deren Schicksale sind auf Saturn, Sonne und Mond wahrlich eben so mannigfaltig wie auf der Erde selbst. Daher kann nur einzelnes Charakteristische über diese Verhältnisse in der Schilderung hervorgehoben werden, was geeignet ist, zu veranschaulichen, wie sich die Zustände der Erde aus den früheren herausgebildet haben. Man muß dabei auch bedenken, daß diese Zustände den gegenwärtigen immer unähnlicher werden, je weiter man zurückgeht. Und doch kann man sie ja nur dadurch schildern, daß man zur Charakteristik die Vorstellungen benützt, welche den gegenwärtigen Erdenverhältnissen entnommen sind. Wenn also zum Beispiel von Licht, von Wärme oder ähnlichem für diese früheren Zustände gesprochen wird, so darf nicht außer acht gelassen werden, daß damit nicht genau das gemeint ist, was jetzt als Licht und Wärme bezeichnet wird. Und doch ist eine solche Bezeichnungsweise richtig, denn für den Beobachter des Übersinnlichen zeigt sich eben auf den früheren Entwickelungsstufen etwas, woraus in der Gegenwart Licht, Wärme usw. geworden ist. Und derjenige, welcher die also gehaltenen Schilderungen verfolgt, wird aus dem Zusammenhange, in den diese Dinge gestellt sind, gar wohl entnehmen können, welche Vorstellungen zu gewinnen sind, um charakteristische Bilder und Gleichnisse solcher Tatsachen zu haben, welche in urferner Vergangenheit sich abgespielt haben.

Allerdings wird diese Schwierigkeit sehr bedeutsam für

diejenigen planetarischen Zustände, welche der Monden-Verkörperung vorangehen. Während dieser letzteren herrschten nämlich Verhältnisse, die doch noch eine gewisse Ähnlichkeit mit den irdischen aufweisen. Wer eine Schilderung dieser Verhältnisse versucht, der hat an den Ähnlichkeiten mit der Gegenwart gewisse Anhaltspunkte, um die übersinnlich gewonnenen Wahrnehmungen in deutlichen Vorstellungen auszudrücken. Anders liegt die Sache, wenn die Saturn- und die Sonnenentwickelung geschildert werden. Da ist dasjenige, was der hellseherischen Beobachtung vorliegt, im höchsten Grade verschieden von den Gegenständen und Wesenheiten, die gegenwärtig zum Lebenskreise des Menschen gehören. Und diese Verschiedenheit bewirkt, daß es äußerst schwierig überhaupt ist, diese entsprechenden vorzeitlichen Tatsachen in den Bereich des übersinnlichen Bewußtseins zu bringen. Da jedoch die gegenwärtige Menschenwesenheit nicht begriffen werden kann, wenn man nicht bis zu dem Saturn-Zustand zurückgeht, so muß die Schilderung dennoch gegeben werden. Und gewiß wird eine derartige Schilderung derjenige nicht mißverstehen können, welcher im Auge behält, daß eine solche Schwierigkeit besteht und daß daher manches, was gesagt wird, mehr eine Andeutung und ein Hinweis auf die entsprechenden Tatsachen sein muß als eine genaue Beschreibung derselben.

Ein Widerspruch des hier und im folgenden Angegebenen gegenüber dem, was oben auf Seite 146 gesagt ist über das Fortbestehen des Früheren im Gegenwärtigen, könnte allerdings gefunden werden. Man könnte meinen: nirgends sei neben dem gegenwärtigen Erdenzustande ein früherer Saturn-, Sonnen-, Mondenzustand vorhanden, oder gar eine Menschengestaltung, wie sie in diesen Ausführungen, als innerhalb dieser vergangenen Zustände vorhanden, geschildert wird. Gewiß, es laufen nicht neben Erdenmenschen Saturn-, Sonnen- und Mondenmenschen wie neben fünfzigjährigen Personen dreijährige Kinder herum. Aber *innerhalb* des Erdenmenschen sind die früheren Menschheitszustände übersinnlich wahrnehmbar. Um das zu erkennen, muß man sich nur das auf den Umfang der Lebensverhältnisse ausgedehnte Unterscheidungsvermögen angeeignet haben. Wie neben dem fünfzigjährigen Menschen das dreijährige Kind, so sind neben dem lebenden, wachenden Erdenmenschen der Leichnam, der schlafende Mensch, der träumende Mensch vorhanden. Und wenn sich diese verschiedenen Erscheinungsformen der Menschenwesenheit auch nicht *unmittelbar so,* wie sie sind, als die verschiedenen Entwickelungsstufen ergeben, so schaut eine sinngemäße Anschauung in jenen Formen doch diese Stufen.

*

Von den gegenwärtigen vier Gliedern der menschlichen Wesenheit ist der physische Leib das älteste. Er ist auch dasjenige, welches in seiner Art die größte Vollkommenheit erreicht hat. Und die übersinnliche Forschung zeigt, daß dieses Menschenglied bereits während der Saturnentwickelung vorhanden war. Es wird sich zeigen in dieser Darstellung, daß allerdings die Gestalt, welche dieser physische Leib auf dem Saturn hatte, etwas durchaus Verschiedenes von dem gegenwärtigen physischen Menschenleibe war. Dieser irdische physische Menschenleib kann in seiner Natur nur dadurch bestehen, daß er in Zusammenhang steht mit Lebensleib, Astralleib und Ich in der Art, wie dies in den vorangegangenen Teilen dieser Schrift geschildert worden ist. Ein derartiger Zusammenhang war auf dem Saturn noch nicht vorhanden. Damals machte der physische Leib seine erste Entwickelungsstufe durch, ohne daß ihm ein menschlicher Lebensleib, ein Astralleib oder ein Ich eingegliedert waren. Er reifte während der Saturnentwickelung erst dazu heran, einen Lebensleib aufzunehmen. Dazu mußte sich der Saturn erst vergeistigen und sich dann als Sonne wiederverkörpern. Innerhalb der Sonnenverkörperung entfaltete sich wieder, wie aus einem gebliebenen Keime, das, wozu der physische Leib auf dem Saturn geworden war; und da erst konnte er sich durchdringen mit einem Ätherleib. Durch diese Eingliederung eines Ätherleibes verwandelte der physische Leib seine Art; er wurde auf eine zweite Stufe der Vollkommenheit gehoben. Ein Ähnliches ereignete sich während der Mondenentwickelung. Der Menschenvorfahr, wie er von der Sonne zum Monde sich herüberentwickelt hat, gliederte sich da den Astralleib ein. Dadurch wurde der physische Leib ein drittes Mal verwandelt, also auf die dritte Stufe seiner Vollkommenheit heraufgehoben. Der Lebensleib wurde dabei ebenfalls verwandelt; er stand nunmehr auf der zweiten Stufe seiner Vollkommenheit. Auf der Erde wurde dem aus physischem Leib, Lebensleib und Astralleib bestehenden Menschenvorfahr das Ich eingegliedert. Dadurch erreichte der physische Leib seinen vierten Vollkommenheitsgrad, der Lebensleib den dritten, der Astralleib den zweiten; das Ich steht erst auf der ersten Stufe seines Daseins.

Es wird, wenn man sich einer unbefangenen Betrachtung des Menschen hingibt, keine Schwierigkeiten machen, sich diese verschiedenen Vollkommenheitsgrade der einzelnen Glieder richtig vorzustellen. Man braucht nur den physischen Leib mit dem astralischen in dieser Beziehung zu vergleichen. Gewiß steht der Astralleib als seelisches Glied auf einer höheren Stufe der Entwickelung als der physische. Und wenn der erstere in der Zukunft sich vervollkommnet haben wird, so wird er für die Gesamtwesenheit des Menschen sehr viel mehr zu bedeuten haben, als der gegenwärtige physische Leib. Doch *in seiner Art* ist dieser auf einer gewissen Höhenstufe angelangt. Man bedenke den im Sinne größter Weisheit eingerichteten Bau des Herzens, den Wunderbau des Gehirns usw., ja selbst eines einzelnen Knochenteiles, zum Beispiel des oberen Endes eines Oberschenkels. Man findet in diesem Knochenende ein gesetzmäßig gegliedertes Netz- oder Gerüstwerk, aus feinen Stäbchen angeordnet. Das Ganze ist so gefügt, daß mit der Aufwendung der geringsten Materialmenge die günstigste Wirkung an den Gelenkflächen, zum Beispiel die zweckmäßigste Verteilung der Reibung und damit eine richtige Art von Beweglichkeit erzielt wird. So findet man weisheitsvolle Einrichtungen in den Teilen des physischen Leibes. Und wer dazu weiter beachtet die Harmonie im Zusammenwirken der Teile zum Ganzen, der wird gewiß richtig finden, wenn von einer Vollkommenheit dieses Gliedes der menschlichen Wesenheit in seiner Art gesprochen wird. Es kommt daneben nicht in Betracht, daß an gewissen Teilen unzweckmäßig Erscheinendes auftritt oder daß Störungen in dem Bau und den Verrichtungen eintreten können. Man wird sogar finden können, daß solche Störungen in gewisser Beziehung nur die notwendigen Schattenseiten des weisheitsvollen Lichtes sind, das über den ganzen physischen Organismus ausgegossen ist. Und nun vergleiche man damit den Astralleib als den Träger von Lust und Leid, von Begierden und Leidenschaften. Welche Unsicherheit herrscht in ihm in bezug auf Lust und

Leid, welche dem höheren Menschenziele zuwiderlaufenden, oft sinnlosen Begierden und Leidenschaften spielen sich da ab. Der Astralleib ist eben erst auf dem Wege, die Harmonie und innere Geschlossenheit zu erlangen, die man im physischen Leibe schon antrifft. Ebenso könnte gezeigt werden, daß sich der Ätherleib zwar vollkommener in seiner Art zeigt als der Astralleib, aber unvollkommener als der physische. Und nicht weniger wird sich einer entsprechenden Betrachtung ergeben, daß der eigentliche Kern der menschlichen Wesenheit, das «Ich», gegenwärtig erst im Anfange der Entwickelungen steht. Denn wieviel hat dieses Ich bereits erreicht von seiner Aufgabe, die andern Glieder der menschlichen Wesenheit so umzuwandeln, daß sie eine Offenbarung seiner eigenen Natur seien? – Was sich auf diese Art schon bei einer äußerlichen Beobachtung ergibt, das wird für den Kenner der Geisteswissenschaft noch durch etwas anderes verschärft. Man könnte sich darauf berufen, daß der physische Leib von Krankheiten befallen wird. Die Geisteswissenschaft ist nun in der Lage zu zeigen, daß ein großer Teil aller Krankheiten davon herrührt, daß die Verkehrtheiten, die Verirrungen im astralischen Leibe sich auf den Ätherleib fortpflanzen und auf dem Umwege durch den letztern die an sich vollkommene Harmonie des physischen Leibes zerstören. Der tiefere Zusammenhang, auf den hier nur hingedeutet werden kann, und der wahrhaftige Grund vieler Krankheitsvorgänge entziehen sich nämlich derjenigen wissenschaftlichen Betrachtung, die sich nur auf die physisch-sinnlichen Tatsachen beschränken will. Es ergibt sich dieser Zusammenhang in den meisten Fällen so, daß eine Schädigung des Astralleibes krankhafte Erscheinungen des physischen Leibes nicht in demselben Lebenslauf nach sich zieht, in dem die Schädigung geschehen ist, sondern erst in einem folgenden. Daher haben die Gesetze, die hier in Betracht kommen, nur für denjenigen eine Bedeutung, welcher die Wiederholung des Menschenlebens anerkennen kann. Aber selbst, wenn man von solchen tiefergehenden Erkenntnissen nichts wissen wollte, so ergibt doch auch die gewöhnliche Lebensbetrachtung, daß der Mensch sich nur allzuvielen Genüssen und Begierden hingibt, welche die Harmonie des physischen Leibes untergraben. Und Genuß, Begierde, Leidenschaft usw. haben nicht ihren Sitz im physischen, sondern im astralischen Leibe. Dieser letztere ist in vieler Beziehung eben noch so unvollkommen, daß er die Vollkommenheit des physischen Leibes zerstören kann. – Auch hier sei darauf hingewiesen, daß mit solchen Auseinandersetzungen nicht etwa die Aussagen der Geisteswissenschaft über die Entwickelung der vier Glieder der menschlichen Wesenheit bewiesen werden sollen. Die Beweise werden aus der geistigen Forschung entnommen, die zeigt, daß der physische Leib eine viermalige Umwandlung zu höheren Vollkommenheitsgraden hinter sich hat, und die andern Glieder des Menschen in der geschilderten Weise weniger. Es sollte hier eben nur angedeutet werden, daß sich diese Mitteilungen der geistigen Forschung auf Tatsachen beziehen, die sich in ihren Wirkungen an den auch äußerlich zu beobachtenden Vollkommenheitsgraden von physischem Leib, Lebensleib usw. zeigen.

*

Will man sich eine bildhafte, an die Wirklichkeit sich annähernde Vorstellung von den Verhältnissen während der Saturnentwickelung machen, so muß man in Betracht ziehen, daß während derselben – im wesentlichen – von den

Dingen und Geschöpfen, die gegenwärtig zur Erde gehören und welche man dem Mineral-, Pflanzen- und Tierreich zuzählt, noch nichts vorhanden war. Die Wesen dieser drei Reiche haben sich erst in späteren Entwickelungsperioden gebildet. Von den heute physisch wahrnehmbaren Erdenwesen war nur der Mensch damals vorhanden, und von ihm nur der physische Leib in der geschilderten Art. Nun aber gehören auch gegenwärtig zur Erde nicht nur die Wesen des Mineral-, Tier-, Pflanzen- und Menschenreiches, sondern auch andere Wesen, die sich nicht in einer physischen Körperlichkeit kundgeben. Solche Wesenheiten waren auch in der Saturnentwickelung gegenwärtig. Und ihre Tätigkeit auf dem Schauplatze des Saturn hatte zur Folge die spätere Entwickelung des Menschen.

Richtet man die geistigen Wahrnehmungsorgane zunächst nicht auf Anfang und Ende, sondern auf die mittlere Entwickelungsperiode dieser Saturn-Verkörperung, so zeigt sich in derselben ein Zustand, welcher, der Hauptsache nach, nur aus «Wärme» besteht. Nichts von gasförmigen, nichts von flüssigen oder gar von festen Bestandteilen ist zu finden. Alle diese Zustände treten erst in späteren Verkörperungen auf. Man nehme an, ein Menschenwesen mit den gegenwärtigen Sinnesorganen würde sich diesem Saturnzustande als Beobachter nähern. Nichts von all den Sinneseindrücken, die es haben kann, würde ihm da entgegentreten, außer der Wärmeempfindung. Angenommen, ein solches Wesen würde sich diesem Saturn nähern. Es würde nur wahrnehmen, wenn es in den von ihm eingenommenen Raumteil gelangt, daß dieser einen andern Wärmezustand hat als die übrige räumliche Umgebung. Aber es würde diesen Raumteil nicht etwa gleichmäßig warm finden, sondern in der allermannigfaltigsten

Weise würden wärmere und kältere Partien abwechseln. Nach gewissen Linien hin würde strahlende Wärme wahrgenommen werden. Und nicht etwa, daß sich solche Linien nur gerade hinzögen, sondern durch die Wärmeunterschiede werden unregelmäßige Formen gebildet. Man hätte etwas vor sich, wie ein in sich gegliedertes, in wechselnden Zuständen erscheinendes Weltenwesen, das nur in Wärme besteht.

Es muß für den Menschen der Gegenwart Schwierigkeiten machen, sich etwas vorzustellen, was nur in Wärme besteht, da er gewohnt ist, die Wärme nicht als etwas für sich zu erkennen, sondern sie nur an warmen oder kalten gasförmigen, flüssigen oder festen Körpern wahrzunehmen. Insbesondere dem, welcher die physikalischen Vorstellungen unserer Zeit sich angeeignet hat, wird ein Sprechen von «Wärme» in obiger Art als unsinnig erscheinen. Ein solcher wird vielleicht sagen: es gibt feste, flüssige und gasförmige Körper; Wärme bezeichnet aber nur einen Zustand, in dem eine dieser drei Körperformen ist. Wenn die kleinsten Teile eines Gases in Bewegung sind, so wird diese Bewegung als Wärme wahrgenommen. Wo kein Gas ist, kann keine solche Bewegung, also auch keine Wärme sein. – Für den geisteswissenschaftlichen Forscher stellt sich die Sache anders. Ihm ist die Wärme etwas, wovon er in gleichem Sinne spricht wie von Gas, von Flüssigkeit oder von festem Körper. Sie ist ihm nur eine noch feinere Substanz als ein Gas. Und dieses letztere ist ihm nichts anderes als verdichtete Wärme in dem Sinne, wie die Flüssigkeit verdichteter Dampf ist oder der feste Körper verdichtete Flüssigkeit. So spricht der Geisteswissenschafter von Wärmekörpern, wie er von gas- und dampfförmigen Körpern spricht. – Es ist nur notwendig zuzugeben, daß es seelisches Wahrnehmen gibt, wenn man auf diesem Gebiete dem Geistesforscher folgen will. In der für physische Sinne gegebenen Welt stellt sich die Wärme durchaus als Zustand des Festen, Flüssigen oder Gasförmigen dar; aber dieser Zustand ist eben nur die Außenseite der Wärme oder auch ihre Wirkung. Die Physiker sprechen nur von dieser Wirkung der Wärme, nicht von deren innerer Natur. Man versuche es einmal, ganz abzusehen von aller Wärmewirkung, die man empfängt durch äußere Körper, und sich lediglich das innere Erlebnis zu vergegenwärtigen, das man hat bei den Worten: «ich fühle mich warm», «ich fühle mich kalt». Dieses innere Erlebnis vermag allein eine Vorstellung von dem zu geben, was der Saturn war in der oben geschilderten Periode seiner Entwickelung. Man hätte den Raumteil, den er eingenommen hat, ganz durchlaufen können: kein Gas wäre dagewesen, das irgendeinen Druck ausgeübt hätte, kein fester oder flüssiger Körper, von dem man hätte irgendeinen Lichteindruck erhalten können. Aber an jedem Punkte des Raumes hätte man, ohne Eindruck von außen, innerlich gefühlt: hier ist dieser oder jener Wärmegrad.

In einem Weltenkörper von solcher Beschaffenheit sind keine Bedingungen für die tierischen, pflanzlichen und mineralischen Wesen unserer Gegenwart. (Es ist deshalb wohl kaum nötig zu bemerken, daß das oben Gesagte tatsächlich niemals stattfinden könnte. Ein gegenwärtiger Mensch kann sich als solcher dem alten Saturn nicht als Beobachter gegenüberstellen. Die Auseinandersetzung sollte nur der Verdeutlichung dienen.) Die Wesenheiten, deren sich das übersinnliche Erkennen bei der Betrachtung des Saturn bewußt wird, waren auf einer ganz anderen Entwickelungsstufe als die gegenwärtigen, sinnlich wahrnehmbaren Erdenwesen. Da stellen sich vor dieses Erkennen zunächst Wesen hin, welche einen physischen Leib nicht hatten wie der gegenwärtige Mensch. Man muß sich nun auch hüten, an die gegenwärtige physische Körperlichkeit des Menschen zu denken, wenn hier von «physischem Leibe» die Rede ist. Man muß vielmehr sorgfältig unterscheiden zwischen physischem Leib und mineralischem Leib. Ein physischer Leib ist derjenige, welcher von den physischen Gesetzen beherrscht wird, die man gegenwärtig in dem Mineralreiche beobachtet. Der gegenwärtige physische Menschenleib ist nun nicht bloß von solchen physischen Gesetzen beherrscht, sondern er ist außerdem noch durchsetzt von mineralischem Stoffe. Von einem solchen physisch-mineralischen Leib kann auf dem Saturn noch nicht die Rede sein. Da gibt es nur eine physische Körperlichkeit, die von physischen Gesetzen beherrscht ist; aber diese physischen Gesetze äußern sich nur durch Wärmewirkungen. Also der physische Körper ist ein feiner, dünner, ätherischer Wärmekörper. Und aus solchen Wärmekörpern besteht der ganze Saturn. Diese Wärmekörper sind die erste Anlage des gegenwärtigen physisch-mineralischen Menschenleibes. Dieser hat sich aus jenem dadurch gebildet, daß dem ersteren sich die später erst gebildeten gasförmigen, flüssigen und festen Stoffe eingegliedert haben. Unter den Wesen, die sich vor das übersinnliche Bewußtsein in dem Augenblicke hinstellen, in dem dieses Bewußtsein den Saturnzustand vor sich hat, und von denen man als Saturnbewohner außer dem Menschen reden kann, sind zum Beispiel solche, welche einen physischen Leib überhaupt nicht nötig hatten. Das unterste Glied ihrer Wesenheit war ein Ätherleib. Sie hatten dafür auch ein Glied über die menschlichen Wesensglieder hinaus. Der Mensch hat als höchstes Glied den Geistesmenschen. Diese Wesen haben noch ein höheres. Und zwischen Ätherleib und Geistesmenschen haben sie alle in dieser Schrift geschilderten Glieder, welche sich auch beim Menschen finden: Astralleib, Ich, Geistselbst und Lebensgeist. Wie unsere Erde von einem Luftkreis umgeben ist, so war es auch der Saturn; nur war bei ihm dieser «Luftkreis» geistiger Art*. Er bestand eigentlich aus den eben genannten und noch andern Wesenheiten. Es gab nun eine fortwährende Wechselwirkung zwischen den Wärmekörpern des Saturn und den charakterisierten Wesen. Diese senkten ihre Wesensglieder in die physischen Wärmeleiber des Saturn hinein. Und während in diesen Wärmeleibern selbst kein Leben war, drückte sich das Leben ihrer Umwohner in ihnen aus. Man könnte sie mit Spiegeln vergleichen; nur spiegelten sich aus ihnen nicht die Bilder der genannten Lebewesen, sondern deren Lebenszustände. Im Saturn selbst hätte man also nichts Lebendiges entdecken können; doch wirkte er belebend auf seine Umgebung des Himmelsraumes, da er in diese wie ein Echo das ihm zugesandte Leben zurückstrahlte. Der ganze Saturn erschien wie ein Spiegel des Himmelslebens. Sehr hohe Wesenheiten, deren Leben der Saturn zurückstrahlt, mögen «Geister der Weisheit» genannt werden. (In der christlichen Geisteswissen-

* Eine ganz genaue Sprechweise müßte, um das innere Erleben bei der Geistesforschung exakt auszudrücken, statt «der Saturn war von einem Luftkreis umgeben» sagen: «Indem das übersinnliche Erkennen sich des Saturn bewußt wird, stellt sich vor dieses Bewußtsein auch ein Luftkreis des Saturn» oder «stellen sich andere, so oder so geartete Wesen». Die Umsetzung in die Redewendung: «dies oder das ist da» muß gestattet sein, denn im Grunde findet dieselbe Umsetzung auch in der Ausgestaltung des Sprachgebrauchs für das wirkliche Seelenerlebnis bei der sinnenfälligen Wahrnehmung statt, aber man wird gegenüber der folgenden Darstellung sich dieses gegenwärtig halten müssen. Es ist ja auch schon aus dem Zusammenhang der Darstellung gegeben.

schaft führen sie den Namen «Kyriotetes», das ist «Herrschaften».) Ihre Tätigkeit auf dem Saturn beginnt nicht erst mit der geschilderten mittleren Epoche von dessen Entwikkelung. Sie ist in einer gewissen Weise sogar da schon abgeschlossen. Bevor sie dazu kommen konnten, aus den Wärmekörpern des Saturn sich der Spiegelung ihres eigenen Lebens bewußt zu werden, mußten sie diese Wärmekörper erst dazu bringen, diese Spiegelung bewirken zu können. Deshalb setzte ihre Tätigkeit bald nach dem Beginn der Saturnentwickelung ein. Als dies geschah, war die Saturnkörperlichkeit noch ungeordnete Stofflichkeit, die nichts hätte spiegeln können. – Und indem man diese ungeordnete Stofflichkeit betrachtet, hat man sich durch die geistige Beobachtung an den Anfang der Saturnentwickelung versetzt. Das, was da zu beobachten ist, das trägt nun noch gar nicht den späteren Wärmecharakter. Man kann, wenn man es charakterisieren will, nur von einer Eigenschaft sprechen, welche sich vergleichen läßt mit dem menschlichen Willen. Es ist durch und durch nichts als Wille. Man hat es also da mit einem ganz seelischen Zustande zu tun. Soll man verfolgen, woher dieser «Wille» kam, so sieht man ihn entstehen durch den Ausfluß erhabener Wesen, die ihre Entwikkelung in nur zu erahnenden Stufen bis zu der Höhe gebracht haben, daß sie, als die Saturnentwickelung begann, aus ihrem eigenen Wesen den «Willen» ausströmen konnten. Nachdem diese Ausströmung eine Zeitlang gedauert hatte, verbindet sich mit dem Willen die Tätigkeit der oben charakterisierten «Geister der Weisheit». Dadurch erhält allmählich der vorher ganz eigenschaftslose Wille die Eigenschaft, Leben in den Himmelsraum zurückzustrahlen. – Man kann die Wesen, welche ihre Seligkeit darin empfinden, im

Beginne der Saturnentwickelung Willen auszuströmen, die «Geister des Willens» nennen. (In der christlichen esoterischen Wissenschaft werden sie «Throne» genannt.) – Nachdem durch das Zusammenwirken des Willens und des Lebens eine gewisse Stufe der Saturnentwickelung erreicht ist, setzt die Wirkung anderer Wesen ein, welche sich ebenfalls im Umkreise des Saturn befinden. Man kann sie die «Geister der Bewegung» nennen. (Christlich: «Dynameis», «Mächte».) Sie haben keinen physischen und keinen Lebensleib. Ihr niedrigstes Glied ist der Astralleib. Wenn die Saturnkörper die Fähigkeit erlangt haben, das Leben zu spiegeln, so vermag sich dieses zurückgestrahlte Leben zu durchdringen mit den Eigenschaften, welche in den Astralleibern der «Geister der Bewegung» ihren Sitz haben. Die Folge davon ist, daß es so erscheint, als ob Empfindungsäußerungen, Gefühle und ähnliche seelische Kräfte von dem Saturn in den Himmelsraum hinausgeschleudert würden. Der ganze Saturn erscheint wie ein beseeltes Wesen, das Sympathien und Antipathien kundgibt. Es sind aber diese seelischen Äußerungen keineswegs seine eigenen, sondern nur die zurückgeschleuderten seelischen Wirkungen der «Geister der Bewegung». – Hat auch dieses eine gewisse Epoche hindurch gedauert, so beginnt die Tätigkeit weiterer Wesen, welche «Geister der Form» genannt seien. Auch deren unterstes Glied ist ein Astralleib. Doch steht dieser auf einer andern Stufe der Entwickelung als derjenige der «Geister der Bewegung». Während diese dem zurückgestrahlten Leben nur allgemeine Empfindungsäußerungen mitteilen, wirkt der Astralleib der «Geister der Form» (christlich: «Exusiai», «Gewalten») so, daß die Empfindungsäußerungen wie von einzelnen Wesen in den Weltenraum hinausgeschleudert werden. Man könnte sagen, die «Geister der Bewegung» lassen den Saturn im ganzen wie ein beseeltes Wesen erscheinen. Die «Geister der Form» teilen dieses Leben in einzelne Lebewesen ab, so daß er jetzt wie eine Zusammenfügung solcher Seelenwesen erscheint. – Man stelle sich, um ein Bild zu haben, eine Maulbeere oder eine Brombeere vor, wie diese aus einzelnen Beerchen zusammengefügt ist. So ist der Saturn für den übersinnlich Erkennenden in der geschilderten Entwickelungsepoche zusammengefügt aus einzelnen Saturnwesen, die allerdings nicht Eigenleben und nicht Eigenseele haben, sondern Leben und Seele ihrer Bewohner zurückstrahlen. – In diesen Saturnzustand greifen nun Wesen ein, die ebenfalls zu ihrem untersten Gliede den Astralleib haben, die aber diesen auf eine solche Stufe der Entwickelung gebracht haben, daß er wirkt wie ein gegenwärtiges menschliches «Ich». Durch diese Wesen blickt das «Ich» aus der Umgebung des Saturn auf diesen nieder. Und es teilt seine Natur den Einzel-Lebewesen des Saturn mit. So wird etwas vom Saturn in den Weltenraum hinausgeschickt, das so erscheint wie die Wirkung der menschlichen Persönlichkeit in dem gegenwärtigen Lebenskreise. Die Wesen, welche solches bewirken, seien «Geister der Persönlichkeit» genannt (christlich: «Archai», «Urbeginne»). Sie erteilen den Saturnkörperteilchen das Ansehen des Persönlichkeitscharakters. Doch ist eben nicht auf dem Saturn selbst die Persönlichkeit vorhanden, sondern nur gleichsam deren Spiegelbild, die Schale der Persönlichkeit. Ihre wirkliche Persönlichkeit haben die «Geister der Persönlichkeit» im Umkreise des Saturn. Eben dadurch, daß diese «Geister der Persönlichkeit» in der geschilderten Art ihr Wesen zurückstrahlen lassen von den Saturnkörpern, wird diesen jene feine Stofflichkeit erteilt, welche vorhin als die «Wärme» geschildert worden ist. – Es ist im ganzen Saturn keine Innerlichkeit; aber die «Geister der Persönlichkeit» erkennen das Bild ihrer eigenen Innerlichkeit, indem es ihnen als Wärme vom Saturn aus zuströmt.

Wenn alles das eintritt, stehen die «Geister der Persönlichkeit» auf der Stufe, auf welcher der Mensch gegenwärtig steht. Sie machen da ihre Menschheitsepoche durch. Will man auf diese Tatsache mit unbefangenem Auge blicken, so muß man sich vorstellen, daß ein Wesen «Mensch» sein kann nicht bloß in der Gestalt, welche der Mensch gegenwärtig hat. Die «Geister der Persönlichkeit» sind «Menschen» auf dem Saturn. Sie haben als unterstes Glied nicht den physischen Leib, sondern den Astralleib mit dem Ich. Daher können sie die Erlebnisse dieses Astralleibes nicht in einem solchen physischen Leibe und Ätherleibe ausdrücken wie der gegenwärtige Mensch; aber sie *haben* nicht nur ein «Ich», sondern *wissen* auch davon, weil ihnen die Wärme des Saturn dieses «Ich» rückstrahlend zum Bewußtsein bringt. Sie sind eben «Menschen» unter anderen als den Erdenverhältnissen.

Im weiteren Verlauf folgen in der Saturnentwickelung Tatsachen von anderer Art, als die bisherigen waren. Während bisher alles Spiegelung äußeren Lebens und Empfindens war, beginnt nunmehr eine Art Innenleben. In der Saturnwelt beginnt ein da und dort aufflackerndes und sich wieder abdunkelndes Lichtleben. Zitterndes Flimmern an diesen oder jenen Stellen, etwas wie zuckende Blitze an anderen, tritt auf. Die Saturnwärmekörper beginnen zu flimmern, zu glänzen, ja zu strahlen. Dadurch, daß diese Stufe der Entwickelung erreicht ist, ergibt sich wieder für gewisse

Wesenheiten die Möglichkeit, eine Tätigkeit zu entfalten. Es sind dies diejenigen, welche als «Feuergeister» bezeichnet werden können (Christlich: «Archangeloi», «Erzengel»). Diese Wesenheiten haben zwar einen Astralleib, aber sie können auf der gekennzeichneten Stufe ihres Daseins dem eigenen Astralleibe keine Anregungen geben; sie würden kein Gefühl, keine Empfindung erregen können, wenn sie nicht auf die zur geschilderten Saturnstufe gelangten Wärmekörper wirken könnten. Diese Wirkung gibt ihnen die Möglichkeit, ihr eigenes Dasein an der Wirkung zu erkennen, die sie ausüben. Sie können nicht zu sich sagen: «Ich bin da», sondern etwa: «Meine Umgebung läßt mich da sein.» Sie nehmen wahr, und zwar bestehen ihre Wahrnehmungen in den geschilderten Lichtwirkungen auf dem Saturn. Diese sind in einer gewissen Art ihr «Ich». Das verleiht ihnen eine besondere Art des Bewußtseins. Man kann dies als Bilderbewußtsein bezeichnen. Es kann vorgestellt werden von der Art des menschlichen Traumbewußtseins; nur daß man sich den Grad der Lebhaftigkeit sehr viel größer zu denken hat als beim menschlichen Träumen und daß man es nicht mit wesenlos auf- und abwogenden Traumbildern zu tun hat, sondern mit solchen, welche in einem wirklichen Verhältnisse zu dem Lichtspiel des Saturn stehen. – In diesem Wechselspiel zwischen den Feuergeistern und den Saturnwärmekörpern werden die Keime der menschlichen Sinnesorgane der Entwickelung einverleibt. Die Organe, durch welche der Mensch gegenwärtig die physische Welt wahrnimmt, leuchten auf in ihren ersten feinen ätherischen Anlagen. Menschen-Phantome, welche an sich noch nichts anderes zeigen als die Licht-Urbilder der Sinnesorgane, werden innerhalb des Saturn dem hellseherischen Wahrnehmungsvermögen erkennbar. – Diese Sinnesorgane sind also die Frucht der Tätigkeit der Feuergeister; aber es sind an deren Zustandekommen nicht nur diese Geister beteiligt. Zugleich mit diesen Feuergeistern treten andere Wesen auf dem Schauplatz des Saturn auf. Wesen, welche in ihrer Entwickelung so weit sind, daß sie sich jener Sinneskeime bedienen können zum Anschauen der Weltvorgänge im Saturnleben. Es sind Wesen, die als «Geister der Liebe» (christlich: «Seraphim») gelten können. Wären sie nicht da, so könnten die Feuergeister nicht das oben geschilderte Bewußtsein haben. Sie schauen die Saturnvorgänge mit einem Bewußtsein an, das es ihnen ermöglicht, diese als Bilder auf die Feuergeister zu übertragen. Sie selbst verzichten auf alle Vorteile, welche sie durch das Anschauen der Saturnvorgänge haben könnten, auf jeden Genuß, jede Freude; sie geben das alles hin, damit die Feuergeister es haben können.

Diesen Geschehnissen folgt eine neue Periode des Saturndaseins. Zu dem Lichtspiel kommt ein anderes. Es kann für viele wie Wahnwitz erscheinen, wenn ausgesprochen wird, was sich da dem übersinnlichen Erkennen darbietet. Innerlich im Saturn ist es wie durcheinanderwogende Geschmacksempfindungen. Süß, bitter, sauer usw. wird an den verschiedensten Stellen im Innern des Saturn beobachtet; und nach außen, in den Himmelsraum hinein, wird das alles als Ton, als eine Art Musik wahrgenommen. – Innerhalb dieser Vorgänge finden wieder gewisse Wesenheiten die Möglichkeit, eine Tätigkeit auf dem Saturn zu entfalten. Sie seien die «Söhne des Zwielichtes oder des Lebens» (christlich: «Angeloi», «Engel») genannt. Sie treten in Wechselwirkung mit den im Innern des Saturn vorhandenen, auf- und abwogenden Geschmackskräften. Dadurch kommt ihr Äther-

oder Lebensleib in eine solche Tätigkeit, daß man diese als eine Art Stoffwechsel bezeichnen kann. Sie bringen Leben in das Innere des Saturn. Es geschehen dadurch Nahrungs- und Ausscheidungsprozesse im Saturn. Nicht sie bewirken *unmittelbar* diese Prozesse, sondern durch das, was sie bewirken, entstehen *mittelbar* solche Prozesse. Dieses Innenleben macht möglich, daß noch andere Wesen den Weltkörper betreten, die als «Geister der Harmonien» (christlich: «Cherubim») bezeichnet werden mögen. Sie vermitteln den «Söhnen des Lebens» eine dumpfe Art des Bewußtseins. Es ist noch dumpfer und dämmerhafter als das Traumbewußtsein des gegenwärtigen Menschen. Es ist ein solches, wie es dem Menschen im traumlosen Schlafe zukommt. Dieses ist ja von so niedrigem Grade, daß es dem Menschen gewissermaßen «gar nicht zum Bewußtsein kommt». Doch ist es vorhanden. Es unterscheidet sich vom Tagesbewußtsein dem Grade und auch der Art nach. Dieses «traumlose Schlafbewußtsein» haben gegenwärtig auch die Pflanzen. Wenn es auch keine Wahrnehmungen einer Außenwelt im menschlichen Sinne vermittelt, so regelt es doch die Lebensvorgänge und bringt diese in Harmonie mit den äußeren Weltvorgängen. Auf der in Rede stehenden Saturnstufe können diese Regelung die «Söhne des Lebens» nicht wahrnehmen; aber die «Geister der Harmonien» nehmen sie wahr, und sie sind daher die eigentlichen Regeler. – All dieses Leben spielt sich in den gekennzeichneten Menschenphantomen ab. Diese erscheinen dem geistigen Blicke daher belebt; aber ihr Leben ist doch nur ein Scheinleben. Es ist das Leben der «Söhne des Lebens», die sich gewissermaßen der Menschenphantome bedienen, um sich auszuleben.

Man richte nun die Aufmerksamkeit auf die Menschenphantome mit dem Scheinleben. Während der geschilderten Saturnperiode sind sie von ganz wechselnder Form. Bald sehen sie dieser Gestalt, bald jener ähnlich. Im weiteren Verlauf der Entwickelung werden die Gestalten bestimmter; zeitweilig bleibend. Das rührt davon her, daß sie jetzt durchdrungen werden von den Wirkungen der Geister, die schon im Beginne der Saturnentwickelung in Betracht kommen, nämlich von den «Geistern des Willens» (den «Thronen»). Die Folge davon ist, daß das Menschenphantom selbst mit der einfachsten dumpfesten Bewußtseinsform erscheint. Man hat sich diese Bewußtseinsform noch dumpfer vorzustellen als diejenige des traumlosen Schlafes. Unter den gegenwärtigen Verhältnissen haben die Mineralien dieses Bewußtsein. Es bringt das Innenwesen in Einklang mit der physischen Außenwelt. Auf dem Saturn sind die «Geister des Willens» die Regeler dieses Einklanges. Und der Mensch erscheint dadurch wie ein Abdruck des Saturnlebens selbst. Was das Saturnleben im großen ist, das ist auf dieser Stufe der Mensch im kleinen. Und damit ist der erste Keim zu dem gegeben, was auch im heutigen Menschen noch erst keimhaft ist: zum «Geistesmenschen» (Atma). Nach innen (im Saturn) gibt sich dieser dumpfe Menschenwille dem übersinnlichen Wahrnehmungsvermögen durch Wirkungen kund, welche sich mit den «Gerüchen» vergleichen lassen. Nach außen in den Himmelsraum ist eine Kundgebung vorhanden wie die einer Persönlichkeit, die aber nicht durch ein inneres «Ich» gelenkt wird, sondern wie eine Maschine von außen geregelt ist. Die Regeler sind die «Geister des Willens».

Überblickt man das Vorhergehende, so wird ersichtlich, daß, von dem zuerst geschilderten Mittelzustande der Saturnentwickelung angefangen, die Stufen dieser Entwickelung charakterisiert werden konnten durch Vergleiche ihrer Wirkungen mit Sinnesempfindungen der Gegenwart. Es konnte gesagt werden: die Saturnentwickelung offenbart sich als Wärme, dann tritt ein Lichtspiel hinzu, dann ein Geschmack- und Tonspiel; endlich tritt etwas auf, was sich nach dem Innern des Saturn mit Geruchsempfindungen, nach außen wie maschinenartig wirkendes Menschen-Ich kundgibt. Wie verhält es sich mit den Offenbarungen der Saturnentwickelung für das, was vor dem Wärmezustand liegt? Das ist nun gar nicht mit etwas zu vergleichen, was einer äußeren Sinnesempfindung zugänglich ist. Dem Wärmezustand geht ein solcher voran, welchen der Mensch gegenwärtig nur in seinem Innenwesen erlebt. Wenn er sich Vorstellungen hingibt, die er sich in der Seele selbst bildet, ohne daß ihm die Veranlassung von einem äußeren Eindrucke aufgedrängt wird, dann hat er etwas in sich, was keine physischen Sinne wahrnehmen können, was vielmehr nur als Wahrnehmung dem höheren Schauen zugänglich ist. Dem Wärmezustand des Saturn gehen eben Offenbarungen voran, die nur für den übersinnlich Wahrnehmenden vorhanden sein können. Drei solcher Zustände können genannt werden: rein seelische Wärme, die nicht äußerlich wahrnehmbar ist; rein geistiges Licht, das äußerlich Finsternis ist; und endlich geistig Wesenhaftes, das in sich selbst vollendet ist und keines äußeren Wesens bedarf, um seiner bewußt zu werden. Reine innere Wärme begleitet das Erscheinen der «Geister der Bewegung»; reines geistiges Licht dasjenige der «Geister der Weisheit», reines Innenwesen ist verbunden mit der ersten Ausströmung der «Geister des Willens».

Mit dem Erscheinen der Saturnwärme tritt also unsere Entwickelung aus dem Innenleben, aus der reinen Geistigkeit zuerst in ein äußerlich sich offenbarendes Dasein. Besonders schwierig wird es dem Gegenwartsbewußtsein wohl, sich damit abzufinden, wenn auch noch gesagt werden muß, daß mit dem Saturnwärmezustand auch zuerst dasjenige auftritt, was man die «Zeit» nennt. Die vorhergehenden Zustände sind nämlich gar nicht zeitlich. Sie gehören derjenigen Region an, die man in der Geisteswissenschaft die «Dauer» nennen kann. Deshalb muß auch alles, was in dieser Schrift über solche Zustände in der «Region der Dauer» gesagt ist, so verstanden werden, daß Ausdrücke, die sich auf zeitliche Verhältnisse beziehen, nur zum Vergleiche und zur Verständigung gebraucht werden. Für die menschliche Sprache kann, was der «Zeit» gewissermaßen vorangeht, auch nur mit Ausdrücken charakterisiert werden, welche die Zeitvorstellung enthalten. Muß man sich doch auch bewußt sein, daß, obgleich der erste, zweite und dritte Saturnzustand sich gar nicht «nacheinander» im gegenwärtigen Sinne abspielten, man doch nicht umhin kann, sie nacheinander zu schildern. Auch hängen sie ja trotz ihrer «Dauer» oder Gleichzeitigkeit so voneinander ab, daß sich diese Abhängigkeit mit einer zeitlichen Abfolge vergleichen läßt.

Mit diesem Hinweis auf die ersten Entwickelungszustände des Saturn wird auch ein Licht geworfen auf alles weitere Fragen nach einem «Woher» dieser Zustände. Rein verstandesmäßig ist es natürlich durchaus möglich, jedem Ursprunge gegenüber wieder nach einem «Ursprung dieses Ursprunges» zu fragen. Allein den Tatsachen gegenüber geht dieses nicht an. Man braucht sich das nur an einem Vergleich zu vergegenwärtigen. Wenn man irgendwo auf einem Wege eingegrabene Spuren findet, so kann man fragen: woher rühren sie? Man mag als Antwort erhalten: von einem Wagen. Da kann weiter gefragt werden: wo kam der Wagen her, wohin fuhr er? Eine auf Tatsachen gegründete Antwort ist wieder möglich. Man kann dann noch fragen: wer saß im Wagen? was hatte die Persönlichkeit, die ihn benützte, für Absichten, was tat sie? Endlich wird man aber an einen Punkt kommen, an dem das Fragen durch die Tatsachen ein naturgemäßes Ende findet. Wer dann noch weiter fragt, kommt von der Absicht der ursprünglichen Fragestellung ab. Er setzt gewissermaßen nur schablonenmäßig das Fragen fort. Man merkt bei solchen Dingen, wie hier eines zum Vergleich angeführt ist, leicht, wo die Tatsachen das Ende des Fragens bedingen. Den großen Weltfragen gegenüber ist man sich nicht so leicht klar darüber. Bei wirklich genauem Zusehen wird man aber doch merken, daß alles Fragen nach dem «Woher» endigen muß bei den oben geschilderten Saturnzuständen. Denn man ist auf ein Gebiet gekommen, wo die Wesen und Vorgänge nicht mehr durch das sich rechtfertigen, aus dem sie entstammen, sondern durch sich selbst.

Als Ergebnis der Saturnentwickelung erscheint, daß sich der Menschenkeim bis zu einer gewissen Stufe herangebildet hat. Er hat das niedere, dumpfe Bewußtsein erlangt, von dem oben die Rede war. Man soll sich nicht vorstellen, daß dessen Entwickelung erst im letzten Saturnstadium einsetzt. Die «Geister des Willens» wirken durch alle Zustände hindurch. In der letzten Periode ist aber für das übersinnliche Wahrnehmen der Erfolg am hervorstechendsten. Überhaupt ist eine feste Grenze zwischen den Wirksamkeiten der einzelnen Wesensgruppen nicht. Wenn gesagt wird: erst wirken die «Geister des Willens», dann die «Geister der Weisheit» usw., so ist nicht gemeint, daß sie nur da wirken. Sie wirken die ganze Saturnentwickelung hindurch; in den angegebenen

Perioden ist ihr Wirken nur am besten zu beobachten. Die einzelnen Wesen haben da gleichsam die Führerschaft.

So erscheint die ganze Saturnentwickelung als eine Bearbeitung dessen, was aus den «Geistern des Willens» ausgeströmt ist, durch die «Geister der Weisheit, der Bewegung, der Form» usw. Diese geistigen Wesenheiten machen dabei selbst eine Entwickelung durch. Die «Geister der Weisheit» zum Beispiel stehen auf einer andern Stufe, nachdem sie ihr Leben zurückgestrahlt vom Saturn empfangen haben, als vorher. Die Frucht dieser Tätigkeit erhöht die Fähigkeiten ihres eigenen Wesens. Die Folge davon ist, daß für sie nach so vollbrachter Tätigkeit etwas Ähnliches eintritt wie für den Menschen mit dem Schlafe. Ihren Tätigkeitsperioden in bezug auf den Saturn folgen solche, in denen sie gewissermaßen in anderen Welten leben. Dann ist ihre Tätigkeit vom Saturn abgewandt. Deshalb sieht das hellseherische Wahrnehmen in der geschilderten Saturnentwickelung ein Auf- und ein Absteigen. Das Aufsteigen dauert bis zur Herausbildung des Wärmezustandes. Dann beginnt mit dem Lichtspiel bereits ein Abfluten. Und wenn dann die Menschenphantome durch die «Geister des Willens» Gestalt angenommen haben, dann haben sich die geistigen Wesen auch nach und nach zurückgezogen: die Saturnentwickelung erstirbt in sich; sie verschwindet als solche. Eine Art Ruhepause tritt ein. Der Menschenkeim geht wie in einen Auflösungszustand dabei ein; aber nicht in einen solchen, durch den er verschwinden würde, sondern in einen solchen, der ähnlich ist dem eines Pflanzensamens, der in der Erde ruht, um zur neuen Pflanze zu reifen. So ruht der Menschenkeim zu neuem Erwachen im Schoß der Welt. Und wenn der Zeitpunkt seines Erwachens da ist, da haben unter anderen

Verhältnissen auch die oben geschilderten geistigen Wesen sich die Fähigkeiten angeeignet, durch die sie den Menschenkeim weiter bearbeiten können. Die «Geister der Weisheit» haben in ihrem Ätherleib die Fähigkeit erlangt, nicht nur wie auf dem Saturn die Spiegelung des Lebens zu genießen; sie vermögen es jetzt, Leben auch aus sich ausströmen zu lassen und andere Wesen damit zu begaben. Die «Geister der Bewegung» sind nunmehr so weit, wie auf dem Saturn die «Geister der Weisheit». Ihr unterstes Wesensglied war dort der astralische Leib. Jetzt ist ihnen ein Äther- oder Lebensleib eigen. Und ganz entsprechend sind die andern geistigen Wesen zu einer weiteren Entwickelungsstufe gekommen. Alle diese geistigen Wesen können daher bei der Weiterentwickelung des Menschenkeimes anders wirken, als sie auf dem Saturn gewirkt haben. – Nun war aber der Menschenkeim am Ende der Saturnentwickelung aufgelöst. Damit die weiter entwickelten Geistwesen da fortsetzen können, wo sie früher aufgehört haben, muß dieser Menschenkeim die Stufen noch einmal kurz wiederholen, die er auf dem Saturn durchlaufen hat. Das zeigt sich nämlich dem übersinnlichen Wahrnehmungsvermögen. Der Menschenkeim tritt aus seiner Verborgenheit hervor und beginnt aus eigenem Vermögen heraus durch die Kräfte, die ihm auf dem Saturn eingeimpft worden sind, sich zu entwickeln. Er geht als ein Willenswesen aus der Finsternis hervor, bringt sich zum Scheine des Lebens, der Seelenhaftigkeit usw. bis zu jener maschinenmäßigen Persönlichkeitsoffenbarung, die er am Ende der Saturnentwickelung hatte.

*

Die zweite der angedeuteten großen Entwickelungsperioden, die «Sonnenstufe», bewirkt die Erhebung des Menschenwesens zu einem höheren Bewußtseinszustand, als derjenige war, den es auf dem Saturn erreicht hatte. Mit dem gegenwärtigen Bewußtsein des Menschen verglichen, könnte allerdings dieser Sonnenzustand als «Unbewußtheit» bezeichnet werden. Denn er kommt annähernd gleich dem, in welchem sich der Mensch jetzt während des völlig traumlosen Schlafes befindet. Oder man könnte ihn auch mit dem niederen Bewußtseinsgrade vergleichen, in dem gegenwärtig unsere Pflanzenwelt schlummert. Für die übersinnliche Anschauung gibt es keine «Unbewußtheit», sondern nur verschiedene Grade der Bewußtheit. Alles in der Welt ist bewußt. – Das Menschenwesen erlangt im Laufe der Sonnenentwickelung den höheren Bewußtseinsgrad dadurch, daß ihm da der Äther- oder Lebensleib eingegliedert wird. Bevor dies geschehen kann, müssen sich in der oben geschilderten Art die Saturnzustände wiederholen. Diese Wiederholung hat einen ganz bestimmten Sinn. Wenn nämlich die Ruhepause abgelaufen ist, von welcher in den vorhergehenden Ausführungen gesprochen worden ist, dann tritt aus dem «Weltschlafe» dasjenige, was vorher Saturn war, als neues Weltwesen, als Sonne hervor. Es haben sich damit aber die Verhältnisse der Entwickelung verändert. Die Geistwesen, deren Wirken für den Saturn dargestellt worden ist, sind zu anderen Zuständen vorgerückt. Der Menschenkeim erscheint aber zuerst auf der neugebildeten Sonne als das, was er auf dem Saturn geworden ist. Er muß zunächst die verschiedenen Entwickelungsstadien, die er auf dem Saturn angenommen hat, so umwandeln, daß sie zu den Verhältnissen auf der Sonne passen. Die Sonnenepoche beginnt deshalb mit einer Wiederholung der Saturntatsachen, aber unter Anpassung an die veränderten Verhältnisse des Sonnenlebens. Wenn nun das Menschenwesen so weit ist, daß seine auf dem Saturn erlangte Entwickelungshöhe den Sonnenverhältnissen angepaßt ist, dann beginnen die bereits genannten «Geister der Weisheit» damit, den Äther- oder Lebensleib in den physischen Leib einströmen zu lassen. Die höhere Stufe, welche der Mensch auf der Sonne erreicht, kann somit dadurch charakterisiert werden, daß der bereits auf dem Saturn in der Keimanlage gebildete physische Leib auf eine zweite Stufe der Vollkommenheit gehoben wird, indem er zum Träger eines Äther- oder Lebensleibes wird. Dieser Äther- oder Lebensleib erlangt während der Sonnenentwikkelung für sich selbst den ersten Grad seiner Vollkommenheit. Damit aber dieser zweite Vollkommenheitsgrad für den physischen Leib und der erste für den Lebensleib erzielt werden, ist im weiteren Verlauf des Sonnenlebens das Eingreifen noch anderer Geistwesen in ähnlicher Art notwendig, wie es schon für die Saturnstufe beschrieben worden ist.

Wenn die «Geister der Weisheit» mit ihrem Einströmen des Lebensleibes beginnen, so fängt das vorher dunkle Sonnenwesen zu leuchten an. Gleichzeitig treten in dem Menschenkeim die ersten Erscheinungen innerer Regsamkeit ein; das Leben beginnt. Was für den Saturn als ein Scheinleben charakterisiert werden mußte, wird jetzt wirkliches Leben. Das Einströmen dauert eine gewisse Zeit. Nachdem diese verflossen ist, tritt für den Menschenkeim eine wichtige Veränderung ein. Er gliedert sich nämlich in zwei Teile. Während vorher physischer Leib und Lebensleib in inniger Verbindung ein Ganzes bildeten, beginnt sich jetzt der physische Leib als ein besonderer Teil abzusondern. Doch bleibt auch dieser abgesonderte physische Leib vom Lebensleib durchzogen. Man hat es also jetzt mit einem zweigliedrigen Menschenwesen zu tun. Der eine Teil ist ein von einem Lebensleib durchgearbeiteter physischer Leib, der andere Teil ist bloßer Lebensleib. Diese Absonderung verläuft aber während einer Ruhepause des Sonnenlebens. Es erlischt während derselben wieder das schon aufgetretene Leuchten. Die Trennung geschieht gewissermaßen während einer «Weltennacht». Doch ist diese Ruhepause viel kürzer als diejenige zwischen der Saturn- und Sonnenentwickelung, von der oben gesprochen worden ist. Nach Ablauf der Ruhepause arbeiten die «Geister der Weisheit» eine Zeitlang ebenso an dem zweigliedrigen Menschenwesen weiter, wie sie das vorher an dem eingliedrigen getan haben. Dann setzen die «Geister der Bewegung» mit ihrer Tätigkeit ein. Sie durchströmen mit ihrem eigenen Astralleib den Lebensleib des Menschenwesens. Dadurch erlangt dieser die Fähigkeit, gewisse innere Bewegungen in dem physischen Leibe auszuführen. Es sind das Bewegungen, welche sich vergleichen lassen mit den Bewegungen der Säfte in einer gegenwärtigen Pflanze.

Der Saturnkörper bestand aus bloßer Wärmesubstanz. Während der Sonnenentwickelung verdichtet sich diese Wärmesubstanz bis zu dem Zustand, den man mit dem gegenwärtigen Gas- oder Dampfzustand vergleichen kann. Es ist jener Zustand, den man als «Luft» bezeichnen kann. Die ersten Anfänge eines solchen Zustandes zeigen sich, nachdem die «Geister der Bewegung» mit ihrer Tätigkeit eingesetzt haben. Dem übersinnlichen Bewußtsein bietet sich der folgende Anblick dar. Innerhalb der Wärmesubstanz tritt etwas auf wie feine Gebilde, die durch die Kräfte des Lebensleibes in regelmäßige Bewegungen versetzt werden.

Diese Gebilde veranschaulichen den physischen Leib des Menschenwesens auf der ihm jetzt entsprechenden Entwikkelungsstufe. Sie sind ganz von Wärme durchdrungen und auch wie von einer Wärmehülle eingeschlossen. Wärmegebilde mit eingegliederten Luftformen – letztere in regelmäßiger Bewegung – kann man, in physischer Beziehung, dieses Menschenwesen nennen. Will man daher den oben angeführten Vergleich mit der gegenwärtigen Pflanze beibehalten, so muß man sich bewußt bleiben, daß man es nicht mit einem kompakten Pflanzengebilde zu tun hat, sondern mit einer Luft- oder Gasgestalt*, deren Bewegungen mit den Säftebewegungen der gegenwärtigen Pflanzen verglichen werden können. – Die in dieser Art gekennzeichnete Entwickelung schreitet weiter. Nach einer gewissen Zeit tritt wieder eine Ruhepause ein; nach derselben wirken die Geister der Bewegung weiter, bis zu ihrer Tätigkeit diejenige der Geister der Form hinzutritt. Deren Wirkung besteht darin, daß die vorher stets wechselnden Gasgebilde bleibende Gestalten annehmen. Auch dies geschieht dadurch, daß in den Lebensleib der Menschenwesen die Geister der Form ihre Kräfte aus- und einströmen lassen. Die Gasgebilde waren früher, als noch bloß die Geister der Bewegung auf sie wirkten, in einer unaufhörlichen Bewegung, nur einen Augenblick behielten sie ihre Gestalt. Jetzt aber nehmen sie vorübergehend unterscheidbare Formen an. – Wieder tritt nach einer gewissen Zeit eine Ruhepause ein; wieder setzen nach dieser die Geister der Form ihre Tätigkeit fort. Dann aber treten ganz neue Verhältnisse innerhalb der Sonnenentwickelung ein.

* Das Gas erscheint dem übersinnlichen Bewußtsein durch die Lichtwirkung, die es von sich ausgehen läßt. Man könnte also auch von Lichtgestalten sprechen, die dem geistigen Schauen sich darstellen.

Es ist nämlich damit der Punkt erreicht, wo die Sonnenentwickelung in ihrer Mitte angelangt ist. Das ist die Zeit, in welcher die Geister der Persönlichkeit, die auf dem Saturn ihre Menschheitsstufe erlangt haben, einen höheren Grad der Vollkommenheit ersteigen. Sie schreiten über diese Stufe hinaus. Sie erlangen ein Bewußtsein, das der gegenwärtige Mensch auf unserer Erde im regelrechten Fortgang der Entwickelung noch nicht hat. Er wird es erlangen, wenn die Erde – also die vierte der planetarischen Entwickelungsstufen – an ihrem Ziele angelangt und in die folgende planetarische Periode eingetreten sein wird. Dann wird der Mensch nicht bloß das um sich herum wahrnehmen, was ihm die gegenwärtigen physischen Sinne vermitteln, sondern er wird imstande sein, in Bildern die inneren, seelischen Zustände der ihn umgebenden Wesen zu beobachten. Er wird ein Bilderbewußtsein haben, jedoch mit Beibehaltung des vollen Selbstbewußtseins. Es wird nichts Traumhaftes, Dumpfes in seinem Bilderschauen sein, sondern er wird das Seelische wahrnehmen, allerdings in Bildern, doch so, daß diese Bilder der Ausdruck von Wirklichkeiten sein werden, wie es jetzt physische Farben und Töne sind. Gegenwärtig kann sich der Mensch nur durch die geisteswissenschaftliche Schulung zu solchem Schauen erheben. Von dieser Schulung wird auf späteren Blättern dieses Buches die Rede sein. – Dieses Schauen erlangen nun als ihre normale Entwickelungsgabe die Geister der Persönlichkeit inmitten der Sonnenstufe. Und eben dadurch werden sie fähig, während der Sonnenentwickelung auf den neugebildeten Lebensleib des Menschenwesens in ähnlicher Art zu wirken, wie sie auf dem Saturn auf den physischen Leib gewirkt haben. Wie ihnen dort die Wärme ihre eigene Persönlichkeit zurückgestrahlt hat, so strahlen ihnen jetzt die Gasgebilde im Lichtglanze die Bilder ihres schauenden Bewußtseins zurück. Sie schauen übersinnlich an, was auf der Sonne vorgeht. Und dieses Anschauen ist keineswegs ein bloßes Beobachten. Es ist, als ob in den Bildern, die von der Sonne ausströmen, etwas von der Kraft sich geltend machte, die der Erdenmensch als Liebe bezeichnet. Und sieht man seelisch genauer zu, so findet man den Grund dieser Erscheinung. Es haben sich in das von der Sonne ausstrahlende Licht erhabene Wesenheiten mit ihrer Tätigkeit gemischt. Es sind die oben bereits genannten «Geister der Liebe» (christlich: «Seraphim»). Sie wirken von jetzt ab am menschlichen Äther- oder Lebensleibe zusammen mit den Geistern der Persönlichkeit. Durch diese Tätigkeit schreitet dieser Lebensleib selbst um eine Stufe auf seiner Entwickelungsbahn fort. Er erlangt die Fähigkeit, die in ihm befindlichen Gasgebilde nicht nur umzuformen, sondern sie so zu bearbeiten, daß die ersten Andeutungen einer Fortpflanzung der lebenden Menschenwesen sich zeigen. Es werden gewissermaßen Absonderungen aus den geformten Gasgebilden herausgetrieben (wie ausgeschwitzt), welche sich zu solchen Gestalten formen, die ihren Muttergebilden ähnlich sind.

Um die weitere Sonnenentwickelung zu charakterisieren, muß auf eine Tatsache des Weltenwerdens hingewiesen werden, welche von der allergrößten Bedeutung ist. Sie besteht darin, daß im Laufe einer Epoche keineswegs alle Wesen das Ziel ihrer Entwickelung erreichen. Es gibt solche, die hinter diesem Ziel zurückbleiben. So haben während der Saturnentwickelung nicht alle Geister der Persönlichkeit die Menschheitsstufe, die ihnen dort in der oben dargestellten Art beschieden war, wirklich erreicht. Und ebensowenig haben alle auf dem Saturn ausgebildeten physischen Menschenleiber den Grad von Reife erlangt, der sie befähigt, auf der Sonne zum Träger eines selbständigen Lebensleibes zu werden. Die Folge davon ist, daß auf der Sonne Wesen und Gebilde vorhanden sind, welche zu ihren Verhältnissen nicht passen. Diese müssen nun während der Sonnenentwickelung nachholen, was sie auf dem Saturn versäumt haben. Man kann deshalb während der Sonnenstufe das Folgende geistig beobachten. Wenn die Geister der Weisheit mit ihrem Einströmen des Lebensleibes beginnen, trübt sich gewissermaßen der Sonnenkörper. Es durchsetzen ihn Gebilde, welche eigentlich noch zum Saturn gehören würden. Es sind Wärmegebilde, welche nicht imstande sind, in entsprechender Art sich zu Luft zu verdichten. Das sind die auf der Saturnstufe zurückgebliebenen Menschenwesen. Sie können nicht Träger eines in regelrechter Art ausgebildeten Lebensleibes werden. – Was nun auf diese Art von Wärmesubstanz des Saturn zurückgeblieben ist, gliedert sich auf der Sonne in zwei Teile. Der eine Teil wird von den Menschenleibern gleichsam aufgesogen; und er bildet fortan innerhalb des Menschenwesens eine Art niederer Natur desselben. So nimmt das Menschenwesen auf der Sonne etwas in seine Leiblichkeit auf, was eigentlich der Saturnstufe entspricht. Wie nun der Saturnleib des Menschen den Geistern der Persönlichkeit es möglich gemacht hat, sich zur Menschheitsstufe zu erheben, so leistet jetzt dieser Saturnteil des Menschen auf der Sonne dasselbe für die Feuergeister. Sie erheben sich zur Menschheitsstufe, indem sie ihre Kräfte ein- und ausströmen lassen in diesen Saturnteil des Menschenwesens, wie es die Geister der Persönlichkeit auf dem Saturn getan haben. Auch dies geschieht in der Mitte der Sonnenentwickelung. Da ist der Saturnteil des Menschenwesens so weit reif, daß mit seiner Hilfe die Feuergeister (Archangeloi) ihre Menschheitsstufe durchlaufen können. – Ein anderer Teil der Wärmesubstanz des Saturn gliedert sich ab und erlangt ein selbständiges Dasein neben und zwischen den Menschenwesen der Sonne. Dieser bildet nun ein zweites Reich neben dem Menschenreiche. Ein Reich, das auf der Sonne einen völlig selbständigen, aber nur physischen Leib, als Wärmeleib, ausbildet. Die Folge davon ist, daß die vollkommen entwickelten «Geister der Persönlichkeit» auf keinen selbständigen Lebensleib ihre Tätigkeit in der geschilderten Art richten können. Nun sind aber auch gewisse «Geister der Persönlichkeit» auf der Saturnstufe zurückgeblieben. Diese haben da nicht die Stufe der Menschheit erreicht. Zwischen ihnen und dem selbständig gewordenen zweiten Sonnenreich besteht ein Anziehungsband. Sie müssen sich jetzt auf der Sonne zu dem zurückgebliebenen Reich so verhalten, wie dies ihre vorgeschrittenen Genossen schon auf dem Saturn gegenüber den Menschenwesen getan haben. Diese haben dort ja auch erst den physischen Leib ausgebildet gehabt. Auf der Sonne selbst ist aber zu solcher Arbeit der zurückgebliebenen Persönlichkeitsgeister keine Möglichkeit. Sie sondern sich daher aus dem Sonnenkörper heraus und bilden außerhalb desselben einen selbständigen Weltenkörper. Es tritt dieser also aus der Sonne heraus. Von ihm aus wirken die zurückgebliebenen «Geister der Persönlichkeit» auf die beschriebenen Wesen des zweiten Sonnenreiches. Es sind dadurch zwei Weltengebilde aus dem einen geworden, das früher Saturn war. Die Sonne hat in ihrer Umgebung nunmehr einen zweiten Weltenkörper, einen solchen, der eine Art Wiedergeburt des Saturn, einen neuen Saturn, darstellt. Von diesem Saturn aus wird dem zweiten Sonnenreich der Persönlichkeitscharakter erteilt. Man hat es daher innerhalb dieses Reiches mit Wesen zu tun, welche auf der Sonne selbst keine Persönlichkeit haben. Doch aber spiegeln sie den «Geistern der Persönlichkeit» auf dem neuen Saturn deren eigene Persönlichkeit zurück. Das übersinnliche Bewußtsein kann zwischen den Menschenwesen auf der Sonne Wärmekräfte beobachten, die in die regelmäßige Sonnenentwickelung hineinspielen und in welchen man das Walten der gekennzeichneten Geister des neuen Saturn zu sehen hat.

Im Menschenwesen hat man während der Mitte der Sonnenentwickelung das Folgende zu beachten. Dasselbe ist gegliedert in einen physischen Leib und einen Lebensleib. Darinnen spielt sich ab die Tätigkeit der vorgeschrittenen «Geister der Persönlichkeit» in Verbindung mit derjenigen der «Geister der Liebe». Dem physischen Leibe ist nun beigemischt ein Teil der zurückgebliebenen Saturnnatur. Darin spielt sich ab die Tätigkeit der «Feuergeister». Man hat nun zu sehen in allem, was die «Feuergeister» an der zurückgebliebenen Saturnnatur bewirken, die Vorläufer der gegenwärtigen Sinnesorgane der Erdenmenschen. Es ist ja gezeigt worden, wie schon auf dem Saturn in der Wärmesubstanz diese «Feuergeister» mit der Ausarbeitung der Sinneskeime beschäftigt waren. In dem, was durch die «Geister der Persönlichkeit» im Verein mit den «Geistern der Liebe» (den Seraphim) vollbracht wird, ist zu erkennen die erste Anlage der gegenwärtigen menschlichen Drüsenorgane. – Mit dem oben Gesagten ist aber die Arbeit der auf dem neuen Saturn wohnenden Persönlichkeitsgeister nicht erschöpft. Diese erstrecken ihre Tätigkeit nicht bloß auf das genannte zweite Sonnenreich, sondern sie stellen eine Art Verbindung her zwischen diesem Reich und den menschlichen Sinnen. Es strömen die Wärmesubstanzen dieses Reiches durch die menschlichen Sinneskeime aus und ein. Dadurch gelangt das Menschenwesen auf der Sonne zu einer Art von Wahrnehmung des außer ihm befindlichen niederen Reiches. Diese Wahrnehmung ist naturgemäß nur eine dumpfe, ganz entsprechend dem dumpfen Saturnbewußtsein, von dem oben die Rede war. Und sie besteht im wesentlichen aus verschiedenen Wärmewirkungen.

Alles, was hier für die Mitte der Sonnenentwickelung geschildert worden ist, dauert eine gewisse Zeit. Dann tritt wieder eine Ruhepause ein. Nach derselben geht es eine Zeitlang in derselben Art fort bis zu einem Punkte der Entwickelung, in dem der menschliche Ätherleib so weit reif ist, daß nunmehr eine vereinte Arbeit der «Söhne des Lebens» (Angeloi) und der «Geister der Harmonie» (Cherubim) einsetzen kann. Es treten nun innerhalb des Menschenwesens für das übersinnliche Bewußtsein Offenbarungen auf, die sich mit Geschmackswahrnehmungen vergleichen lassen und die sich nach außen als Töne kundgeben. Ein Ähnliches mußte ja schon für die Saturnentwickelung gesagt werden. Hier auf der Sonne ist nur all das im Menschenwesen innerlicher, voll selbständigeren Lebens. – Die «Söhne des Lebens» erlangen dadurch jenes dumpfe Bilderbewußtsein, das die «Feuergeister» auf dem Saturn erreicht hatten. Es sind dabei die «Geister der Harmonie» (die Cherubim) ihre Helfer. Sie eigentlich schauen geistig das an, was sich innerhalb der Sonnenentwickelung jetzt abspielt. Nur verzichten sie auf alle Früchte dieses Anschauens, auf die Empfindung der weisheitsvollen Bilder, welche da entstehen, und lassen diese wie prächtige Zaubererscheinungen in das traumhafte Bewußtsein der «Söhne des Lebens» einströmen. Diese wieder arbeiten solche Gebilde ihres Schauens in den Ätherleib des Menschen hinein, so daß dieser immer höhere Stufen der Entwickelung erreicht. – Wieder tritt eine Ruhepause ein, wieder erhebt sich das Ganze aus dem «Weltenschlaf», und, nachdem es noch eine Zeitlang gedauert hat, ist das Menschenwesen so weit reif, daß es nun eigene Kräfte regen kann. Es sind dies dieselben, welche während der letzten Zeit der Saturnperiode durch die «Throne» in dieses Menschenwesen eingeströmt sind. In einem Innenleben entwickelt sich jetzt dieses Menschenwesen, das in seiner Offenbarung für das Bewußtsein mit einer innerlichen Geruchswahrnehmung verglichen werden kann. Nach außen aber, gegen den Himmelsraum, gibt sich dieses Menschenwesen als eine Persönlichkeit kund, allerdings als eine solche, die nicht von einem inneren «Ich» gelenkt wird. Es erscheint vielmehr wie eine als Persönlichkeit wirkende Pflanze. Für das Ende der Saturnentwickelung ist ja gezeigt worden, daß die Persönlichkeit wie eine Maschine sich kundgibt. Und wie sich dort der erste Keim zu dem entwickelt hat, was auch im gegenwärtigen Menschen erst keimhaft ist, zum «Geistesmenschen» (Atma), so wird hier ein ebensolcher erster Keim zu dem «Lebensgeist» (Buddhi) gestaltet. – Nachdem eine Zeit hindurch sich alles das abgespielt hat, tritt wieder eine Ruhepause ein. Wie in den ähnlichen Fällen früher, wird nach dieser Pause die Tätigkeit des Menschenwesens eine Zeitlang fortgesetzt. Dann treten Verhältnisse ein, die sich darstellen als ein neuer Eingriff der «Geister der Weisheit». Durch denselben wird das Menschenwesen fähig, die ersten Spuren von Sympathie und

Antipathie mit seiner Umgebung zu empfinden. Es ist in alledem noch keine wirkliche Empfindung, aber doch ein Vorläufer der Empfindung. Denn die innere Lebenstätigkeit, die in ihrer Offenbarung wie Geruchswahrnehmungen charakterisiert werden könnte, gibt sich nach außen wie in einer Art primitiver Sprache kund. Wird innerlich ein sympathischer Geruch – oder auch Geschmack, Flimmern etc. – wahrgenommen, so gibt dies das Menschenwesen nach außen durch einen Ton kund. Und in entsprechender Art geschieht solches bei einer innerlich unsympathischen Wahrnehmung. – Es ist nämlich durch alle die geschilderten Vorgänge der eigentliche Sinn der Sonnenentwickelung für das Menschenwesen erreicht. Dieses hat eine höhere Bewußtseinsstufe gegenüber dem Saturnbewußtsein erlangt. Es ist dies das Schlafbewußtsein.

Nach einiger Zeit ist nun auch der Entwickelungspunkt eingetreten, da die mit der Sonnenstufe verbundenen höheren Wesen in andere Sphären übergehen müssen, um das zu verarbeiten, was sie durch ihr Wirken am Menschenwesen selbst in sich veranlagt haben. Es tritt eine große Ruhepause ein, wie eine solche zwischen der Saturn- und Sonnenentwickelung war. Alles, was sich auf der Sonne ausgebildet hat, geht in einen Zustand über, der sich mit dem der Pflanze vergleichen läßt, wenn deren Wachstumskräfte im Samen ruhen. Wie aber diese Wachstumskräfte in einer neuen Pflanze wieder an das Tageslicht treten, so tritt auch nach der Ruhepause alles, was auf der Sonne Leben war, wieder aus dem Weltenschoße hervor, und ein neues planetarisches Dasein beginnt. Man wird den Sinn einer solchen Ruhepause, eines «Weltenschlafes», wohl verstehen, wenn man nur einmal den geistigen Blick auf eine der genannten Wesensarten, zum Beispiel auf die «Geister der Weisheit», lenkt. Sie waren auf dem Saturn noch nicht so weit, daß sie dort hätten einen Ätherleib aus sich können ausströmen lassen. Erst durch die von ihnen auf dem Saturn gemachten Erlebnisse sind sie darauf vorbereitet worden. Während der Pause gestalten sie nun dasjenige, was in ihnen erst vorbereitet worden ist, zur wirklichen Fähigkeit um. So sind sie auf der Sonne soweit, das Leben aus sich ausströmen zu lassen und das Menschenwesen mit einem eigenen Lebensleib zu begaben.

*

Nach der Ruhepause tritt dasjenige, was früher Sonne war, aus dem «Weltenschlafe» wieder hervor. Das heißt, es wird wieder wahrnehmbar für die geistig schauenden Kräfte, für die es früher zu beobachten war und für die es während der Ruhepause entschwunden war. Nun zeigt sich aber an dem neu hervortretenden planetarischen Wesen, das als «Mond» bezeichnet werden soll (und das nicht verwechselt werden darf mit dem Stück davon, das gegenwärtig Erdenmond ist), ein zweifaches. Erstens ist dasjenige, was sich während der Sonnenzeit als ein «neuer Saturn» abgesondert hatte, wieder in dem neuen planetarischen Wesen darin. Dieser Saturn hat sich somit während der Ruhepause wieder mit der Sonne vereinigt. Alles, was im ersten Saturn war, tritt zunächst wieder als *ein* Weltgebilde auf. Zweitens sind die auf der Sonne gebildeten Lebensleiber des Menschenwesens in der Ruhepause von dem aufgesogen worden, was in einer Art die geistige Hülle des Planeten bildet. Sie erscheinen also in diesem Zeitpunkte nicht mit den entsprechenden physischen Menschenleibern vereinigt, sondern diese treten für sich allein zunächst auf. Zwar tragen sie alles das an sich, was in ihnen auf Saturn und Sonne erarbeitet worden ist; aber sie ermangeln des Äther- oder Lebensleibes. Ja sie können diesen Ätherleib auch nicht sogleich in sich aufnehmen, denn dieser hat selbst eine Entwickelung während der Ruhepause durchgemacht, an die sie noch nicht angepaßt sind. – Was nun im Beginne der Mondenentwickelung eintritt, damit diese Anpassung erzielt werde, ist zunächst eine abermalige Wiederholung der Saturntatsachen. Das physische Menschenwesen durchläuft dabei, wiederholend, die Stufen der Saturnentwickelung, nur unter ganz veränderten Verhältnissen. Auf dem Saturn spielten in ihm ja nur die Kräfte eines Wärmeleibes, jetzt sind in ihm auch diejenigen des erarbeiteten Gasleibes. Die letzteren treten aber nicht gleich im Beginne der Mondenentwickelung auf. Da ist alles so, wie wenn das Menschenwesen nur aus Wärmesubstanz bestünde und innerhalb derselben die Gaskräfte schlummerten. Dann kommt eine Zeit, in welcher diese in ersten Andeutungen auftreten. Und zuletzt, im letzten Zeitraum der Saturnwiederholung, sieht das Menschenwesen schon so aus wie während seines lebendigen Zustandes auf der Sonne. Doch erweist sich alles Leben da noch als ein Scheinleben. Es tritt erst eine Ruhepause ein, ähnlich den kurzen Ruhepausen während der Sonnenentwickelung. Dann beginnt neuerdings das Einströmen des Lebensleibes, für den sich der physische Leib nun reif gemacht hat. Dieses Einströmen geschieht wieder wie die Saturnwiederholung in drei voneinander zu unterscheidenden Epochen. Während der zweiten dieser Epochen ist das Menschenwesen so weit den neuen Mondenverhältnissen angepaßt, daß die «Geister der Bewegung» die von ihnen erlangte Fähigkeit in die Tat umsetzen können. Sie besteht darin, daß sie aus ihrer eigenen Wesenheit heraus den Astralleib in die Menschenwesen einströmen lassen. Sie haben sich zu dieser Arbeit während der Sonnenentwickelung vorbereitet und in der Ruhepause zwischen Sonne und Mond das Vorbereitete zu der angedeuteten Fähigkeit umgewandelt. Es dauert dieses Einströmen nun wieder eine Zeitlang, dann tritt eine der kleineren Ruhepausen ein. Nach derselben setzt sich das Einströmen fort, bis die «Geister der Form» mit ihrer Tätigkeit einsetzen. Dadurch, daß die «Geister der Bewegung» den Astralleib in das Menschenwesen einströmen lassen, erlangt dieses die ersten seelischen Eigenschaften. Es beginnt, die Vorgänge, welche sich durch den Besitz eines Lebensleibes in ihm abspielen und welche während der Sonnenentwickelung noch pflanzenhaft waren, mit Empfindungen zu verfolgen, Lust und Unlust durch sie zu fühlen. Es bleibt aber bei einem wechselvollen inneren Auf- und Abfluten solcher Lust und Unlust, bis die «Geister der Form» eingreifen. Da verwandeln sich diese wechselnden Gefühle so, daß in dem Menschenwesen das auftritt, was als erste Spur des Wunsches, der Begierde, aufgefaßt werden kann. Das Wesen strebt nach einer Wiederholung dessen, was einmal Lust bereitet hat, und es versucht zu vermeiden, was als antipathisch empfunden worden ist. Da jedoch die «Geister der Form» ihre eigene Wesenheit nicht an das Menschenwesen abgeben, sondern ihre Kräfte nur aus- und einströmen lassen, so entbehrt die Begierde der Innerlichkeit und Selbständigkeit. Sie wird gelenkt von den «Geistern der Form». Sie tritt mit einem instinktiven Charakter auf.

Auf dem Saturn war der physische Leib des Menschenwesens ein Wärmeleib; auf der Sonne ist eine Verdichtung zum Gaszustand oder zur «Luft» eingetreten. Nun, da während der Mondenentwickelung das Astrale einströmt, erreicht in einem bestimmten Zeitpunkt das Physische einen weiteren Grad von Verdichtung, es kommt in einen Zustand, der sich mit dem einer gegenwärtigen Flüssigkeit vergleichen läßt. Man kann diesen Zustand als «Wasser» bezeichnen. Doch ist eben damit nicht unser gegenwärtiges Wasser gemeint, sondern jegliche flüssige Daseinsform. Der physische Menschenleib nimmt nun allmählich eine Form an, die sich aus dreierlei substantiellen Gebilden zusammensetzt. Das dichteste ist ein «Wasserkörper»; dieser wird durchzogen von Luftströmungen, und durch alles dies ziehen sich wieder Wärmewirkungen hindurch.

Nun erlangen auch während der Sonnenstufe nicht alle Gebilde die volle entsprechende Reife. Es finden sich deshalb auf dem Monde Gebilde ein, die erst auf der Saturnstufe stehen, und solche, die nur die Sonnenstufe erreicht haben. Dadurch entstehen neben dem regelrecht entwickelten Menschenreiche zwei andere Reiche. Ein solches, das aus Wesen besteht, die auf der Saturnstufe stehengeblieben sind, die daher nur einen physischen Leib haben, der auch auf dem Monde noch nicht Träger eines selbständigen Lebensleibes werden kann. Es ist dies das niedrigste Mondenreich. Ein zweites besteht aus Wesen, die auf der Sonnenstufe zurückgeblieben sind, welche deshalb nicht reif werden, auf dem Monde einen selbständigen Astralleib sich einzugliedern. Diese bilden ein Reich zwischen dem ebengenannten und dem regelmäßig fortgeschrittenen Menschenreich. – Aber auch noch etwas anderes findet statt: Die Substanzen mit bloßen Wärmekräften und jene mit bloßen Luftkräften durchsetzen auch die Menschenwesen. So kommt es, daß diese auf dem Monde in sich eine Saturn- und eine Sonnennatur tragen. Dadurch ist in die Menschennatur eine Art von Zwiespalt gekommen. Und durch diesen Zwiespalt wird nach dem Einsetzen der Tätigkeit der «Geister der Form» innerhalb der Mondenentwickelung etwas sehr Bedeutungsvolles hervorgerufen. Es beginnt sich da eine Spaltung im Mondenweltkörper vorzubereiten. Ein Teil seiner Substanzen und Wesenheiten trennt sich ab von den andern. Aus einem Weltenkörper werden zwei. Den einen machen gewisse höhere Wesenheiten, die noch vorher inniger mit dem einheitlichen Weltenkörper verbunden waren, zu ihrem Wohnplatz. Der andere dagegen wird von dem Menschenwesen, den beiden vorhin charakterisierten niederen Reichen und gewissen höheren Wesenheiten eingenommen, die nicht zu dem ersten Weltenkörper übergegangen sind. Der eine der beiden Weltenkörper mit den höheren Wesen erscheint wie eine wiedergeborene, aber verfeinerte Sonne; der andere ist nunmehr die eigentliche Neubildung, der «alte Mond», als dritte planetarische Verkörperung unserer Erde, nach der Saturn- und Sonnenverkörperung. Von den auf dem Monde entstandenen Substanzen nimmt die wiedergeborene Sonne bei ihrem Heraustreten nur die «Wärme» und die «Luft» mit; auf dem, was wie ein Rest als Mond übriggeblieben ist, findet sich außer diesen beiden Substanzen noch der wässerige Zustand. Es wird durch diese Trennung erreicht, daß die mit der wiedererstandenen Sonne ausgezogenen Wesenheiten zunächst in ihrer weiteren Entwickelung durch die dichteren Mondwesenheiten nicht gehemmt werden. Sie können so ungehindert in ihrem eigenen Werden fortschreiten. Dadurch erlangen sie aber eine um so größerer Kraft, um nun von außen, von ihrer Sonne aus, auf die Mondwesen zu wirken. Und auch diese erlangen dadurch neue Entwickelungsmöglichkeiten. Mit ihnen sind vereint geblieben vor allem die «Geister der Form». Diese verfestigen die Begierden- und die Wunschnatur; und dieses drückt sich allmählich auch in einer weiteren Verdichtung des physischen Leibes der Menschenwesen aus. Das vorher bloß Wässerige dieses Leibes nimmt eine zähflüssige Form an, und entsprechend verdichten sich die luftförmigen und wärmeartigen Gebilde. Ähnliche Vorgänge finden auch statt bei den beiden niederen Reichen.

Daß der Mondkörper von dem Sonnenkörper ausgesondert wird, dies hat zur Folge, daß sich der erstere zu dem letzteren so verhält, wie einstmals der Saturnkörper zu der ganzen umliegenden Weltenentwickelung. Der Saturnkörper war aus dem Leibe der «Geister des Willens» (der Throne) gebildet. Aus seiner Substanz strahlte in den Weltenraum zurück alles, was die in der Umgebung befindlichen oben angeführten geistigen Wesenheiten erlebten. Und die Rückstrahlung erwachte durch die folgenden Vorgänge allmählich zu selbständigem Leben. Darauf beruht ja alle Entwickelung, daß erst aus dem Leben der Umgebung selbständige Wesenheit sich absondert; dann in dem abgesonderten Wesen sich die Umgebung wie durch Spiegelung einprägt und dann dies abgesonderte Wesen sich selbständig weiter entwickelt. – So auch sonderte sich der Mondenkörper vom Sonnenkörper ab und strahlte zunächst das Leben des Sonnenkörpers zurück. Wäre nun nichts anderes geschehen, so hätte man es mit folgendem Weltenprozesse zu tun. Es gäbe einen Sonnenkörper, in welchem diesem Körper angepaßte geistige Wesenheiten in dem Wärme- und Luftelemente ihre Erlebnisse hätten. Diesem Sonnenkörper stünde ein Mondenkörper gegenüber, in welchem andere Wesen mit dem Wärme-, Luft- und Wasserleben sich entfalteten. Der Fortschritt von der Sonnenverkörperung zu der Mondenverkörperung bestünde darin, daß die Sonnenwesen ihr eigenes Leben von den Mondenvorgängen aus wie im Spiegelbilde vor sich hätten und so dasselbe genießen könnten, was ihnen während der Sonnenverkörperung noch unmöglich war. – Nun blieb es aber nicht bei diesem Entwickelungsvorgange. Es geschah etwas, was für alle folgende Entwickelung von der allertiefsten Bedeutung war. Gewisse Wesenheiten, welche dem Mondenkörper angepaßt waren, bemächtigten sich des ihnen zur Verfügung stehenden Willenselementes (des Erbes der Throne) und entwickelten dadurch ein Eigenleben, das sich unabhängig gestaltet von dem Sonnenleben. Es entstehen neben den Erlebnissen des Mondes, die nur unter dem Sonneneinflusse stehen, selbständige Mondenerlebnisse; gleichsam Empörungs- oder Auflehnungszustände gegen die Sonnenwesen. Und die verschiedenen auf Sonne und Mond entstandenen Reiche, vor allem das Reich der Menschenvorfahren, wurde in diese Zustände hineingezogen. Der Mondenkörper schließt dadurch geistig und stofflich zweierlei Leben in sich: Solches, das in inniger Verbindung mit dem Sonnenleben steht, und solches, welches von diesem «abgefallen» ist und unabhängige Wege geht. Diese Gliederung in zweifaches Leben drückt sich in allen folgenden Vorgängen der Mondenverkörperung nun aus.

Was sich für diesen Entwickelungszeitraum dem übersinnlichen Bewußtsein darbietet, das läßt sich in folgenden Bildern charakterisieren. Die ganze Grundmasse des Mondes ist gebildet aus einer halblebendigen Substanz, die in einer bald trägen, bald lebhaften Bewegung ist. Eine mineralische Masse im Sinne der Gesteine und der Erdbestandteile, auf denen der gegenwärtige Mensch herumwandelt, ist das noch nicht. Man könnte von einem Reiche von Pflanzenmineralien sprechen. Nur hat man sich vorzustellen, daß der ganze Grundkörper des Mondes aus dieser Pflanzen-Mineralsubstanz besteht, wie heute die Erde aus Gesteinen, Ackererde usw. besteht. Wie gegenwärtig sich Felsenmassen auftürmen, so lagerten sich der Mondenmasse härtere Teile ein, die sich mit harten Holzgebilden oder mit Formen aus Horn vergleichen lassen. Und wie sich jetzt Pflanzen aus dem Mineralboden erheben, so war der Mondengrund bedeckt und durchdrungen von dem zweiten Reich, bestehend aus einer Art von Pflanzentieren. Ihre Substanz war weicher als die Grundmasse und in sich beweglicher. Wie ein zähes Meer zog sich dieses Reich über das andere dahin. Und der Mensch selbst kann als Tiermensch bezeichnet werden. Er hatte in seiner Natur die Bestandteile der andern beiden Reiche. Aber seine Wesenheit war ganz durchdrungen von einem Lebensleib und astralischen Leib, auf welche die von der abgeschiedenen Sonne ausgehenden Kräfte der höheren Wesenheiten wirkten. So wurde seine Gestalt veredelt. Während ihm die «Geister der Form» eine Gestalt gaben, durch die er dem Mondenleben angepaßt war, machten ihn die Sonnengeister zu einer Wesenheit, die ihn über dieses Leben hinaushob. Er hatte die Kraft, mit den ihm von diesen Geistern geschenkten Fähigkeiten seine eigene Natur zu veredeln, ja dasjenige, was mit den niederen Reichen verwandt war, auf eine höhere Stufe emporzuheben.

Geistig gesehen können die hier in Betracht kommenden Vorgänge in der folgenden Art geschildert werden. Der Menschenvorfahr war veredelt worden von Wesenheiten, die vom Sonnenreiche abgefallen waren. Diese Veredelung erstreckte sich vor allem auf alles, was im Wasserelemente erlebt werden konnte. Auf dieses Element hatten die Sonnenwesen, die Herrscher im Wärme- und Luftelemente waren, den geringeren Einfluß. Für den Menschenvorfahren hatte dies zur Folge, daß sich in seiner Organisation zweierlei Wesenheiten geltend machten: der eine Teil dieser Organisation war ganz durchdrungen von den Wirkungen der Sonnenwesen. In dem andern wirkten die abgefallenen Mondenwesen. Dadurch war der letzte Teil selbständiger als der erste. Im ersten konnten nur Bewußtseinszustände entstehen, in denen die Sonnenwesen lebten; in dem letzteren lebte eine Art Weltbewußtsein, wie es dem Saturnzustande eigen war, nur jetzt auf einer höheren Stufe. Der Menschenvorfahr kam sich dadurch als «Abbild der Welt» vor, während sich sein «Sonnenteil» nur als «Abbild der Sonne» fühlte. – Es traten nun in der Menschennatur diese beiden Wesenheiten in eine Art Kampf. Und durch den Einfluß der Sonnenwesenheiten wurde für diesen Kampf ein Ausgleich dadurch geschaffen, daß durch ihn die stoffliche Organisation, welche das selbständige Weltbewußtsein ermöglichte, gebrechlich, vergänglich gemacht wurde. Es mußte nun von Zeit zu Zeit dieser Teil der Organisation ausgeschieden werden. Während und einige Zeit nach der Ausscheidung war der Menschenvorfahr ein bloß vom Sonneneinfluß abhängiges Wesen. Sein Bewußtsein wurde unselbständiger; er lebte in demselben ganz dem Sonnenleben hingegeben. Dann erneuerte sich der selbständige Mondenteil wieder. Nach einiger Zeit wiederholte sich stets dieser Vorgang. So lebte der Menschenvorfahr auf dem Monde in Wechselzuständen helleren und dumpferen Bewußtseins;

und der Wechsel war begleitet von einer Wandlung seines Wesens in stofflicher Beziehung. Er legte von Zeit zu Zeit seinen Mondenkörper ab und nahm ihn später wieder an.

Physisch gesehen zeigt sich in den angeführten Reichen des Mondes eine große Mannigfaltigkeit. Die Mineralpflanzen, Pflanzentiere und Tiermenschen sind nach Gruppen verschieden. Man wird das verstehen, wenn man bedenkt, daß durch das Zurückbleiben der Gebilde auf jeder der früheren Stufen der Entwickelung Formen in den mannigfaltigsten Qualitäten verkörpert worden sind. Es sind Gebilde da, welche noch die Anfangseigenschaften des Saturn zeigen, solche der mittleren Epoche dieses Weltkörpers, solche vom Ende. Ein Gleiches gilt für alle Entwickelungsstufen der Sonne.

Und wie die mit dem sich fortentwickelnden Weltenkörper verbundenen Gebilde zurückbleiben, so ist es auch mit gewissen Wesenheiten der Fall, die mit dieser Entwickelung zusammenhängen. Durch das Fortrücken des Werdens bis zum Monde sind schon eine Anzahl von Stufen solcher Wesenheiten entstanden. Da gibt es «Geister der Persönlichkeit», welche auf der Sonne noch immer nicht ihre Menschheitsstufe erreicht haben; es sind aber auch solche vorhanden, welche da das Aufsteigen in die Menschheit nachgeholt haben. Auch von den «Feuergeistern», die auf der Sonne hätten Menschen werden sollen, sind eine Anzahl zurückgeblieben. Wie nun während der Sonnenentwickelung gewisse zurückgebliebene «Geister der Persönlichkeit» sich aus dem Sonnenkörper herauszogen und den Saturn als besonderen Weltenkörper wieder erstehen ließen, so geschieht es auch, daß im Laufe der Mondenentwickelung sich die oben charakterisierten Wesenheiten auf besonderen Weltkörpern aussondern. Es ist bis jetzt erst von der Teilung in Sonne und Mond gesprochen worden, doch gliedern sich noch andere Weltgebilde aus den angegebenen Gründen aus dem Mondenkörper ab, der nach der großen Sonnen-Mondes-Pause erschienen ist. Man hat es nach einiger Zeit mit einem System von Weltkörpern zu tun, deren fortgeschrittenster, wie leicht zu ersehen ist, die neue Sonne genannt werden muß. Und ein ebensolches Anziehungsband, wie es oben für die Sonnenentwickelung zwischen dem zurückgebliebenen Saturnreiche und den Persönlichkeitsgeistern auf dem neuen Saturn beschrieben worden ist, bildet sich zwischen je einem solchen Weltenkörper und den entsprechenden Mondenwesen. Es würde hier viel zu weit führen, alle die entstehenden Weltenkörper im einzelnen zu verfolgen. Es muß genügen, auf den Grund hingewiesen zu haben, warum aus dem einheitlichen Weltgebilde, das im Beginne der Menschheitsentwickelung als Saturn erscheint, sich nach und nach eine Reihe von Weltenkörpern herauslöst.

Nach dem Einsetzen der «Geister der Form» auf dem Monde dauert die Entwickelung eine Zeitlang fort in der Art, wie dies geschildert worden ist. Nach dieser Zeit tritt wieder eine Pause ein. Während derselben bleiben die gröberen Teile der drei Mondenreiche in einer Art Ruhezustand; die feineren Teile aber, namentlich die astralischen Leiber der Menschenwesen, lösen sich los von diesen gröberen Gebilden. Sie kommen in einen Zustand, in dem die höheren Kräfte der erhabenen Sonnenwesen besonders stark auf sie wirken können. – Nach der Ruhepause durchdringen sie wieder diejenigen Teile des Menschenwesens, die aus den gröberen Substanzen bestehen. Dadurch, daß sie in der Pause – im freien Zustande – die starken Kräfte aufgenommen haben, können sie diese gröberen Substanzen reif machen zu der Wirkung, die nach einer gewissen Zeit nunmehr auf sie ausgeübt werden soll von den regelrecht vorgeschrittenen «Geistern der Persönlichkeit» und den «Feuergeistern».

Diese «Geister der Persönlichkeit» haben sich inzwischen zu einer Stufe erhoben, auf der sie das «Bewußtsein der Inspiration» haben. Sie können da nicht nur – wie das beim früheren Bilderbewußtsein war – die inneren Zustände anderer Wesen in Bildern wahrnehmen, sondern wie in einer geistigen Tonsprache das Innere solcher Wesen selbst. Die «Feuergeister» aber haben sich zu der Bewußtseinshöhe erhoben, welche die «Geister der Persönlichkeit» auf der Sonne inne hatten. Beide Arten von Geistern können dadurch in das herangereifte Leben des Menschenwesens eingreifen. Die «Geister der Persönlichkeit» wirken auf den Astralleib, die «Feuergeister» auf den Ätherleib dieses Menschenwesens. Der Astralleib erhält dadurch den Charakter der Persönlichkeit. Er erlebt nunmehr in sich nicht nur Lust und Schmerz, sondern er bezieht sie auch auf sich. Er kommt noch nicht zu einem vollständigen Ich-Bewußtsein, das sich sagt «Ich bin da»; aber er fühlt sich getragen und geborgen von anderen Wesenheiten seiner Umgebung. Indem er zu diesen gleichsam aufblickt, kann er sich sagen: Diese meine Umgebung hält mich am Dasein. – Die «Feuergeister» wirken nunmehr auf den Ätherleib. Unter ihrem Einflusse wird die Bewegung der Kräfte in diesem Leibe immer mehr und mehr zu einer innerlichen Lebenstätigkeit. Was da entsteht, findet einen physischen Ausdruck in einer Säftebewegung und in Wachstumserscheinungen. Die gasigen Substanzen haben sich zu wässerigen verdichtet; es kann von einer Art Ernährung in dem Sinne gesprochen werden, daß das von außen Aufgenommene im Innern umgewandelt und verarbeitet wird. Wenn man sich etwa ein Mittelding denkt zwischen der Ernährung und der Atmung im gegenwärtigen Sinne, dann erhält man eine Vorstellung von dem, was in dieser Richtung damals geschah. Die Nahrungsstoffe wurden aus dem Reiche der Tierpflanzen von dem Menschenwesen entnommen. Man hat sich diese Tierpflanzen als schwebend-schwimmend zu denken – oder auch leicht angewachsen – in einem sie umgebenden Elemente, wie die gegenwärtigen niederen Tiere im Wasser oder die Landtiere in der Luft leben. Doch ist dieses Element weder Wasser noch Luft in dem gegenwärtigen Sinne, sondern etwas Mittleres aus beiden, eine Art dichter Dampf, in dem die verschiedensten Substanzen wie aufgelöst in den verschiedensten Strömungen sich hin- und herbewegen. Die Tierpflanzen erscheinen nur wie verdichtete regelmäßige Formen dieses Elementes, physisch oftmals nur wenig von ihrer Umgebung verschieden. Der Atmungsprozeß ist neben dem Ernährungsprozeß vorhanden. Er ist nicht wie auf der Erde, sondern wie ein Einsaugen und Ausströmen von Wärme. Für die übersinnliche Beobachtung ist es, wie wenn bei diesen Vorgängen sich Organe öffneten und wieder zuzögen, durch welche ein erwärmender Strom aus- und einginge und auch die luft- und wasserartigen Substanzen ein- und ausgeführt würden. Und weil das Menschenwesen auf dieser Stufe seiner Entwickelung bereits einen Astralleib besitzt, werden diese Atmung und die Ernährung von Gefühlen begleitet, so daß eine Art von Lust entsteht, wenn solche Stoffe von außen aufgenommen werden, die förderlich sind für den Aufbau des Menschenwesens. Unlust wird bewirkt, wenn schädliche Stoffe einfließen oder auch nur in die Nähe kommen. – Wie auf die geschilderte Art während der Mondentwickelung der Atmungsprozeß dem Ernährungsvorgang nahestand, so stand der Vorstellungsprozeß der Fortpflanzung nahe. Von den Dingen und Wesen in der Umgebung des Mondmenschen ging nicht eine unmittelbare Wirkung auf irgendwelche Sinne aus. Die Vorstellung war vielmehr so geartet, daß durch die Anwesenheit solcher Dinge und Wesen Bilder erregt wurden in dem dumpfen, dämmerhaften Bewußtsein. Diese Bilder standen in einem viel innigeren Zusammenhang mit der eigentlichen Natur der Umgebung als die gegenwärtigen Sinneswahrnehmungen, welche in Farben, Tönen, Gerüchen usw. ja nur gleichsam die Außenseite der Wesen zeigen. Man stelle sich, um einen deutlicheren Begriff von dem Bewußtsein der Mondmenschen zu haben, vor, daß diese wie eingebettet seien in die oben geschilderte dampfartige Umgebung. In diesem Dunstelemente spielen sich die mannigfaltigsten Vorgänge ab. Es verbinden sich Stoffe, es trennen sich Substanzen voneinander ab. Es verdichten sich Partien, andere verdünnen sich. Alles das geht so vor sich, daß es die Menschenwesen nicht etwa unmittelbar sehen oder hören; aber es ruft Bilder im Menschenbewußtsein hervor. Diese Bilder sind vergleichbar denen des gegenwärtigen Traumbewußtseins. Wie etwa, wenn ein Gegenstand zur Erde fällt und ein schlafender Mensch nimmt nicht den wirklichen Vorgang wahr, sondern irgendein Bild, zum Beispiel er vermeint, daß ein Schuß abgegeben werde. Nur sind die Bilder des Mondenbewußtsein nicht willkürlich wie solche Traumbilder; sie sind zwar Sinnbilder, nicht Abbilder, aber sie entsprechen den äußeren Vorgängen. Es tritt mit einem bestimmten äußeren Vorgang auch nur ein ganz bestimmtes Bild auf. Der Mondenmensch ist dadurch in der Lage, sein Verhalten nach diesen Bildern einzurichten, wie es der gegenwärtige Mensch nach seinen Wahrnehmungen tut. Es ist nur zu beachten, daß das Verhalten auf Grund der Wahrnehmungen der Willkür unterliegt, während das Handeln unter dem Einflusse der gekennzeichneten Bilder wie auf einen dunklen Antrieb hin erfolgt. – Dieses Bilderbewußtsein ist nun keineswegs so, daß durch dasselbe nur äußere physische Vorgänge versinnlicht werden, sondern es werden durch die Bilder auch die hinter den physischen Tatsachen waltenden geistigen Wesen und deren Tätigkeiten vorgestellt. So werden in den Dingen des Tierpflanzenreiches die «Geister der Persönlichkeit» gleichsam sichtbar; hinter und in den mineralpflanzlichen Wesen erscheinen die «Feuergeister»; und als Wesen, die der Mensch ohne Zusammenhang mit etwas Physischem vorzustellen vermag, die er gleichsam als ätherisch-seelische Gebilde erschaut, erscheinen die «Söhne des Lebens». – Waren so diese Vorstellungen des Mondenbewußtseins keine Abbilder, sondern nur Sinnbilder des Äußeren, so waren sie dafür von einer viel bedeutsameren Wirkung auf das Innere des Menschenwesens als die gegenwärtigen durch Wahrnehmung vermittelten Vorstellungen des Menschen. Sie vermochten es, das ganze Innere in Bewegung und Tätigkeit zu versetzen. Nach ihnen gestalteten sich die inneren Vorgänge. Sie waren echte Bildungskräfte. Das Menschenwesen wurde so, wie diese Bildungskräfte es gestalteten. Es wurde gewissermaßen ein Abbild seiner Bewußtseinsvorgänge.

Je weiter der Fortgang der Entwickelung in dieser Art stattfindet, um so mehr hat er zur Folge, daß mit dem Menschenwesen eine tief einschneidende Veränderung vor sich geht. Die Macht, welche von den Bewußtseinsbildern ausgeht, kann sich nach und nach nicht mehr über die ganze menschliche Leiblichkeit erstrecken. Es teilt sich letztere in zwei Teile, in zwei Naturen. Es bilden sich solche Glieder, welche der gestaltenden Wirkung des Bilderbewußtseins unterliegen und im hohen Grade ein Abbild des Vorstellungslebens in dem eben dargestellten Sinne werden. Andere Organe aber entziehen sich solchem Einflusse. Der Mensch ist in einem Teile seines Wesens gleichsam zu dicht, zu sehr von anderen Gesetzen bestimmt, um sich nach den Bewußtseinsbildern zu richten. Diese entziehen sich dem Einflusse des Menschenwesens; sie gelangen aber unter einen andern, unter denjenigen der erhabenen Sonnenwesen selbst. Doch sieht man dieser Stufe der Entwickelung erst eine Ruhepause vorangehen. In dieser sammeln die Sonnengeister die Kraft, um unter ganz neuen Umständen auf die Wesen des Mondes zu wirken. – Nach dieser Ruhepause ist das Menschenwesen deutlich in zwei Naturen gespalten. Die eine ist dem selbständigen Wirken des Bilderbewußtseins entzogen; sie nimmt eine bestimmtere Gestalt an und kommt unter den Einfluß von Kräften, welche zwar von dem Mondenkörper ausgehen, aber in demselben erst durch den Einfluß der Sonnenwesen entstehen. Dieser Teil des Menschenwesens lebt immer mehr das Leben mit, das durch die Sonne angeregt ist. Der andere Teil erhebt sich wie eine Art Kopf aus diesem ersteren. Er ist in sich beweglich, bildsam, und gestaltet sich als Ausdruck und Träger des menschlichen dumpfen Bewußtseinslebens. Doch sind die beiden Teile innig miteinander verbunden; sie senden sich gegenseitig ihre Säfte zu; es erstrecken sich Glieder von dem einen hinein in den andern.

Eine bedeutungsvolle Harmonie wird nun dadurch erzielt, daß im Laufe der Zeit, in welcher dies alles geschehen ist, sich auch ein solches Verhältnis von Sonne und Mond herausgebildet hat, das mit der Richtung dieser Entwickelung zusammenstimmt. – Es ist schon an einer früheren Stelle (vergleiche Seite 190) angedeutet worden, wie die fortschreitenden Wesen durch ihre Entwickelungsstufen sich aus der allgemeinen Weltenmasse heraus ihre Himmelskörper absondern. Sie strahlen gleichsam die Kräfte aus, nach denen sich die Stoffe gliedern. Sonne und Mond haben sich so voneinander abgegliedert, wie es notwendig war zur Herstellung der richtigen Wohnplätze entsprechender Wesen. Diese Bestimmung des Stoffes und seiner Kräfte durch den Geist geht aber noch viel weiter. Die Wesen selbst bedingen auch gewisse Bewegungen der Weltenkörper, bestimmte Umdrehungen derselben umeinander. Dadurch kommen diese Körper in veränderliche Stellungen zueinander. Und verändert sich die Stellung, die Lage des einen Weltkörpers zu dem andern, so verändern sich auch die Wirkungen ihrer entsprechenden Wesen aufeinander. So ist es mit Sonne und Mond geschehen. Durch die Bewegung des Mondes um die Sonne, welche entstanden ist, geraten die Menschenwesen abwechselnd einmal mehr in den Bereich der Sonnenwirkung; ein anderes Mal können sie sich von dieser abkehren und sind dann mehr auf sich selbst angewiesen. Die Bewegung ist eine Folge des oben geschilderten «Abfalles» gewisser Mondenwesen und des Ausgleiches für den Kampf, welcher dadurch bewirkt worden ist. Sie ist nur der physische Ausdruck für das durch den Abfall geschaffene geistige Kräfteverhältnis. Daß der eine Körper sich um den andern bewegt, hat zur Folge, daß in den die Weltenkörper bewohnenden Wesen solche wechselnde Bewußtseinszustände eintreten, wie sie oben geschildert worden sind. Man kann davon sprechen, daß der Mond abwechselnd sein Leben der Sonne zukehrt und abkehrt. Es gibt eine Sonnenzeit und eine planetarische Zeit, in welch letzterer die Mondenwesen sich auf einer Seite des Mondes entwickeln, welche von der Sonne abgewendet ist. Allerdings kommt für den Mond zu der Bewegung der Himmelskörper noch etwas anderes hinzu. Das zurückblickende übersinnliche Bewußtsein kann nämlich sehen, wie in ganz regelmäßigen Zeiträumen die Mondenwesen selbst um ihren Weltkörper herumwandern. Sie suchen so in gewissen Zeiten die Orte auf, an denen sie dem Sonneneinfluß sich hingeben können; in andern Epochen wandern sie nach Orten, wo sie diesem Einfluß nicht unterliegen und sich dann gleichsam auf sich selbst besinnen können.

Zur Vervollständigung des Bildes, das von diesen Vorgängen zu zeichnen ist, hat man auch noch zu beachten, daß in diesem Zeitraum die «Söhne des Lebens» ihre Menschenstufe erreichen. Der Mensch kann auch auf dem Monde seine Sinne, deren Anlagen schon auf dem Saturn entstanden sind, noch nicht zu einer eigenen Wahrnehmung äußerer Gegenstände benützen. Aber diese Sinne werden auf der Mondenstufe zu Instrumenten der «Söhne des Lebens». Diese bedienen sich ihrer, um durch sie wahrzunehmen. Diese Sinne, die zum physischen Menschenleib gehören, treten dadurch in ein Wechselverhältnis zu den «Söhnen des Lebens». Diese bedienen sich nicht nur ihrer, sondern sie vervollkommnen sie auch.

Nun tritt, wie bereits geschildert worden ist, durch die wechselnden Beziehungen zur Sonne in dem Menschenwesen selbst ein Wandel in den Lebensverhältnissen ein. Die Dinge gestalten sich so, daß jedesmal, wenn das Menschenwesen dem Sonneneinfluß unterliegt, es mehr dem Sonnenleben und seinen Erscheinungen als sich selbst hingegeben ist. Es empfindet in solchen Zeiten die Größe und Herrlichkeit des Weltalls, wie diese im Sonnensein sich ausdrückt. Es saugt diese gleichsam ein. Es wirken da eben die erhabenen Wesen, die auf der Sonne ihren Wohnplatz haben, auf den Mond. Und dieser wirkt wieder auf das Menschenwesen. Doch erstreckt sich diese Wirkung nicht auf den ganzen Menschen, sondern vorzüglich auf jene Teile desselben, die sich dem Einfluß der eigenen Bewußtseinsbilder entzogen haben. Es gelangen da namentlich der physische Leib und der Lebensleib zu einer gewissen Größe und Gestaltung. Es treten dafür aber die Bewußtseinserscheinungen zurück. Wenn nun das Menschenwesen in seinem Leben von der Sonne abgewendet ist, dann ist es mit seiner eigenen Natur beschäftigt. Es beginnt da eine innere Regsamkeit namentlich im Astralleibe. Dagegen wird die äußere Gestalt unansehnlicher, weniger formvollendet. – So gibt es während der Mondentwickelung die zwei charakterisierten, deutlich zu unterscheidenden, miteinander abwechselnden Bewußtseinszustände. Einen dumpferen während der Sonnenzeit und einen helleren während der Epoche, in welcher das Leben mehr auf sich selbst angewiesen ist. Der erste Zustand ist zwar dumpfer, aber er ist dafür auch selbstloser: der Mensch lebt da mehr in Hingabe an die Außenwelt, an das in der Sonne gespiegelte Weltall. Es ist ein Wechsel in den Bewußtseinszuständen, der sich sowohl mit dem Wechsel von Schlaf und Wachen beim gegenwärtigen Menschen, wie auch mit dessen Leben zwischen Geburt und Tod einerseits und dem mehr geistigen Dasein zwischen dem Tode und einer neuen Geburt anderseits vergleichen läßt. Das Aufwachen auf dem Monde, wenn die Sonnenzeit allmählich aufhört, wäre als ein Mittelding zwischen dem Aufwachen des gegenwärtigen Menschen an jedem Morgen und seinem Geborenwerden zu charakterisieren. Und ebenso gleicht das allmähliche Dumpferwerden des Bewußtseins beim Herannahen der Sonnenzeit einem Mittelzustand zwischen Einschlafen und Sterben. Denn ein solches Bewußtsein von Geburt und Tod, wie es dem gegenwärtigen Menschen eigen ist, gab es auf dem alten Monde noch nicht. In einer Art von Sonnenleben gab sich der Mensch dem Genusse dieses Lebens hin. Er war für diese Zeit dem Eigenleben entrückt. Er lebte mehr geistig. Es kann nur eine annähernde und vergleichsweise Schilderung dessen versucht werden, was der Mensch in solchen Zeiten erlebte. Er fühlte, wie wenn die Wirkungskräfte des Weltalls in ihn einströmten, ihn durchpulsten. Wie trunken von den Harmonien des Universums, die er mitlebte, fühlte er sich da. Sein Astralleib war in solchen Zeiten wie befreit von dem physischen Leibe. Und auch ein Teil des Lebensleibes war mit herausgezogen aus dem physischen Leib. Und dieses aus Astralleib und Lebensleib bestehende Gebilde war wie ein feines, wunderbares Musikinstrument, auf dessen Saiten die Mysterien des Weltalls erklangen. Und nach den Harmonien des Weltalls gestalteten sich die Glieder desjenigen Teiles des Menschenwesens, auf den das Bewußtsein nur geringen Einfluß hatte. Denn in diesen Harmonien wirkten die Wesen der Sonne. So wurde dieser Menschenteil durch die geistigen Weltentöne in seine Form gebracht. Und dabei war der Wechsel zwischen dem helleren Bewußtseinszustand und diesem dumpferen während der Sonnenzeit kein so schroffer wie derjenige beim gegenwärtigen Menschen zwischen dem Wachen und dem ganz traumlosen Schlaf. Allerdings war ja das

Bilderbewußtsein nicht so hell wie das gegenwärtige Wachbewußtsein; dafür war aber auch das andere Bewußtsein nicht so dumpf wie der traumlose Schlaf der Gegenwart. Und so hatte das Menschenwesen eine Art, wenn auch gedämpfter Vorstellung von dem Spielen der Weltenharmonien in seinem physischen Leibe und demjenigen Teile des Ätherleibes, der mit dem physischen Leibe verbunden geblieben war. In der Zeit, in welcher die Sonne für das Menschenwesen gewissermaßen nicht schien, traten die Bildervorstellungen an die Stelle der Harmonien im Bewußtsein. Da lebten besonders diejenigen Glieder im physischen und im Ätherleibe auf, welche unter der unmittelbaren Macht des Bewußtseins standen. Dagegen machten die anderen Teile des Menschenwesens, auf die nunmehr ihre Bildungskräfte von der Sonne aus nicht wirkten, eine Art von Verhärtungs- und Vertrocknungsprozeß durch. Und wenn dann wieder die Sonnenzeit heranrückte, dann verfielen die alten Leiber; sie gliederten sich ab von dem Menschenwesen, und es ging wie aus einem Grabe seiner alten Leiblichkeit der im Innern neugestaltete, wenn auch in dieser Form noch unansehnliche Mensch hervor. Es hatte eine Erneuerung des Lebensprozesses stattgefunden. Durch die Wirkung der Sonnenwesen und ihrer Harmonien gestaltete sich der neugeborene Leib dann wieder in seiner Vollkommenheit aus und der oben geschilderte Vorgang wiederholte sich. Und der Mensch empfand diese Erneuerung wie das Anziehen eines neuen Kleides. Sein Wesenskern war nicht durch eine eigentliche Geburt oder einen Tod durchgeschritten; er war nur übergegangen von einem geistigen Tonbewußtsein, in dem er hingegeben war an die Außenwelt, zu einem, in dem er mehr dem Innern zugewendet war. Er hatte sich gehäutet. Der alte Leib war unbrauchbar geworden; er wurde abgeworfen und erneuert. Damit ist auch dasjenige genauer gekennzeichnet, was oben als eine Art Fortpflanzung charakterisiert worden ist und von dem bemerkt wurde, daß es dem Vorstellungsleben nahesteht. Das Menschenwesen hat seinesgleichen in bezug auf gewisse Teile des physischen und des Ätherleibes hervorgebracht. Aber es entsteht kein völlig von dem Elternwesen unterschiedenes Tochterwesen, sondern der Wesenskern des ersteren geht auf das letztere über. Der bringt nicht ein neues Wesen, sondern sich selbst in einer neuen Gestalt hervor. So erlebt der Mondenmensch einen Bewußtseinswechsel. Wenn die Sonnenzeit heranrückt, dann werden seine Bildvorstellungen matter und matter, eine selige Hingabe erfüllt ihn; in seinem ruhigen Innern erklingen die Weltenharmonien. Gegen das Ende dieser Zeit beleben sich die Bilder im astralischen Leibe; er beginnt mehr sich zu fühlen und zu empfinden. Der Mensch erlebt etwas wie ein Aufwachen aus der Seligkeit und Ruhe, in welche er während der Sonnenzeit versunken war. Es tritt dabei aber noch ein wichtiges Erlebnis auf. Mit dem neuen Erhellen der Bewußtseinsbilder sieht sich das Menschenwesen wie eingehüllt in eine Wolke, die sich auf dasselbe wie eine Wesenheit aus dem Weltall herabgesenkt hat. Und es fühlt diese Wesenheit wie etwas zu ihm Gehöriges, wie eine Ergänzung seiner eigenen Natur. Es fühlt sie wie dasjenige, was ihm sein Dasein schenkt, wie sein «Ich». Es ist diese Wesenheit einer der «Söhne des Lebens». Ihm gegenüber empfindet der Mensch etwa so: «In diesem habe ich gelebt, auch während ich in der Sonnenzeit hingegeben war der Herrlichkeit des Weltalls; damals war er mir nur nicht sichtbar; jetzt aber wird er mir sichtbar». Und es ist auch dieser «Sohn des Lebens», von dem die Kraft ausgeht zu jener Wirkung, die in der sonnenlosen Zeit der Mensch auf seine eigene Leiblichkeit ausübt. Und dann, wenn wieder die Sonnenzeit herannaht, fühlt der Mensch, wie wenn er selbst eins würde mit dem «Sohne des Lebens». Sieht er ihn da auch nicht, so fühlt er sich doch innig mit ihm verbunden.

Die Beziehung zu den «Söhnen des Lebens» war nun eine solche, daß nicht etwa jedes einzelne Menschenwesen für sich einen «Sohn des Lebens» hatte, sondern es empfand eine ganze Gruppe von Menschen ein solches Wesen als zu ihr gehörig. So lebten auf dem Monde die Menschen in solche Gruppen gesondert, und eine jede Gruppe empfand in einem «Sohne des Lebens» das gemeinsame «Gruppen-Ich». Der Unterschied der Gruppen machte sich dadurch geltend, daß namentlich die Ätherleiber bei einer jeden Gruppe eine besondere Gestalt hatten. Da aber die physischen Leiber sich nach den Ätherleibern gestalten, so prägten sich auch in den ersteren die Unterschiede der letzteren aus und die einzelnen Menschengruppen erschienen als ebensoviele Menschenarten. Blickten die «Söhne des Lebens» auf die zu ihnen gehörigen Menschengruppen herab, so sahen sie sich in den einzelnen Menschenwesen gewissermaßen vervielfältigt. Und darin fühlten sie ihre eigene Ichheit. Sie spiegelten sich gleichsam in den Menschen. Dies war auch die Aufgabe der menschlichen Sinne in der damaligen Zeit. Es ist gezeigt worden, daß diese noch keine Gegenstands-Wahrnehmungen vermittelten. Aber sie spiegelten das Wesen der «Söhne des Lebens». Was durch diese Spiegelung diese «Söhne des Lebens» wahrnahmen, das gab diesen ihr «Ich-Bewußtsein». Und was durch die Spiegelung im menschlichen Astralleib erregt wurde, das eben sind die Bilder des dumpfen, dämmerhaften

Mondenbewußtseins. – Die Wirkung dieser im Wechselverhältnis mit den «Söhnen des Lebens» vollzogenen Betätigung des Menschen wirkte im physischen Leibe in der Anlage des Nervensystems. Die Nerven stellen sich gleichsam dar wie Fortsetzungen der Sinne nach dem Innern des menschlichen Leibes.

Es ist aus dem Dargestellten ersichtlich, wie die drei Arten von Geistern, diejenigen der «Persönlichkeit», die «Feuergeister» und die «Söhne des Lebens», auf den Mondmenschen wirken. Wenn man den Hauptzeitraum der Mondenentwickelung ins Auge faßt, die mittlere Entwickelungsperiode, so kann gesagt werden: die «Geister der Persönlichkeit» pflanzen dem menschlichen Astralleibe die Selbständigkeit, den Persönlichkeitscharakter ein. Dieser Tatsache ist es zuzuschreiben, daß in den Zeiten, in denen dem Menschen gleichsam die Sonne nicht scheint, er in sich gekehrt sein kann, an sich selbst zu gestalten vermag. Die «Feuergeister» betätigen sich am Ätherleibe, insofern dieser sich die selbständige Gestaltung des Menschenwesens einprägt. Durch sie geschieht es, daß das Menschenwesen jedesmal nach der Eneuerung des Leibes sich wieder als dasselbe fühlt. Es wird also durch die «Feuergeister» eine Art Erinnerung dem Ätherleibe gegeben. Die «Söhne des Lebens» wirken auf den physischen Leib so, daß dieser der Ausdruck des selbständig gewordenen Astralleibes werden kann. Sie machen es also möglich, daß dieser physische Leib ein physiognomisches Abbild wird seines Astralleibes. Dagegen greifen in den physischen Leib und den Ätherleib, insofern diese in den Sonnenzeiten sich unabhängig von dem selbständigen Astralleibe ausbilden, höhere geistige Wesenheiten ein, namentlich die «Geister der Form» und diejenigen «der Bewegung». Ihr Eingreifen geschieht in der oben geschilderten Art von der Sonne aus.

Unter dem Einflusse solcher Tatsachen reift das Menschenwesen heran, um allmählich in sich den Keim zu dem «Geistselbst» in ähnlicher Art auszubilden, wie es in der zweiten Hälfte der Saturnentwickelung den Geistesmenschenkeim und auf der Sonne den Keim des Lebensgeistes ausgebildet hat. Dadurch verändern sich alle Verhältnisse auf dem Monde. Durch die aufeinanderfolgenden Verwandlungen und Erneuerungen sind die Menschenwesen immer edler und feiner geworden; aber sie haben auch an Kraft gewonnen. Das Bilderbewußtsein blieb dadurch auch immer mehr in den Sonnenzeiten erhalten. Es erlangte dadurch auch Einfluß auf die Gestaltung des physischen und des Ätherleibes, die vorher ganz durch die Wirkung der Sonnenwesen geschah. Das, was auf dem Monde durch die Menschenwesen und die mit ihnen verbundenen Geister geschah, wurde immer ähnlicher dem, was früher durch die Sonne mit ihren höheren Wesenheiten bewirkt worden ist. Die Folge davon war, daß diese Sonnenwesenheiten immer mehr zu ihrer eigenen Entwickelung ihre Kräfte anwenden konnten. Durch dieses wurde der Mond reif, nach einiger Zeit wieder mit der Sonne vereinigt zu werden. – Geistig angesehen stellen sich diese Vorgänge in der folgenden Art dar: Die «abgefallenen Mondenwesen» sind allmählich von den Sonnenwesen überwunden worden und müssen sich nunmehr diesen so fügen, daß ihre Verrichtungen sich den Verrichtungen der Sonnenwesen eingliedern, indem sie sich ihnen unterordnen. – Dies geschah allerdings erst, nachdem lange Epochen vorangegangen waren, in denen die Mondenzeiten immer kürzer und kürzer, die Sonnenzeiten immer länger und länger geworden waren. Es kommt nun wieder eine Entwickelung, während welcher Sonne und Mond *ein* Weltengebilde sind. Da ist der physische Menschenleib ganz ätherisch geworden. – Man soll sich aber nicht vorstellen, wenn gesagt wird, der physische Leib sei ätherisch geworden, daß man für solche Zustände nicht von einem physischen Leib sprechen könne. Was als physischer Leib während Saturn-, Sonnen- und Mondenzeit gebildet worden ist, bleibt vorhanden. Es kommt dabei darauf an, das Physische nicht nur da zu erkennen, wo es sich äußerlich physisch offenbart. Das Physische kann auch so vorhanden sein, daß es nach außen die Form des Ätherischen, ja auch diejenige des Astralischen zeigt. Man muß eben unterscheiden zwischen der äußeren Erscheinung und der inneren Gesetzmäßigkeit. Ein Physisches kann sich ätherisieren und astralisieren, aber dabei in sich die physische Gesetzmäßigkeit behalten. So ist es, wenn der physische Leib des Menschen auf dem Monde einen gewissen Grad seiner Vollkommenheit erreicht hat. Er wird ätherförmig. Wenn aber das übersinnliche Bewußtsein, das solches beobachten kann, sich auf einen solchen ätherförmigen Leib richtet, dann erscheint er ihm nicht mit den Gesetzen des Ätherischen, sondern mit denen des Physischen durchdrungen. Es ist dann eben das Physische in das Ätherische aufgenommen, um darinnen wie in einem Mutterschoße zu ruhen und darinnen gepflegt zu werden. Später tritt es dann wieder auch in physischer Form, aber auf einer höheren Stufe, hervor. Wenn die Menschenwesen des Mondes ihren physischen Leib in der grobphysischen Form behielten, könnte sich der Mond niemals mit der Sonne vereinigen. Durch das Annehmen der ätherischen Form wird der physische Leib dem Ätherleibe verwandter, und er kann sich dadurch auch wieder inniger mit jenen Teilen des ätherischen und Astralleibes durchdringen, welche in den Sonnenzeiten-Epochen der Mondenentwickelung sich aus ihm herausziehen mußten. Der Mensch, der während der Trennung von Sonne und Mond wie ein Doppelwesen erschien, wird wieder ein einheitliches Geschöpf. Das Physische wird seelischer; dafür auch das Seelische mehr mit dem Physischen verbunden. – Auf dieses einheitliche Menschenwesen können nunmehr die Sonnengeister, in deren unmittelbaren Bereich es jetzt gekommen ist, ganz anders wirken als vorher von außen nach dem Monde hin. Der Mensch ist jetzt in einer mehr seelisch-geistigen Umgebung. Dadurch können zu einer bedeutungsvollen Wirkung die «Geister der Weisheit» kommen. Sie prägen ihm die Weisheit ein. Sie beseelen ihn mit Weisheit. Er wird dadurch in gewissem Sinne eine selbständige Seele. Und zu dem Einflusse dieser Wesenheiten tritt dann noch hinzu derjenige der «Geister der Bewegung». Sie wirken vorzüglich auf den Astralleib, so daß dieser eine seelenhafte Regsamkeit und einen weisheitserfüllten Lebensleib unter dem Einflusse der genannten Wesenheiten in sich herausarbeitet. Der weisheitserfüllte Ätherleib ist die erste Anlage zu dem, was in einem früheren Abschnitt beim gegenwärtigen Menschen als Verstandesseele beschrieben worden ist, während der von den «Geistern der Bewegung» erregte Astralleib die Keimanlage der Empfindungsseele ist. Und weil dies alles in dem Menschenwesen bei seinem erhöhten Selbständigkeitszustande bewirkt wird, so erscheinen diese Keimanlagen von Verstandes- und Empfindungsseele als der Ausdruck des «Geistselbst». Man soll sich demgegenüber nicht dem Irrtume hingeben, daß in dieser Periode der Entwickelung das «Geistselbst» noch etwas besonderes sei neben der Verstandes- und Empfindungsseele. Die letzteren sind nur der Ausdruck des «Geistselbst», und dieses bedeutet deren höhere Einheit und Harmonie.

Von besonderer Bedeutung ist, daß die «Geister der Weisheit» in dieser Epoche in der geschilderten Art eingreifen. Sie tun dies nämlich nicht allein in bezug auf die Menschenwesen, sondern auch für die andern Reiche, welche sich auf dem Monde herausgebildet haben. Bei der Wiedervereinigung von Sonne und Mond werden diese niederen Reiche mit in den Sonnenbereich hineingezogen. Alles, was an ihnen physisch war, wird ätherisiert. Es finden sich also nunmehr Mineralpflanzen und Pflanzentiere in der Sonne, wie sich das Menschenwesen darin befindet. Doch bleiben diese andern Wesen mit ihren Gesetzmäßigkeiten ausgestattet. Sie fühlen sich dadurch wie Fremdlinge in ihrer Umgebung. Sie treten mit einer Natur auf, welche zu der ihrer Umgebung nur wenig hinzustimmt. Da sie aber ätherisiert sind, kann auch auf sie sich die Wirkung der «Geister der Weisheit» erstrecken. Es durchdringt sich eben jetzt alles, was vom Monde her in die Sonne gekommen ist, mit den Kräften der «Geister der Weisheit». Daher kann das, was innerhalb dieser Entwickelungszeit aus dem Sonnen-Mondgebilde wird, «Kosmos der Weisheit» genannt werden. – Wenn dann nach einer Ruhepause unser Erdensystem als Nachkomme dieses «Kosmos der Weisheit» erscheint, so zeigen sich alle die auf der Erde neu auflebenden, aus ihren Mondenkeimen ersprießenden Wesen so, daß sie weisheitserfüllt sind. Da kommt der Grund zum Vorschein, warum der Erdenmensch, wenn er betrachtend die Dinge um sich herum anblickt, Weisheit in der Natur ihres Wesens erforschen kann. Man kann bewundern die Weisheit in jedem Pflanzenblatte, in jedem

Tier- und Menschenknochen, in dem Wunderbau des Gehirns und des Herzens. Wenn der Mensch Weisheit braucht, um die Dinge zu verstehen, also Weisheit aus ihnen herausholt, so zeigt dies, daß Weisheit in den Dingen liegt. Denn wäre der Mensch noch so sehr bemüht, durch weisheitsvolle Vorstellungen die Dinge zu verstehen: er könnte keine Weisheit aus ihnen holen, wenn sie nicht erst in sie hineingelegt wäre. Wer durch Weisheit Dinge ergreifen will, von denen er glaubt, daß sie nicht erst die Weisheit empfangen haben, der darf auch glauben, daß er Wasser aus einem Glase schöpfen könne, in das nicht erst solches hineingegossen worden ist. Die Erde ist, wie sich später in dieser Schrift zeigen wird, der wiedererstandene «alte Mond». Und sie erscheint als ein weisheitsvolles Gebilde, weil in der geschilderten Epoche sie von den «Geistern der Weisheit» mit deren Kräften durchsetzt worden ist.

Es wird wohl begreiflich erscheinen, daß in dieser Schilderung der Mondenverhältnisse nur gewisse vorübergehende Formen der Entwickelung festgehalten werden konnten. Man mußte gewissermaßen in dem Fortgange der Tatsachen gewisse Dinge festhalten und für die Darstellung herausgreifen. Diese Art der Schilderung gibt allerdings nur Einzelbilder; und es kann daher wohl in dem Vorhergehenden vermißt werden, daß die Entwickelung nicht in ein Netz festbestimmter Begriffe gebracht worden ist. Einem solchen Einwurf gegenüber darf aber wohl vielleicht darauf aufmerksam gemacht werden, daß ganz absichtlich die Schilderung in weniger scharfen Begriffen gegeben worden ist. Denn es soll nicht so sehr darauf ankommen, hier spekulative Begriffe und Ideenkonstruktionen zu geben, sondern vielmehr eine Vorstellung von dem, was sich dem auf diese

Tatsachen gerichteten übersinnlichen Schauen wirklich vor das geistige Auge stellen kann. Und das ist für die Mondenentwickelung gar nicht etwas in so scharfen und bestimmten Umrissen, wie sie die Erdenwahrnehmungen zeigen. Man hat es bei der Mondenepoche gar sehr mit wandelbaren, wechselnden Eindrücken, mit schwankenden, beweglichen Bildern zu tun und mit deren Übergängen. Außerdem ist ja zu berücksichtigen, daß eine Entwickelung durch lange, lange Zeiträume in Betracht kommt und daß aus dieser heraus doch nur Augenblicksbilder in der Darstellung festgehalten werden können.

In dem Zeitpunkte, wo der dem Menschenwesen eingepflanzte Astralleib dieses so weit in der Entwickelung vorwärts gebracht hat, daß dessen physischer Leib den «Söhnen des Lebens» die Möglichkeit gibt, ihre Menschheitsstufe zu erreichen, ist der wesentliche Höhepunkt der Mondenepoche erreicht. Da ist auch das Menschenwesen zu all dem gekommen, was ihm für sich selbst, für seine Innerlichkeit diese Epoche auf dem Wege nach vorwärts geben kann. Das Folgende, also die zweite Hälfte der Mondenentwickelung, könnte man daher als ein Abfluten bezeichnen. Aber man sieht, daß in bezug auf die Umgebung des Menschen und auch für diesen selbst dadurch ein Wichtigstes gerade in dieser Epoche geschieht. Es wird da dem Sonnen-Mondenkörper Weisheit eingepflanzt. Es hat sich gezeigt, daß während dieses Abflutens die Keime der Verstandes- und Empfindungsseele gelegt werden. Doch wird erst in der Erdenzeit die Entfaltung dieser und auch der Bewußtseinsseele und damit die Geburt des «Ich», des freien Selbstbewußtseins, erfolgen. Es erscheinen auf der Mondenstufe Verstandes- und Empfindungsseele noch gar nicht so, als ob sich das

Menschenwesen selbst schon durch sie äußerte, sondern als ob sie Instrumente wären für die zum Menschenwesen gehörigen «Söhne des Lebens». Wollte man das Gefühl charakterisieren, welches in dieser Richtung der Mensch auf dem Monde hat, so müßte man sagen, er empfindet so: «In mir und durch mich lebt der ‹Sohn des Lebens›; er schaut durch mich die Mondenumgebung, er denkt in mir über die Dinge und Wesen dieser Umgebung nach.» Überschattet fühlt sich der Mondenmensch von dem «Sohne des Lebens», er kommt sich vor wie das Werkzeug dieses höheren Wesens. Und während der Trennung von Sonne und Mond fühlte er beim Abwenden von der Sonne eine größere Selbständigkeit; aber er empfand dabei auch so, wie wenn das zu ihm gehörige «Ich», das in den Sonnenzeiten dem Bilderbewußtsein entschwunden war, ihm dann sichtbar würde. Es war für den Mondenmenschen das, was man als Wechsel in den Bewußtseinszuständen charakterisieren kann, so daß er dabei das Gefühl hatte: «Mein Ich entschwebt mit mir in der Sonnenzeit in höhere Regionen, zu erhabenen Wesen, und es steigt, wenn die Sonne schwindet, mit mir in tiefere Welten herab.»

Der eigentlichen Mondenentwickelung ging eine Vorbereitung voran. Es fand eine Wiederholung der Saturn- und Sonnenentwickelung in einer gewissen Art statt. Nun kann man nach der Wiedervereinigung von Sonne und Mond ebenso in der Zeit des Abflutens zwei Epochen voneinander unterscheiden. Während derselben treten sogar physische Verdichtungen bis zu einem gewissen Grade ein. Es wechseln also geistig-seelische Zustände des Sonnen-Mondengebildes mit physischen ab. In solchen physischen Epochen erscheinen die Menschenwesen und auch die Wesen der niederen Reiche so, wie wenn sie in steifen, unselbständigen Gestalten das vorbildeten, was sie später, in der Erdenzeit, in selbständigerer Art werden sollen. Man kann also von zwei vorbereitenden Epochen der Mondenentwickelung sprechen und von zwei andern während der Zeit des Abflutens. Es können solche Epochen «Kreisläufe» genannt werden. In dem, was den zwei vorbereitenden Epochen folgt und denen des Abflutens vorangeht, also in der Zeit der Mondabspaltung, wird man auch drei Epochen unterscheiden können. Die mittlere ist die Zeit der Menschwerdung der «Söhne des Lebens». Ihr geht eine solche voran, in der sich alle Verhältnisse auf dieses Hauptereignis hin zuspitzen; und es folgt eine andere, die als ein Einleben und Ausgestalten in den neuen Schöpfungen zu bezeichnen ist. Damit trennt sich die mittlere Mondenentwickelung wieder in drei Epochen, was mit den zwei vorbereitenden und den zwei abflutenden sieben Mondenkreisläufe gibt. Es darf somit gesagt werden, daß die ganze Mondenentwickelung in sieben Kreisläufen abfließt. Zwischen diesen Kreisläufen liegen Ruhepausen, die auch wiederholt in der obigen Darstellung besprochen worden sind. Doch kommt man mit der Vorstellung der Wahrheit nur dann nahe, wenn man sich keine schroffen Übergänge denkt zwischen Tätigkeits- und Ruhepausen. Es ziehen sich zum Beispiel die Sonnenwesen nach und nach von ihrer Wirksamkeit auf dem Monde zurück. Für sie beginnt eine Zeit, die nach außen als ihre Ruhepause erscheint, während auf dem Monde selbst noch rege selbständige Tätigkeit herrscht. So erstreckt sich die Tätigkeitsepoche der einen Wesensart in die Ruhepause der andern vielfach hinein. Wenn man solches in Rechnung zieht, dann kann man von einem rhythmischen Steigen und Sinken der Kräfte in Kreisläufen sprechen. Ja es sind ähnliche Abteilungen auch noch innerhalb der sieben angedeuteten Mondenkreisläufe zu erkennen. Man kann dann die ganze Mondenentwickelung einen großen Kreislauf, einen Planetenlauf nennen; dann die sieben Abteilungen innerhalb eines solchen «kleine» Kreisläufe und die Glieder dieser wieder «kleinere» Kreisläufe. Diese Gliederung in siebenmal sieben Abteilungen ist auch schon bei der Sonnenentwickelung bemerkbar und auch während der Saturnepoche angedeutet. Doch muß man berücksichtigen, daß die Grenzen zwischen den Abteilungen schon bei der Sonne und noch mehr beim Saturn verwischt sind. Diese Grenzen werden immer deutlicher, je weiter die Entwickelung gegen die Erdenepoche zu fortschreitet.

*

Nach dem Abschlusse der im vorhergehenden skizzenhaft geschilderten Mondenentwickelung treten alle dabei in Betracht kommenden Wesenheiten und Kräfte in eine geistigere Daseinsform. Diese steht auf einer ganz anderen Stufe als diejenige während der Mondperiode und auch als diejenige während der folgenden Erdenentwickelung. Ein Wesen, welches so hoch entwickelte Erkenntnisfähigkeiten hätte, daß es alle Einzelheiten der Monden- und Erdenentwickelung wahrnehmen könnte, brauchte deshalb noch nicht imstande zu sein, auch das zu schauen, was zwischen den beiden Entwickelungen geschieht. Für ein solches Wesen würden gewissermaßen am Ende der Mondenzeit die Wesen und Kräfte wie in ein Nichts entschwinden und nach Ablauf einer Zwischenzeit wieder hervortreten aus dem Dämmerdunkel des Weltenschoßes. Nur ein Wesen mit noch weit höheren Fähigkeiten könnte die geistigen Tatsachen verfolgen, welche sich in der Zwischenzeit ereignen.

Am Ende der Zwischenzeit treten die an den Entwickelungsvorgängen auf Saturn, Sonne und Mond beteiligten Wesenheiten mit neuen Fähigkeiten auf. Die über dem Menschen stehenden Wesen haben sich durch ihre vorhergehenden Taten die Fähigkeit errungen, den Menschen so weiter zu entwickeln, daß er während der auf die Mondenzeit folgenden Erdenzeit eine Bewußtseinsart in sich entfalten kann, welche um eine Stufe höher steht als das Bilderbewußtsein, das ihm während der Mondenzeit eigen war. Nun muß aber der Mensch erst vorbereitet werden, zu empfangen, was ihm gegeben werden soll. Er hat während der Saturn-, Sonnen- und Mondenentwickelung den physischen Leib, den Lebensleib, den Astralleib in sein Wesen eingegliedert. Aber diese Glieder seines Wesens haben nur diejenigen Fähigkeiten und Kräfte erhalten, welche sie befähigen, für ein Bilderbewußtsein zu leben; ihnen fehlen noch die Organe und die Gestalt, durch welche sie eine Welt von sinnlich-äußeren Gegenständen wahrnehmen können, wie das für die Erdenstufe das entsprechende ist. Wie die neue Pflanze nur das entfaltet, was im Keime, der von der alten herrührt, veranlagt ist, so treten im Beginne der neuen Entwickelungsstufe die drei Glieder der Menschennatur mit solchen Formen und Organen auf, daß sie nur das Bilderbewußtsein entfalten können. Sie müssen zum Entfalten einer höheren Bewußtseinsstufe erst vorbereitet werden. – Dies geschieht in drei Vorstufen. Innerhalb der ersten wird der physische Leib auf eine solche Höhe gehoben, daß er in den Stand kommt, die notwendige Umgestaltung anzunehmen, die einem Gegenstandsbewußtsein zugrunde liegen kann. Es ist dies eine Vorstufe der Erdenentwickelung, die man als Wiederholung der Saturnperiode auf einer höheren Stufe bezeichnen kann. Denn es wird von höheren Wesenheiten während dieser Periode wie während der Saturnzeit nur am physischen Leib gearbeitet. Ist der letztere mit seiner Entwickelung genügend weit fortgeschritten, so müssen alle Wesenheiten erst wieder in eine höhere Daseinsform übergehen, bevor auch der Lebensleib fortschreiten kann. Der physische Leib muß gleichsam umgegossen werden, um bei seiner Wiederentfaltung den höher gebildeten Lebensleib aufnehmen zu können. Nach dieser, einer höheren Daseinsform gewidmeten Zwischenzeit tritt eine Art Wiederholung der Sonnenentwickelung auf höherer Stufe ein, zur Ausgestaltung des Lebensleibes. Und wieder nach einer Zwischenzeit tritt ein Ähnliches für den Astralleib in einer Wiederholung der Mondenentwickelung ein.

Das Augenmerk sei nun gerichtet auf die Entwickelungstatsachen nach Beendigung der dritten der geschilderten Wiederholungen. Alle Wesenheiten und Kräfte haben sich wieder vergeistigt. Sie sind während dieser Vergeistigung in hohe Welten aufgestiegen. Die niederste der Welten, in welcher von ihnen während dieser Vergeistigungsepoche noch etwas wahrzunehmen ist, das ist dieselbe, in welcher der gegenwärtige Mensch zwischen dem Tod und einer neuen Geburt verweilt. Es sind die Regionen des Geisterlandes. Sie steigen dann allmählich wieder herab zu niederen Welten. Sie sind, bevor die physische Erdenentwickelung beginnt, so weit herabgestiegen, daß ihre niedersten Offenbarungen in der astralen oder Seelenwelt zu schauen sind.

Alles, was vom Menschen in diesem Zeitraume vorhanden ist, hat noch seine astrale Form. Besondere Aufmerksamkeit sollte man für das Verständnis dieses Menschheitszustandes darauf legen, daß der Mensch in sich hat physischen Leib, Lebensleib und Astralleib, daß aber sowohl der physische wie auch der Lebensleib nicht in physischer und ätherischer, sondern eben in astralischer Form vorhanden sind. Was da den physischen Leib zum physischen macht, ist nicht die physische Form, sondern die Tatsache, daß er, obzwar ihm die astralische Form eignet, doch die physischen Gesetze in sich hat. Er ist ein Wesen mit physischer Gesetzmäßigkeit in seelischer Form. Ähnliches gilt für den Lebensleib.

Vor dem geistigen Auge steht auf dieser Entwickelungsstufe die Erde zunächst als ein Weltenwesen, das ganz Seele und Geist ist, in dem also auch die physischen und die lebendigen Kräfte noch seelisch erscheinen. In diesem Weltgebilde ist, der Anlage nach, alles enthalten, was sich später zu den Geschöpfen der physischen Erde umwandeln soll. Es ist leuchtend; sein Licht ist aber noch kein solches, das physische Augen wahrnehmen könnten, auch wenn sie da wären. Es leuchtet nur in dem seelischen Lichte für das geöffnete Auge des Sehers.

Es geht nun in diesem Wesen etwas vor, was man als Verdichtung bezeichnen kann. Das Ergebnis dieser Verdichtung ist, daß nach einiger Zeit inmitten des Seelengebildes eine Feuerform erscheint, wie eine solche der Saturn in seinem dichtesten Zustande war. Diese Feuerform ist durchwoben von den Wirkungen der verschiedenen Wesenheiten, welche an der Entwickelung beteiligt sind. Es ist wie ein Auf- und Untertauchen von der und in die Erden-Feuerkugel, was da als Wechselwirkung zwischen diesen Wesenheiten und dem Himmelskörper zu beobachten ist. Die Erden-Feuerkugel ist daher nicht etwa eine gleichförmige Substanz, sondern etwas wie ein durchseelter und durchgeistigter Organismus. Diejenigen Wesen, welche dazu bestimmt sind, auf der Erde Menschen in gegenwärtiger Gestalt zu werden, sind jetzt noch in einer Lage, daß sie sich am wenigsten beteiligen an dem Untertauchen in den Feuerkörper. Sie halten sich noch fast ganz im unverdichteten Umkreise auf. Sie sind noch im Schoße der höheren geistigen Wesen. Sie berühren auf dieser Stufe nur mit einem Punkte ihrer Seelenform die Feuererde; und das bewirkt, daß die Wärme einen Teil ihrer Astralform verdichtet. Dadurch wird in ihnen das Erdenleben entzündet. Sie gehören mit dem größten Teile ihres Wesens also noch den seelisch-geistigen Welten an; nur durch die Berührung mit dem Erdenfeuer werden sie von Lebenswärme umspielt. Wollte man sich ein sinnlich-übersinnliches Bild von diesen Menschen im Anbeginne der physischen Erdenzeit machen, so müßte man sich eine seelische Eiform denken, die im Erdenumkreis enthalten und an ihrer unteren Fläche wie die Eichelfrucht von einem Becher umschlossen wird. Nur besteht die Substanz des Bechers lediglich aus Wärme oder Feuer. Das Eingehülltwerden von Wärme hat nun nicht nur im Gefolge, daß im Menschen das Leben entzündet wird, sondern es tritt damit gleichzeitig eine Veränderung im Astralleibe auf. Diesem gliedert sich die erste Anlage zu dem ein, was später zur Empfindungsseele wird. Man kann deshalb sagen, daß der Mensch auf dieser Stufe seines Daseins besteht aus der Empfindungsseele, dem Astralleib, dem Lebensleib und dem aus Feuer gewobenen physischen Leib. In dem Astralleibe wogen auf und ab die geistigen Wesenheiten, welche am Dasein des Menschen beteiligt sind; durch die Empfindungsseele fühlt sich dieser an den Erdkörper gebunden. Er hat also in dieser Zeit ein vorwiegendes Bilderbewußtsein, in dem sich die geistigen Wesen offenbaren, in deren Schoß er liegt; und nur wie ein Punkt innerhalb dieses Bewußtseins tritt die Empfindung des eigenen Leibes auf. Er sieht gleichsam aus der geistigen Welt auf ein irdisches Besitztum hinunter, von dem er fühlt: «Das ist dir.» – Immer wieder schreitet nun die Verdichtung der Erde vor; und damit wird die charakterisierte Gliederung im Menschen immer deutlicher. Von einem bestimmten Zeitpunkte der Entwickelung an ist die Erde so weit verdichtet, daß nur ein Teil noch feurig ist. Ein anderer Teil hat eine substantielle Form angenommen, welche man als «Gas» oder «Luft» ansprechen kann. Nun geht auch mit dem Menschen eine Veränderung vor sich. Er wird jetzt nicht nur von der Erdenwärme berührt, sondern es gliedert sich seinem Feuerleibe die Luftsubstanz ein. Und wie die Wärme in ihm das Leben entzündet hat, so erregt die ihn umspielende Luft in ihm eine Wirkung, die man als (geistigen) Ton bezeichnen kann. Sein Lebensleib erklingt. Gleichzeitig sondert sich aus dem Astralleibe ein Teil aus, welcher die erste Anlage der später auftretenden Verstandesseele ist. – Um nun sich vor Augen zu rücken, was in dieser Zeit in des Menschen Seele vorgeht, muß man darauf achten, daß in dem Luft-Feuerkörper der Erde die über dem Menschen stehenden Wesen auf- und abwogen. In der Feuererde sind es zunächst die «Geister der Persönlichkeit», welche für den Menschen bedeutsam sind. Und indem der Mensch von der Erdenwärme zum Leben erregt wird, sagt sich seine Empfindungsseele: dies sind die «Geister der Persönlichkeit». Ebenso kündigen sich in dem Luftkörper diejenigen Wesen an, welche oben in dieser Schrift «Erzengel» (im Sinne der christlichen Esoterik) genannt wurden. Ihre Wirkungen sind es, welche der Mensch als Ton in sich verspürt, wenn die Luft ihn umspielt. Und die Verstandesseele sagt sich dabei: «Dies sind die Erzengel». So ist das, was der Mensch auf dieser Stufe durch seine Verbindung mit der Erde wahrnimmt, noch nicht eine Summe von physischen Gegenständen, sondern er lebt in Wärmeempfindungen, welche zu ihm aufsteigen, und in Tönen; aber er verspürt in diesen Wärmeströmungen und in diesem Tongewoge die «Geister der Persönlichkeit» und die «Erzengel». Er kann diese Wesen allerdings nicht unmittelbar wahrnehmen, sondern nur wie durch den Schleier der Wärme und des Tones. Während diese Wahrnehmungen von der Erde her in seine Seele eindringen, steigen in dieser noch immer die Bilder der höheren Wesenheiten auf und nieder, in deren Schoße er sich fühlt.

Nun schreitet die Entwickelung der Erde weiter. Das Weiterschreiten drückt sich wieder in einer Verdichtung aus. Es gliedert sich die wässerige Substanz dem Erdenkörper ein, so daß dieser nun aus drei Gliedern, dem feurigen, dem luftförmigen und dem wässerigen besteht. Bevor dies geschieht, spielt sich ein wichtiger Vorgang ab. Es spaltet sich aus der Feuer-Luft-Erde ein selbständiger Weltkörper ab, der dann in seiner weiteren Entwickelung zur gegenwärtigen Sonne wird. Vorher waren Erde und Sonne ein Körper. Nach der Abspaltung der Sonne hat zunächst die Erde noch alles in sich, was in und auf dem gegenwärtigen Monde ist. Die Absonderung der Sonne geschieht, weil höhere Wesenheiten zu ihrer eigenen Entwickelung und zu dem, was sie für die Erde zu tun haben, die bis zum Wasser verdichtete Materie nicht mehr weiter ertragen können. Sie sondern sich aus der gemeinsamen Erdenmasse die allein für sie brauchbaren Substanzen heraus und ziehen sich aus derselben heraus, um sich in der Sonne einen neuen Wohnplatz zu bilden. Sie wirken nun von der Sonne aus von außen auf die Erde. Der Mensch aber bedarf zu seiner weiteren Entwickelung eines Schauplatzes, auf dem sich die Substanz auch noch weiter verdichtet.

Mit der Eingliederung der wässerigen Substanz in den Erdenkörper geht auch eine Verwandlung des Menschen einher. Nunmehr strömt in ihn nicht nur das Feuer, und es umspielt ihn nicht nur die Luft, sondern es gliedert sich die wässerige Substanz in seinen physischen Leib ein. Gleichzeitig verändert sich sein ätherischer Teil; diesen nimmt nämlich der Mensch nunmehr wie einen feinen Lichtleib wahr. Der Mensch hat vorher Wärmeströme von der Erde zu sich emporkommen gefühlt, er hat Luft durch Tönen zu sich herandringend empfunden; jetzt durchdringt seinen Feuer-Luft-Leib auch das wässerige Element, und er sieht dessen Ein- und Ausströmen als Aufleuchten und Abdämmern von Licht. Aber auch in seiner Seele ist eine Veränderung eingetreten. Es ist zu den Anlagen der Empfindungs- und Verstandesseele diejenige der Bewußtseinsseele getreten. In dem Elemente des Wassers wirken die «Engel»; sie sind auch die eigentlichen Lichterreger. Dem Menschen ist es, als ob sie ihm im Lichte erschienen. – Gewisse höhere Wesenheiten, die vorher in dem Erdenkörper selbst waren, wirken nunmehr auf diesen von der Sonne aus. Dadurch ändern sich alle Wirkungen auf der Erde. Der an die Erde gefesselte Mensch könnte die Wirkungen der Sonnenwesen nicht mehr in sich verspüren, wenn seine Seele fortwährend der Erde zugewandt wäre, aus welcher sein physischer Leib genommen ist. Es tritt nunmehr ein Wechsel in den menschlichen Bewußtseinszuständen auf. Die Sonnenwesen entreißen die Seele des Menschen zu gewissen Zeiten dem physischen Leibe, so daß der Mensch jetzt abwechselnd im Schoße der Sonnenwesen rein seelisch ist, und zu andern Zeiten in einem Zustande, wo er mit dem Leibe verbunden ist und die Einflüsse der Erde empfängt. Ist er im physischen Leibe, dann strömen die Wärmeströmungen zu ihm auf. Es umtönen ihn die Luftmassen; es dringen die Wasser aus ihm aus und in ihn ein. Ist der Mensch außerhalb seines Leibes, dann ist er in seiner Seele durchwogt von den Bildern der höheren Wesen, in deren Schoße er ist. – Die Erde durchlebt auf dieser Stufe ihrer Entwickelung zwei Zeiten. In der einen darf sie mit ihren Substanzen die Menschenseelen umspielen und sie mit Leibern überziehen; in der andern sind die Seelen von ihr gewichen; nur die Leiber sind ihr geblieben. Sie ist mit den Menschenwesen in einem schlafenden Zustande. Man kann durchaus sachgemäß davon sprechen, daß in diesen Zeiten urferner Vergangenheit die Erde eine Tages- und eine Nachtzeit durchmacht. (Physisch-räumlich drückt sich dieses dadurch aus, daß durch die gegenseitige Wirkung der Sonnen- und Erdenwesen die Erde in eine Bewegung im Verhältnis zur Sonne kommt; dadurch wird der Wechsel in der charakterisierten Nacht- und Tageszeit herbeigeführt. Die Tageszeit spielt sich ab, wenn die Erdenfläche, auf welcher sich der Mensch entwickelt, der Sonne zugekehrt ist; die Nachtzeit, also die Zeit, in welcher der Mensch ein rein seelisches Dasein führt, dann, wenn diese Fläche der Sonne abgekehrt ist. Man darf sich nun allerdings nicht denken, daß in jener Urzeit die Bewegung der Erde um die Sonne schon der gegenwärtigen ähnlich war. Es waren die Verhältnisse noch ganz anders. Es ist aber auch nützlich, schon hier zu ahnen, daß die Bewegungen der Himmelskörper als Folge der Beziehungen entstehen, welche die sie bewohnenden geistigen Wesen zueinander haben. Die Himmelskörper werden durch geistig-seelische Ursachen in solche Lagen und Bewegungen gebracht, daß im Physischen die geistigen Zustände sich ausleben können.)

Wendete man den Blick auf die Erde während ihrer Nachtzeit, so würde man ihren Körper leichnamähnlich sehen. Denn sie besteht ja zum großen Teile aus den verfallenden Leibern der Menschen, deren Seelen in einer andern Daseinsform sich befinden. Es verfallen die gegliederten, wässerigen und luftförmigen Gebilde, aus denen die Menschenleiber gebildet waren, und lösen sich in der übrigen Erdenmasse auf. Nur derjenige Teil des Menschenleibes, welcher sich durch das Zusammenwirken des Feuers und der Menschenseele vom Beginne der Erdenentwickelung an gebildet hat und welcher dann in der Folge immer dichter geworden ist, er bleibt bestehen wie ein äußerlich unansehnlicher Keim. Man darf also, was hier über Tag- und Nachtzeit gesagt ist, sich nicht zu ähnlich denken dem, was für die gegenwärtige Erde mit diesen Bezeichnungen gemeint ist. Wenn nun zur beginnenden Tageszeit die Erde wieder der unmittelbaren Sonneneinwirkung teilhaftig wird, dann dringen die Menschenseelen in den Bereich des physischen Lebens. Sie berühren sich mit jenen Keimen und machen sie aufsprießen, so daß diese eine äußere Gestalt annehmen, welche wie ein Abbild des menschlichen Seelenwesens erscheint. Es ist etwas wie eine zarte Befruchtung, was sich da abspielt zwischen Menschenseele und Leibeskeim. Nun beginnen diese also verkörperten Seelen auch wieder die Luft- und Wassermassen heranzuziehen und sie ihrem Leibe einzugliedern. Von dem gegliederten Leib wird die Luft ausgestoßen und eingesogen: die erste Anlage zum späteren Atmungsprozeß. Auch wird das Wasser aufgenommen und ausgestoßen: eine ursprüngliche Art des Ernährungsprozesses beginnt. Diese Vorgänge werden aber noch nicht als äußerliche wahrgenommen. Eine Art von äußerer Wahrnehmung findet durch die Seele nur bei der charakterisierten Art von Befruchtung statt. Da fühlt die Seele dumpf ihr Erwachen zum physischen Dasein, indem sie den Keim berührt, der ihr von der Erde entgegengehalten wird. Sie vernimmt da etwas, was sich etwa in die Worte bringen läßt: «Das ist meine Gestalt». Und ein solches Gefühl, das man auch ein aufdämmerndes Ich-Gefühl nennen dürfte, bleibt der Seele während ihrer ganzen Verbindung mit dem physischen Leibe. Den Vorgang der Luftaufnahme empfindet aber die Seele noch durchaus seelisch-geistig, noch als einen bildhaften. Er erscheint in Form von auf- und abwogenden Tonbildern, welche dem sich gliedernden Keim die Formen geben. Die Seele fühlt sich überall von Tönen umwogt, und sie empfindet, wie sie sich den Leib nach diesen Tonkräften ausgestaltet. Es bildeten sich so Menschengestalten auf der damaligen Stufe aus, die für ein gegenwärtiges Bewußtsein in keiner Außenwelt beobachtet werden können. Wie feinsubstantielle pflanzen- und blumenartige Formen bilden sie sich aus, welche aber innerlich beweglich sind und demnach wie flatternde Blumen erscheinen. Und das selige Gefühl seines Gestaltens zu solchen Formen durchlebt der Mensch während seiner Erdenzeit. Die Aufnahme der wässerigen Teile wird in der Seele als Kraftzufuhr, als innerliche Stärkung empfunden. Nach außen erscheint es als Wachsen des physischen Menschengebildes. Mit dem Abnehmen der unmittelbaren Sonnenwirkung verliert auch die Menschenseele die Kraft, diese Vorgänge zu beherrschen. Sie werden nach und nach abgeworfen. Nur diejenigen Teile bleiben, welche den oben charakterisierten Keim reifen lassen. Der Mensch aber verläßt seinen Leib und kehrt in die geistige Daseinsform zurück. (Da nicht alle Teile des Erdenkörpers zum Aufbau von Menschenleibern verwendet werden, so hat man sich auch nicht vorzustellen, daß in der Nachtzeit der Erde diese einzig nur aus den verfallenden Leichnamen und den auf Erweckung wartenden Keimen besteht. Alles dieses ist eingelagert in andere Gebilde, die aus den Substanzen der Erde sich formen. Wie es sich mit diesen verhält, soll sich später zeigen.)

Nun setzt sich aber der Vorgang der Verdichtung der Erdensubstanz fort. Zu dem wässerigen Elemente tritt das feste, das man «erdig» nennen kann, hinzu. Und damit beginnt auch der Mensch, während seiner Erdenzeit seinem Leibe das erdige Element einzugliedern. Sobald diese Eingliederung beginnt, haben die Kräfte, welche sich die Seele mitbringt aus ihrer leibfreien Zeit, nicht mehr dieselbe Macht wie vorher. Früher gestaltete sich die Seele den Leib aus dem feurigen, dem luftigen und dem wässerigen Element nach Maßgabe der Töne, die sie umklangen, und der Lichtbilder, welche sie umspielten. Gegenüber der verfestigten Gestalt kann das die Seele nicht. Es greifen nunmehr in die Gestaltung andere Mächte ein. In dem, was vom Menschen zurückbleibt, wenn die Seele aus dem Leibe weicht, stellt sich nunmehr nicht nur ein Keim dar, welcher durch die wiederkehrende Seele zum Leben entfacht wird, sondern ein Gebilde, welches auch die Kraft dieser Belebung selbst in sich enthält. Die Seele läßt bei ihrem Scheiden nicht bloß ihr Nachbild auf der Erde zurück, sondern sie versenkt auch einen Teil ihrer belebenden Macht in dieses Abbild. Sie kann beim Wiedererscheinen auf der Erde nun nicht mehr allein das Abbild zum Leben erwecken, sondern es muß im Abbild selbst die Belebung geschehen. Die geistigen Wesen, welche von der

Sonne aus auf die Erde wirken, erhalten jetzt die belebende Kraft in dem Menschenleibe, auch wenn der Mensch nicht selbst auf der Erde ist. So fühlt jetzt die Seele bei ihrer Verkörperung nicht nur die sie umwogenden Töne und Lichtbilder, in denen sie die zunächst über ihr stehenden Wesen empfindet, sondern sie erlebt durch das Empfangen des erdigen Elementes den Einfluß jener noch höheren Wesen, die auf der Sonne ihren Schauplatz aufgeschlagen haben. Vorher empfand der Mensch sich den geistig-seelischen Wesen angehörig, mit denen er vereint war, wenn er leibfrei war. In ihrem Schoße war noch sein «Ich». Nun trat ihm dieses «Ich» ebenso während der physischen Verkörperung entgegen, wie das andere, was um ihn war während dieser Zeit. Selbständige Abbilder des seelisch-geistigen Menschenwesens waren nunmehr auf der Erde. Es waren dies im Vergleiche mit dem gegenwärtigen Menschenleibe Gebilde von feiner Stofflichkeit. Denn die erdigen Teile mischten sich ihnen nur in feinstem Zustande bei. Etwa so, wie der gegenwärtige Mensch die fein verteilten Substanzen eines Gegenstandes mit seinem Geruchsorgan aufnimmt. Wie Schatten waren die Menschenleiber. Da sie aber auf die ganze Erde verteilt waren, so gerieten sie unter die Einwirkungen der Erde, die auf verschiedenen Teilen von deren Oberfläche verschiedener Art waren. Während vorher die leiblichen Abbilder dem sie belebenden Seelenmenschen entsprachen und deshalb wesentlich gleich waren über die ganze Erde hin, so trat jetzt Verschiedenheit unter den Menschenformen auf. Damit bereitete sich das vor, was später als Verschiedenheit der Rassen auftrat. – Mit dem Selbständigwerden des leiblichen Menschen war aber die vorherige enge Verbindung des Erdenmenschen und der geistig-seelischen Welt bis zu einem gewissen Grade gelöst. Wenn nunmehr die Seele den Leib verließ, so lebte dieser etwas wie eine Fortsetzung des Lebens weiter. – Wäre nun die Entwickelung in dieser Art fortgeschritten, so hätte die Erde unter dem Einfluß ihres festen Elementes verhärten müssen. Der auf diese Verhältnisse zurückblickenden übersinnlichen Erkenntnis zeigt sich, wie sich die Menschenleiber, da sie von ihren Seelen verlassen sind, immer mehr verfestigen. Und nach einiger Zeit würden die zur Erde zurückkehrenden Menschenseelen kein brauchbares Material gefunden haben, mit dem sie sich hätten vereinigen können. Alle für den Menschen brauchbaren Stoffe wären verwendet worden, um die Erde anzufüllen mit den verholzten Überresten von Verkörperungen.

Da trat ein Ereignis ein, welches der ganzen Entwickelung eine andere Wendung gab. Alles, was im festen Erdenstoffe zur bleibenden Verhärtung beitragen konnte, wurde ausgeschieden. Unser gegenwärtiger Mond verließ damals die Erde. Und was vorher unmittelbar in der Erde zur bleibenden Formbildung beigetragen hatte, das wirkte jetzt mittelbar in abgeschwächter Art vom Monde aus. Die höheren Wesen, von denen diese Formbildung abhängt, hatten beschlossen, ihre Wirkungen nicht mehr vom Innern der Erde, sondern von außen dieser zukommen zu lassen. Dadurch trat in den leiblichen Menschengebilden eine Verschiedenheit auf, welche man als den Anfang der Trennung in ein männliches und weibliches Geschlecht bezeichnen muß. Die feinstofflichen Menschengestalten, die vorher die Erde bewohnten, ließen durch das Zusammenwirken der beiden Kräfte in sich selber, des Keimes und der belebenden Kraft, die neue Menschenform, ihren Nachkömmling, hervorgehen. Jetzt bildeten sich diese Nachkömmlinge um. In der einen Gruppe solcher Nachkömmlinge wirkte mehr die Keimkraft des Geistig-Seelischen, in der anderen Gruppe mehr die belebende Keimkraft. Das wurde dadurch bewirkt, daß mit dem Herausgang des Mondes von der Erde das Erdenelement seine Gewalt abgeschwächt hatte. Das Aufeinanderwirken der beiden Kräfte wurde nunmehr zarter, als es war, da es in *einem* Leben geschah. Demzufolge war auch der Nachkömmling zarter, feiner. Er betrat die Erde in einem feinen Zustande und gliederte sich erst allmählich die festeren Teile ein. Damit war für die auf die Erde zurückkehrende Menschenseele wieder die Möglichkeit der Vereinigung mit dem Leibe gegeben. Sie belebte ihn jetzt zwar nicht mehr von außen, denn diese Belebung geschah auf der Erde selbst. Aber sie vereinigte sich mit ihm und brachte ihn zum Wachsen. Diesem Wachstum war allerdings eine gewisse Grenze gesetzt. Durch die Mondenabtrennung war für eine Weile der Menschenleib biegsam geworden; aber je mehr er auf der Erde weiter wuchs, desto mehr nahmen die verfestigenden Kräfte überhand. Zuletzt konnte sich die Seele nur immer schwächer und schwächer an der Gliederung des Leibes beteiligen. Dieser verfiel, indem die Seele zu geistig-seelischen Daseinsweisen aufstieg.

Man kann verfolgen, wie die Kräfte, welche sich der Mensch nach und nach während der Saturn-, Sonnen- und Mondenentwickelung angeeignet hat, allmählich während der beschriebenen Erdengestaltung sich an dem Menschenfortschreiten beteiligen. Erst ist es der Astralleib, der auch den Lebensleib und den physischen Leib noch in sich aufgelöst enthält, welcher von dem Erdenfeuer entzündet wird. Dann gliedert sich dieser Astralleib in einen feineren astralischen Teil, die Empfindungsseele, und in einen gröberen, ätherischen, welcher nunmehr von dem Erdenelement berührt wird. Es kommt damit der schon vorgebildete Äther- oder Lebensleib zum Vorschein. Und während im astralischen Menschen sich die Verstandes- und Bewußtseinsseele ausbilden, gliedern sich im Ätherleibe die gröberen Teile ab, welche für Ton und Licht empfänglich sind. In dem Zeitpunkte, wo der Ätherleib sich noch mehr verdichtet, so daß er von einem Lichtleib zu einem Feuer- oder Wärmeleib wird, da ist auch die Entwickelungsstufe eingetreten, in welcher, wie oben charakterisiert, die Teile des festen Erdenelementes sich dem Menschen eingliedern. Weil der Ätherleib sich bis zum Feuer herab verdichtet hat, so kann er nun auch durch die Kräfte des physischen Leibes, welche ihm vorher eingepflanzt sind, sich mit den bis zum Feuerzustande verdünnten Substanzen der physischen Erde verbinden. Er könnte aber nicht mehr allein auch die Luftsubstanzen in den mittlerweile fester gewordenen Leib einführen. Da treten, wie oben angedeutet, die höheren Wesen, die auf der Sonne wohnen, ein und hauchen ihm die Luft ein. Während so der Mensch vermöge seiner Vergangenheit selbst die Kraft hat, sich mit dem irdischen Feuer zu durchdringen, lenken höhere Wesen den Luftodem in seinen Leib. Vor der Verfestigung war des Menschen Lebensleib als Tonempfänger der Lenker der Luftströmung. Er durchdrang seinen physischen Leib mit dem Leben. Jetzt empfängt sein physischer Leib ein äußeres Leben. Die Folge davon ist, daß dieses Leben unabhängig wird von dem Seelenteile des Menschen. Dieser läßt nun beim Verlassen der Erde nicht nur seinen Formkeim zurück, sondern ein lebendiges Abbild seiner selbst. Die «Geister der Form» bleiben nun mit diesem Abbild vereinigt; sie führen das von ihnen verliehene Leben auch auf die Nachkömmlinge über, wenn die Menschenseele aus dem Leibe gewichen ist. So bildet sich das heraus, was Vererbung genannt werden kann. Und wenn die Menschenseele dann wieder auf der Erde erscheint, dann empfindet sie sich in einem Leibe, dessen Leben aus den Vorfahren herübergeleitet worden ist. Sie fühlt sich gerade zu einem solchen Leibe besonders hingezogen. Es bildet sich dadurch etwas aus wie eine *Erinnerung* an den Vorfahren, mit dem sich die Seele eins fühlt. Durch die Folge der Nachkommen geht diese Erinnerung wie ein gemeinsames Bewußtsein. Das «Ich» strömt herunter durch die Generationen.

Der Mensch empfand sich auf dieser Entwickelungsstufe während seiner Erdenzeit als ein selbständiges Wesen. Er fühlte das innere Feuer seines Lebensleibes verbunden mit dem äußeren Feuer der Erde. Er konnte die ihn durchströmende Wärme als sein «Ich» fühlen. In diesen Wärmeströmungen, die von Leben durchwoben sind, ist die Anlage der Blutzirkulation zu finden. In dem aber, was als Luft in ihn hineinströmte, fühlte der Mensch nicht ganz sein eigenes Wesen. In dieser Luft waren ja die Kräfte der charakterisierten höheren Wesen tätig. Aber es war ihm doch derjenige Teil der Wirkenskräfte innerhalb der ihn durchströmenden Luft geblieben, welcher ihm schon durch seine früher gebildeten Ätherkräfte eigen war. Er war Herrscher in einem Teil dieser Luftströmungen. Und insofern wirkten in seiner Gestaltung nicht nur die höheren Wesen, sondern auch er selbst. Nach den Bildern seines Astralleibes gestaltete er in sich die Luftteile. Während so von außen Luft einströmte in seinen Leib, was zur Grundlage seiner Atmung wurde, gliederte sich ein Teil der Luft im Innern zu einem dem Menschen eingeprägten Organismus, welcher die Grundlage wurde des späteren Nervensystems. Durch Wärme und Luft stand also der Mensch damals in Verbindung mit der Außenwelt der Erde. – Dagegen empfand er nichts von der Einführung des festen Elementes der Erde; dieses wirkte mit bei seiner Verkörperung auf der Erde, aber er konnte die Zuführung nicht unmittelbar wahrnehmen, sondern nur in einem dumpfen Bewußtsein im Bilde der höheren Wesenheiten, welche darin wirksam waren. In solcher Bildform als Ausdruck von Wesen, die über ihm stehen, hatte der Mensch auch früher die Zuführung der flüssigen Erdenelemente wahrgenommen. Durch die Verdichtung der Erdengestalt des Menschen haben nun diese Bilder in seinem Bewußtsein eine Veränderung erfahren. Dem flüssigen Elemente ist das feste beigemischt. So muß also auch diese Zuführung als von den höheren, von außen wirkenden Wesen empfunden werden. Der Mensch kann in seiner Seele nicht mehr die Kraft haben, selbst die Zuführung zu lenken, denn dieselbe muß jetzt seinem von außen aufgebauten Leibe dienen. Er würde dessen Gestalt verderben, wenn er die Zuführung selbst lenken wollte. So erscheint ihm denn dasjenige, was er sich von außen zuführt, durch die Machtgebote gelenkt, welche ausgehen von den höheren Wesen, die an seiner Leibesgestaltung wirken. Der Mensch fühlt sich als ein Ich; er hat in sich seine Verstandesseele als einen Teil seines Astralleibes, durch die er innerlich als Bilder erlebt, was außen vorgeht, und durch die er sein feines Nervensystem durchdringt. Er fühlt sich als Abkömmling von Vorfahren vermöge des durch die Generationen strömenden Lebens. Er atmet und empfindet das als Wirkung der gekennzeichneten höheren Wesen, welche die «Geister der Form» sind. Und er fügt sich diesen auch in dem, was ihm durch ihre Impulse von außen (zu seiner Nahrung) zugeführt wird. Am dunkelsten ist ihm seine Herkunft als Individuum. Er fühlt davon nur, daß er von den in Erdenkräften sich ausdrückenden «Geistern der Form» einen Einfluß erlebt hat. Der Mensch war gelenkt und geleitet in seinem Verhältnis zur Außenwelt. Zum Ausdruck kommt dies dadurch, daß er von den hinter seiner physischen Welt sich abspielenden geistig-seelischen Tätigkeiten ein Bewußtsein hat. Er nimmt zwar nicht die geistigen Wesen in deren eigener Gestalt wahr, aber er erlebt in seiner Seele Töne, Farben usw. Und er weiß, daß in dieser Vorstellungswelt die Taten der geistigen Wesen leben. Es tönt zu ihm, was diese Wesen ihm mitteilen; es erscheinen ihm deren Offenbarungen in Lichtbildern. Am innerlichsten fühlt sich der Erdenmensch durch die Vorstellungen, welche er durch das Element des Feuers oder der Wärme empfängt. Er unterscheidet bereits seine innere Wärme und die Wärmeströmungen des irdischen Umkreises. In den letzteren offenbaren sich die «Geister der Persönlichkeit». Aber der Mensch hat nur ein dunkles Bewußtsein von dem, was hinter den Strömungen der äußeren Wärme steht. Er empfindet gerade in diesen Strömungen den Einfluß der «Geister der Form». Wenn mächtige Wärmewirkungen in der Umgebung des Menschen auftauchen, dann fühlt die Seele: jetzt durchglühen die geistigen Wesen den Umkreis der Erde, von denen ein Funke sich losgelöst hat und mein Inneres durchwärmt. – In den Lichtwirkungen unterscheidet der Mensch noch nicht ganz in derselben Art Äußeres und Inneres. Wenn Lichtbilder in der Umgebung auftauchen, dann erzeugen diese in der Seele des Erdenmenschen nicht immer das gleiche Gefühl. Es gab Zeiten, in welchen der Mensch diese Lichtbilder als äußere empfand. Es war in der Zeit, nachdem er eben aus dem leibfreien Zustande in die Verkörperung herabgestiegen war. Es war die Periode seines Wachstums auf der Erde. Wenn dann die Zeit heranrückte, wo der Keim zum neuen Erdenmenschen sich bildete, dann verblaßten diese Bilder. Und der Mensch behielt nur etwas wie innere Erinnerungsvorstellungen an sie zurück. In diesen Lichtbildern waren die Taten der «Feuergeister» (Erzengel) enthalten. Sie erschienen dem Menschen wie die Diener der Wärmewesen, welche einen Funken in sein Inneres senkten. Wenn ihre äußeren Offenbarungen verlöschten, dann erlebte sie der Mensch als Vorstellungen (Erinnerungen) in seinem Innern. Er fühlte sich mit ihren Kräften verbunden. Und das war er auch. Denn er konnte durch dasjenige, was er von ihnen empfangen hatte, auf den umgebenden Luftkreis wirken. Dieser begann unter seinem Einfluß zu leuchten. Es war damals eine Zeit, in welcher Naturkräfte und Menschenkräfte noch nicht in der Art voneinander geschieden waren wie später. Was auf der Erde geschah, ging in hohem Maße noch von den Kräften der Menschen aus. Wer damals von außerhalb der Erde die Naturvorgänge auf derselben beobachtet hätte, der hätte in diesen nicht nur etwas gesehen, was von dem Menschen unabhängig ist, sondern er hätte in ihnen die Wirkungen der Menschen wahrgenommen. Noch anders gestalteten sich für den Erdenmenschen die Tonwahrnehmungen. Sie wurden als äußere Töne vom Beginn des Erdenlebens an wahrgenommen. Während die Luftbilder von außen bis in die mittlere Zeit des menschlichen Erdendaseins wahrgenommen wurden, konnten die äußeren Töne noch nach dieser Mittelzeit gehört werden. Erst gegen Ende des Lebens wurde der Erdenmensch für sie unempfindlich.

Und es blieben ihm die Erinnerungsvorstellungen an diese Töne. In ihnen waren die Offenbarungen der «Söhne des Lebens» (der Engel) enthalten. Wenn der Mensch gegen sein Lebensende sich innerlich mit diesen Kräften verbunden fühlte, dann konnte er durch Nachahmung derselben mächtige Wirkungen in dem Wasserelemente der Erde hervorbringen. Es wogten die Wasser in und über der Erde unter seinem Einfluß. Geschmacksvorstellungen hatte der Mensch nur im ersten Viertel seines Erdenlebens. Und auch da erschienen sie der Seele wie eine Erinnerung an die Erlebnisse im leibfreien Zustand. Solange sie der Mensch hatte, dauerte die Verfestigung seines Leibes durch Aufnahme äußerer Substanzen. Im zweiten Viertel des Erdenlebens dauerte wohl noch das Wachstum fort, doch war die Gestalt schon eine fertig ausgebildete. Andere lebendige Wesen neben sich konnte der Mensch in dieser Zeit nur durch deren Wärme, Licht und Tonwirkungen wahrnehmen. Denn er war noch nicht fähig, das feste Element sich vorzustellen. Nur vom Wässerigen bekam er im ersten Viertel seines Lebens die geschilderten Geschmackswirkungen.

Ein Abbild dieses inneren Seelenzustandes des Menschen war dessen äußere Körperform. Diejenigen Teile, welche die Anlage zur späteren Kopfform enthielten, waren am vollkommensten ausgebildet. Die andern Organe erschienen nur wie Anhängsel. Diese waren schattenhaft und undeutlich. Doch waren die Erdenmenschen verschieden in bezug auf die Gestalt. Es gab solche, bei denen je nach den Erdenverhältnissen, unter denen sie lebten, die Anhängsel mehr oder weniger ausgebildet waren. Es war dies nach den Wohnplätzen der Menschen auf der Erde verschieden. Wo die Menschen mehr in die Erdenwelt verstrickt wurden, da traten die Anhängsel mehr in den Vordergrund. Diejenigen Menschen, welche beim Beginn der physischen Erdenentwickelung durch ihre vorangehende Entwickelung am reifsten waren, so daß sie gleich im Anfange, als die Erde noch nicht zur Luft verdichtet war, die Berührung mit dem Feuerelement erlebten, konnten jetzt die Kopfanlagen am vollkommensten ausbilden. Das waren die in sich am meisten harmonischen Menschen. Andere waren erst zur Berührung mit dem Feuerelement bereit, als die Erde schon die Luft in sich ausgebildet hatte. Es waren dies Menschen, welche mehr von den äußeren Verhältnissen abhängig waren als die ersten. Diese ersten empfanden durch die Wärme die «Geister der Form» deutlich, und sie fühlten sich in ihrem Erdenleben so, wie wenn sie eine Erinnerung daran bewahrten, daß sie mit diesen Geistern zusammengehören und mit ihnen verbunden waren im leibfreien Zustand. Die zweite Art von Menschen fühlte die Erinnerung an den leibfreien Zustand nur in geringerem Maße; sie empfanden ihre Zusammengehörigkeit mit der geistigen Welt vorzüglich durch die Lichtwirkungen der «Feuergeister» (Erzengel). Eine dritte Art von Menschen war noch mehr in das Erdendasein verstrickt. Es waren diejenigen, welche erst von dem Feuerelement berührt werden konnten, als die Erde von der Sonne getrennt war und das wässerige Element in sich aufgenommen hatte. Ihr Gefühl für Zusammengehörigkeit mit der geistigen Welt war insbesondere im Beginn des Erdenlebens gering. Erst als die Wirkungen der Erzengel und namentlich der Engel im inneren Vorstellungsleben sich geltend machten, empfanden sie diesen Zusammenhang. Dagegen waren sie im Beginne der Erdenzeit voll reger Impulse für Taten, welche sich in den irdischen Verhältnissen selbst verrichten lassen. Bei ihnen waren die Anhangsorgane besonders stark entwickelt.

Als vor der Trennung des Mondes von der Erde die Mondenkräfte in der letzteren immer mehr zur Verfestigung führten, geschah es, daß durch diese Kräfte unter den Nachkömmlingen der von den Menschen auf der Erde zurückgelassenen Keime solche waren, in denen sich die aus dem leibfreien Zustande zurückkehrenden Menschenseelen nicht mehr verkörpern konnten. Die Gestalt solcher Nachkömmlinge war zu verfestigt und durch die Mondenkräfte zu unähnlich einer Menschengestalt geworden, um eine solche aufnehmen zu können. Es fanden daher gewisse Menschenseelen unter solchen Verhältnissen nicht mehr die Möglichkeit, zur Erde zurückzukehren. Nur die reifsten, die stärksten der Seelen konnten sich gewachsen fühlen, während des Wachstums des Erdenleibes diesen so umzuformen, daß er zur Menschengestalt erblühte. Nur ein Teil der leiblichen Menschennachkömmlinge wurde zu Trägern irdischer Menschen. Ein anderer Teil konnte wegen der verfestigten Gestalt nur Seelen aufnehmen, welche niedriger standen als diejenigen der Menschen. Von den Menschenseelen wurde aber ein Teil gezwungen, die damalige Erdenentwickelung nicht mitzumachen. Dadurch wurden sie zu einer andern Art des Lebenslaufes gebracht. Es gab Seelen, welche schon bei der Trennung der Sonne von der Erde keinen Platz auf dieser fanden. Sie wurden für ihre weitere Entwickelung auf einen Planeten entrückt, der sich unter Führung kosmischer Wesenheiten loslöste aus der allgemeinen Weltensubstanz, welche beim Beginne der physischen Erdenentwickelung mit dieser verbunden war und aus welcher sich auch die Sonne herausgesondert hatte. Dieser Planet ist derjenige, dessen physischen Ausdruck die äußere Wissenschaft als «Jupiter» kennt. (Es wird hier genau in dem Sinne von Himmelskörpern, Planeten und deren Namen gesprochen, wie es eine ältere Wissenschaft noch getan hat. Wie die Dinge gemeint sind, geht aus dem Zusammenhange hervor. Wie die physische Erde nur der physische Ausdruck eines geistig-seelischen Organismus ist, so ist das auch für jeden anderen Himmelskörper der Fall. Und so wenig der Beobachter des Übersinnlichen mit dem Namen «Erde» bloß den physischen Planeten, mit «Sonne» bloß den physischen Fixstern bezeichnet, so meint er auch weite geistige Zusammenhänge, wenn er von «Jupiter», «Mars» usw. redet. Die Himmelskörper haben naturgemäß die Gestalt und Aufgabe wesentlich verändert seit jenen Zeiten, von denen hier gesprochen wird – in gewisser Beziehung sogar ihren Ort im Himmelsraume. Nur wer mit dem Blick der übersinnlichen Erkenntnis die Entwickelung dieser Himmelskörper zurückverfolgt bis in urferne Vergangenheiten, vermag den Zusammenhang der gegenwärtigen Planeten mit ihren Vorfahren zu erkennen.) Auf dem «Jupiter» entwickelten sich die charakterisierten Seelen zunächst weiter. Und später, als sich die Erde immer mehr dem Festen zuneigte, da mußte noch ein anderer Wohnplatz für Seelen geschaffen werden, die zwar die Möglichkeit hatten, eine Zeitlang die verfestigten Körper zu bewohnen, dann aber dies nicht mehr konnten, als diese Verfestigung zu weit fortgeschritten war. Für sie entstand im «Mars» ein entsprechender Platz zu ihrer weiteren Entwickelung. Schon als noch die Erde mit der Sonne verbunden war und ihre luftigen Elemente sich eingliederte, da stellte es sich heraus, daß die Seelen sich ungeeignet erwiesen, um die Erdenentwickelung mitzumachen. Sie wurden durch die irdische Körpergestalt zu stark berührt. Deshalb mußten sie schon damals dem unmittelbaren Einflusse der Sonnenkräfte entzogen werden. Diese mußten von außen auf sie wirken. Diesen Seelen wurde auf dem «Saturn» ein Platz der Weiterentwickelung. So nahm im Verlaufe der Erdenentwickelung die Zahl der Menschengestalten ab; es traten Gestalten auf, welche nicht Menschenseelen verkörpert hatten. Sie konnten nur Astralleiber in sich aufnehmen, wie die physischen Leiber und die Lebensleiber des Menschen auf dem alten Monde sie aufgenommen hatten. Während die Erde in bezug auf ihre menschlichen Bewohner verödete, besiedelten diese Wesen sie. Es hätten endlich alle Menschenseelen die Erde verlassen müssen, wenn nicht durch die Loslösung des Mondes für die Menschengestalten, die damals noch menschlich beseelt werden konnten, die Möglichkeit geschaffen worden wäre, während ihres Erdenlebens den Menschenkeim den unmittelbar von der Erde kommenden Mondenkräften zu entziehen und ihn in sich so weit reifen zu lassen, bis er diesen Kräften überliefert werden konnte. Solange dann der Keim im Innern des Menschen sich gestaltete, war er unter der Wirkung der Wesen, die unter der Führung ihres mächtigsten Genossen den Mond aus der Erde gelöst hatten, um deren Entwickelung über einen kritischen Punkt hinüberzugeleiten.

Als die Erde das Luftelement in sich ausgebildet hatte, gab es im Sinne der obigen Schilderung solche Astralwesen als Überbleibsel vom alten Monde, welche weiter in der Entwickelung zurückgeblieben waren als die niedersten Menschenseelen. Sie wurden die Seelen derjenigen Gestalten, welche noch vor der Sonnentrennung vom Menschen verlassen werden mußten. Diese Wesen sind die Vorfahren des

Tierreiches. Sie entwickelten im fernern Zeitenlauf besonders jene Organe, welche beim Menschen nur als Anhängsel vorhanden waren. Ihr Astralleib mußte auf den physischen und den Lebensleib so wirken, wie das beim Menschen auf dem alten Monde der Fall war. Die so entstandenen Tiere hatten nun Seelen, welche nicht in dem einzelnen Tiere wohnen konnten. Es dehnte die Seele ihr Wesen auch auf den Nachkömmling der Vorfahrengestalt aus. Es haben die im wesentlichen von einer Gestalt abstammenden Tiere zusammen eine Seele. Nur wenn der Nachkomme sich durch besondere Einflüsse von der Gestalt der Vorfahren entfernt, tritt eine neue Tierseele in Verkörperung. Man kann in diesem Sinne bei den Tieren in der Geisteswissenschaft von einer Art- (oder Gattungs-) oder auch Gruppenseele reden.

Etwas Ähnliches ging vor zur Zeit der Trennung von Sonne und Erde. Aus dem wässerigen Elemente heraus traten Gestalten, welche in ihrer Entwickelung nicht weiter waren als der Mensch vor der Entwickelung auf dem alten Monde. Sie konnten von einem Astralischen nur eine Wirkung empfangen, wenn dieses von außen sie beeinflußte. Das konnte erst nach dem Fortgang der Sonne von der Erde geschehen. Jedesmal, wenn die Sonnenzeit der Erde eintrat, regte das Astralische der Sonne diese Gestalten so an, daß sie aus dem Ätherischen der Erde sich ihren Lebensleib bildeten. Wenn dann die Sonne sich abkehrte von der Erde, dann löste sich dieser Lebensleib in dem allgemeinen Erdenleib wieder auf. Und als Folge des Zusammenwirkens des Astralischen von der Sonne und des Ätherischen von der Erde tauchten aus dem wässerigen Elemente die physischen Gestalten auf, welche die Vorfahren des gegenwärtigen Pflanzenreichs bildeten.

Der Mensch ist auf der Erde zu einem individualisierten

Seelenwesen geworden. Sein Astralleib, welcher ihm auf dem Monde durch die «Geister der Bewegung» eingeflossen war, hat sich auf der Erde gegliedert in Empfindungs-, Verstandes- und Bewußtseinsseele. Und als seine Bewußtseinsseele so weit fortgeschritten war, daß sie sich während des Erdenlebens einen dazu geeigneten Leib bilden konnte, da begabten die «Geister der Form» ihn mit dem Funken aus ihrem Feuer. Es wurde das «Ich» in ihm entfacht. Jedesmal, wenn der Mensch nun den physischen Leib verließ, so war er in der geistigen Welt, in welcher er mit den Wesen zusammentraf, welche ihm während der Saturn-, Sonnen- und Mondenentwickelung seinen physischen Leib, seinen Lebensleib und seinen astralischen Leib gegeben und bis zur Erdenhöhe ausgebildet hatten. Seitdem der Feuerfunke des «Ich» sich im Erdenleben entzündet hatte, war auch für das leibfreie Leben eine Veränderung eingetreten. Vor diesem Entwickelungspunkte seines Wesens hatte der Mensch gegenüber der geistigen Welt keine Selbständigkeit. Er fühlte sich innerhalb dieser geistigen Welt nicht wie ein einzelnes Wesen, sondern wie ein Glied in dem erhabenen Organismus, der aus den über ihm stehenden Wesen sich zusammensetzte. Das «Ich-Erlebnis» auf Erden wirkt nun auch in die geistige Welt hinein nach. Der Mensch fühlt sich nunmehr auch in einem gewissen Grade als Einheit in dieser Welt. Aber er empfindet auch, daß er unaufhörlich verbunden ist mit derselben Welt. Er findet im leibfreien Zustand die «Geister der Form» in einer höheren Gestalt wieder, die er in ihrer Offenbarung auf der Erde durch den Funken seines «Ich» wahrgenommen hat.

Mit der Trennung des Mondes von der Erde bildeten sich auch in der geistigen Welt Erlebnisse für die leibfreie Seele heraus, welche mit dieser Trennung zusammenhingen. Es wurde ja nur dadurch möglich, solche Menschengestalten auf der Erde fortzubilden, welche die Individualität der Seele aufnehmen konnten, daß ein Teil der gestaltenden Kräfte von der Erde auf den Mond übergeführt wurde. Dadurch ist die Menschenindividualität in den Bereich der Mondenwesen gekommen. Und es konnte im leibfreien Zustande der Nachklang an die Erdenindividualität nur dadurch wirken, daß auch für diesen Zustand die Seele im Bereich der mächtigen Geister blieb, welche die Mondabtrennung herbeigeführt hatten. Der Vorgang bildete sich so heraus, daß unmittelbar nach dem Verlassen des Erdenleibes die Seele nur wie in einem von den Mondenwesen zurückgeworfenen Glanz die hohen Sonnenwesen sehen konnte. Erst, wenn sie durch das Schauen dieses Abglanzes genügend vorbereitet war, kam die Seele zum Anblick der hohen Sonnenwesen selbst.

Auch das Mineralreich der Erde ist durch Ausstoßung aus der allgemeinen Menschheitsentwickelung entstanden. Seine Gebilde sind dasjenige, was verfestigt geblieben ist, als der Mond sich von der Erde trennte. Zu diesen Gebilden fühlte sich vom Seelenhaften nur dasjenige hingezogen, was auf der Saturnstufe stehengeblieben war, was also nur geeignet ist, physische Formen zu bilden. Alle Ereignisse, von denen hier und im folgenden die Rede ist, spielten sich im Laufe gewaltig langer Zeiträume ab. Doch kann auf Zeitbestimmungen hier nicht eingegangen werden.

Die geschilderten Vorgänge stellen die Erdenentwickelung von der äußeren Seite dar; von der Seite des Geistes betrachtet, ergibt sich das Folgende. Die geistigen Wesenheiten, welche den Mond aus der Erde herauszogen und ihr eigenes Dasein mit dem Monde verbanden – also Erden-

Mondenwesen wurden –, bewirkten durch die Kräfte, die sie von dem letzteren Weltkörper aus auf die Erde sandten, eine gewisse Gestaltung der menschlichen Organisation. Ihre Wirkung ging auf das vom Menschen erworbene «Ich». In dem Zusammenspiel dieses «Ich» mit Astralleib, Ätherleib und physischem Leib machte sich diese Wirkung geltend. Durch sie entstand im Menschen die Möglichkeit, die weisheitsvolle Gestaltung der Welt in sich bewußt zu spiegeln, sie abzubilden wie in einer Erkenntnisspiegelung. Man erinnere sich, wie geschildert worden ist, daß während der alten Mondenzeit der Mensch durch die damalige Abtrennung von der Sonne in seiner Organisation eine gewisse Selbständigkeit, einen freieren Grad des Bewußtseins erworben hat, als der war, welcher unmittelbar von den Sonnenwesen ausgehen konnte. Dieses freie, selbständige Bewußtsein trat – als Erbe der alten Mondenentwickelung – wieder auf während der charakterisierten Zeit der Erdenentwickelung. Es konnte aber gerade dieses Bewußtsein, durch den Einfluß der gekennzeichneten Erden-Mondenwesen wieder zum Einklange mit dem Weltall gebracht, zu einem Abbilde desselben gemacht werden. Das wäre geschehen, wenn sich kein anderer Einfluß geltend gemacht hätte. Ohne einen solchen wäre der Mensch ein Wesen geworden mit einem Bewußtsein, dessen Inhalt wie durch Naturnotwendigkeit, nicht durch sein freies Eingreifen die Welt in den Bildern des Erkenntnislebens gespiegelt hätte. Es ist dieses nicht so geworden. Es griffen in die Entwickelung des Menschen gerade zur Zeit der Mondenabspaltung gewisse geistige Wesenheiten ein, welche von *ihrer* Mondennatur so viel zurückbehalten hatten, daß sie nicht teilnehmen konnten an dem Hinausgang der Sonne aus der Erde. Und daß sie auch ausgeschlossen waren von den Wirkungen der Wesen, welche vom Erden-Monde aus zur Erde hin sich tätig erwiesen. Diese Wesen mit der alten Mondennatur waren gewissermaßen mit unregelmäßiger Entwickelung auf die Erde gebannt. In ihrer Mondnatur lag gerade das, was während der alten Mondenentwickelung sich gegen die Sonnengeister aufgelehnt hatte, was damals dem Menschen insofern zum Segen war, als durch es der Mensch zu einem selbständigen, freien Bewußtseinszustand geführt worden war. Die Folgen der eigenartigen Entwickelung dieser Wesen während der Erdenzeit brachten es mit sich, daß sie während derselben zu Gegnern wurden derjenigen Wesen, die vom Monde aus das menschliche Bewußtsein zu einem notwendigen Erkenntnisspiegel der Welt machen wollten. Was auf dem alten Monde dem Menschen zu einem höheren Zustande verhalf, ergab sich als das Widerstrebende gegenüber der Einrichtung, welche durch die Erdenentwickelung möglich geworden war. Die widerstrebenden Mächte hatten sich aus ihrer Mondennatur die Kraft mitgebracht, auf den menschlichen Astralleib zu wirken, nämlich – im Sinne der obigen Darlegungen – diesen selbständig zu machen. Sie übten diese Kraft aus, indem sie diesem Astralleib eine gewisse Selbständigkeit – auch nunmehr für die Erdenzeit – gaben gegenüber dem *notwendigen* (unfreien) Bewußtseinszustande, welcher durch die Wesen des Erdenmondes bewirkt wurde. Es ist schwierig, mit gangbaren Worten zum Ausdrucke zu bringen, wie die Wirkungen der charakterisierten geistigen Wesenheiten auf den Menschen in der gekennzeichneten Urzeit waren. Man darf sie weder denken wie gegenwärtige Natur-Einflüsse, noch etwa so, wie die Wirkung des einen Menschen auf den andern geschieht, wenn der erstere in dem zweiten durch Worte innere Bewußtseinskräfte wachruft, wodurch der zweite etwas verstehen lernt oder zu einer Tugend oder Untugend angeregt wird. Die gemeinte Wirkung in der Urzeit war keine Naturwirkung, sondern ein geistiger Einfluß, aber ein solcher, der auch geistig wirkte, der sich als geistiger übertrug von den höheren Geistwesen auf den Menschen gemäß dem damaligen Bewußtseinszustande dieses Menschen. Wenn man die Sache wie eine Naturwirkung denkt, so trifft man ganz und gar nicht ihre wahre Wesenheit. Wenn man dagegen sagt, die Wesenheiten mit der alten Mondennatur traten an den Menschen heran, um ihn für ihre Ziele «verführend» zu gewinnen, so gebraucht man einen symbolischen Ausdruck, der gut ist, solange man sich seiner Sinnbildlichkeit bewußt bleibt und sich zugleich klar ist, daß hinter dem Symbol eine geistige Tatsache steht.

Die Wirkung, die von den im Mondenzustand zurückgebliebenen Geistwesen auf den Menschen ausging, hatte nun für diesen ein Zweifaches zur Folge. Sein Bewußtsein wurde dadurch des Charakters eines bloßen Spiegels des Weltalls entkleidet, weil im menschlichen Astralleibe die Möglichkeit erregt wurde, von diesem aus die Bewußtseinsbilder zu regeln und zu beherrschen. Der Mensch wurde der Herr seiner Erkenntnis. Andrerseits aber wurde der Ausgangspunkt dieser Herrschaft eben der Astralleib; und das diesem übergeordnete «Ich» kam dadurch in stetige Abhängigkeit von ihm. Dadurch ward der Mensch in der Zukunft den fortdauernden Einflüssen eines niederen Elementes in seiner Natur ausgesetzt. Er konnte in seinem Leben unter die Höhe herabsinken, auf die er durch die Erden-Mondenwesen im Weltengange gestellt war. Und es blieb für die Folgezeit für ihn der fortdauernde Einfluß der charakterisierten unregelmäßig entwickelten Mondwesen auf seine Natur bestehen. Man kann diese Mondwesen im Gegensatz zu den andern, welche vom Erdenmonde aus das Bewußtsein zum Weltenspiegel formten, aber keinen freien Willen gaben, die luziferischen Geister nennen. Diese brachten dem Menschen die Möglichkeit, in seinem Bewußtsein eine freie Tätigkeit zu entfalten, damit aber auch die Möglichkeit des Irrtums, des Bösen.

Die Folge dieser Vorgänge war, daß der Mensch in ein anderes Verhältnis zu den Sonnengeistern kam, als ihm vorbestimmt war durch die Erden-Mondgeister. Diese wollten den Spiegel seines Bewußtseins so entwickeln, daß im ganzen menschlichen Seelenleben der Einfluß der Sonnengeister das Beherrschende gewesen wäre. Diese Vorgänge wurden durchkreuzt und im Menschenwesen der Gegensatz geschaffen zwischen dem Sonnengeist-Einfluß und dem Einfluß der Geister mit unregelmäßiger Mondenentwickelung. Durch diesen Gegensatz entstand im Menschen auch das Unvermögen, die physischen Sonnenwirkungen als solche zu erkennen; sie blieben ihm verborgen hinter den irdischen Eindrücken der Außenwelt. Das Astralische im Menschen, erfüllt von diesen Eindrücken, wurde in den Bereich des «Ich» gezogen. Dieses «Ich», welches sonst nur den ihm von den «Geistern der Form» verliehenen Funken des Feuers verspürt hätte und in allem, was das äußere Feuer betraf, sich den Geboten dieser Geister untergeordnet hätte, wirkte nunmehr auch durch das ihm selbst eingeimpfte Element auf die äußeren Wärme-Erscheinungen. Es stellte dadurch ein Anziehungsband her zwischen sich und dem Erdenfeuer. Dadurch verstrickte es den Menschen mehr, als das ihm vorbestimmt war, in die irdische Stofflichkeit. Während er vorher einen physischen Leib hatte, der in seinen Hauptteilen aus

Feuer, Luft und Wasser bestand und dem nur etwas wie ein Schattenbild von Erdsubstanz beigesetzt war, wurde jetzt der Leib aus Erde dichter. Und während vorher der Mensch mehr als ein feinorganisiertes Wesen über dem festen Erdboden in einer Art schwimmend-schwebender Bewegung war, mußte er nunmehr «aus dem Erdenumkreis» herabsteigen auf Teile der Erde, die schon mehr oder weniger verfestigt waren.

Daß solche physische Wirkungen der geschilderten geistigen Einflüsse eintreten konnten, erklärt sich daraus, daß diese Einflüsse derart waren, wie es oben geschildert worden ist. Sie waren eben weder Natureinflüsse noch solche, die seelisch von Mensch zu Mensch wirken. Die letzteren erstrecken ihre Wirkung nicht so weit ins Körperliche wie die geistigen Kräfte, welche hier in Betracht kommen.

Weil der Mensch nach seinen eigenen, dem Irrtum unterworfenen Vorstellungen sich den Einflüssen der Außenwelt aussetzte, weil er nach Begierden und Leidenschaften lebte, welche er nicht nach höheren geistigen Einflüssen regeln ließ, trat die Möglichkeit von Krankheiten auf. Eine besondere Wirkung des luziferischen Einflusses war aber diejenige, daß nunmehr der Mensch sein einzelnes Erdenleben nicht wie eine Fortsetzung des leibfreien Daseins fühlen konnte. Er nahm nunmehr solche Erdeneindrücke auf, welche durch das eingeimpfte astralische Element erlebt werden konnten und welche mit den Kräften sich verbanden, welche den physischen Leib zerstören. Das empfand der Mensch als Absterben seines Erdenlebens. Und der durch die menschliche Natur selbst bewirkte «Tod» trat dadurch auf. Damit ist auf ein bedeutsames Geheimnis in der Menschennatur gedeutet, auf den Zusammenhang des menschlichen Astralleibes mit den Krankheiten und dem Tode.

Für den menschlichen Lebensleib traten nun besondere Verhältnisse ein. Er wurde in ein solches Verhältnis zwischen physischem Leib und Astralleib hineingegliedert, daß er in gewisser Beziehung den Fähigkeiten entzogen wurde, welche sich der Mensch durch den luziferischen Einfluß angeeignet hatte. Ein Teil dieses Lebensleibes blieb außer dem physischen Leibe so, daß er nur von höheren Wesenheiten, nicht von dem menschlichen Ich beherrscht werden konnte. Diese höheren Wesenheiten waren diejenigen, welche bei der Sonnentrennung die Erde verlassen hatten, um unter der Führung eines ihrer erhabenen Genossen einen andern Wohnsitz einzunehmen. Wäre der charakterisierte Teil des Lebensleibes mit dem astralischen Leibe vereinigt geblieben, so hätte der Mensch übersinnliche Kräfte, die ihm vorher eigen waren, in seinen eigenen Dienst gestellt. Er hätte den luziferischen Einfluß auf diese Kräfte ausgedehnt. Dadurch hätte sich der Mensch allmählich ganz von den Sonnenwesenheiten losgelöst. Und sein Ich wäre zu einem völligen Erden-Ich geworden. Es hätte so kommen müssen, daß dieses Erden-Ich nach dem Tode des physischen Leibes (beziehungsweise schon bei dessen Verfall) einen andern physischen Leib, einen Nachkommen-Leib, bewohnt hätte, ohne durch eine Verbindung mit höheren geistigen Wesenheiten in einem leibfreien Zustand hindurchzugehen. Der Mensch wäre so zum Bewußtsein seines Ich, aber nur als eines «irdischen Ich» gekommen. Das wurde abgewendet durch jenen Vorgang mit dem Lebensleibe, der durch die Erdmondenwesen bewirkt wurde. Das eigentliche individuelle Ich wurde dadurch so losgelöst vom bloßen Erden-Ich, daß der Mensch sich während des Erdenlebens allerdings nur teilweise als eigenes Ich fühlte; zugleich fühlte er, wie sein Erden-Ich eine Fortsetzung war des Erden-Ichs seiner Vorfahren durch die Generationen hindurch. Die Seele fühlte im Erdenleben eine Art «Gruppen-Ich» bis zu den fernen Ahnen, und der Mensch empfand sich als Glied der Gruppe. In dem leibfreien Zustand konnte das individuelle Ich sich erst als Einzel-Wesen fühlen. Aber der Zustand dieser Vereinzelung war dadurch beeinträchtigt, daß das Ich mit der Erinnerung an das Erdenbewußtsein (Erden-Ich) behaftet blieb. Das trübte den Blick für die geistige Welt, die anfing, sich zwischen Tod und Geburt ähnlich mit einem Schleier zu verdecken wie für den physischen Blick auf Erden.

Der physische Ausdruck all der Veränderungen, welche in der geistigen Welt geschahen, während die Menschenentwickelung durch die geschilderten Verhältnisse hindurchging, war die allmähliche Regelung der gegenseitigen Beziehungen von Sonne, Mond und Erde (und im weiteren Sinne noch anderer Himmelskörper). Von diesen Beziehungen sei als *eine* Folge der Wechsel von Tag und Nacht hervorgehoben. (Die Bewegungen der Himmelskörper werden durch die sie bewohnenden Wesen geregelt. Die Bewegung der Erde, durch welche Tag und Nacht entstehen, wurde durch das Wechselverhältnis der verschiedenen über den Menschen stehenden Geister bewirkt. Ebenso war auch die Bewegung des Mondes zustandegekommen, damit nach der Trennung des Mondes von der Erde, durch die Umdrehung des ersten um die zweite, die «Geister der Form» auf den physischen Menschenleib in der rechten Art, in dem richtigen Rhythmus, wirken konnten.) Bei Tag wirkten nun das Ich und der astralische Leib des Menschen in dem physischen und dem Lebensleib. Bei Nacht hörte diese Wirkung auf. Da traten das Ich und der astralische Leib aus dem physischen und dem Lebensleibe heraus. Sie kamen in dieser Zeit ganz in den Bereich der «Söhne des Lebens» (Engel), der «Feuergeister» (Erzengel), der «Geister der Persönlichkeit» und der «Geister der Form». Den physischen Leib und den Lebensleib faßten in dieser Zeit außer den «Geistern der Form» noch die «Geister der Bewegung», die «Geister der Weisheit» und die «Throne» in ihr Wirkungsgebiet. So konnten die schädlichen Einwirkungen, welche während des Tages durch die Irrtümer des astralischen Leibes auf den Menschen ausgeübt wurden, wieder ausgebessert werden.

Indem sich nun die Menschen auf der Erde wieder vermehrten, war in den Nachkommen kein Grund mehr, daß nicht Menschenseelen in ihnen zur Verkörperung hätten schreiten sollen. So wie jetzt die Erdmondenkräfte wirkten, gestalteten sich unter ihrem Einflusse die Menschenleiber durchaus geeignet zur Verkörperung von Menschenseelen. Und es wurden jetzt die vorher auf den Mars, den Jupiter usw. entrückten Seelen auf die Erde gelenkt. Es war dadurch für jeden Menschennachkommen, der in der Generationenfolge geboren wurde, eine Seele da. Das dauerte so durch lange Zeiten hindurch, so daß der Seelenzuzug auf der Erde der Vermehrung der Menschen entsprach. Diejenigen Seelen, welche nun mit dem Erdentode den Leib verließen, behielten für den leibfreien Zustand den Nachklang der irdischen Individualität wie eine Erinnerung zurück. Diese Erinnerung wirkte so, daß sie, wenn wieder ein ihnen entsprechender Leib auf der Erde geboren wurde, sich wieder in einem solchen verkörperten. Innerhalb der menschlichen Nachkommenschaft gab es in der Folge solche Menschen, welche von außen kommende Seelen hatten, die zum ersten Male wieder nach den ersten Zeiten der Erde auf dieser erschienen, und andere mit irdisch wiederverkörperten Seelen. Immer weniger werden nun in der Folgezeit der Erdenentwickelung die zum ersten Male erschienenen jungen Seelen und immer mehr die wiederverkörperten. Doch bestand das Menschengeschlecht für lange Zeiten aus den durch diese Tatsachen bedingten beiden Menschenarten. Auf der Erde empfand sich der Mensch nun mehr durch das gemeinsame Gruppen-Ich mit seinen Vorfahren verbunden. Das Erlebnis des individuellen Ich war dafür umso stärker im leibfreien Zustande zwischen dem Tode und einer neuen Geburt. Diejenigen Seelen, welche, vom Himmelsraume kommend, in Menschenleibern einzogen, waren in einer andern Lage als diejenigen, welche bereits ein oder mehrere Erdenleben hinter sich hatten. Die ersteren brachten für das physische Erdenleben als Seelen nur die Bedingungen mit, welchen sie durch die höhere geistige Welt und durch ihre außer dem Erdenbereiche gemachten Erlebnisse unterworfen waren. Die andern hatten in früheren Leben selbst Bedingungen hinzugefügt. Das Schicksal jener Seelen war nur von Tatsachen bestimmt, die außerhalb der neuen Erdenverhältnisse lagen. Dasjenige der wiederverkörperten Seelen ist auch durch dasjenige bestimmt, was sie selbst in früheren Leben unter den irdischen Verhältnissen getan haben. Mit der Wiederverkörperung trat zugleich das menschliche Einzel-Karma in die Erscheinung. – Dadurch, daß der menschliche Lebensleib dem Einflusse des Astralleibes in der oben angedeuteten Art entzogen wurde, trat auch das Fortpflanzungsverhältnis nicht in den Umkreis des menschlichen Bewußtseins, sondern es stand unter der Herrschaft der geistigen Welt. Wenn sich eine Seele niedersenken sollte auf den Erdkreis, dann traten die Impulse für die Fortpflanzung beim Erdenmenschen auf. Der ganze Vorgang war bis zu einem gewissen Grade für das irdische Bewußtsein in ein geheimnisvolles Dunkel gehüllt. – Aber auch während des Erdenlebens traten die Folgen dieser teilweisen Trennung des Lebensleibes vom physischen Leibe ein. Es konnten die Fähigkeiten dieses Lebensleibes durch den geistigen Einfluß besonders erhöht werden. Für das Seelenleben machte sich dies dadurch geltend, daß das Gedächtnis seine besondere Ausbildung erhielt. Das selbständige logische Denken war in dieser Zeit des Menschen nur in den allerersten Anfängen. Dafür war die Erinnerungsfähigkeit fast grenzenlos. Nach außen zeigte sich, daß der Mensch eine unmittelbare gefühlsmäßige Erkenntnis von den Wirkungskräften alles Lebendigen hatte. Er konnte die Kräfte des Lebens und der Fortpflanzung der tierischen und namentlich pflanzlichen Natur in seinen Dienst stellen. Was die Pflanze antreibt zum Wachsen, das zum Beispiel konnte der Mensch aus der Pflanze herausziehen und es verwenden, wie gegenwärtig die Kräfte der leblosen Natur, zum Beispiel die in den Steinkohlen schlummernde Kraft aus dieser herausgezogen und dazu verwendet wird, Maschinen zu bewegen. (Näheres über diese Sache findet man in meiner kleinen Schrift «Unsere atlantischen Vorfahren».) * – Auch das innere Seelenleben des Menschen veränderte sich durch den luziferischen Einfluß in der mannigfaltigsten Art. Es könnten viele Arten von Gefühlen und Empfindungen angeführt werden, welche dadurch entstanden sind. Nur einiges mag erwähnt werden. Bis zu diesem Einflusse hin wirkte die Menschenseele in dem, was sie zu gestalten und zu tun hatte, im Sinne der Absichten höherer geistiger Wesenheiten. Der Plan zu allem, was ausgeführt werden sollte, war von vornherein bestimmt.

Und in dem Grade, als das menschliche Bewußtsein überhaupt entwickelt war, konnte es auch voraussehen, wie sich in der Zukunft die Dinge nach dem vorgefaßten Plane entwickeln müssen. Dieses vorausschauende Bewußtsein ging verloren, als sich vor die Offenbarung der höheren geistigen Wesenheiten der Schleier der irdischen Wahrnehmungen hinwob und in ihnen die eigentlichen Kräfte der Sonnenwesen sich verbargen. Ungewiß wurde nunmehr die Zukunft. Und damit pflanzte sich der Seele die Möglichkeit des Furchtgefühles ein. Die Furcht ist eine unmittelbare Folge des Irrtums. – Man sieht aber auch, wie mit dem luziferischen Einflusse der Mensch unabhängig wurde von bestimmten Kräften, denen er vorher willenlos hingegeben war. Er konnte nunmehr aus sich heraus Entschlüsse fassen. Die Freiheit ist das Ergebnis dieses Einflusses. Und die Furcht und ähnliche Gefühle sind nur Begleiterscheinungen der Entwickelung des Menschen zur Freiheit.

Geistig angesehen stellt sich das Auftreten der Furcht so, daß innerhalb der Erdenkräfte, unter deren Einfluß der Mensch durch die luziferischen Mächte gelangt war, andere Mächte wirksam waren, die viel früher im Entwickelungslaufe als die luziferischen Unregelmäßigkeit angenommen hatten. Mit den Erdenkräften nahm der Mensch die Einflüsse dieser Mächte in sein Wesen herein. Sie gaben Gefühlen, die ohne sie ganz anders gewirkt hätten, die Eigenschaft der Furcht. Man kann diese Wesenheiten die ahrimanischen nennen; sie sind dieselben, die – in Goethes Sinne – mephistophelisch genannt werden.

Wenn nun auch der luziferische Einfluß sich zunächst nur bei den fortgeschrittensten Menschen geltend gemacht hat, so dehnte er sich doch bald auch über andere aus. Es vermischten sich die Nachkommen der fortgeschrittenen mit den oben charakterisierten weniger fortgeschrittenen. Dadurch drang die luziferische Kraft auch zu den letzteren. Aber der Lebensleib der von den Planeten zurückkehrenden Seelen konnte nicht in demselben Grade geschützt werden wie derjenige, welchen die Nachkommen der auf der Erde verbliebenen hatten. Der Schutz dieses letzteren ging von einem hohen Wesen aus, welches im Kosmos die Führung damals hatte, als sich die Sonne von der Erde trennte. Dieses Wesen erscheint auf dem Gebiete, das hier betrachtet wird, als der Herrscher im Sonnenreiche. Mit ihm zogen diejenigen erhabenen Geister zum Sonnenwohnplatze, welche durch ihre kosmische Entwickelung die Reife dazu erlangt hatten. Es gab aber auch solche Wesen, welche bei der Sonnentrennung zu solcher Höhe nicht gestiegen waren. Sie mußten sich andere Schauplätze suchen. Sie waren es eben, durch die es kam, daß aus jener gemeinsamen Weltsubstanz, welche anfänglich im physischen Erdenorganismus war, sich der Jupiter und andere Planeten loslösten. Der Jupiter wurde der Wohnplatz solcher nicht zur Sonnenhöhe herangereifter Wesen. Das vorgeschrittenste wurde der Führer des Jupiter. Wie der Führer der Sonnenentwickelung das «höhere Ich» wurde, das im Lebensleibe der Nachkommen der auf Erden verbliebenen Menschen wirkte, so wurde dieser Jupiterführer das «höhere Ich», das sich wie ein gemeinsames Bewußtsein durch die Menschen hindurchzog, welche abstammten von einer Vermischung von Sprößlingen der auf Erden verbliebenen mit solchen Menschen, die in der oben geschilderten Art erst auf der Erde in der Zeit des Luftelementes aufgetreten und zum Jupiter übergegangen waren. Man kann im Sinne der Geisteswissenschaft solche Menschen «Jupitermenschen» nennen. Es waren das Menschennachkömmlinge, welche in jener alten Zeit noch Menschenseelen aufgenommen hatten; doch solche, die, beim Beginn der Erdenentwickelung die erste Berührung mit dem Feuer mitzumachen, noch nicht reif genug waren. Es waren Seelen zwischen dem Menschen- und dem Tierseelenreich. Es gibt nun auch Wesen, welche sich unter der Führung eines höchsten aus der gemeinsamen Weltsubstanz den Mars als Wohnplatz ausgesondert hatten. Unter ihren Einfluß kam eine dritte Art von Menschen, die durch Vermischung entstanden waren, die «Marsmenschen». (Es fällt von diesen Erkenntnissen aus ein Licht auf die Urgründe der Planetenentstehung unseres Sonnensystems. Denn alle Körper dieses Systems sind entstanden durch die verschiedenen Reifezustände der sie bewohnenden Wesen. Doch kann hier natürlich nicht auf alle Einzelheiten der kosmischen Gliederungen eingegangen werden.) Diejenigen Menschen, welche in ihrem Lebensleibe das hohe Sonnenwesen selbst als vorhanden wahrnahmen, können «Sonnenmenschen» genannt werden. Das Wesen, das in ihnen als «höheres Ich» lebte – natürlich nur in den Generationen, nicht im einzelnen – ist dasjenige, welches später, als die Menschen eine bewußte Erkenntnis von ihm erlangten, mit verschiedenen Namen belegt wurde und das den Gegenwartsmenschen das ist, in dem sich ihnen das Verhältnis offenbart, welches der Christus zum Kosmos hat. Man kann dann noch «Saturnmenschen» unterscheiden. Bei ihnen trat als «höheres Ich» ein Wesen auf, das vor der Sonnentrennung mit seinen Genossen die gemeinsame Weltsubstanz verlassen mußte. Es war dies eine Art von Menschen, welche nicht nur im Lebensleibe, sondern auch im physischen Leibe einen Teil hatten, welcher dem luziferischen Einfluß entzogen blieb.

Nun war bei den niedriger stehenden Menschenarten der Lebensleib doch zu wenig geschützt, um den Einwirkungen des luziferischen Wesens genügend widerstehen zu können. Sie konnten die Willkür des in ihnen befindlichen Feuerfunkens des «Ich» so weit ausdehnen, daß sie in ihrem Umkreise mächtige Feuerwirkungen schädlicher Art hervorriefen. Die Folge war eine gewaltige Erdkatastrophe. Durch die Feuerstürme ging ein großer Teil der damals bewohnten Erde zugrunde und mit ihm die dem Irrtum verfallenen Menschen. Nur der kleinste Teil, der vom Irrtum zum Teil unberührt geblieben war, konnte sich auf ein Gebiet der Erde retten, das bis dahin geschützt war vor dem verderblichen menschlichen Einflusse. Als ein solcher Wohnplatz, der sich für die neue Menschheit besonders eignete, stellte sich das Land heraus, das auf dem Flecke der Erde war, der gegenwärtig vom Atlantischen Ozean bedeckt wird. Dorthin zog sich der am reinsten vom Irrtum gebliebene Teil der Menschen. Nur versprengte Menschheitsglieder bewohnten andere Gegenden. Im Sinne der Geisteswissenschaft kann man das Erdengebiet zwischen dem gegenwärtigen Europa, Afrika und Amerika, das einstmals bestanden hat, «Atlantis» nennen. (In der entsprechenden Literatur wird in einer gewissen Art auf den charakterisierten dem atlantischen vorangegangenen Abschnitt der Menschheitsentwickelung hingewiesen. Er wird da das lemurische Zeitalter der Erde genannt, dem das atlantische folgte. Dagegen kann die Zeit, in welcher die Mondenkräfte ihre Hauptwirkungen noch nicht entfaltet hatten, das hyperboräische Zeitalter genannt werden. Diesem geht noch ein anderes voran, das also mit der allerersten Zeit der physischen Erdenentwickelung zusammenfällt. In der biblischen Überlieferung wird die Zeit * vor der Einwirkung der luziferischen Wesen als die paradiesische Zeit geschildert und das Herabsteigen auf die Erde, das Verstricktwerden der Menschen in die Sinnenwelt, als die Vertreibung aus dem Paradiese.)

Die Entwickelung im atlantischen Gebiet war die Zeit der eigentlichen Sonderung in Saturn-, Sonnen-, Jupiter- und Marsmenschen. Vorher wurden dazu eigentlich erst die Anlagen entfaltet. Nun hatte die Scheidung von Wach- und Schlafzustand für das Menschenwesen noch besondere Folgen, die besonders bei der atlantischen Menschheit hervortraten. Während der Nacht waren des Menschen astralischer Leib und Ich im Bereiche der über ihm stehenden Wesen bis zu den «Geistern der Persönlichkeit» hinauf. Durch denjenigen Teil seines Lebensleibes, der nicht mit dem physischen Leibe verbunden war, konnte der Mensch die Wahrnehmung der «Söhne des Lebens» (Engel) und der «Feuergeister» (Erzengel) haben. Denn er konnte mit dem nicht vom physischen Leib durchdrungenen Teil des Lebensleibes während des Schlafens vereinigt bleiben. Die Wahrnehmung der «Geister der Persönlichkeit» blieb allerdings undeutlich, eben wegen des luziferischen Einflusses. Mit den Engeln und Erzengeln wurden aber auf diese Art für den Menschen in dem geschilderten Zustande auch diejenigen Wesen sichtbar, welche als auf Sonne oder Mond Zurückgebliebene nicht das Erdendasein antreten konnten. Sie mußten deshalb in der seelisch-geistigen Welt verbleiben. Der Mensch zog sie aber durch das luziferische Wesen in den Bereich seiner vom physischen Leib getrennten Seele. Dadurch kam er mit Wesen in Berührung, welche in hohem Grade verführerisch auf ihn wirkten. Sie vermehrten in der Seele den Trieb zum Irrtum; namentlich zum Mißbrauch der Wachstums- und Fortpflanzungskräfte, welche durch die Trennung von physischem Leib und Lebensleib in seiner Macht standen.

Es war nun für einzelne Menschen des atlantischen Zeitalters die Möglichkeit gegeben, sich so wenig als möglich in die Sinnenwelt zu verstricken. Durch sie wurde der luziferische Einfluß aus einem Hindernis der Menschheitsentwickelung zum Mittel eines höheren Fortschreitens. Sie waren durch ihn in der Lage, früher, als es sonst möglich gewesen wäre, die Erkenntnis für die Erdendinge zu entfalten. Dabei versuchten diese Menschen den Irrtum aus ihrem Vorstellungsleben zu entfernen und die ursprünglichen Absichten der geistigen Wesen aus den Erscheinungen der Welt zu ergründen. Sie hielten sich frei von den nach der bloßen Sinnenwelt gelenkten Trieben und Begierden des astralischen Leibes. Dadurch wurden sie von dessen Irrtümern immer freier. Das führte bei ihnen Zustände herbei, durch welche sie bloß in jenem Teile des Lebensleibes wahrnahmen, welcher in der geschilderten Weise vom physischen Leibe getrennt war. In solchen Zuständen war das Wahrnehmungsvermögen des physischen Leibes wie ausgelöscht und dieser selbst wie tot. Dann waren sie durch den Lebensleib ganz verbunden mit dem Reiche der «Geister der Form» und konnten von diesen erfahren, wie sie geführt und gelenkt werden von jenem hohen Wesen, das die Führung hatte bei der Trennung von Sonne und Erde, und durch das sich später den Menschen das Verständnis für den «Christus» eröffnete. Solche Menschen waren Eingeweihte (Initiierte). Weil aber des Menschen Individualität in der oben geschilderten Art in den Bereich der Mondwesen gekommen war, so konnten auch diese Eingeweihten in der Regel von dem Sonnenwesen nicht unmittelbar berührt werden, sondern es konnte ihnen nur wie in einer Spiegelung durch die Mondwesen gezeigt werden. Sie sahen dann nicht das Sonnenwesen unmittelbar, sondern dessen Abglanz. Sie wurden die Führer der anderen Menschheit, denen sie die erschauten Geheimnisse mitteilen konnten. Sie zogen sich Schüler heran, denen sie die Wege zur Erlangung des Zustandes wiesen, welcher zur Einweihung führt. Zur Erkenntnis dessen, was früher durch «Christus» sich offenbarte, konnten nur solche Menschen gelangen, die in angedeutetem Sinne zu den Sonnenmenschen gehörten. Sie pflegten ihr geheimnisvolles Wissen und die Verrichtungen, welche dazu führten, an einer besonderen Stätte, welche hier das Christus- oder Sonnenorakel genannt werden soll. (Oraculum im Sinne eines Ortes, wo die Absichten geistiger Wesen vernommen werden.) Das hier in bezug auf den Christus Gesagte wird nur dann nicht mißverstanden werden, wenn man bedenkt, daß die übersinnliche Erkenntnis in dem Erscheinen des Christus auf der Erde ein Ereignis sehen muß, auf das als ein in der Zukunft Bevorstehendes diejenigen hingewiesen haben, welche vor diesem Ereignis mit dem Sinn der Erdenentwickelung bekannt waren. Man ginge fehl, wenn man bei diesen «Eingeweihten» ein Verhältnis zu dem Christus voraussetzen würde, das erst durch dieses Ereignis möglich geworden ist. Aber *das* konnten sie prophetisch begreifen und ihren Schülern begreiflich machen: «Wer von der Macht des Sonnenwesens berührt ist, der sieht den Christus an die Erde herankommen.»

Andere Orakel wurden ins Leben gerufen von den Angehörigen der Saturn-, Mars- und Jupitermenschheit. Deren Eingeweihte führten ihr Anschauen nur bis zu den Wesenheiten, welche als entsprechende «höhere Iche» in ihren Lebensleibern enthüllt werden konnten. So entstanden Bekenner der Saturn-, der Jupiter-, der Marsweisheit. Außer diesen Einweihungsmethoden gab es solche für Menschen, welche vom luziferischen Wesen zu viel in sich aufgenommen hatten, um einen so großen Teil des Lebensleibes vom physischen Leibe getrennt sein zu lassen wie die Sonnenmenschen. Bei diesen hielt der astralische Leib eben mehr vom Lebensleib im physischen Leibe zurück als bei den Sonnenmenschen. Sie konnten auch nicht durch die genannten Zustände bis zur prophetischen Christus-Offenbarung gebracht werden. Sie mußten wegen ihres mehr vom luziferischen Prinzip beeinflußten Astralleibes schwierigere Vorbereitungen durchmachen, und dann konnten sie in einem weniger leibfreien Zustand als die andern zwar nicht die Offenbarung des Christus selbst enthüllt erhalten, aber die anderer hoher Wesen. Es gab solche Wesen, welche zwar bei der Sonnentrennung die Erde verlassen haben, aber doch nicht auf der Höhe standen, daß sie die Sonnenentwickelung auf die Dauer hätten mitmachen können. Sie gliederten sich nach der Trennung von Sonne und Erde einen Wohnplatz von der Sonne ab, die Venus. Deren Führer wurde das Wesen, welches nun für die geschilderten Eingeweihten und ihre Anhänger zum «höheren Ich» wurde. Ein ähnliches geschah mit dem führenden Geist des Merkur für eine andere Art Menschen. So entstanden das Venus- und das Merkurorakel. Eine gewisse Art von Menschen, die am meisten von dem luziferischen Einfluß aufgenommen hatten, konnte nur zu einem Wesen gelangen, welches mit seinen Genossen am frühesten von der Sonnenentwickelung wieder ausgestoßen worden ist. Es hat dieses keinen besonderen Planeten im Weltenraum, sondern lebt im Umkreis der Erde selbst noch, mit der es sich wieder vereinigt hat nach der Rückkehr von der Sonne. Diejenigen Menschen, welchen sich dieses Wesen als höheres Ich enthüllte, können die Anhänger des Vulkanorakels genannt werden. Ihr Blick war mehr den irdischen Erscheinungen zugewendet als derjenige der übrigen Eingeweihten. Sie legten die ersten Gründe zu dem, was später als Wissenschaften und Künste unter den Menschen entstand. Die Merkur-Eingeweihten dagegen begründeten das Wissen von den mehr übersinnlichen Dingen; und in noch höherem Grade taten dies die Venus-Eingeweihten. Die Vulkan-, Merkur- und Venus-Eingeweihten unterschieden sich von den Saturn-, Jupiter- und Mars-Eingeweihten dadurch, daß die letzteren ihre Geheimnisse mehr als eine Offenbarung von oben empfingen, mehr in einem fertigen Zustande; während die ersteren schon mehr in Form von eigenen Gedanken, von Ideen ihr Wissen enthüllt erhielten. In der Mitte standen die Christus-Eingeweihten. Sie erhielten mit der Offenbarung in unmittelbarem Zustande auch zugleich die Fähigkeit, in menschliche Begriffsformen ihre Geheimnisse zu kleiden. Die Saturn-, Jupiter- und Mars-Eingeweihten mußten sich mehr in Sinnbildern aussprechen; die Christus-, Venus-, Merkur- und Vulkan-Eingeweihten konnten sich mehr in Vorstellungen mitteilen.

Was auf diese Art zur atlantischen Menschheit gelangte, kam auf dem Umwege durch die Eingeweihten. Aber auch die andere Menschheit erhielt durch das luziferische Prinzip besondere Fähigkeiten, indem durch die hohen kosmischen Wesenheiten das zum Heil verwandelt wurde, was sonst zum Verderben hätte werden können. Eine solche Fähigkeit ist die der Sprache. Sie wurde dem Menschen zuteil durch seine Verdichtung in die physische Stofflichkeit und durch die Trennung eines Teiles seines Lebensleibes vom physischen

Leib. In den Zeiten nach der Mondentrennung fühlte sich der Mensch zunächst mit den physischen Vorfahren durch das Gruppen-Ich verbunden. Doch verlor sich dieses gemeinsame Bewußtsein, welches Nachkommen mit Vorfahren verband, allmählich im Laufe der Generationen. Die späteren Nachkommen hatten dann nur bis zu einem nicht weit zurückliegenden Vorfahren die innere Erinnerung; zu den früheren Ahnen hinauf nicht mehr. In den Zuständen von Schlafähnlichkeit nur, in denen die Menschen mit der geistigen Welt in Berührung kamen, tauchte nun die Erinnerung an diesen oder jenen Vorfahren wieder auf. Die Menschen hielten sich dann wohl auch für eins mit diesem Vorfahren, den sie in ihnen wiedererschienen glaubten. Dies war eine irrtümliche Idee von der Wiederverkörperung, welche namentlich in der letzten atlantischen Zeit auftauchte. Die wahre Lehre von der Wiederverkörperung konnte nur in den Schulen der Eingeweihten erfahren werden. Die Eingeweihten schauten, wie im leibfreien Zustand die Menschenseele von Verkörperung zu Verkörperung geht. Und sie allein konnten die Wahrheit darüber ihren Schülern mitteilen.

Die physische Gestalt des Menschen ist in der urfernen Vergangenheit, von welcher hier die Rede ist, noch weit verschieden von der gegenwärtigen. Diese Gestalt war in einem hohen Grade noch der Ausdruck der seelischen Eigenschaften. Der Mensch bestand noch aus einer feineren, weicheren Stofflichkeit, als er später angenommen hat. Was gegenwärtig verfestigt ist, war in den Gliedern weich, biegsam und bildsam. Ein mehr seelischer, geistigerer Mensch war von zartem, beweglichem, ausdrucksvollem Körperbau. Ein geistig wenig entwickelter von groben, unbeweglichen, wenig bildsamen Körperformen. Seelische Vorgeschrittenheit zog die Glieder zusammen; die Gestalt wurde klein erhalten; seelische Zurückgebliebenheit und Verstricktheit in die Sinnlichkeit drückte sich in riesenhafter Größe aus. Während der Mensch in der Wachstumsperiode war, formte sich in einer Art, die für gegenwärtige Vorstellungen fabelhaft, ja phantastisch erscheinen muß, der Körper nach dem, was in der Seele sich bildete. Verdorbenheit in den Leidenschaften, Trieben und Instinkten zog ein Anwachsen des Materiellen im Menschen ins Riesenhafte nach sich. Die gegenwärtige physische Menschengestalt ist durch Zusammenziehen, Verdichtung und Verfestigung des atlantischen Menschen entstanden. Und während vor der atlantischen Zeit der Mensch als ein getreues Abbild seiner seelischen Wesenheit vorhanden war, trugen gerade die Vorgänge der atlantischen Entwickelung die Ursachen in sich, welche zu dem nachatlantischen Menschen führten, der in seiner physischen Gestalt fest und von den seelischen Eigenschaften verhältnismäßig wenig abhängig ist. (Das Tierreich ist in seinen Formen in weit älteren Zeiten auf der Erde dicht geworden als der Mensch.) – Die Gesetze, welche gegenwärtig der Bildung der Formen in den Naturreichen zugrunde liegen, dürfen durchaus nicht auf fernere Vergangenheiten ausgedehnt werden.

Gegen die Mitte der atlantischen Entwickelungszeit machte sich allmählich ein Unheil in der Menschheit geltend. Die Geheimnisse der Eingeweihten hätten sorgfältig vor solchen Menschen behütet werden müssen, welche nicht durch Vorbereitung ihren Astralleib von Irrtum gereinigt hatten. Erlangen diese eine solche Einsicht in die verborgenen Erkenntnisse, in die Gesetze, wodurch die höheren Wesen die Naturkräfte lenken, so stellen sie dieselben in den Dienst ihrer verirrten Bedürfnisse und Leidenschaften. Die Gefahr war um so größer, als ja die Menschen, wie geschildert worden ist, in den Bereich niederer Geisteswesen kamen, welche die regelmäßige Erdenentwickelung nicht mitmachen konnten, daher ihr entgegenwirkten. Diese beeinflußten die Menschen fortwährend so, daß sie ihnen Interessen einflößten, welche gegen das Heil der Menschheit in Wahrheit gerichtet waren. Nun hatten aber die Menschen noch die Fähigkeit, die Wachstums- und die Fortpflanzungskräfte der tierischen und der menschlichen Natur in ihren Dienst zu stellen. – Den Versuchungen von seiten niederer Geistwesen unterlagen nicht nur gewöhnliche Menschen, sondern auch ein Teil der Eingeweihten. Sie kamen dazu, die genannten übersinnlichen Kräfte in einen Dienst zu stellen, welcher der Entwickelung der Menschheit zuwiderlief. Und sie suchten sich zu diesem Dienst Genossen, welche nicht eingeweiht waren und welche ganz im niederen Sinne die Geheimnisse des übersinnlichen Naturwirkens anwandten. Die Folge war eine große Verderbnis der Menschheit. Das Übel breitete sich immer mehr aus. Und weil die Wachstums- und Fortpflanzungskräfte dann, wenn sie ihrem Mutterboden entrissen und selbständig verwendet werden, in einem geheimnisvollen Zusammenhange stehen mit gewissen Kräften, die in Luft und Wasser wirken, so wurden durch die menschlichen Taten gewaltige verderbliche Naturmächte entfesselt. Das führte zur allmählichen Zerstörung des atlantischen Gebietes durch Luft- und Wasserkatastrophen der Erde. Die atlantische Menschheit mußte auswandern, insofern sie in den Stürmen nicht zugrunde ging. Damals erhielt die Erde durch diese Stürme ein neues Antlitz. Auf der einen Seite kamen Europa, Asien und Afrika allmählich zu den Gestalten, die sie gegenwärtig haben. Auf der andern Seite Amerika. Nach diesen

Ländern gingen große Wanderzüge. Für unsere Gegenwart sind besonders diejenigen dieser Züge wichtig, welche von der Atlantis ostwärts gingen. Europa, Asien, Afrika wurden nach und nach von den Nachkommen der Atlantier besiedelt. Verschiedene Völker schlugen da ihre Wohnsitze auf. Sie standen auf verschiedenen Höhen der Entwickelung, aber auch auf verschiedenen Höhen des Verderbnisses. Und in ihrer Mitte zogen die Eingeweihten, die Behüter der Orakel-Geheimnisse. Diese begründeten in verschiedenen Gegenden Stätten, in denen die Dienste des Jupiter, der Venus und so weiter in gutem, aber auch in schlechtem Sinne gepflegt wurden. Einen besonders ungünstigen Einfluß übte der Verrat der Vulkan-Geheimnisse aus. Denn der Blick von deren Bekennern war am meisten auf die irdischen Verhältnisse gerichtet. Die Menschheit wurde durch diesen Verrat in Abhängigkeit von geistigen Wesen gebracht, welche infolge ihrer vorangegangenen Entwickelung sich gegen alles ablehnend verhielten, was aus der geistigen Welt kam, die sich durch die Trennung der Erde von der Sonne entwickelt hatte. Sie wirkten ihrer so entwickelten Anlage gemäß gerade in dem Elemente, welches im Menschen sich dadurch ausbildete, daß er in der sinnlichen Welt Wahrnehmungen hatte, hinter denen das Geistige sich verhüllt. Diese Wesen erlangten nunmehr einen großen Einfluß auf viele menschliche Erdenbewohner. Und derselbe machte sich zunächst dadurch geltend, daß dem Menschen das Gefühl für das Geistige immer mehr genommen wurde. – Weil sich in diesen Zeiten die Größe, Form und Bildsamkeit des menschlichen physischen Körpers noch in hohem Grade nach den Eigenschaften der Seele richtete, so war die Folge jenes Verrates auch in Veränderungen des Menschengeschlechtes nach dieser Richtung hin zutage getreten. Wo die Verderbtheit der Menschen besonders dadurch sich geltend machte, daß übersinnliche Kräfte in den Dienst niederer Triebe, Begierden und Leidenschaften gestellt wurden, da wurden unförmige, an Größe und Form groteske Menschengestalten gebildet. Diese konnten sich allerdings nicht über die atlantische Periode hinaus erhalten. Sie starben aus. Die nachatlantische Menschheit hat sich physisch aus denjenigen atlantischen Vorfahren herausgebildet, bei denen schon eine solche Verfestigung der körperlichen Gestalt eingetreten war, daß diese den nunmehr naturwidrig gewordenen Seelenkräften nicht nachgaben. – Es gab einen gewissen Zeitraum in der atlantischen Entwickelung, in welchem für die Menschengestalt durch die in und um die Erde herrschenden Gesetze gerade diejenigen Bedingungen herrschten, unter denen sie sich verfestigen mußte. Diejenigen Menschen-Rassen-Formen, welche sich vor diesem Zeitraum verfestigt hatten, konnten sich zwar lange fortpflanzen, doch wurden nach und nach die in ihnen sich verkörpernden Seelen so beengt, daß die Rassen aussterben mußten. Allerdings erhielten sich gerade manche von diesen Rassenformen bis in die nachatlantischen Zeiten hinein; die genügend beweglich gebliebenen in veränderter Form sogar sehr lange. Diejenigen Menschenformen, welche über den charakterisierten Zeitraum hinaus bildsam geblieben waren, wurden namentlich zu Körpern für solche Seelen, welche in hohem Maße den schädlichen Einfluß des gekennzeichneten Verrats erfahren haben. Sie waren zu baldigem Aussterben bestimmt.

Es hatten sich demnach seit der Mitte der atlantischen Entwickelungszeit Wesen im Bereich der Menschheitsentwickelung geltend gemacht, welche dahin wirkten, daß der

Mensch sich in die sinnlich-physische Welt in einer ungeistigen Art hineinlebte. Das konnte so weit gehen, daß ihm statt der wahren Gestalt dieser Welt Trugbilder und Wahnphantome, Illusionen aller Art erschienen. Nicht *nur* dem luziferischen Einfluß war der Mensch ausgesetzt, sondern auch demjenigen dieser anderen Wesen, auf die oben hingedeutet worden ist und deren Führer nach der Benennung, die er später in der persischen Kultur erhalten hat, Ahriman genannt werden möge. (Der Mephistopheles ist dasselbe Wesen.) Durch diesen Einfluß kam der Mensch nach dem Tode unter Gewalten, welche ihn auch da nur als ein Wesen erscheinen ließen, welches den irdisch-sinnlichen Verhältnissen zugewandt ist. Der freie Ausblick in die Vorgänge der geistigen Welt wurde ihm immer mehr genommen. Er mußte sich in der Gewalt des Ahriman fühlen und bis zu einem gewissen Maße ausgeschlossen sein von der Gemeinschaft mit der geistigen Welt.

Von besonderer Bedeutung war eine Orakelstätte, welche sich in dem allgemeinen Niedergang den alten Dienst am reinsten bewahrt hatte. Sie gehörte zu den Christus-Orakeln. Und deswegen konnte sie nicht nur das Geheimnis des Christus selbst bewahren, sondern auch die Geheimnisse der anderen Orakel. Denn im Offenbarwerden des erhabensten Sonnengeistes wurden auch die Führer des Saturn, Jupiter und so weiter enthüllt. Man kannte im Sonnenorakel das Geheimnis, solche menschlichen Lebensleiber bei diesem oder jenem Menschen hervorzubringen, wie sie die besten der Eingeweihten des Jupiter, des Merkur usw. gehabt haben. Man bewirkte mit den Mitteln, die man dazu hatte und welche hier nicht weiter zu besprechen sind, daß die Abdrücke der besten Lebensleiber der alten Eingeweihten sich erhielten und späteren geeigneten Menschen eingeprägt wurden. Durch die Venus-, Merkur- und Vulkan-Eingeweihten konnten solche Vorgänge auch für die Astralleiber sich abspielen.

In einer gewissen Zeit sah sich der Führer der Christus-Eingeweihten vereinsamt mit einigen Genossen, denen er die Geheimnisse der Welt nur in einem sehr beschränkten Maße mitteilen konnte. Denn diese Genossen waren solche Menschen, welche als Naturanlage am wenigsten von der Trennung des physischen und des Lebensleibes mitbekommen hatten. Solche Menschen waren in diesem Zeitraum überhaupt die besten für den weiteren Menschheitsfortschritt. Bei ihnen hatten sich allmählich immer weniger die Erlebnisse im Bereich des Schlafzustandes eingestellt. Die geistige Welt war ihnen immer mehr verschlossen worden. Dafür fehlte ihnen aber auch das Verständnis für alles das, was sich in alten Zeiten enthüllt hatte, wenn der Mensch nicht in seinem physischen Leibe, sondern nur in seinem Lebensleibe war. Die Menschen der unmittelbaren Umgebung jenes Führers des Christus-Orakels waren am meisten vorgeschritten in bezug auf die Vereinigung des früher von dem physischen Leibe getrennt gewesenen Teiles des Lebensleibes mit jenem. Diese Vereinigung stellte sich nun nach und nach in der Menschheit ein als Folge der Umänderung, die mit dem atlantischen Wohnplatz und der Erde überhaupt vor sich gegangen war. Der physische Leib und der Lebensleib des Menschen kamen immer mehr zur Deckung. Dadurch gingen die früheren unbegrenzten Fähigkeiten des Gedächtnisses verloren, und das menschliche Gedankenleben begann. Der mit dem physischen Leib verbundene Teil des Lebensleibes wandelte das physische Gehirn zum eigentlichen Denkwerkzeuge um, und der Mensch empfand eigentlich erst von jetzt ab sein «Ich» im physischen Leibe. Es erwachte da erst das Selbstbewußtsein. Das war nur bei einem geringen Teile der Menschheit zunächst der Fall, vorzüglich bei den Genossen des Führers des Christus-Orakels. Die anderen über Europa, Asien und Afrika zerstreuten Menschenmassen bewahrten in den verschiedensten Graden die Reste der alten Bewußtseinszustände. Sie hatten daher eine unmittelbare Erfahrung von der übersinnlichen Welt. – Die Genossen des Christus-Eingeweihten waren Menschen mit hoch entwickeltem Verstande, aber von allen Menschen jener Zeit hatten sie die geringsten Erfahrungen auf übersinnlichem Gebiete. Mit ihnen zog jener Eingeweihte von Westen nach Osten, nach einem Gebiete in Innerasien. Er wollte sie möglichst behüten vor der Berührung mit den in der Bewußtseinsentwickelung weniger vorgeschrittenen Menschen. Er erzog diese Genossen im Sinne der ihm offenbaren Geheimnisse; namentlich wirkte er in dieser Art auf deren Nachkommen. So bildete er sich eine Schar von Menschen heran, welche in ihre Herzen die Impulse aufgenommen hatten, die den Geheimnissen der Christus-Einweihung entsprachen. Aus dieser Schar wählte er die sieben besten aus, daß sie solche Lebensleiber und Astralleiber haben konnten, welche den Abdrücken der Lebensleiber der sieben besten atlantischen Eingeweihten entsprachen. So erzog er je einen Nachfolger der Christus-, Saturn-, Jupiter- usw. Eingeweihten. Diese sieben Eingeweihten wurden die Lehrer und Führer derjenigen Menschen, welche in der nachatlantischen Zeit den Süden von Asien, namentlich das alte Indien besiedelt hatten. Da diese großen Lehrer eigentlich mit Nachbildern der Lebensleiber ihrer geistigen Vorfahren begabt waren, reichte das, was in ihrem Astralleibe war, nämlich ihr selbstverarbeitetes Wissen und Erkennen, nicht bis zu dem, was ihnen durch ihren Lebensleib enthüllt wurde. Sie mußten, wenn diese Offenbarungen in ihnen sprechen sollten, ihr eigenes Wissen und Erkennen zum Schweigen bringen. Dann sprachen aus ihnen und durch sie die hohen Wesenheiten, welche auch für ihre geistigen Vorfahren gesprochen hatten. Außer in den Zeiten, wo diese Wesenheiten durch sie sprachen, waren sie schlichte Menschen, begabt mit dem Maße von Verstandes- und Herzensbildung, das sie sich selbst erarbeitet hatten.

In Indien wohnte damals eine Menschenart, welche von dem alten Seelenzustande der Atlantier, der die Erfahrungen in der geistigen Welt gestattete, sich vorzüglich eine lebendige Erinnerung an denselben bewahrt hatte. Bei einer großen Anzahl dieser Menschen war auch ein gewaltiger Zug des Herzens und des Gemütes nach den Erlebnissen dieser übersinnlichen Welt vorhanden. Durch eine weise Schicksalsführung war der Hauptteil dieser Menschenart aus den besten Teilen der atlantischen Bevölkerung nach Südasien gekommen. Außer diesem Hauptteil waren andere Teile zu anderen Zeiten zugewandert. Für diesen Menschenzusammenhang bestimmte der genannte Christus-Eingeweihte zu Lehrern seine sieben großen Schüler. Sie gaben diesem Volke ihre Weisheit und ihre Gebote. Nur geringer Vorbereitung bedurfte mancher dieser alten Indier, um in sich rege zu machen die kaum verlöschten Fähigkeiten, die zur Beobachtung in der übersinnlichen Welt führten. Denn es war eigentlich die Sehnsucht nach dieser Welt eine Grundstimmung der indischen Seele. In dieser Welt, so empfand man, war die Urheimat der Menschen. Aus dieser Welt sind sie herausversetzt in diejenige, welche das äußere sinnliche Anschauen und der an dieses Anschauen gebundene Verstand liefern kann. Die übersinnliche Welt fühlte man als die *wahre* und die sinnliche als eine Täuschung der menschlichen Wahrnehmung, eine Illusion (Maja). Mit allen Mitteln strebte man darnach, sich den Einblick in die wahre Welt zu eröffnen. Der illusorischen Sinnenwelt vermochte man kein Interesse entgegenzubringen, oder doch nur insofern, als sie sich als Schleier für die übersinnliche erweist. Die Macht, die von den sieben großen Lehrern auf solche Menschen ausgehen konnte, war gewaltig. Das, was durch sie geoffenbart werden konnte, lebte sich tief in die indischen Seelen ein. Und weil der Besitz der überkommenen Lebens- und Astralleiber diesen Lehrern hohe Kräfte verlieh, so konnten sie auch magisch auf ihre Schüler wirken. Sie lehrten eigentlich nicht. Sie wirkten wie durch Zauberkräfte von Persönlichkeit zu Persönlichkeit. So entstand eine Kultur, welche von übersinnlicher Weisheit ganz durchdrungen war. Was in den Weisheitsbüchern der Inder (in den Veden) enthalten ist, gibt nicht die ursprüngliche Gestalt der hohen Weistümer, welche in der ältesten Zeit durch die großen Lehrer gepflegt worden sind, sondern nur einen schwachen Nachklang. Nur der rückwärts gewendete übersinnliche Blick kann eine ungeschriebene Urweisheit hinter der geschriebenen finden. Ein Zug, welcher in dieser Urweisheit besonders hervortritt, ist das harmonische Zusammenklingen der verschiedenen Orakel-Weisheiten der atlantischen Zeit. Denn ein jeder der großen Lehrer konnte eine dieser Orakel-Weisheiten enthüllen. Und die verschiedenen Seiten der Weisheit gaben einen vollkommenen Einklang, weil hinter ihnen stand die Grundweisheit der prophetischen Christus-Einweihung. Zwar stellte derjenige Lehrer, welcher der geistige Nachfolger des Christus-Eingeweihten war, nicht dasjenige dar, was der Christus-Eingeweihte selbst enthüllen konnte. Dieser war im Hintergrunde der Entwickelung geblieben. Zunächst konnte er sein hohes Amt keinem Nachatlantier übertragen. Der Christus-Eingeweihte der sieben großen indischen Lehrer unterschied sich von ihm dadurch, daß er ja vollständig sein Schauen des Christus-Geheimnisses in menschliche Vorstellungen hatte verarbeiten können, während jener indische Christus-Eingeweihte nur einen Abglanz dieses Geheimnisses in Sinnbildern und Zeichen darstellen konnte. Denn sein menschlich erarbeitetes Vorstellen reichte nicht bis zu diesem Geheimnisse. Aber aus der Vereinigung der sieben Lehrer ergab sich in einem großen Weisheitsbilde eine Erkenntnis der übersinnlichen Welt, von welcher in dem alten atlantischen Orakel nur die einzelnen Glieder haben verkündet werden können. Es wurden die großen Führerschaften der kosmischen Welt enthüllt und leise hingewiesen auf den einen großen Sonnengeist, den Verborgenen, der über denen thront, welche durch die sieben Lehrer geoffenbart wurden.

Was hier unter «alten Indiern» verstanden wird, fällt nicht zusammen mit demjenigen, was gewöhnlich darunter gemeint wird. Äußere Dokumente aus jener Zeit, von der hier gesprochen wird, gibt es nicht. Das gewöhnlich «Inder» genannte Volk entspricht einer Entwickelungsstufe der Geschichte, welche sich erst lange nach der hier gemeinten Zeit gebildet hat. Es ist eben zu erkennen eine erste nachatlantische Erdenperiode, in welcher die hier charakterisierte «indische» Kultur die herrschende war; dann bildete sich eine zweite nachatlantische, in welcher dasjenige an Kultur herrschend wurde, was später in dieser Schrift «urpersische» genannt werden wird; und noch später entwickelte sich die ebenfalls noch zu schildernde ägyptisch-chaldäische Kultur. Während der Ausbildung dieser zweiten und dritten nachatlantischen Kulturepoche erlebte auch das «alte» Indiertum eine zweite und dritte Epoche. Und von dieser dritten Epoche gilt dasjenige, was gewöhnlich vom alten Indien dargestellt wird. Man darf also nicht dasjenige, was hier geschildert wird, auf das «alte Indien» beziehen, von dem sonst die Rede ist.

Ein andrer Zug dieser altindischen Kultur ist derjenige, welcher später zur Einteilung der Menschen in Kasten führte. Die in Indien Wohnenden waren Nachkommen von Atlantiern, die zu verschiedenen Menschenarten, Saturn-, Jupiter- usw. Menschen gehörten. Durch die übersinnlichen Lehren wurde begriffen, daß eine Seele nicht durch Zufall in diese oder jene Kaste versetzt wurde, sondern dadurch, daß sie sich selbst für dieselbe bestimmt hatte. Ein solches Begreifen der übersinnlichen Lehren wurde hier insbesondere dadurch erleichtert, daß bei vielen Menschen die oben charakterisierten inneren Erinnerungen an die Vorfahren rege gemacht werden konnten, welche allerdings auch leicht zu einer irrtümlichen Idee von der Wiederverkörperung führten. Wie in dem atlantischen Zeitalter nur durch die Eingeweihten die wahre Idee der Wiederverkörperung erlangt werden konnte, so im ältesten Indien nur durch die unmittelbare Berührung mit den großen Lehrern. Jene oben erwähnte irrtümliche Idee von der Wiederverkörperung fand allerdings bei den Völkern, welche sich infolge des Untergangs der Atlantis über Europa, Asien und Afrika verbreiteten, die denkbar größte Ausdehnung. Und weil diejenigen Eingeweihten, welche während der atlantischen Entwickelung auf Abwege geraten waren, auch dieses Geheimnis Unreifen mitgeteilt hatten, so gerieten die Menschen immer mehr zu einer Verwechselung der wahren mit der irrtümlichen Idee. Es war ja diesen Menschen wie eine Erbschaft der atlantischen Zeit eine Art dämmerhaften Hellsehens vielfach geblieben. Wie die Atlantier im Schlafe in den Bereich der geistigen Welt kamen, so erlebten ihre Nachkommen in abnormen Zwischenzuständen zwischen Wachen und Schlaf diese geistige Welt. Da traten in ihnen die Bilder alter Zeit auf, der ihre Vorfahren angehört hatten. Sie hielten sich für Wiederverkörperungen von Menschen, welche in solcher Zeit gelebt hatten. Lehren über die Wiederverkörperung, welche mit den echten Ideen der Eingeweihten im Widerspruch standen, breiteten sich über den ganzen Erdkreis aus.

In den vorderasiatischen Gebieten hatte sich als Ergebnis der langdauernden Wanderzüge, die sich seit dem Beginne der atlantischen Zerstörung von Westen nach Osten bewegten, ein Volkszusammenhang seßhaft gemacht, dessen Nachkommenschaft die Geschichte als das persische Volk und die mit diesem verwandten Stämme kennt. Die übersinnliche Erkenntnis muß allerdings zu viel früheren Zeiten zurückgehen als zu den geschichtlichen dieser Völker. Zunächst ist die Rede von sehr frühen Vorfahren der späteren Perser, unter denen das zweite große Kulturzeitalter der nachatlantischen Entwickelung, nach dem indischen, entstand. Die Völker dieses zweiten Zeitalters hatten eine andere Aufgabe als die indischen. Sie waren mit ihren Sehnsuchten und Neigungen nicht bloß der übersinnlichen Welt zugewendet; sie waren veranlagt für die physisch-sinnliche Welt. Sie gewannen die Erde lieb. Sie schätzten, was sich der Mensch auf dieser erobern und was er durch ihre Kräfte gewinnen kann. Was sie als Kriegsvolk vollführten und auch was sie als Mittel erfanden, um der Erde ihre Schätze abzugewinnen, steht im Zusammenhang mit dieser Eigenart ihres Wesens. Bei ihnen war nicht die Gefahr vorhanden, daß sie durch ihre Sehnsucht nach dem Übersinnlichen sich völlig abkehren könnten von der «Illusion» des Physisch-Sinnlichen, sondern eher diejenige, daß sie durch ihren Sinn für dieses den seelischen Zusammenhang mit der übersinnlichen Welt ganz verlieren könnten. Auch die Orakelstätten, welche sich aus dem alten atlantischen Gebiet hierher verpflanzt hatten, trugen in ihrer Art den allgemeinen Charakter des Volkes. Es wurde da von Kräften, die man sich einstmals durch die Erlebnisse der übersinnlichen Welt hatte aneignen können und welche man in gewissen niederen Formen noch beherrschen konnte, dasjenige gepflegt, was die Erscheinungen der Natur so lenkt, daß sie den persönlichen Interessen des Menschen dienen. Dieses alte Volk hatte noch eine große Macht in der Beherrschung solcher Naturkräfte, die später vor dem menschlichen Willen sich zurückzogen. Die Hüter der Orakel geboten über innere Kräfte, welche mit dem Feuer und andern Elementen in Zusammenhang standen. Man kann sie Magier nennen. Was sie sich als Erbschaft von übersinnlicher Erkenntnis und übersinnlichen Kräften aus alten Zeiten bewahrt hatten, war allerdings schwach im Verhältnis zu dem, was der Mensch in urferner Vergangenheit vermochte. Aber es nahm doch alle Formen an, von edlen Künsten, die nur das Menschenheil im Auge hatten, bis zu den verwerflichsten Verrichtungen. In diesen Menschen waltete das luziferische Wesen auf eine besondere Art. Es hatte sie mit allem in Zusammenhang gebracht, was den Menschen von den Absichten derjenigen höheren Wesen ablenkt, welche ohne den luziferischen Einschlag allein die Menschheitsentwickelung vorwärts gelenkt hätten. Auch diejenigen Glieder dieses Volkes, welche noch mit Resten des alten hellseherischen Zustandes, des oben geschilderten Zwischenzustandes zwischen Wachen und Schlafen, begabt waren, fühlten sich zu den niederen Wesen der geistigen Welt sehr hingezogen. Es mußte diesem Volke ein geistiger Antrieb gegeben werden, welcher diesen Charaktereigenschaften entgegenwirkte. Ihm wurde aus derselben Quelle, aus welcher auch das alte indische Geistesleben kam, von dem Bewahrer der Geheimnisse des Sonnenorakels, eine Führerschaft gegeben.

Der Führer der urpersischen Geisteskultur, der von jenem Hüter des Sonnenorakels dem in Rede stehenden Volke gegeben wurde, kann mit demselben Namen bezeichnet werden, welchen die Geschichte als Zarathustra oder Zoroaster kennt. Nur muß betont werden, daß die hier gemeinte Persönlichkeit einer viel früheren Zeit angehört, als die ist, in welche die Geschichte den Träger dieses Namens setzt. Doch kommt es hier nicht auf die äußere geschichtliche Forschung, sondern auf Geisteswissenschaft an. Und wer an eine spätere Zeit bei dem Träger des Zarathustra-Namens denken muß, der mag den Einklang mit der Geisteswissenschaft darin suchen, daß er sich einen Nachfolger des ersten großen Zarathustra vorstellt, der dessen Namen angenommen hat und im Sinne von dessen Lehre wirkte. – Der Antrieb, den Zarathustra seinem Volke zu geben hatte, bestand darin, daß er es darauf hinwies, wie die sinnlich-physische Welt nicht bloß das Geistlose ist, das dem Menschen entgegentritt, wenn er sich unter den ausschließlichen Einfluß des luziferischen Wesens begibt. Diesem Wesen verdankt der Mensch seine persönliche Selbständigkeit und sein Freiheitsgefühl. Es soll aber in ihm im Einklang mit dem entgegengesetzten geistigen

Wesen wirken. Bei dem urpersischen Volke kam es darauf an, den Sinn rege zu erhalten für dies letztere geistige Wesen. Durch seine Neigung für die sinnlich-physische Welt drohte ihm die vollständige Verschmelzung mit den luziferischen Wesen. Zarathustra hatte nun durch den Hüter des Sonnen-Orakels eine solche Einweihung erhalten, daß ihm die Offenbarungen der hohen Sonnenwesen zuteil werden konnten. In besonderen Zuständen seines Bewußtseins, zu denen ihn seine Schulung geführt hatte, konnte er den Führer der Sonnenwesen schauen, welcher den menschlichen Lebensleib in der oben geschilderten Art in seinen Schutz genommen hatte. Er wußte, daß dieses Wesen die Führung der Menschheitsentwickelung lenkt, daß es aber erst zu einer gewissen Zeit aus dem Weltenraum auf die Erde herniedersteigen konnte. Dazu ist notwendig, daß es ebenso im Astralleibe eines Menschen leben konnte, wie es seit dem Einschlag des luziferischen Wesens im Lebensleibe wirkte. Es mußte ein Mensch dazu erscheinen, der den Astralleib wieder auf eine solche Stufe zurückverwandelt hatte, wie sie dieser ohne Luzifer zu einer gewissen andern Zeit (in der Mitte der atlantischen Entwickelung) erlangt haben würde. Wäre Luzifer nicht gekommen, so wäre der Mensch zwar früher zu dieser Stufe gelangt, aber ohne persönliche Selbständigkeit und ohne die Möglichkeit der Freiheit. Nunmehr aber sollte trotz dieser Eigenschaften der Mensch wieder zu dieser Höhe kommen. Zarathustra sah in seinen Seherzuständen voraus, daß in der Zukunft innerhalb der Menschheitsentwickelung eine Persönlichkeit möglich sein würde, welche einen solch entsprechenden Astralleib haben würde. Aber er wußte auch, daß vor dieser Zeit die geistigen Sonnenkräfte nicht auf Erden gefunden werden können, daß sie aber von der übersinnlichen Anschauung im Bereich des geistigen Teiles der Sonne wahrgenommen werden können. Er konnte diese Kräfte schauen, wenn er seinen Seherblick auf die Sonne lenkte. Und er verkündigte seinem Volke das Wesen dieser Kräfte, die vorerst nur in der geistigen Welt zu finden waren und später auf die Erde herabsteigen sollten. Es war dies die Verkündigung des großen Sonnen- oder Lichtgeistes (der Sonnen-Aura, Ahura-mazdao, Ormuzd). Dieser Lichtgeist offenbart sich für Zarathustra und seine Anhänger als der Geist, der dem Menschen sein Antlitz aus der geistigen Welt zuwendet und der innerhalb der Menschheit die Zukunft vorbereitet. Es ist der auf Christus vor seiner Erscheinung auf Erden auf diesen hinweisende Geist, den Zarathustra als den Lichtgeist verkündet. Dagegen stellt er in Ahriman (Angra mainju) eine Macht dar, welche durch ihren Einfluß auf das menschliche Seelenleben verderblich wirkt, wenn dieses sich ihr einseitig hingibt. Es ist diese Macht keine andere als die schon oben charakterisierte, welche seit dem Verrat der Vulkan-Geheimnisse eine besondere Herrschaft auf der Erde erlangt hatte. Neben der Botschaft von dem Lichtgotte wurden von Zarathustra Lehren von denjenigen geistigen Wesenheiten verkündet, die dem geläuterten Sinn des Sehers als Genossen des Lichtgeistes offenbar werden und zu denen die Versucher einen Gegensatz bildeten, welche dem ungeläuterten Reste der Hellsichtigkeit erschienen, der sich aus der atlantischen Zeit erhalten hatte. Es sollte dem urpersischen Volke klar gemacht werden, wie in der Menschenseele, insofern diese dem Wirken und Streben in der sinnlich-physischen Welt zugewandt ist, sich ein Kampf zwischen der Macht des Lichtgottes und der seines Gegners abspielt und wie sich der Mensch zu verhalten habe, damit ihn der letztere nicht in den Abgrund führe, sondern sein Einfluß durch die Kraft des ersteren ins Gute gelenkt werde.

Eine dritte Kulturepoche der nachatlantischen Zeit wurde bei den Völkern geboren, die durch die Wanderzüge zuletzt in Vorderasien und Nordafrika zusammengeströmt waren. Bei den Chaldäern, Babyloniern, Assyrern einerseits, bei den Ägyptern andererseits bildete sie sich aus. Bei diesen Völkern war der Sinn für die physisch-sinnliche Welt noch in einer andern Art ausgebildet als bei den Urpersern. Sie hatten viel mehr als andere in sich aufgenommen von der Geistesanlage, welche dem seit den letzten atlantischen Zeiten erstandenen Denkvermögen, der Verstandesbegabung, die Grundlage gibt. Es war ja die Aufgabe der nachatlantischen Menschheit, diejenigen Seelenfähigkeiten in sich zu entfalten, welche gewonnen werden konnten durch die erwachten Gedanken- und Gemütskräfte, die nicht von der geistigen Welt unmittelbar angeregt werden, sondern dadurch entstehen, daß der Mensch die Sinnenwelt betrachtet, sich in ihr einlebt und sie bearbeitet. Die Eroberung dieser sinnlich-physischen Welt durch jene menschlichen Fähigkeiten muß als die Mission des nachatlantischen Menschen angesehen werden. Von Stufe zu Stufe schreitet diese Eroberung vorwärts. Im alten Indien ist zwar der Mensch durch seine Seelenverfassung schon auf diese Welt gerichtet. Er sieht sie aber noch als Illusion an, und sein Geist ist der übersinnlichen Welt zugewendet. Im urpersischen Volke tritt im Gegensatz dazu das Bestreben auf, die physisch-sinnliche Welt zu erobern; aber dies wird zum großen Teil noch mit jenen Seelenkräften versucht, welche als Erbstück aus einer Zeit geblieben sind, da der Mensch unmittelbar zur übersinnlichen Welt hinaufreichen konnte. Bei den Völkern der dritten Kulturepoche ist die Seele der übersinnlichen Fähigkeiten zum großen Teile verlustig gegangen. Sie muß in der sinnlichen Umwelt die Offenbarungen des Geistigen erforschen und durch die Entdeckung und Erfindung der aus dieser Welt sich ergebenden Kulturmittel sich weiter bilden. Dadurch, daß aus der physisch-sinnlichen Welt die Gesetze des hinter ihr stehenden Geistigen erforscht wurden, entstanden die menschlichen Wissenschaften; dadurch, daß die Kräfte dieser Welt erkannt und verarbeitet wurden, die menschliche Technik, die künstlerische Arbeit und deren Werkzeuge und Mittel. Dem Menschen der chaldäisch-babylonischen Völker war die Sinnenwelt nicht mehr eine Illusion, sondern in ihren Reichen, in Bergen und Meeren, in Luft und Wasser, eine Offenbarung der geistigen Taten dahinterstehender Mächte, deren Gesetze er zu erkennen trachtete. Dem Ägypter war die Erde ein Feld seiner Arbeit, das ihm in einem Zustand übergeben wurde, den er durch seine eigenen Verstandeskräfte so umzuwandeln hatte, daß er als Abdruck menschlicher Macht erschien. Nach Ägypten waren von der Atlantis her Orakelstätten verpflanzt worden, welche vorzugsweise dem Merkur-Orakel entstammten. Doch gab es auch andere, zum Beispiel Venus-Orakel. In dasjenige, was durch diese Orakelstätten im ägyptischen Volke gepflegt werden konnte, wurde ein neuer Kulturkeim gesenkt. Er ging aus von einem großen Führer, welcher seine Schulung innerhalb der persischen Zarathustra-Geheimnisse genossen hatte. (Er war die wiederverkörperte Persönlichkeit eines Jüngers des großen Zarathustra selbst.) Er sei in Anlehnung an einen geschichtlichen Namen «Hermes» genannt. Durch das Aufnehmen der Zarathustra-Geheimnisse konnte er den rechten Weg für die Lenkung des ägyptischen

Volkes finden. Dieses Volk hatte im irdischen Leben, zwischen Geburt und Tod, den Sinn der physisch-sinnlichen Welt so zugelenkt, daß es zwar unmittelbar die dahinterstehende Geisteswelt nur in beschränktem Maße schauen konnte, aber in jener Welt die Gesetze dieser erkannte. So konnte ihm die geistige Welt nicht als diejenige gelehrt werden, in welche es sich auf der Erde einleben konnte. Dafür aber konnte ihm gezeigt werden, wie der Mensch im leibfreien Zustande nach dem Tode leben werde mit der Welt der Geister, welche während der Erdenzeit durch ihren Abdruck in dem Reiche des Sinnlich-Physischen erscheinen. Hermes lehrte: insoweit der Mensch seine Kräfte auf der Erde dazu verwendet, um in dieser nach den Absichten der geistigen Mächte zu wirken, macht er sich fähig, nach dem Tode mit diesen Mächten vereinigt zu sein. Insbesondere werden diejenigen, welche am eifrigsten in dieser Richtung zwischen Geburt und Tod gewirkt haben, mit der hohen Sonnenwesenheit – mit Osiris – vereinigt werden. Auf der chaldäisch-babylonischen Seite dieser Kulturströmung machte sich die Hinlenkung des Menschensinns zum Physisch-Sinnlichen mehr geltend als auf der ägyptischen. Es wurden die Gesetze dieser Welt erforscht und aus den sinnlichen Abbildern auf die geistigen Urbilder geschaut. Doch blieb das Volk am Sinnlichen in vielfacher Beziehung haften. Statt des Sternengeistes wurde der Stern und statt anderer Geistwesen deren irdische Abbilder in den Vordergrund geschoben. Nur die Führer erlangten eigentliche tiefe Erkenntnisse in bezug auf die Gesetze der übersinnlichen Welt und ihres Zusammenwirkens mit der sinnlichen. Stärker als sonst irgendwo machte sich hier ein Gegensatz zwischen den Erkenntnissen der Eingeweihten und dem verirrten Glauben des Volkes geltend.

Ganz andere Verhältnisse waren in den Gegenden Südeuropas und Westasiens, wo die vierte nachatlantische Kulturepoche aufblühte. Man kann sie die griechisch-lateinische nennen. In diesen Ländern waren die Nachkommen der Menschen aus den verschiedensten Gegenden der älteren Welt zusammengeströmt. Es gab Orakelstätten, welche den mannigfachen atlantischen Orakeln nachlebten. Es gab Menschen, welche als natürliche Anlage Erbstücke des alten Hellsehens in sich hatten, und solche, welche sie verhältnismäßig leicht durch Schulung erlangen konnten. An besonderen Orten wurden nicht nur die Überlieferungen der alten Eingeweihten bewahrt, sondern es erstanden an ihnen würdige Nachfolger derselben, welche Schüler heranzogen, die sich zu hohen Stufen geistigen Schauens erheben konnten. Dabei hatten diese Völker den Trieb in sich, innerhalb der sinnlichen Welt ein Gebiet zu schaffen, welches in dem Physischen das Geistige in vollkommener Form ausdrückt. Neben vielem andern ist die griechische Kunst eine Folge dieses Triebes. Man braucht nur mit dem geistigen Auge den griechischen Tempel zu durchschauen, und man wird erkennen, wie in einem solchen Wunderwerk der Kunst das Sinnlich-Stoffliche von dem Menschen so bearbeitet ist, daß es in jedem Gliede als der Ausdruck des Geistigen erscheint. Der griechische Tempel ist das «Haus des Geistes». Man nimmt in seinen Formen wahr, was sonst nur das geistige Auge des übersinnlich Schauenden erkennt. Ein Zeus- (oder Jupiter-)Tempel ist so gestaltet, daß er für das sinnliche Auge eine würdige Umhüllung dessen darstellt, was der Hüter der Zeus- oder Jupiter-Einweihung mit geistigem Auge schaute. Und so ist es mit aller griechischen Kunst. Auf geheimnisvollen Wegen flossen die Weistümer der Eingeweihten in die Dichter, Künstler und Denker. In den Weltanschauungsgebäuden der alten griechischen Philosophen findet man die Geheimnisse der Eingeweihten in Form von Begriffen und Ideen wieder. Und es strömten die Einflüsse des geistigen Lebens, die Geheimnisse der asiatischen und afrikanischen Einweihungsstätten diesen Völkern und ihren Führern zu. Die großen indischen Lehrer, die Genossen Zarathustras, die Anhänger des Hermes hatten ihre Schüler herangezogen. Diese oder deren Nachfolger begründeten nun Einweihungsstätten, in denen die alten Weistümer in neuer Form wieder auflebten. Es sind die Mysterien des Altertums. Man bereitete da die Schüler vor, um sie dann in jene Bewußtseinszustände zu bringen, durch welche sie das Schauen in die geistige Welt erlangen konnten. (Man findet einiges Nähere über diese Mysterien des Altertums in meinem Buche: «Das Christentum als mystische Tatsache». Anderes darüber wird in den letzten Kapiteln dieses Buches gesagt werden.) Aus diesen Einweihungsstätten flossen die Weistümer denen zu, welche in Kleinasien, in Griechenland und Italien die geistigen Geheimnisse pflegten. (In der griechischen Welt entstanden in den orphischen und eleusinischen Mysterien wichtige Einweihungsstätten. In der Weisheitsschule des Pythagoras wirkten die großen Weisheitslehren und Weisheitsmethoden der Vorzeit nach. Auf großen Reisen war Pythagoras in die Geheimnisse der verschiedensten Mysterien eingeweiht worden.)

*

Das Leben des Menschen – in der nachatlantischen Zeit – zwischen Geburt und Tod hatte aber auch seinen Einfluß auf den leibfreien Zustand nach dem Tode. Je mehr der

Mensch seine Interessen der physisch-sinnlichen Welt zukehrte, um so größer war die Möglichkeit, daß sich Ahriman während des Erdenlebens in die Seele einlebte und dann seine Gewalt über den Tod hinaus behielt. Bei den Völkern des alten Indien war diese Gefahr noch am geringsten. Denn sie hatten während des Erdenlebens die physisch-sinnliche Welt als Illusion empfunden. Dadurch entzogen sie sich nach dem Tode der Macht Ahrimans. Um so größer war die Gefahr für die urpersischen Völker. Sie hatten in der Zeit zwischen Geburt und Tod den Blick mit Interesse auf die sinnlich-physische Welt gerichtet. Sie wären in hohem Maße Ahrimans Umgarnungen verfallen, wenn nicht Zarathustra in eindrucksvoller Art durch die Lehre des Lichtgottes darauf hingedeutet hätte, daß hinter der physisch-sinnlichen Welt diejenige der Lichtgeister steht. Soviel die Menschen dieser Kultur aus der so erregten Vorstellungswelt in die Seele aufgenommen hatten, ebensoviel entzogen sie sich für das Erdenleben den Fangarmen Ahrimans und damit auch für das Leben nach dem Tode, durch das sie sich auf ein neues Erdenleben vorbereiten sollten. Im Erdenleben führt die Gewalt Ahrimans dazu, das sinnlich-physische Dasein als das einzige anzusehen und sich dadurch jeden Ausblick auf eine geistige Welt zu versperren. In der geistigen Welt bringt diese Gewalt den Menschen zur völligen Vereinsamung, zur Hinlenkung aller Interessen nur auf sich. Menschen, welche beim Tode in Ahrimans Gewalt sind, werden als Egoisten wiedergeboren.

Man kann gegenwärtig innerhalb der Geisteswissenschaft das Leben zwischen dem Tode und einer neuen Geburt so beschreiben, wie es ist, wenn der ahrimanische Einfluß bis zu einem gewissen Grade überwunden ist. Und so ist es von dem Schreiber dieses Buches in anderen Schriften und in den ersten Kapiteln der vorliegenden geschildert worden. Und so muß es geschildert werden, wenn anschaulich werden soll, was in dieser Daseinsform von dem Menschen erlebt werden kann, wenn er sich den reinen Geistesblick für das wirklich Vorhandene erobert hat. Inwieweit es der einzelne mehr oder weniger erlebt, hängt von seiner Besiegung des ahrimanischen Einflusses ab. Der Mensch nähert sich dem, was er sein kann in der geistigen Welt, immer mehr und mehr. Wie dies, was da der Mensch sein kann, beeinträchtigt wird von anderen Einflüssen, muß hier beim Betrachten des Entwickelungsganges der Menschheit doch scharf ins Auge gefaßt werden.

Bei dem ägyptischen Volke sorgte Hermes dafür, daß die Menschen während des Erdenlebens sich zur Gemeinschaft mit dem Lichtgeist vorbereiteten. Weil aber während dieser Zeit die Interessen der Menschen zwischen Geburt und Tod schon so gestaltet waren, daß durch den Schleier des Physisch-Sinnlichen nur in geringem Grade hindurchgeschaut werden konnte, so blieb auch der geistige Blick der Seele nach dem Tode getrübt. Die Wahrnehmung der Lichtwelt blieb matt. – Einen Höhepunkt erreichte die Verschleierung der geistigen Welt nach dem Tode für jene Seelen, welche aus einem Leibe der griechisch-lateinischen Kultur in den leibfreien Zustand übergingen. Sie hatten im Erdenleben die Pflege des sinnlich-physischen Daseins zur Blüte gebracht. Und damit hatten sie sich zu einem Schattendasein nach dem Tode verurteilt. Daher empfand der Grieche dieses Leben nach dem Tode als ein Schattendasein; und es ist nicht bloßes Gerede, sondern die Empfindung der Wahrheit, wenn der * dem Sinnenleben zugewandte Held dieser Zeit sagt: «Lieber ein Bettler auf der Erde, als ein König im Reich der Schatten.» Noch ausgeprägter war dies alles bei jenen asiatischen Völkern, die auch in ihrer Verehrung und Anbetung den Blick nur auf die sinnlichen Abbilder statt auf die geistigen Urbilder gerichtet hatten. Ein großer Teil der Menschheit war zur Zeit der griechisch-lateinischen Kulturperiode in der geschilderten Lage. Man sieht, wie die Mission des Menschen in der nachatlantischen Zeit, welche in der Eroberung der physisch-sinnlichen Welt bestand, notwendig zur Entfremdung von der geistigen Welt führen mußte. So hängt das Große auf der einen Seite mit dem Verfall auf der anderen ganz notwendig zusammen. – In den Mysterien wurde der Zusammenhang des Menschen mit der geistigen Welt gepflegt. Ihre Eingeweihten konnten in besonderen Seelenzuständen die Offenbarungen aus dieser Welt empfangen. Sie waren mehr oder weniger die Nachfolger der atlantischen Orakelhüter. Ihnen wurde enthüllt, was verhüllt war durch die Einschläge Luzifers und Ahrimans. Luzifer verhüllte für den Menschen dasjenige aus der geistigen Welt, was in den menschlichen Astralleib ohne dessen Zutun bis zur Mitte der atlantischen Zeit eingeströmt war. Falls der Lebensleib nicht vom physischen Leib teilweise getrennt worden wäre, hätte dieses Gebiet der geistigen Welt der Mensch wie eine innere Seelenoffenbarung in sich erleben können. Durch den luziferischen Einschlag konnte er es nur in besonderen Seelenzuständen. Da erschien ihm eine geistige Welt im Kleide des Astralischen. Die entsprechenden Wesen offenbarten sich durch solche Gestalten, welche bloß die Glieder der höheren Menschennatur an sich trugen, und an diesen Gliedern die astralisch-sichtbaren Sinnbilder für ihre besonderen geistigen Kräfte. Übermenschliche Gestalten offenbarten sich auf diese Art. – Nach dem Eingriff Ahrimans kam zu dieser Art von Einweihung noch eine andere. Ahriman hat verhüllt alles dasjenige aus der geistigen Welt, was hinter der sinnlich-physischen Wahrnehmung erschienen wäre, wenn von der Mitte der atlantischen Epoche an sein Eingriff nicht erfolgt wäre. Daß den Eingeweihten dies enthüllt wurde, verdankten sie dem Umstande, daß sie alle jene Fähigkeiten, welche der Mensch seit jener Zeit erlangt hatte, über das Maß hinaus in der Seele übten, durch welches die Eindrücke des sinnlich-physischen Daseins erzielt werden. Es offenbarte sich ihnen dadurch, was als geistige Mächte hinter den Naturkräften liegt. Sie konnten sprechen von den geistigen Wesenheiten hinter der Natur. Die schöpferischen Mächte derjenigen Kräfte enthüllten sich ihnen, die in dem Natürlichen wirken, das unter dem Menschen steht. Was von Saturn, Sonne und dem alten Monde her fortgewirkt hat und des Menschen physischen Leib, seinen Lebensleib, seinen astralischen Leib gebildet hatte, sowie das mineralische, das pflanzliche, das tierische Reich, das bildete den Inhalt der einen Art von Mysterien-Geheimnissen. Es waren diejenigen, über welche Ahriman die Hand hielt. Was zur Empfindungsseele, zur Verstandesseele, zur Bewußtseinsseele geführt hatte, das wurde in einer zweiten Art von Mysterien-Geheimnissen geoffenbart. Was aber von den Mysterien nur prophezeit werden konnte, das war, daß in der Zeiten Lauf ein Mensch erscheinen werde mit einem solchen Astralleib, daß in diesem trotz Luzifer die Lichtwelt des Sonnengeistes durch den Lebensleib ohne besondere Seelenzustände werde bewußt werden können. Und der physische Leib dieses Menschenwesens mußte so sein, daß für dasselbe offenbar würde alles dasjenige aus der geistigen Welt, was bis zum physischen Tode hin von Ahriman verhüllt werden kann.

Der physische Tod kann für dieses Menschenwesen nichts innerhalb des Lebens ändern, das heißt keine Gewalt über dasselbe haben. In einem solchen Menschenwesen kommt das «Ich» so zu Erscheinung, daß im physischen Leben zugleich das volle geistige enthalten ist. Ein solches Wesen ist Träger des Lichtgeistes, zu dem sich der Eingeweihte von zwei Seiten aus erhebt, indem er entweder zu dem Geist des Übermenschlichen oder zu dem Wesen der Naturmächte in besonderen Seelenzuständen geführt wird. Indem die Eingeweihten der Mysterien voraussagten, daß ein solches Menschenwesen im Laufe der Zeit erscheinen werde, waren sie die Propheten des Christus.

Als der besondere Prophet in diesem Sinne erstand eine Persönlichkeit inmitten eines Volkes, welches durch natürliche Vererbung die Eigenschaften der vorderasiatischen Völker und durch Erziehung die Lehren der Ägypter in sich hatte, des israelitischen Volkes. Es war Moses. In seine Seele war so viel von den Einflüssen der Einweihung gekommen, daß dieser Seele in besonderen Zuständen das Wesen sich offenbarte, das einstmals in der regelmäßigen Erdenentwikkelung die Rolle übernommen hatte, vom Monde aus das menschliche Bewußtsein zu gestalten. In Blitz und Donner erkannte Moses nicht bloß die physischen Erscheinungen, sondern die Offenbarungen des gekennzeichneten Geistes. Aber zugleich hatte auf seine Seele gewirkt die andere Art von Mysterien-Geheimnissen, und so vernahm er in den astralischen Schauungen das Übermenschliche, wie es zum Menschlichen durch das «Ich» wird. So enthüllte sich Moses derjenige, welcher kommen mußte, von zwei Seiten her als die höchste Form des «Ich».

Und mit «Christus» erschien in menschlicher Gestalt, was

das hohe Sonnenwesen als das große menschliche Erdenvorbild vorbereitet hatte. Mit dieser Erscheinung mußte alle Mysterien-Weisheit in gewisser Beziehung eine neue Form annehmen. Vorher war diese ausschließlich dazu da, den Menschen dazu zu bringen, sich in einen solchen Seelenzustand zu versetzen, daß er das Reich des Sonnengeistes *außer* der irdischen Entwickelung schauen konnte. Nunmehr bekamen die Mysterien-Weistümer die Aufgabe, den Menschen fähig zu machen, den menschgewordenen Christus zu erkennen und von diesem Mittelpunkte aller Weisheit aus die natürliche und die geistige Welt zu verstehen.

In jenem Augenblicke seines Lebens, in welchem der Astralleib des Christus Jesus alles das in sich hatte, was durch den luziferischen Einschlag verhüllt werden kann, begann sein Auftreten als Lehrer der Menschheit. Von diesem Augenblicke an war in die menschliche Erdenentwickelung die Anlage eingepflanzt, die Weisheit aufzunehmen, durch welche nach und nach das physische Erdenziel erreicht werden kann. In jenem Augenblicke, da sich das Ereignis von Golgatha vollzog, war die andere Anlage in die Menschheit eingeimpft, wodurch der Einfluß Ahrimans zum Guten gewendet werden kann. Aus dem Leben heraus kann nunmehr der Mensch durch das Tor des Todes hindurch das mitnehmen, was ihn befreit von der Vereinsamung in der geistigen Welt. Nicht nur für die physische Menschheitsentwickelung steht das Ereignis von Palästina im Mittelpunkte, sondern auch für die übrigen Welten, denen der Mensch angehört. Und als sich das «Mysterium von Golgatha» vollzogen hatte, als der «Tod des Kreuzes» erlitten war, da erschien der Christus in jener Welt, in welcher die Seelen nach dem Tode weilen, und wies die Macht Ahrimans in ihre Schranken. Von diesem Augenblicke an war das Gebiet, das von den Griechen ein «Schattenreich» genannt worden war, von jenem Geistesblitz durchzuckt, der seinen Wesen zeigte, daß wieder Licht in dasselbe kommen sollte. Was durch das «Mysterium von Golgatha» für die physische Welt erlangt war, das warf sein Licht hinein in die geistige Welt. – So war die nachatlantische Menschheitsentwickelung bis zu diesem Ereignis hin ein Aufstieg für die physisch-sinnliche Welt. Aber sie war auch ein Niedergang für die geistige. Alles, was in die sinnliche Welt floß, das entströmte dem, was in der geistigen seit uralten Zeiten schon war. Seit dem Christus-Ereignis können die Menschen, welche sich zu dem Christus-Geheimnis erheben, aus der sinnlichen Welt in die geistige das Errungene hinübernehmen. Und aus dieser fließt es dann wieder in die irdisch-sinnliche zurück, indem die Menschen bei ihrer Wiederverkörperung dasjenige mitbringen, was ihnen der Christus-Impuls in der geistigen Welt zwischen dem Tode und einer neuen Geburt geworden ist.

Was durch die Christus-Erscheinung der Menschheitsentwickelung zugeflossen ist, wirkte wie ein Same in derselben. Der Same kann nur allmählich reifen. Nur der allergeringste Teil der Tiefen der neuen Weistümer ist bis auf die Gegenwart herein in das physische Dasein eingeflossen. Dieses steht erst im Anfange der christlichen Entwickelung. Diese konnte in den aufeinanderfolgenden Zeiträumen, die seit jener Erscheinung verflossen sind, nur immer so viel von ihrem inneren Wesen enthüllen, als die Menschen, die Völker fähig waren, zu empfangen, als diese in ihr Vorstellungsvermögen aufnehmen konnten. Die erste Form, in welche sich dieses Erkennen gießen konnte, läßt sich als ein umfassendes Lebensideal aussprechen. Als solches stellte es sich entgegen dem, was in der nachatlantischen Menschheit sich als Lebensformen herausgebildet hatte. Es sind oben die Verhältnisse geschildert worden, welche in der Entwickelung der Menschheit seit der Wiederbevölkerung der Erde in der lemurischen Zeit gewirkt haben. Die Menschen sind demgemäß seelisch auf verschiedene Wesenheiten zurückzuführen, welche aus anderen Welten kommend in den Leibesnachkommen der alten Lemurier sich verkörperten. Die verschiedenen Menschenrassen sind eine Folge dieser Tatsache. Und in den wiederverkörperten Seelen traten, infolge ihres Karmas, die verschiedensten Lebensinteressen auf. Solange alles das nachwirkte, konnte es nicht das Ideal der «allgemeinen Menschlichkeit» geben. Die Menschheit ist von einer Einheit ausgegangen; aber die bisherige Erdenentwickelung hat zur Sonderung geführt. In der Christus-Vorstellung ist zunächst ein Ideal gegeben, das aller Sonderung entgegenwirkt, denn in dem Menschen, der den Christusnamen trägt, leben auch die Kräfte des hohen Sonnenwesens, in denen jedes menschliche Ich seinen Urgrund findet. Noch das israelitische Volk fühlte sich als Volk, der Mensch als Glied dieses Volkes. Indem zunächst in dem bloßen Gedanken erfaßt wurde, daß in Christus Jesus der Idealmensch lebt, zu dem die Bedingungen der Sonderung nicht dringen, wurde das Christentum das Ideal der umfassenden Brüderlichkeit. Über alle Sonderinteressen und Sonderverwandtschaften hinweg trat das Gefühl auf, daß des Menschen innerstes Ich bei jedem den gleichen Ursprung hat. (Neben allen Erdenvorfahren tritt der gemeinsame Vater aller Menschen auf. «Ich und der Vater sind Eins.»)

Im vierten, fünften und sechsten Jahrhundert nach Christus bereitete sich in Europa ein Kulturzeitalter vor, das mit dem fünfzehnten Jahrhundert begann und in welchem die Gegenwart noch lebt. Es sollte das vierte, das griechisch-lateinische allmählich ablösen. Es ist das fünfte nachatlantische Kulturzeitalter. Die Völker, welche sich nach verschiedenen Wanderungen und den mannigfaltigsten Schicksalen zu Trägern dieses Zeitalters machten, waren Nachkommen derjenigen Atlantier, welche von dem, was mittlerweile in den vier vorhergehenden Kulturperioden sich abgespielt hatte, am unberührtesten geblieben waren. Sie waren nicht bis in die Gebiete vorgedrungen, in denen die entsprechenden Kulturen Wurzel faßten. Dagegen hatten sie in ihrer Art die atlantischen Kulturen fortgepflanzt. Es gab unter ihnen viele Menschen, welche sich das Erbstück des alten dämmerhaften Hellsehens – des beschriebenen Zwischenzustandes zwischen Wachen und Schlafen – im hohen Grade bewahrt hatten. Solche Menschen kannten die geistige Welt als eigenes Erlebnis und konnten ihren Mitmenschen mitteilen, was in dieser Welt vorgeht. So entstand eine Welt von Erzählungen über geistige Wesen und geistige Vorgänge. Und der Märchen- und Sagenschatz der Völker ist ursprünglich aus solchen geistigen Erlebnissen heraus entstanden. Denn die dämmerhafte Hellsichtigkeit vieler Menschen dauerte bis in Zeiten herauf, die keineswegs lange hinter unserer Gegenwart zurückliegen. Andere Menschen waren da, welche die Hellsichtigkeit zwar verloren hatten, aber die erlangten Fähigkeiten für die sinnlich-physische Welt doch nach Gefühlen und Empfindungen ausbildeten, welche den Erlebnissen dieser Hellsichtigkeit entsprachen. Und auch die atlantischen Orakel hatten hier ihre Nachfolger. Es gab überall Mysterien. Nur bildete sich in diesen Mysterien vorwiegend ein solches Geheimnis der Einweihung aus, welches zur

Offenbarung derjenigen Geisteswelt führt, die Ahriman verschlossen hält. Die hinter den Naturgewalten stehenden Geistesmächte wurden da erschlossen. In den Mythologien der europäischen Völker sind die Reste dessen enthalten, was die Eingeweihten dieser Mysterien den Menschen verkünden konnten. Nur enthalten diese Mythologien allerdings auch das andere Geheimnis, doch in unvollkommenerer Gestalt, als die südlichen und östlichen Mysterien es hatten. Die übermenschlichen Wesenheiten waren auch in Europa bekannt. Doch sah man sie im stetigen Kampfe mit den Genossen Luzifers. Und man verkündigte zwar den Lichtgott; doch in solcher Gestalt, daß man von dieser nicht sagen konnte, sie werde Luzifer besiegen. Dafür aber leuchtete auch in diese Mysterien hinein die Zukunftsgestalt des Christus. Man verkündigte von ihm, daß sein Reich ablösen werde das Reich jenes anderen Lichtgottes. (Alle Sagen von der Götterdämmerung und ähnliche haben in dieser Erkenntnis der Mysterien Europas ihren Ursprung.) Aus solchen Einflüssen heraus entstand ein Seelenzwiespalt in den Menschen der fünften Kulturepoche, der gegenwärtig noch fortdauert und sich in den mannigfaltigsten Erscheinungen des Lebens zeigt. Die Seele behielt von den alten Zeiten her den Zug zum Geistigen nicht so stark, daß sie den Zusammenhang zwischen der geistigen und der sinnlichen Welt hätte festhalten können. Sie behielt ihn nur als Gefühls- und Empfindungszug, nicht aber als unmittelbares Schauen der übersinnlichen Welt. Dagegen wurde der Blick des Menschen auf die sinnliche Welt und ihre Beherrschung immer mehr hingelenkt. Und die in der letzten atlantischen Zeit erwachten Verstandeskräfte, alle die Kräfte im Menschen, deren Instrument das physische Gehirn ist, wurden auf die

Sinneswelt und deren Erkenntnis und Beherrschung hin ausgebildet. Zwei Welten entwickelten sich gewissermaßen in der Menschenbrust. Die eine ist dem sinnlich-physischen Dasein zugekehrt, die andere ist empfänglich für die Offenbarung des Geistigen, um dieses mit Gefühl und Empfindung, doch ohne Anschauung zu durchdringen. Die Anlagen zu dieser Seelenspaltung waren schon vorhanden, als die Christuslehre in die Gebiete Europas einfloß. Man nahm diese Botschaft vom Geiste in die Herzen auf, durchdrang Empfindung und Gefühl damit, konnte aber nicht die Brücke schlagen zu dem, was der auf die Sinne gerichtete Verstand im physisch-sinnlichen Dasein erkundete. Was man heute kennt als Gegensatz von äußerer Wissenschaft und geistiger Erkenntnis, ist nur eine Folge dieser Tatsache. Die christliche Mystik (Eckhardts, Taulers usw.) ist ein Ergebnis der Durchdringung von Gefühl und Empfindung mit dem Christentum. Die bloß auf die Sinnenwelt gerichtete Wissenschaft und deren Ergebnisse im Leben sind die Folgen der andern Seite der Seelenanlagen. Und es sind die Errungenschaften auf dem Felde der äußerlichen materiellen Kultur durchaus dieser Trennung der Anlagen zu verdanken. Indem sich diejenigen Fähigkeiten des Menschen, welche ihr Instrument im Gehirn haben, einseitig dem physischen Leben zuwandten, konnten sie zu jener Steigerung kommen, welche die gegenwärtige Wissenschaft, Technik und so weiter möglich machte. Und nur bei den Völkern Europas konnte der Ursprung dieser materiellen Kultur liegen. Denn sie sind jene Nachkommen atlantischer Vorfahren, welche den Zug für die physisch-sinnliche Welt erst dann zu Fähigkeiten ausbildeten, als er zu einer gewissen Reife gediehen war. Vorher ließen sie ihn schlummern und lebten von den Erbstücken des atlantischen Hellsehens und den Mitteilungen ihrer Eingeweihten. Während äußerlich die Geisteskultur nur diesen Einflüssen hingegeben war, reifte langsam aus der Sinn für die materielle Beherrschung der Welt.

Doch kündigt sich gegenwärtig bereits die Morgenröte der sechsten nachatlantischen Kulturperiode an. Denn was in der Menschheitsentwickelung zu einer gewissen Zeit entstehen soll, das reift langsam in der vorhergehenden Zeit. Was gegenwärtig sich schon in den Anfängen entwickeln kann, das ist das Auffinden des Fadens, welcher die zwei Seiten in der Menschenbrust verbindet, die materielle Kultur und das Leben in der geistigen Welt. Dazu ist notwendig, daß auf der einen Seite die Ergebnisse des geistigen Schauens begriffen werden und auf der andern in den Beobachtungen und Erlebnissen der Sinneswelt die Offenbarungen des Geistes erkannt werden. Die sechste Kulturepoche wird die Harmonie zwischen beiden zur vollen Entwickelung bringen. – Damit ist die Betrachtung dieses Buches bis zu einem Punkte vorgerückt, wo sie übergehen kann von einem Ausblick in die Vergangenheit zu einem solchen in die Zukunft. Doch ist es besser, wenn diesem Ausblick die Betrachtung über die Erkenntnis der höheren Welt und über die Einweihung vorangeht. Dann wird sich an sie jener Ausblick, insofern er möglich ist in dem Rahmen dieser Schrift, kurz geben lassen.

DIE ERKENNTNIS DER HÖHEREN WELTEN

(VON DER EINWEIHUNG ODER INITIATION)

Zwischen Geburt und Tod durchlebt der Mensch auf seiner gegenwärtigen Entwickelungsstufe im gewöhnlichen Leben drei Seelenzustände: das Wachen, den Schlaf und zwischen beiden den Traumzustand. Auf den letzteren soll an späterer Stelle dieser Schrift noch kurz hingedeutet werden. Hier mag das Leben zunächst in seinen beiden wechselnden Hauptzuständen, dem Wachen und dem Schlafen, betrachtet werden. – Zu Erkenntnissen in höheren Welten gelangt der Mensch, wenn er sich, außer dem Schlafen und Wachen, noch einen dritten Seelenzustand erwirbt. Während des Wachens ist die Seele hingegeben den Sinneseindrücken und den Vorstellungen, welche von diesen Sinneseindrücken angeregt werden. Während des Schlafes schweigen die Sinneseindrücke; aber die Seele verliert auch das Bewußtsein. Die Tageserlebnisse sinken in das Meer der Bewußtlosigkeit hinunter. – Man denke sich nun: die Seele könnte während des Schlafes zu einer Bewußtheit kommen, trotzdem die Eindrücke der Sinne, wie sonst im tiefen Schlafe, ausgeschaltet blieben. Ja, es würde *auch die Erinnerung* an die Tageserlebnisse nicht vorhanden sein. Befände sich nun die Seele in einem Nichts? Könnte sie nun gar keine Erlebnisse haben? – Eine Antwort auf diese Frage ist nur möglich, wenn ein Zustand wirklich hergestellt werden kann, welcher diesem gleich oder ähnlich ist. Wenn die Seele etwas erleben kann, auch dann, wenn keine Sinneswirkungen und keine Erinnerungen an solche in ihr vorhanden sind. Dann befände sich die Seele in bezug auf die gewöhnliche Außenwelt wie im Schlafe; und doch schliefe sie nicht, sondern wäre wie im Wachen einer wirklichen Welt gegenüber. – Nun kann ein solcher Bewußtseinszustand hergestellt werden, wenn der Mensch diejenigen Seelenerlebnisse herbeiführt, welche ihm die Geisteswissenschaft möglich macht. Und alles, was diese über jene Welten mitteilt, welche über die sinnliche hinausliegen, ist durch einen solchen Bewußtseinszustand erforscht. – In den vorhergehenden Ausführungen sind einige Mitteilungen über höhere Welten gemacht worden. In dem Folgenden soll nun auch – soweit dies in diesem Buche geschehen kann – von den Mitteln gesprochen werden, durch welche der zu diesem Forschen notwendige Bewußtseinszustand geschaffen wird.

Nur nach einer Richtung hin gleicht dieser Bewußtseinszustand dem Schlafe, nämlich dadurch, daß durch ihn alle äußeren Sinneswirkungen aufhören; auch alle Gedanken getilgt sind, welche durch diese Sinneswirkungen angeregt sind. Während aber im Schlafe die Seele keine Kraft hat, bewußt etwas zu erleben, soll sie diese Kraft durch diesen Bewußtseinszustand erhalten. Durch ihn wird in der Seele also die Fähigkeit eines Erlebens erweckt, welche im gewöhnlichen Dasein nur durch die Sinneswirkungen angeregt wird. Die Erweckung der Seele zu einem solchen höheren Bewußtseinszustand kann *Einweihung* (Initiation) genannt werden.

Die Mittel der Einweihung führen den Menschen aus dem gewöhnlichen Zustande des Tagesbewußtseins in eine solche Seelentätigkeit hinein, durch welche er sich geistiger Beobachtungswerkzeuge bedient. Diese Werkzeuge sind wie Keime vorher in der Seele vorhanden. Diese Keime müssen entwickelt werden. – Nun kann der Fall eintreten, daß ein Mensch in einem bestimmten Zeitpunkte seiner Lebenslaufbahn ohne besondere Vorbereitung in seiner Seele die Entdeckung macht, es haben sich solche höhere Werkzeuge in ihm entwickelt. Es ist dann eine Art von unwillkürlicher Selbsterweckung eingetreten. Solch ein Mensch wird sich dadurch in seinem ganzen Wesen umgewandelt finden. Eine unbegrenzte Bereicherung seiner Seelenerlebnisse tritt ein. Und er wird finden, daß er durch keine Erkenntnisse der Sinnenwelt eine solche Beseligung, solche befriedigende Gemütsverfassung und innere Wärme empfinden kann, wie durch dasjenige, was sich einer Erkenntnis erschließt, die nicht dem physischen Auge zugänglich ist. Kraft und Lebenssicherheit wird in seinen Willen aus einer geistigen Welt einströmen. – Solche Fälle von Selbsteinweihung gibt es. Sie sollten aber nicht zu dem Glauben verführen, daß es das einzig Richtige sei, eine solche Selbsteinweihung abzuwarten und nichts zu tun, um die Einweihung durch regelrechte Schulung herbeizuführen. Von der Selbsteinweihung braucht hier nicht gesprochen zu werden, da sie eben ohne Beobachtung irgendwelcher Regeln eintreten kann. Dargestellt aber soll werden, wie man durch Schulung die in der Seele keimhaft ruhenden Wahrnehmungsorgane entwickeln kann. Menschen, welche keinen besonderen Antrieb in sich verspüren, für ihre Entwickelung selbst etwas zu tun, werden leicht sagen: das Menschenleben steht in der Leitung von geistigen Mächten, in deren Führung soll man nicht eingreifen; man soll ruhig des Augenblickes harren, in dem jene Mächte es für richtig halten, der Seele eine andere Welt zu erschließen. Es wird wohl auch von solchen Menschen wie eine Art von Vermessenheit empfunden, oder als eine unberechtigte Begierde, in die Weisheit der geistigen Führung einzugreifen. Persönlichkeiten, welche so denken, werden erst dann zu einer anderen Meinung geführt, wenn auf sie eine gewisse

Vorstellung einen genügend starken Eindruck macht. Wenn sie sich sagen: Jene weise Führung hat mir gewisse Fähigkeiten gegeben; sie hat mir diese nicht verliehen, auf daß ich sie unbenützt lasse, sondern damit ich sie gebrauche. Die Weisheit der Führung besteht darin, daß sie in mich die Keime gelegt hat zu einem höheren Bewußtseinszustande. Ich verstehe diese Führung nur, wenn ich es als Pflicht empfinde, daß alles dem Menschen offenbar werde, was durch seine Geisteskräfte offenbar werden kann. Wenn ein solcher Gedanke einen genügend starken Eindruck auf die Seele gemacht hat, dann werden die obigen Bedenken gegen eine Schulung in bezug auf einen höheren Bewußtseinszustand schwinden.

Es kann aber allerdings noch ein anderes Bedenken geben, das sich gegen eine solche Schulung erhebt. Man kann sich sagen: «Die Entwickelung innerer Seelenfähigkeiten greift in das verborgenste Heiligtum des Menschen ein. Sie schließt in sich eine gewisse Umwandlung des ganzen menschlichen Wesens. Die Mittel zu solcher Umwandlung kann man sich naturgemäß nicht selber ersinnen. Denn wie man in eine höhere Welt kommt, kann doch nur derjenige wissen, welcher den Weg in diese als sein eigenes Erlebnis kennt. Wenn man sich an eine solche Persönlichkeit wendet, so gestattet man derselben einen Einfluß auf das verborgenste Heiligtum der Seele.» – Wer so denkt, dem könnte es selbst keine besondere Beruhigung gewähren, wenn ihm die Mittel zur Herbeiführung eines höheren Bewußtseinszustandes in einem Buche dargeboten würden. Denn es kommt ja nicht darauf an, ob man etwas mündlich mitgeteilt erhält oder ob eine Persönlichkeit, welche die Kenntnis dieser Mittel hat, diese in einem Buche darstellt und ein anderer sie daraus erfährt.

Es gibt nun solche Persönlichkeiten, welche die Kenntnis der Regeln für die Entwickelung der geistigen Wahrnehmungsorgane besitzen und welche die Ansicht vertreten, daß man diese Regeln einem Buche nicht anvertrauen dürfe. Solche Personen betrachten zumeist auch die Mitteilung gewisser Wahrheiten, welche sich auf die geistige Welt beziehen, als unstatthaft. Doch muß diese Anschauung gegenüber dem gegenwärtigen Zeitalter der Menschheitsentwickelung in gewisser Beziehung als veraltet bezeichnet werden. Richtig ist, daß man mit der Mitteilung der entsprechenden Regeln nur bis zu einem gewissen Punkte gehen kann. Doch führt das Mitgeteilte so weit, daß derjenige, welcher dieses auf seine Seele anwendet, in der Erkenntnisentwickelung dazu gelangt, daß er den weiteren Weg dann finden kann. Es führt dieser Weg dann in einer Art weiter, über welche man eine richtige Vorstellung auch nur durch das vorher Durchgemachte erhalten kann. Aus all diesen Tatsachen können sich Bedenken gegen den geistigen Erkenntnisweg ergeben. Diese Bedenken schwinden, wenn man das Wesen desjenigen Entwickelungsganges ins Auge faßt, welchen die unserem Zeitalter angemessene Schulung vorzeichnet. Von diesem Wege soll hier gesprochen und auf andere Schulungen nur kurz hingewiesen werden.

Die hier zu besprechende Schulung gibt demjenigen, welcher den Willen zu seiner höheren Entwickelung hat, die Mittel an die Hand, die Umwandlung seiner Seele vorzunehmen. Ein bedenklicher Eingriff in das Wesen des Schülers wäre nur dann vorhanden, wenn der Lehrer diese Umwandlung durch Mittel vornähme, die sich dem Bewußtsein des Schülers entziehen. Solcher Mittel bedient sich aber keine *richtige* Anweisung der Geistesentwickelung in unserem Zeitalter. Diese macht den Schüler zu keinem blinden Werkzeuge. Sie gibt ihm die Verhaltungsmaßregeln; und der Schüler führt sie aus. Es wird dabei, wenn es darauf ankommt, nicht verschwiegen, warum diese oder jene Verhaltungsmaßregel gegeben wird. Die Entgegennahme der Regeln und ihre Anwendung durch eine Persönlichkeit, welche geistige Entwickelung sucht, braucht nicht auf blinden Glauben hin zu geschehen. Ein solcher sollte auf diesem Gebiete ganz ausgeschlossen sein. Wer die Natur der Menschenseele betrachtet, soweit sie ohne Geistesschulung schon durch die gewöhnliche Selbstbeobachtung sich ergibt, der kann sich nach Entgegennahme der von der Geistesschulung empfohlenen Regeln fragen: wie können diese Regeln im Seelenleben wirken? Und diese Frage kann, vor aller Schulung, bei unbefangener Anwendung des gesunden Menschenverstandes *genügend* beantwortet werden. Man kann über die Wirkungsweise dieser Regeln sich richtige Vorstellungen machen, bevor man sich ihnen hingibt. *Erleben* kann man diese Wirkungsweise allerdings erst während der Schulung. Allein auch da wird das Erleben stets von dem Verstehen dieses Erlebens begleitet sein, wenn man jeden zu machenden Schritt mit dem gesunden Urteile begleitet. Und gegenwärtig wird eine wahre Geisteswissenschaft nur solche Regeln für die Schulung angeben, denen gegenüber solches gesunde Urteil sich geltend machen kann. Wer willens ist, sich nur einer *solchen* Schulung hinzugeben, und wer sich durch keine Voreingenommenheit zu einem *blinden* Glauben treiben läßt, dem werden alle Bedenken schwinden. Einwände gegen eine regelrechte Schulung zu einem höheren Bewußtseinszustande werden ihn nicht stören.

Selbst für eine solche Persönlichkeit, welche die innere Reife hat, die sie in kürzerer oder längerer Zeit zum Selbsterwachen der geistigen Wahrnehmungsorgane führen kann, ist eine Schulung nicht überflüssig, sondern im Gegenteil, für sie ist sie ganz besonders geeignet. Denn es gibt nur wenige Fälle, in denen eine solche Persönlichkeit vor der Selbsteinweihung nicht die mannigfaltigsten krummen und vergeblichen Seitenwege durchzumachen hat. Die Schulung erspart ihr diese Seitenwege. Sie führt in der geraden Richtung vorwärts. Wenn eine solche Selbsteinweihung für diese Seele eintritt, so rührt dies davon her, daß die Seele sich in vorhergehenden Lebensläufen die entsprechende Reife erworben hat. Es kommt nun sehr leicht vor, daß gerade eine solche Seele ein gewisses dunkles Gefühl von ihrer Reife hat und sich aus diesem Gefühl heraus gegen eine Schulung ablehnend verhält. Ein solches Gefühl kann nämlich einen gewissen Hochmut erzeugen, welcher das Vertrauen zu echter Geistesschulung hindert. Es kann nun eine gewisse Stufe der Seelenentwickelung bis zu einem gewissen Lebensalter verborgen bleiben und erst dann hervortreten. Aber es kann die Schulung gerade das rechte Mittel sein, um sie zum Hervortreten zu bringen. Verschließt sich ein Mensch dann gegen die Schulung, dann kann es sein, daß seine Fähigkeit in dem betreffenden Lebenslauf verborgen bleibt und erst wieder in einem der nächsten Lebensläufe hervortritt.

In bezug auf die hier gemeinte Schulung für die übersinnliche Erkenntnis ist es wichtig, gewisse naheliegende Mißverständnisse nicht aufkommen zu lassen. Das eine kann dadurch entstehen, daß man meint, die Schulung wolle den Menschen in bezug auf seine ganze Lebensführung zu einem andern Wesen machen. Allein es handelt sich nicht darum, dem Menschen allgemeine Lebensvorschriften zu geben, sondern ihm von Seelenverrichtungen zu sprechen, die, wenn er sie ausführt, ihm die Möglichkeit geben, das Übersinnliche zu beobachten. Auf denjenigen Teil seiner Lebensverrichtungen, der außerhalb der Beobachtung des Übersinnlichen liegt, haben diese Verrichtungen keinen *unmittelbaren* Einfluß. Der Mensch erwirbt sich *hinzu* zu diesen Lebensverrichtungen die Gabe der übersinnlichen Beobachtung. Die Tätigkeit dieser Beobachtung ist von den gewöhnlichen Verrichtungen des Lebens so getrennt wie der Zustand des Wachens von dem des Schlafens. Das eine kann das andere nicht im geringsten stören. Wer zum Beispiel den gewöhnlichen Ablauf des Lebens durch Eindrücke des übersinnlichen Schauens durchsetzen wollte, gleicht einem Ungesunden, dessen Schlaf von schädlichem Aufwachen fortwährend unterbrochen würde. Dem freien Willen des Geschulten muß es möglich sein, den Zustand des Beobachtens übersinnlicher Wirklichkeit herbeizuführen. *Mittelbar* hängt die Schulung mit Lebensvorschriften allerdings insofern zusammen, als ohne eine gewisse ethisch gestimmte Lebensführung ein Einblick in das Übersinnliche unmöglich oder schädlich ist. Und deshalb ist manches, das zur Anschauung des Übersinnlichen führt, zugleich Mittel zur Veredlung der Lebensführung. Auf der andern Seite erkennt man durch den Einblick in die übersinnliche Welt höhere moralische Impulse, die auch für die sinnlich-physische Welt gelten. Gewisse moralische Notwendigkeiten werden erst aus dieser Welt heraus erkannt. – Ein zweites Mißverständnis wäre, wenn man glaubte, irgendeine zum übersinnlichen Erkennen führende Seelenverrichtung habe etwas mit Veränderung der physischen Organisation zu tun. Es haben solche Verrichtungen vielmehr nicht das geringste zu tun mit irgend etwas, in das Physiologie oder ein anderer Zweig der Naturerkenntnis hineinzureden hat. Sie sind so ganz von allem Physischen abliegende rein geistig-seelische Vorgänge wie das gesunde Denken und Wahrnehmen selbst. Der *Art* nach geht in der Seele durch eine solche Verrichtung nichts anderes vor, als was vorgeht, wenn sie gesund vorstellt oder urteilt. So viel und so wenig mit dem Leibe das gesunde Denken zu tun hat, so viel und so wenig haben mit diesem die Vorgänge der echten Schulung zur übersinnlichen Erkenntnis zu tun. Alles, was sich anders zum Menschen verhält, ist nicht wahre Geistesschulung, sondern ein Zerrbild derselben. Im Sinne des hier Gesagten sind die folgenden Ausführungen zu nehmen. Nur weil übersinnliche Erkenntnis etwas ist, was von der ganzen Seele des Menschen ausgeht, wird es so aussehen, als ob zur Schulung Dinge verlangt würden, die aus dem Menschen etwas anderes machen. In Wahrheit handelt es sich um Angaben über Verrichtungen, die die Seele in die Möglichkeit versetzen, innerhalb ihres Lebens solche Augenblicke herbeizuführen, in denen sie das Übersinnliche beobachten kann.

*

Die Erhebung zu einem übersinnlichen Bewußtseinszustande kann nur von dem gewöhnlichen wachen Tagesbewußtsein ausgehen. In diesem Bewußtsein lebt die Seele vor ihrer Erhebung. Es werden ihr durch die Schulung Mittel gegeben, welche sie aus diesem Bewußtsein herausführen. Die hier zunächst in Betracht kommende Schulung gibt unter den ersten Mitteln solche, welche sich noch als Verrichtungen des gewöhnlichen Tagesbewußtseins kennzeichnen lassen. Gerade die bedeutsamsten Mittel sind solche, die in stillen Verrichtungen der Seele bestehen. Es handelt sich darum, daß sich die Seele ganz bestimmten Vorstellungen hingibt. Diese Vorstellungen sind solche, welche durch ihr Wesen eine weckende Kraft auf gewisse verborgene Fähigkeiten der menschlichen Seele ausüben. Sie unterscheiden sich von solchen Vorstellungen des wachen Tageslebens, welche die Aufgabe haben, ein äußeres Ding abzubilden. Je wahrer sie dies tun, desto wahrer sind sie. Und es gehört zu ihrem Wesen, in diesem Sinne wahr zu sein. Eine solche Aufgabe haben die Vorstellungen nicht, welchen sich die Seele zum Ziele der Geistesschulung hingeben soll. Sie sind so gestaltet, daß sie nicht ein Äußeres abbilden, sondern in sich selbst die Eigenheit haben, auf die Seele weckend zu wirken. Die besten Vorstellungen hierzu sind *sinnbildliche* oder symbolische. Doch können auch andere Vorstellungen verwendet werden. Denn es kommt eben gar nicht darauf an, was die Vorstellungen enthalten, sondern lediglich darauf, daß die Seele alle ihre Kräfte darauf richtet, nichts anderes im Bewußtsein zu haben als die betreffende Vorstellung. Während im gewöhnlichen Seelenleben dessen Kräfte auf vieles verteilt sind und die Vorstellungen rasch wechseln, kommt es bei der Geistesschulung auf die Konzentration des ganzen Seelenlebens auf eine Vorstellung an. Und diese Vorstellung muß durch freien Willen in den Mittelpunkt des Bewußtseins gerückt sein. Sinnbildliche Vorstellungen sind deshalb besser als solche, welche äußere Gegenstände oder Vorgänge abbilden, weil die letzteren den Anhaltspunkt in der Außenwelt haben und dadurch die Seele weniger sich auf sich allein zu stützen hat als bei sinnbildlichen, die aus der eigenen Seelenenergie heraus gebildet werden. Nicht *was* vorgestellt wird, ist wesentlich, sondern darauf kommt es an, daß das Vorgestellte durch die Art des Vorstellens das Seelische von jeder Anlehnung an ein Physisches loslöst.

Man gelangt zu einem Erfassen dieser Versenkung in eine Vorstellung, wenn man sich erst einmal den *Begriff der Erinnerung* vor die Seele ruft. Hat man das Auge zum Beispiel auf einen Baum gerichtet und wendet man sich dann von dem Baume ab, so daß man ihn nicht mehr sehen kann, so vermag man die Vorstellung des Baumes aus der Erinnerung in der Seele wieder zu erwecken. Diese Vorstellung des Baumes, die man hat, wenn derselbe nicht dem Auge gegenübersteht, ist eine *Erinnerung* an den Baum. Nun denke man sich, man behalte diese Erinnerung in der Seele; man lasse die Seele gleichsam auf der Erinnerungsvorstellung ruhen; man bemühe sich, alle andern Vorstellungen dabei auszuschließen. Dann ist die Seele in die Erinnerungsvorstellung des Baumes *versenkt*. Man hat es dann mit einer Versenkung der Seele in eine Vorstellung zu tun; doch ist diese Vorstellung das Abbild eines durch die Sinne wahrgenommenen Dinges. Wenn man aber dasselbe vornimmt mit einer durch freien Willen in das Bewußtsein versetzten Vorstellung, so wird man nach und nach die Wirkung erzielen können, auf welche es ankommt.

Es soll nun ein Beispiel der inneren Versenkung mit einer sinnbildlichen Vorstellung veranschaulicht werden. Zunächst muß eine solche Vorstellung erst in der Seele aufgebaut werden. Das kann in folgender Art geschehen: Man stelle sich eine Pflanze vor, wie sie im Boden wurzelt, wie sie Blatt nach Blatt treibt, wie sie sich zur Blüte entfaltet. Und nun denke man sich neben diese Pflanze einen Menschen hingestellt. Man mache den Gedanken in seiner Seele lebendig, wie der Mensch Eigenschaften und Fähigkeiten hat, welche denen der Pflanze gegenüber vollkommener genannt werden können. Man bedenke, wie er sich seinen Gefühlen und seinem Willen gemäß da und dorthin begeben kann, während die Pflanze an den Boden gefesselt ist. Nun aber sage man sich auch: ja, gewiß ist der Mensch vollkommener als die Pflanze; aber mir treten dafür auch an ihm Eigenschaften entgegen, welche ich an der Pflanze nicht wahrnehme, und durch deren Nichtvorhandensein sie mir in gewisser Hinsicht vollkommener als der Mensch erscheinen kann. Der Mensch ist erfüllt von Begierden und Leidenschaften; diesen folgt er bei seinem Verhalten. Ich kann bei ihm von Verirrungen durch seine Triebe und Leidenschaften sprechen. Bei der Pflanze sehe ich, wie sie den reinen Gesetzen des Wachstums folgt von Blatt zu Blatt, wie sie die Blüte leidenschaftslos dem keuschen Sonnenstrahl öffnet. Ich kann mir sagen: der Mensch hat eine gewisse Vollkommenheit vor der Pflanze voraus; aber er hat diese Vollkommenheit dadurch erkauft, daß er zu den mir rein erscheinenden Kräften der Pflanze in seinem Wesen hat hinzutreten lassen Triebe, Begierden und Leidenschaften. Ich stelle mir nun vor, daß der grüne Farbensaft durch die Pflanze fließt und daß dieser der Ausdruck ist für die reinen leidenschaftslosen Wachstumsgesetze. Und dann stelle ich mir vor, wie das rote Blut durch die Adern des Menschen fließt und wie dieses der Ausdruck ist für die Triebe, Begierden und Leidenschaften. Das alles lasse ich als einen lebhaften Gedanken in meiner Seele erstehen. Dann stelle ich mir weiter vor, wie der Mensch entwickelungsfähig ist; wie er seine Triebe und Leidenschaften durch seine höheren Seelenfähigkeiten läutern und reinigen kann. Ich denke mir, wie dadurch ein Niederes in diesen Trieben und Leidenschaften vernichtet wird, und diese auf einer höheren Stufe wiedergeboren werden. Dann wird das Blut vorgestellt werden dürfen als der Ausdruck der gereinigten und geläuterten Triebe und Leidenschaften. Ich blicke nun zum Beispiel im Geiste auf die Rose und sage mir: in dem roten Rosenblatt sehe ich die Farbe des grünen Pflanzensaftes umgewandelt in das Rot; und die rote Rose folgt wie das grüne Blatt den reinen, leidenschaftslosen Gesetzen des Wachstums. Das Rot der Rose möge mir nun werden das Sinnbild eines solchen Blutes, das der Ausdruck ist von geläuterten Trieben und Leidenschaften, welche das Niedere abgestreift haben und in ihrer Reinheit gleichen den Kräften, welche in der roten Rose wirken. Ich versuche nun, solche Gedanken nicht nur in meinem Verstande zu verarbeiten, sondern in meiner Empfindung lebendig werden zu lassen. Ich kann eine beseligende Empfindung haben, wenn ich die Reinheit und Leidenschaftslosigkeit der wachsenden Pflanze mir vorstelle; ich kann das Gefühl in mir erzeugen, wie gewisse höhere Vollkommenheiten erkauft werden müssen durch die Erwerbung der Triebe und Begierden. Das kann die Beseligung, die ich vorher empfunden habe, in ein ernstes Gefühl verwandeln; und dann kann ein Gefühl eines befreienden Glückes in mir sich regen, wenn ich mich hingebe dem Gedanken an das rote Blut, das Träger werden kann von innerlich reinen Erlebnissen, wie der rote Saft der Rose. Es kommt darauf an, daß man nicht gefühllos sich den Gedanken gegenüberstelle, welche zum Aufbau einer sinnbildlichen Vorstellung dienen. Nachdem man sich in solchen Gedanken und Gefühlen ergangen hat, verwandle man sich dieselben in folgende sinnbildliche Vorstellung. Man stelle sich ein schwarzes Kreuz vor. Dieses sei *Sinnbild* für das vernichtete Niedere der Triebe und Leidenschaften; und da, wo sich die Balken des Kreuzes schneiden, denke man sich sieben rote, strahlende Rosen im Kreise angeordnet.

Diese Rosen seien das *Sinnbild* für ein Blut, das Ausdruck ist für geläuterte, gereinigte Leidenschaften und Triebe*. Eine solche sinnbildliche Vorstellung soll es nun sein, die man sich in der Art vor die Seele ruft, wie es oben an einer Erinnerungsvorstellung veranschaulicht ist. Eine solche Vorstellung hat eine seelenweckende Kraft, wenn man sich in innerlicher Versenkung ihr hingibt. Jede andere Vorstellung muß man versuchen während der Versenkung auszuschließen. Lediglich das charakterisierte Sinnbild soll im Geiste vor der Seele schweben, so lebhaft als dies möglich ist. – Es ist nicht bedeutungslos, daß dieses Sinnbild nicht einfach als eine weckende Vorstellung hier angeführt worden ist, sondern daß es erst durch gewisse Vorstellungen über Pflanze und Mensch aufgebaut worden ist. Denn es hängt die Wirkung eines solchen Sinnbildes davon ab, daß man es sich in der geschilderten Art zusammengestellt hat, bevor man es zur inneren Versenkung verwendet. Stellt man es sich vor, ohne einen solchen Aufbau erst in der eigenen Seele durchgemacht zu haben, so bleibt es kalt und viel unwirksamer, als wenn es durch die Vorbereitung seine seelenbeleuchtende Kraft erhalten hat. Während der Versenkung soll man jedoch sich alle die vorbereitenden Gedanken nicht in

* Es kommt nicht darauf an, inwiefern diese oder jene naturwissenschaftliche Vorstellung die obigen Gedanken berechtigt findet oder nicht. Denn es handelt sich um die Entwickelung solcher Gedanken an Pflanze und Mensch, welche, ohne alle Theorie, durch eine einfache, unmittelbare Anschauung gewonnen werden können. Solche Gedanken haben ja doch auch ihre Bedeutung neben den in anderer Beziehung nicht minder bedeutsamen theoretischen Vorstellungen über die Dinge der Außenwelt. Und hier sind die Gedanken nicht dazu da, um einen Tatbestand wissenschaftlich darzustellen, sondern um ein *Sinnbild* aufzubauen, das sich als seelisch wirksam erweist, gleichgültig, welche Einwände dieser oder jener Persönlichkeit einfallen bei dem Aufbau dieses Sinnbildes.

die Seele rufen, sondern lediglich das Bild lebhaft vor sich im Geiste schweben haben und dabei *jene Empfindung* mitschwingen lassen, die sich als Ergebnis durch die vorbereitenden Gedanken eingestellt hat. So wird das Sinnbild zum Zeichen neben dem Empfindungserlebnis. Und in dem Verweilen der Seele in diesem Erlebnis liegt das Wirksame. Je länger man verweilen kann, ohne daß eine störende andere Vorstellung sich einmischt, desto wirksamer ist der ganze Vorgang. Jedoch ist es gut, wenn man sich außer der Zeit, welche man der eigentlichen Versenkung widmet, öfters durch Gedanken und Gefühle der oben geschilderten Art den Aufbau des Bildes wiederholt, damit die Empfindung nicht verblasse. Je mehr Geduld man zu einer solchen Erneuerung hat, desto bedeutsamer ist das Bild für die Seele. (In den Auseinandersetzungen meines Buches: «Wie erlangt man Erkenntnisse der höheren Welten?» sind noch andere Beispiele von Mitteln zur inneren Versenkung angegeben. Besonders wirksam sind die daselbst charakterisierten Meditationen über das Werden und Vergehen einer Pflanze, über die in einem Pflanzen-Samenkorn schlummernden Werdekräfte, über die Formen von Kristallen usw. Hier in diesem Buche sollte an einem Beispiele das Wesen der Meditation gezeigt werden.)

Ein solches Sinnbild, wie es hier geschildert ist, bildet kein äußeres Ding oder Wesen, das durch die Natur hervorgebracht wird, ab. Aber eben gerade dadurch hat es seine weckende Kraft für gewisse rein seelische Fähigkeiten. Es könnte allerdings jemand einen Einwand erheben. Er könnte sagen: Gewiß, das «Ganze», als Sinnbild, ist nicht durch die Natur vorhanden; aber alle Einzelheiten sind doch aus dieser Natur entlehnt: die schwarze Farbe, die Rosen und so weiter.

Das alles werde doch durch die Sinne wahrgenommen. Wer durch solchen Einwand gestört wird, der sollte bedenken, daß nicht die Abbildungen der Sinneswahrnehmungen dasjenige sind, was zur Weckung der höheren Seelenfähigkeiten führt, sondern daß diese Wirkung lediglich durch die *Art der Zusammenfügung* dieser Einzelheiten hervorgerufen wird. Und diese Zusammenfügung bildet nicht etwas ab, was in der Sinneswelt vorhanden ist.

An einem Sinnbild – als Beispiel – sollte der Vorgang der wirksamen Versenkung der Seele veranschaulicht werden. In der Geistesschulung können die mannigfaltigsten Bilder dieser Art verwendet und diese in der verschiedensten Art aufgebaut werden. Es können auch gewisse Sätze, Formeln, einzelne Worte gegeben werden, in welche man sich zu versenken hat. In jedem Falle werden diese Mittel der inneren Versenkung das Ziel haben, die Seele loszureißen von der Sinneswahrnehmung und sie zu einer solchen Tätigkeit anzuregen, bei welcher der Eindruck auf die physischen Sinne bedeutungslos ist und die Entfaltung innerer schlummernder Seelenfähigkeiten das Wesentliche wird. Es kann sich auch um Versenkungen bloß in Gefühle, Empfindungen usw. handeln. Solches erweist sich besonders wirksam. Man nehme einmal das Gefühl der Freude. Im normalen Lebensverlaufe mag die Seele Freude erleben, wenn eine äußere Anregung zur Freude vorhanden ist. Wenn eine gesund empfindende Seele wahrnimmt, wie ein Mensch eine Handlung vollbringt, welche diesem seine Herzensgüte eingibt, so wird diese Seele Wohlgefallen, Freude an einer solchen Handlung haben. Aber diese Seele kann nun nachdenken über eine Handlung dieser Art. Sie kann sich sagen: Eine Handlung, welche aus Herzensgüte vollbracht wird, ist eine solche, bei welcher der

Vollbringer nicht seinem eigenen Interesse folgt, sondern dem Interesse seines Mitmenschen. Und eine solche Handlung kann eine sittlich gute genannt werden. Nun aber kann die betrachtende Seele sich ganz frei machen von der Vorstellung des einzelnen Falles in der Außenwelt, welcher ihr die Freude oder das Wohlgefallen gemacht hat, und sie kann sich die umfassende Idee der Herzensgüte bilden. Sie kann sich etwa denken, wie Herzensgüte dadurch entstehe, daß die eine Seele das Interesse der andern gleichsam aufsauge und zu dem eigenen mache. Und die Seele kann nun die Freude empfinden über diese sittliche Idee der Herzensgüte. Das ist die Freude nicht an diesem oder jenem Vorgange der Sinneswelt, sondern die Freude an einer *Idee* als solcher. Versucht man solche Freude durch längere Zeit in der Seele lebendig sein zu lassen, so ist dies Versenkung in ein Gefühl, in eine Empfindung. Nicht die Idee ist dann das Wirksame zur Weckung der inneren Seelenfähigkeiten, sondern das durch längere Zeit andauernde Walten des nicht durch einen bloßen einzelnen äußeren Eindruck angeregten Gefühls innerhalb der Seele. – Da die übersinnliche Erkenntnis tiefer einzudringen vermag in das Wesen der Dinge als das gewöhnliche Vorstellen, so können aus deren Erfahrungen heraus Empfindungen angegeben werden, welche noch in viel höherem Grade auf die Entfaltung der Seelenfähigkeiten wirken, wenn sie zur inneren Versenkung verwendet werden. So notwendig dies letztere für höhere Grade der Schulung ist, so soll man doch dessen eingedenk sein, daß energische Versenkung in solche Gefühle und Empfindungen, wie zum Beispiel das an der Betrachtung der Herzensgüte charakterisierte, schon sehr weit führen kann. – Da die Wesenheiten der Menschen verschieden sind, so sind für die einzelnen

Menschen auch verschiedene Mittel der Schulung die wirksamen. – Was die Zeitlänge der Versenkung betrifft, so ist zu bedenken, daß die Wirkung um so stärker ist, je gelassener und besonnener diese Versenkung werden kann. Aber eine jegliche Übertreibung in dieser Richtung soll vermieden werden. Es kann ein gewisser innerer Takt, der sich durch die Übungen selbst ergibt, den Schüler lehren, an was er in dieser Beziehung sich zu halten hat.

Man wird solche Übungen innerer Versenkung in der Regel lange durchzuführen haben, bevor man deren Ergebnis selber wahrnehmen kann. Was zur Geistesschulung unbedingt gehört, ist: Geduld und Ausdauer. Wer diese beiden nicht in sich wachruft und nicht so in aller Ruhe fortdauernd seine Übungen macht, daß Geduld und Ausdauer dabei stets die Grundstimmung seiner Seele ausmachen, der kann nicht viel erreichen.

Es ist aus der vorangehenden Darstellung wohl ersichtlich, daß die innere Versenkung (Meditation) ein Mittel ist zur Erlangung der Erkenntnis höherer Welten, aber auch daß nicht jeder beliebige Vorstellungsinhalt dazu führt, sondern nur ein solcher, welcher in der geschilderten Art eingerichtet ist.

Der Weg, auf den hier hingewiesen ist, führt zunächst zu dem, was man die *imaginative* Erkenntnis nennen kann. Sie ist die erste höhere Erkenntnisstufe. Das Erkennen, welches auf der sinnlichen Wahrnehmung und auf der Verarbeitung der sinnlichen Wahrnehmungen durch den an die Sinne gebundenen Verstand beruht, kann – im Sinne der Geisteswissenschaft – das «gegenständliche Erkennen» genannt werden. Über dieses hinaus liegen die höheren Erkenntnisstufen, deren erste eben das imaginative Erkennen ist. Der Ausdruck «imaginativ» könnte bei jemand Bedenken hervorrufen, der sich unter «Imagination» nur eine «eingebildete» Vorstellung denkt, welcher nichts Wirkliches entspricht. In der Geisteswissenschaft soll aber die «imaginative» Erkenntnis als eine solche aufgefaßt werden, welche durch einen übersinnlichen Bewußtseinszustand der Seele zustande kommt. Was in diesem Bewußtseinszustande wahrgenommen wird, sind geistige Tatsachen und Wesenheiten, zu denen die Sinne keinen Zugang haben. Weil dieser Zustand in der Seele erweckt wird durch die Versenkung in Sinnbilder oder «Imaginationen», so kann auch die Welt dieses höheren Bewußtseinszustandes die «imaginative» und die auf sie bezügliche Erkenntnis die «imaginative» genannt werden. «Imaginativ» bedeutet also etwas, was in einem andern Sinne «wirklich» ist als die Tatsachen und Wesenheiten der physischen Sinneswahrnehmung. Auf den *Inhalt* der Vorstellungen, welche das imaginative Erleben erfüllen, kommt nichts an; dagegen alles auf die Seelenfähigkeit, die an diesem Erleben herangebildet wird.

Ein sehr naheliegender Einwurf gegen die Verwendung der charakterisierten sinnbildlichen Vorstellungen ist, daß ihre Bildung einem träumerischen Denken und einer willkürlichen Einbildungskraft entspringen und daß sie daher nur von zweifelhaftem Erfolge sein könne. Denjenigen Sinnbildern gegenüber, welche der regelrechten Geistesschulung zugrunde liegen, ist ein damit gekennzeichnetes Bedenken unberechtigt. Denn die Sinnbilder werden so gewählt, daß von ihrer Beziehung auf eine äußere sinnliche Wirklichkeit ganz abgesehen werden kann und ihr Wert lediglich in der Kraft gesucht werden kann, mit welcher sie auf die Seele dann wirken, wenn diese alle Aufmerksamkeit von der äußeren Welt abzieht, wenn sie alle Eindrücke der Sinne unterdrückt und auch alle Gedanken ausschaltet, die sie, auf äußere Anregung hin, hegen kann. Am anschaulichsten wird der Vorgang der Meditation durch Vergleich derselben mit dem Schlafzustande. Sie ist diesem nach der einen Seite hin ähnlich, nach der anderen völlig entgegengesetzt. Sie ist ein Schlaf, der gegenüber dem Tagesbewußtsein ein höheres Erwachtsein darstellt. Es kommt darauf an, daß durch die Konzentration auf die entsprechende Vorstellung oder das Bild die Seele genötigt ist, viel stärkere Kräfte aus ihren eigenen Tiefen hervorzuholen, als sie im gewöhnlichen Leben oder dem gewöhnlichen Erkennen anwendet. Ihre innere Regsamkeit wird dadurch erhöht. Sie löst sich los von der Leiblichkeit, wie sie sich im Schlafe loslöst; aber sie geht nicht wie in diesem in die Bewußtlosigkeit über, sondern sie erlebt eine Welt, die sie vorher nicht erlebt hat. Ihr Zustand ist, obwohl er nach der Seite der Losgelöstheit vom Leibe mit dem Schlafe verglichen werden kann, doch so, daß er sich zu dem gewöhnlichen Tagesbewußtsein als ein solcher eines *erhöhten Wachseins* kennzeichnen läßt. Dadurch erlebt sich die Seele in ihrer wahren inneren, selbständigen Wesenheit, während sie sich im gewöhnlichen Tagwachen durch die in demselben vorhandene schwächere Entfaltung ihrer Kräfte nur mit Hilfe des Leibes zum Bewußtsein bringt, sich also nicht selbst erlebt, sondern nur in dem Bilde gewahr wird, das – wie eine Art Spiegelbild – der Leib (eigentlich dessen Vorgänge) vor ihr entwirft.

Diejenigen Sinnbilder, welche in der oben geschilderten Art aufgebaut werden, beziehen sich naturgemäß noch nicht auf etwas Wirkliches in der geistigen Welt. Sie dienen dazu, um die menschliche Seele loszureißen von der Sinneswahrnehmung und von dem Gehirninstrument, an welches zunächst der Verstand gebunden ist. Diese Losreißung kann nicht früher geschehen, als bis der Mensch fühlt: jetzt stelle ich etwas vor durch Kräfte, bei denen mir meine Sinne und das Gehirn nicht als Werkzeuge dienen. Das erste, was der Mensch auf diesem Wege erlebt, ist ein solches Freiwerden von den physischen Organen. Er kann sich dann sagen: mein Bewußtsein erlöscht nicht, wenn ich die Sinneswahrnehmungen und das gewöhnliche Verstandesdenken unberücksichtigt lasse; ich kann mich aus diesem herausheben und empfinde mich dann als ein Wesen *neben* dem, was ich vorher war. Das ist das erste rein geistige Erlebnis: die Beobachtung einer seelisch-geistigen Ich-Wesenheit. Diese hat sich als ein neues Selbst aus demjenigen Selbst herausgehoben, das nur an die physischen Sinne und den physischen Verstand gebunden ist. Hätte man ohne die Versenkung sich losgemacht von der Sinnes- und Verstandeswelt, so wäre man in das «Nichts» der Bewußtlosigkeit versunken. Man hat die seelisch-geistige Wesenheit selbstverständlich auch *vor* der Versenkung schon gehabt. Sie hatte aber noch keine Werkzeuge zur Beobachtung der geistigen Welt. Sie war etwa so wie ein physischer Leib, der kein Auge zum Sehen oder kein Ohr zum Hören hat. Die Kraft, welche in der Versenkung aufgewendet worden ist, hat erst die seelisch-geistigen Organe aus der vorher unorganisierten seelisch-geistigen Wesenheit herausgeschaffen. Das, was man sich so anerschaffen hat, nimmt man auch zuerst wahr. Das erste Erlebnis ist daher in gewissem Sinne Selbstwahrnehmung. Es gehört zum Wesen der Geistesschulung, daß die Seele durch die an sich geübte Selbsterziehung an diesem Punkte ihrer Entwikkelung ein volles Bewußtsein davon hat, daß sie zunächst *sich selbst* wahrnimmt in den Bilderwelten (Imaginationen), die infolge der geschilderten Übungen auftreten. Diese Bilder treten zwar als lebend in einer neuen Welt auf; die Seele muß aber erkennen, daß sie doch nichts anderes zunächst sind als die Widerspiegelung ihres eigenen durch die Übungen verstärkten Wesens. Und sie muß dieses nicht nur im richtigen Urteile erkennen, sondern auch zu einer solchen Ausbildung des Willens gekommen sein, daß sie jederzeit die Bilder wieder aus dem Bewußtsein entfernen, auslöschen kann. Die Seele muß innerhalb dieser Bilder völlig frei und vollbesonnen walten können. Das gehört zur richtigen Geistesschulung in diesem Punkte. Würde sie dieses nicht können, so wäre sie im Gebiete der geistigen Erlebnisse in demselben Falle, in dem eine Seele wäre in der physischen Welt, welche, wenn sie das Auge nach einem Gegenstande richtete, durch diesen gefesselt wäre, so daß sie von demselben nicht mehr wegschauen könnte. Eine Ausnahme von dieser Möglichkeit des Auslöschens macht nur eine Gruppe von inneren Bilderlebnissen, die auf der erlangten Stufe der Geistesschulung *nicht* auszulöschen ist. Diese entspricht dem eigenen Seelen-Wesenskerne; und der Geistesschüler erkennt in diesen Bildern dasjenige in ihm selber, welches sich als sein Grundwesen durch die wiederholten Erdenleben hindurchzieht. Auf diesem Punkte wird das Erfühlen von wiederholten Erdenleben zu einem wirklichen Erlebnis. In bezug auf alles übrige muß die erwähnte Freiheit der Erlebnisse herrschen. Und erst, nachdem man die Fähigkeit der Auslöschung erlangt hat, tritt man an die wirkliche geistige Außenwelt heran. An Stelle des Ausgelöschten kommt ein anderes, in dem man die geistige Wirklichkeit erkennt. Man fühlt, wie man seelisch aus einem Unbestimmten als ein Bestimmtes herauswächst. Von dieser Selbstwahrnehmung aus muß es dann weiter gehen zur Beobachtung einer seelisch-geistigen Außenwelt. Diese tritt ein, wenn man sein inneres Erleben in dem Sinne einrichtet, wie es hier weiter angedeutet werden wird.

Zunächst ist die Seele des Geistesschülers schwach in bezug auf alles das, was in der seelisch-geistigen Welt wahrzunehmen ist. Er wird schon eine große innere Energie aufwenden müssen, um die Sinnbilder oder anderen Vorstellungen, welche er sich aus den Anregungen der Sinneswelt heraus aufgebaut hat, in innerer Versenkung festzuhalten. Will er aber außerdem noch zur wirklichen Beobachtung in einer höheren Welt gelangen, so muß er *nicht nur* an diesen Vorstellungen festhalten können. Er muß auch, nachdem er dies getan hat, in einem Zustande verweilen können, in dem keine Anregungen der sinnlichen Außenwelt auf die Seele wirken, aber in dem auch die charakterisierten imaginierten Vorstellungen selbst aus dem Bewußtsein heraus getilgt werden. Nun kann erst das im Bewußtsein hervortreten, was durch die Versenkung sich gebildet hat. Es handelt sich darum, daß nunmehr innere Seelenkraft genug vorhanden ist, damit das also Gebildete wirklich geistig geschaut wird, damit es nicht der Aufmerksamkeit entgehe. Dies ist aber bei noch schwach entwickelter innerer Energie durchaus der Fall. Was sich als seelisch-geistiger Organismus da zunächst herausbildet und was man in Selbstwahrnehmung erfassen soll, ist zart und flüchtig. Und die Störungen der sinnlichen Außenwelt und deren Erinnerungs-Nachwirkungen sind, auch wenn man sich noch so sehr bemüht sie abzuhalten, groß. Es kommen da ja nicht nur diejenigen Störungen in

Betracht, welche man beachtet, sondern *viel mehr* sogar diejenigen, welche man im gewöhnlichen Leben gar nicht beachtet. – Es ist aber gerade durch das Wesen des Menschen ein Übergangszustand in dieser Beziehung möglich. Was die Seele zunächst wegen der Störungen der physischen Welt im Wachzustand nicht leisten kann, das vermag sie im Schlafzustand. Wer sich der inneren Versenkung ergibt, der wird bei gehöriger Aufmerksamkeit an seinem Schlaf etwas gewahr werden. Er wird fühlen, daß er während des Schlafes «nicht ganz schläft», sondern daß seine Seele Zeiten hat, in denen sie schlafend doch in einer gewissen Art tätig ist. In solchen Zuständen halten die natürlichen Vorgänge die Einflüsse der Außenwelt ab, welche die Seele wachend noch nicht aus eigener Kraft abhalten kann. Wenn aber nun die Übungen der Versenkung schon gewirkt haben, so löst sich die Seele während des Schlafes aus der Bewußtlosigkeit heraus und fühlt die geistig-seelische Welt. In einer zweifachen Art kann das eintreten. Es kann dem Menschen während des Schlafens klar sein: ich bin nun in einer andern Welt, oder aber er kann in sich nach dem Erwachen die Erinnerung haben: ich war in einer andern Welt. Zu dem ersteren gehört allerdings eine größere innere Energie als zu dem zweiten. Daher wird das letztere bei dem Anfänger in der Geistesschulung das häufigere sein. Nach und nach kann das so weit gehen, daß dem Schüler nach dem Erwachen vorkommt: ich war die ganze Schlafenszeit hindurch in einer andern Welt, aus der ich aufgetaucht bin mit dem Erwachen. Und seine Erinnerung an die Wesenheiten und Tatsachen dieser andern Welt wird eine immer bestimmtere werden. Es ist bei dem Geistesschüler dann in der einen oder der andern Form das eingetreten, was man die Kontinuität des

Bewußtseins nennen kann. (Die Fortdauer des Bewußtseins während des Schlafens.) Damit ist aber durchaus nicht gemeint, daß etwa der Mensch *immer* während des Schlafes sein Bewußtsein hat. Es ist schon viel errungen in der Kontinuität des Bewußtseins, wenn der Mensch, der sonst schläft wie ein anderer, gewisse Zeiten hat während des Schlafens, in denen er auf eine geistig-seelische Welt wie bewußt hinschauen kann, oder wenn er im Wachen auf solche kurz dauernde Bewußtseinszustände wieder wie hinschauen kann. Nicht außer acht möge aber gelassen werden, daß das hier Geschilderte doch nur als ein Übergangszustand aufzufassen ist. Es ist gut, durch diesen Übergangszustand behufs Schulung hindurchzugehen; aber man soll durchaus nicht glauben, daß eine abschließende Anschauung in bezug auf die geistig-seelische Welt aus diesem Übergangszustande geschöpft werden soll. Die Seele ist in diesem Zustande unsicher und kann sich darinnen noch nicht auf dasjenige verlassen, was sie wahrnimmt. Aber sie sammelt durch solche Erlebnisse immer mehr Kraft, um dann auch während des Wachens dazu zu gelangen, die störenden Einflüsse der physischen Außen- und Innenwelt von sich abzuhalten und so zu geistig-seelischer Beobachtung zu gelangen, wenn keine Eindrücke durch die Sinne kommen, wenn der an das physische Gehirn gebundene Verstand schweigt und wenn auch die Vorstellungen der Versenkung aus dem Bewußtsein entfernt sind, durch welche man sich auf das geistige Schauen ja nur vorbereitet hat. – Was durch die Geisteswissenschaft in dieser oder jener Form veröffentlicht wird, sollte niemals aus einer andern geistig-seelischen Beobachtung stammen als aus einer solchen, welche bei vollem Wachzustande gemacht worden ist.

Zwei Seelenerlebnisse sind wichtig im Fortgange der Geistesschulung. Das eine ist dasjenige, durch welches sich der Mensch sagen kann: wenn ich nunmehr auch alles außer acht lasse, was mir die physische Außenwelt an Eindrücken geben kann, so blicke ich in mein Inneres doch nicht wie auf ein Wesen, dem alle Tätigkeit erlöscht, sondern ich schaue auf ein Wesen, das sich seiner selbst bewußt ist in einer Welt, von der ich nichts weiß, so lange ich mich nur von jenen sinnlichen und gewöhnlichen Verstandeseindrücken anregen lasse. Die Seele hat in diesem Augenblicke die Empfindung, daß sie in sich selbst ein neues Wesen als ihren Seelen-Wesenskern in der oben beschriebenen Weise geboren habe. Und dieses Wesen ist ein solches von ganz anderen Eigenschaften, als diejenigen sind, welche vorher in der Seele waren. – Das andere Erlebnis besteht darin, daß man sein bisheriges Wesen nunmehr wie ein zweites neben sich haben kann. Dasjenige, worin man bisher sich eingeschlossen wußte, wird zu etwas, dem man sich in gewisser Beziehung gegenübergestellt findet. Man fühlt sich zeitweilig außerhalb dessen, was man sonst als die eigene Wesenheit, als *sein* «Ich» angesprochen hat. Es ist so, wie wenn man nun in voller Besonnenheit in zwei «Ichen» lebte. Das eine ist dasjenige, welches man bisher gekannt hat. Das andere steht wie eine neugeborene Wesenheit über diesem. Und man fühlt, wie das erstere eine gewisse Selbständigkeit erlangt gegenüber dem zweiten; etwa so wie der Leib des Menschen eine gewisse Selbständigkeit hat gegenüber dem ersten Ich. – Dieses Erlebnis ist von großer Bedeutung. Denn durch dasselbe weiß der Mensch, was es heißt, in jener Welt leben, welche er durch die Schulung zu erreichen strebt.

Das zweite – das neugeborene – Ich kann nun zum Wahrnehmen in der geistigen Welt geführt werden. In ihm kann sich entwickeln, was für diese geistige Welt die Bedeutung hat, welche den Sinnesorganen für die sinnlich-physische Welt zukommt. Ist diese Entwickelung bis zu dem notwendigen Grade fortgeschritten, so wird der Mensch nicht nur sich selbst als ein neugeborenes Ich empfinden, sondern er wird nunmehr um sich herum geistige Tatsachen und geistige Wesenheiten wahrnehmen, wie er durch die physischen Sinne die physische Welt wahrnimmt. Und dies ist ein *drittes* bedeutsames Erlebnis. Um völlig auf dieser Stufe der Geistesschulung zurechtzukommen, muß der Mensch damit rechnen, daß mit der Verstärkung der Seelenkräfte die Selbstliebe, der Selbstsinn in einem solchen Grade auftreten, den das gewöhnliche Seelenleben gar nicht kennt. Es wäre ein Mißverständnis, wenn jemand glauben könnte, daß man auf diesem Punkte nur von der gewöhnlichen Selbstliebe zu sprechen hat. Diese verstärkt sich auf dieser Stufe der Entwickelung so, daß sie das Aussehen einer Naturkraft innerhalb der eigenen Seele annimmt, und es gehört eine starke Willensschulung dazu, um diesen starken Selbstsinn zu besiegen. Dieser Selbstsinn wird durch die Geistesschulung nicht etwa erzeugt; er ist immer vorhanden; er gelangt durch das Geist-Erleben nur zum Bewußtsein. Die Willensschulung muß der andern Geistesschulung durchaus zur Seite gehen. Es ist ein starker Trieb da, sich in der Welt beseligt zu fühlen, welche man sich erst selbst herangeschaffen hat. Und man muß gewissermaßen das in der oben erwähnten Art auslöschen können, um das man sich erst mit aller Anstrengung bemüht hat. In der erreichten imaginativen Welt muß man *sich* auslöschen. Dagegen aber kämpfen die stärksten Triebe des Selbstsinnes an. – Es kann leicht der Glaube entstehen, daß die Übungen der Geistesschulung etwas Äußerliches seien, das von der *moralischen Entwickelung* der Seele absieht. Demgegenüber muß gesagt werden, daß die moralische Kraft, die zu der gekennzeichneten Besiegung des Selbstsinnes notwendig ist, nicht erlangt werden kann, ohne daß die moralische Verfassung der Seele auf eine entsprechende Stufe gebracht wird. Fortschritt in der Geistesschulung ist nicht denkbar, ohne daß zugleich ein moralischer Fortschritt sich notwendig ergibt. Ohne moralische Kraft ist die erwähnte Besiegung des Selbstsinnes nicht möglich. Alles Reden darüber, daß die wahre Geistesschulung nicht zugleich eine moralische Schulung sei, ist doch unsachgemäß. Nur demjenigen, welcher ein solches Erlebnis nicht kennt, kann sich der Einwand ergeben: wie kann man wissen, daß man es dann, wenn man *glaubt,* geistige Wahrnehmungen zu haben, mit Wirklichkeiten und nicht mit bloßen Einbildungen (Visionen, Halluzinationen usw.) zu tun habe? – Die Sache ist eben so, daß derjenige, welcher in regelrechter Schulung die charakterisierte Stufe erreicht hat, seine *eigene* Vorstellung von einer geistigen Wirklichkeit ebenso unterscheiden kann, wie ein Mensch mit gesundem Verstande unterscheiden kann die Vorstellung eines heißen Eisenstückes von dem wirklichen Vorhandensein eines solchen, das er mit der Hand berührt. Den Unterschied gibt eben das gesunde Erleben und nichts anderes. Und auch in der geistigen Welt gibt den Prüfstein das Leben selbst. Wie man weiß, daß in der Sinnenwelt ein vorgestelltes Eisenstück, wenn es noch so heiß gedacht wird, nicht die Finger verbrennt, so weiß der geschulte Geistesschüler, ob er nur in seiner Einbildung eine geistige Tatsache erlebt oder ob auf seine erweckten geistigen Wahrnehmungsorgane *wirkliche* Tatsachen oder Wesenheiten einen Eindruck machen. Die Maßregeln, welche man während der Geistesschulung zu beobachten hat, damit man in dieser Beziehung nicht Täuschungen zum Opfer fällt, werden in der folgenden Darstellung noch besprochen werden.

Es ist nun von der größten Bedeutung, daß der Geistesschüler eine ganz bestimmte Seelenverfassung erlangt hat, wenn das Bewußtsein von einem neugeborenen Ich bei ihm eintritt. Denn es ist der Mensch durch sein Ich der Führer seiner Empfindungen, Gefühle, Vorstellungen, seiner Triebe, Begehrungen und Leidenschaften. Wahrnehmungen und Vorstellungen können in der Seele sich nicht selbst überlassen sein. Sie müssen durch die denkende Besonnenheit geregelt werden. Und es ist das Ich, welches diese Denkgesetze handhabt und welches durch sie Ordnung in das Vorstellungs- und Gedankenleben bringt. Ähnlich ist es mit den Begehrungen, den Trieben, den Neigungen, den Leidenschaften. Die ethischen Grundsätze werden zu Führern dieser Seelenkräfte. Und durch das sittliche Urteil wird das Ich der Führer der Seele auf diesem Gebiete. Wenn nun der Mensch aus seinem gewöhnlichen Ich ein höheres herauszieht, so wird das erstere in einer gewissen Beziehung selbständig. Es wird diesem so viel an lebendiger Kraft weggenommen, als dem höheren Ich zugewendet wird. Man setze aber einmal den Fall, der Mensch habe in sich noch nicht eine gewisse Fähigkeit und Festigung in den Denkgesetzen und in der Urteilskraft ausgebildet und er wollte auf solcher Stufe sein höheres Ich gebären. Er wird nur so viel seinem gewöhnlichen Ich an Denkfähigkeit zurücklassen können, als er vorher ausgebildet hat. Ist das Maß des geordneten Denkens zu gering, dann wird in dem selbständig gewordenen gewöhnlichen

Ich ein ungeordnetes, verworrenes, phantastisches Denken und Urteilen auftreten. Und weil bei einer solchen Persönlichkeit das neugeborene Ich auch nur schwach sein kann, wird für das übersinnliche Schauen das verworrene niedere Ich die Oberherrschaft erlangen und der Mensch das Gleichgewicht seiner Urteilskraft für die Beobachtung des Übersinnlichen nicht zeigen. Hätte er genügend Fähigkeit des logischen Denkens ausgebildet, so könnte er sein gewöhnliches Ich ruhig seiner Selbständigkeit überlassen. – Und auf dem ethischen Gebiete ist es ebenso. Wenn der Mensch nicht Festigkeit im moralischen Urteil erlangt hat, wenn er nicht genügend Herr geworden ist über Neigungen, Triebe und Leidenschaften, dann wird er sein gewöhnliches Ich verselbständigen in einem Zustand, in dem die genannten Seelenkräfte wirken. Es kann der Fall eintreten, daß der Mensch in dem Feststellen der erlebten übersinnlichen Erkenntnisse nicht einen gleich hohen Wahrheitssinn walten läßt wie in dem, was er sich durch die physische Außenwelt zum Bewußtsein bringt. Er könnte bei so gelockertem Wahrheitssinn alles mögliche für geistige Wirklichkeit halten, was nur seine Phantasterei ist. In diesen Wahrheitssinn hinein müssen Festigkeit des ethischen Urteiles, Sicherheit des Charakters, Gründlichkeit des Gewissens wirken, die in dem zurückgelassenen Ich ausgebildet sind, bevor das höhere Ich zum Zwecke der übersinnlichen Erkenntnis tätig wird. – Es darf dies durchaus nicht zu einem Abschreckungsmittel gegenüber der Schulung werden; es muß aber ganz ernst genommen werden.

Wer den starken Willen hat, alles zu tun, was das erste Ich zur inneren Sicherheit in der Ausübung seiner Verrichtungen bringt, der braucht vor der zur übersinnlichen Erkenntnis bewirkten Loslösung eines zweiten Ich durch die geistige Schulung durchaus nicht zurückzuschrecken. Nur muß er sich vorhalten, daß Selbsttäuschung dann eine große Macht über den Menschen hat, wenn es sich darum handelt, daß dieser sich für etwas «reif» befinden soll. In derjenigen Geistesschulung, welche hier beschrieben ist, erlangt der Mensch eine solche Ausbildung seines Gedankenlebens, daß er in Gefahren, zu irren, wie sie oft vermutet werden, nicht kommen kann. Diese Gedankenausbildung bewirkt, daß alle inneren Erlebnisse, welche notwendig sind, auftreten, daß sie aber so sich abspielen, wie sie von der Seele durchgemacht werden müssen, ohne von schädlichen Phantasieverirrungen begleitet zu sein. Ohne entsprechende Gedankenausbildung können die Erlebnisse eine starke Unsicherheit in der Seele hervorrufen. Die hier betonte Art bewirkt, daß die Erlebnisse so auftreten, daß man sie vollkommen kennenlernt, wie man die Wahrnehmungen der physischen Welt bei gesunder Seelenverfassung kennenlernt. Man wird durch die Ausbildung des Denklebens mehr ein *Beobachter* dessen, was man an sich erlebt, während man ohne das Denkleben unbesonnen in dem Erlebnis drinnen steht.

Von einer sachgemäßen Schulung werden gewisse Eigenschaften genannt, welche sich durch Übung derjenige erwerben soll, welcher den Weg in die höheren Welten finden will. Es sind dies vor allem: Herrschaft der Seele über ihre Gedankenführung, über ihren Willen und ihre Gefühle. Die Art, wie diese Herrschaft durch Übung herbeigeführt werden soll, hat ein zweifaches Ziel. Einerseits soll der Seele dadurch Festigkeit, Sicherheit und Gleichgewicht so weit eingeprägt werden, daß sie sich diese Eigenschaften bewahrt, auch wenn ein zweites Ich aus ihr geboren wird. Andrerseits soll diesem zweiten Ich Stärke und innerer Halt mit auf den Weg gegeben werden.

Was dem Denken des Menschen für die Geistesschulung vor allem notwendig ist, das ist Sachlichkeit. In der physisch-sinnlichen Welt ist das Leben der große Lehrmeister für das menschliche Ich zur Sachlichkeit. Wollte die Seele in beliebiger Weise die Gedanken hin und her schweifen lassen: sie müßte alsbald sich von dem Leben korrigieren lassen, wenn sie mit ihm nicht in Konflikt kommen wollte. Die Seele muß entsprechend dem Verlauf der Tatsachen des Lebens denken. Wenn nun der Mensch die Aufmerksamkeit von der physisch-sinnlichen Welt ablenkt, so fehlt ihm die Zwangskorrektur der letzteren. Ist dann sein Denken nicht imstande, sein eigener Korrektor zu sein, so muß es ins Irrlichtelieren kommen. Deshalb muß das Denken des Geistesschülers sich so üben, daß es sich selber Richtung und Ziel geben kann. Innere Festigkeit und die Fähigkeit, streng bei einem Gegenstande zu bleiben, das ist, was das Denken in sich selbst heranziehen muß. Deshalb sollen entsprechende «Denkübungen» nicht an fernliegenden und komplizierten Gegenständen vorgenommen werden, sondern an einfachen und naheliegenden. Wer sich überwindet, durch Monate hindurch täglich wenigstens fünf Minuten seine Gedanken an einen alltäglichen Gegenstand (zum Beispiel eine Stecknadel, einen Bleistift usw.) zu wenden und während dieser Zeit alle Gedanken auszuschließen, welche nicht mit diesem Gegenstande zusammenhängen, der hat nach dieser Richtung hin viel getan. (Man kann täglich einen neuen Gegenstand bedenken oder mehrere Tage einen festhalten.) Auch derjenige, welcher sich als «Denker» durch wissenschaftliche

Schulung fühlt, sollte es nicht verschmähen, sich in solcher Art für die Geistesschulung «reif» zu machen. Denn wenn man eine Zeitlang die Gedanken heftet an etwas, was einem ganz bekannt ist, so kann man sicher sein, daß man sachgemäß denkt. Wer sich frägt: Welche Bestandteile setzen einen Bleistift zusammen? Wie werden die Materialien zu dem Bleistift vorgearbeitet? Wie werden sie nachher zusammengefügt? Wann wurden die Bleistifte erfunden? und so weiter, und so weiter: ein solcher paßt seine Vorstellungen sicher mehr der Wirklichkeit an als derjenige, der darüber nachdenkt, wie die Abstammung des Menschen ist oder was das Leben ist. Man lernt durch *einfache Denkübungen* für ein sachgemäßes Vorstellen gegenüber der Welt der Saturn-, Sonnen- und Mondenentwickelung mehr als durch komplizierte und gelehrte Ideen. Denn zunächst handelt es sich gar nicht darum, über dieses oder jenes zu denken, sondern *sachgemäß durch innere Kraft* zu denken. Hat man sich die Sachgemäßheit anerzogen an einem leicht überschaubaren sinnlich-physischen Vorgang, dann gewöhnt sich das Denken daran, auch sachgemäß sein zu wollen, wenn es sich nicht durch die physisch-sinnliche Welt und ihre Gesetze beherrscht fühlt. Und man gewöhnt es sich ab, unsachgemäß die Gedanken schwärmen zu lassen.

Wie Herrscher in der Gedankenwelt, so soll ein solcher die Seele auch im Gebiete des Willens werden. In der physisch-sinnlichen Welt ist es auch hier das Leben, das als Beherrscher auftritt. Es macht diese oder jene Bedürfnisse für den Menschen geltend; und der Wille fühlt sich angeregt, diese Bedürfnisse zu befriedigen. Für die höhere Schulung muß sich der Mensch daran gewöhnen, seinen eigenen Befehlen streng zu gehorchen. Wer sich an solches gewöhnt, dem wird es immer weniger und weniger beifallen, Wesenloses zu begehren. Das Unbefriedigende, Haltlose im Willensleben rührt aber von dem Begehren solcher Dinge her, von deren Verwirklichung man sich keinen deutlichen Begriff macht. Solche Unbefriedigung kann das ganze Gemütsleben in Unordnung bringen, wenn ein höheres Ich aus der Seele hervorgehen will. Eine gute Übung ist es, durch Monate hindurch sich zu einer bestimmten Tageszeit den Befehl zu geben: Heute «um diese bestimmte Zeit» wirst du «dieses» ausführen. Man gelangt dann allmählich dazu, sich die Zeit der Ausführung und die Art des auszuführenden Dinges so zu befehlen, daß die Ausführung ganz genau möglich ist. So erhebt man sich über das verderbliche: «ich möchte dies; ich will jenes», wobei man gar nicht an die Ausführbarkeit denkt. Eine große Persönlichkeit läßt eine Seherin sagen: «Den lieb' ich, der Unmögliches begehrt». (Goethe, Faust II.) Und diese Persönlichkeit (Goethe) selbst sagt: «In der Idee leben heißt, das Unmögliche behandeln, als wenn es möglich wäre». (Goethe, Sprüche in Prosa.) Solche Aussprüche dürfen aber nicht als Einwände gegen das hier Dargestellte gebraucht werden. Denn die Forderung, die Goethe und seine Seherin (Manto) stellen, kann nur derjenige erfüllen, welcher sich an dem Begehren dessen, was möglich ist, erst herangebildet hat, um dann durch sein starkes Wollen eben das «Unmögliche» so behandeln zu können, daß es sich durch sein Wollen in ein Mögliches verwandelt.

In bezug auf die Gefühlswelt soll es die Seele für die Geistesschulung zu einer gewissen Gelassenheit bringen. Dazu ist nötig, daß diese Seele Beherrscherin werde über den Ausdruck von Lust und Leid, Freude und Schmerz. Gerade gegenüber der Erwerbung dieser Eigenschaft kann sich manches Vorurteil ergeben. Man könnte meinen, man werde stumpf und teilnahmslos gegenüber seiner Mitwelt, wenn man über das «Erfreuliche sich nicht erfreuen, über das Schmerzhafte nicht Schmerz empfinden soll». Doch darum handelt es sich nicht. Ein Erfreuliches *soll* die Seele erfreuen, ein Trauriges *soll* sie schmerzen. Sie soll nur dazu gelangen, den *Ausdruck* von Freude und Schmerz, von Lust und Unlust zu beherrschen. Strebt man *dieses* an, so wird man alsbald bemerken, daß man nicht stumpfer, sondern im Gegenteil empfänglicher wird für alles Erfreuliche und Schmerzhafte der Umgebung, als man früher war. Es erfordert allerdings ein genaues Achtgeben auf sich selbst durch längere Zeit, wenn man sich die Eigenschaft aneignen will, um die es sich hier handelt. Man muß darauf sehen, daß man Lust und Leid voll miterleben kann, ohne sich dabei so zu verlieren, daß man dem, was man empfindet, einen unwillkürlichen Ausdruck gibt. Nicht den berechtigten Schmerz soll man unterdrücken, sondern das unwillkürliche Weinen; nicht den Abscheu vor einer schlechten Handlung, sondern das blinde Wüten des Zorns; nicht das Achten auf eine Gefahr, sondern das fruchtlose «sich fürchten» und so weiter. – Nur durch eine solche Übung gelangt der Geistesschüler dazu, jene Ruhe in seinem Gemüt zu haben, welche notwendig ist, damit nicht beim Geborenwerden und namentlich bei der Betätigung des höheren Ich die Seele wie eine Art Doppelgänger neben diesem höheren Ich ein zweites ungesundes Leben führt. Gerade diesen Dingen gegenüber sollte man sich keiner Selbsttäuschung hingeben. Es kann manchem scheinen, daß er einen gewissen Gleichmut im gewöhnlichen Leben schon habe und daß er deshalb diese Übung nicht nötig habe. Gerade ein solcher hat sie zweifach nötig. Man kann nämlich ganz gut gelassen sein, wenn man den Dingen des gewöhnlichen Lebens gegenübersteht; und dann beim Aufsteigen in eine höhere Welt kann sich um so mehr die Gleichgewichtslosigkeit, die nur zurückgedrängt war, geltend machen. Es muß durchaus erkannt werden, daß zur Geistesschulung es weniger darauf ankommt, was man vorher zu haben *scheint,* als vielmehr darauf, daß man ganz gesetzmäßig *übt,* was man braucht. So widerspruchsvoll dieser Satz auch aussieht: er ist richtig. Hat einem auch das Leben dies oder jenes anerzogen: zur Geistesschulung dienen die Eigenschaften, *welche man sich selbst anerzogen hat.* Hat einem das Leben Erregtheit beigebracht, so sollte man sich die Erregtheit aberziehen; hat einem aber das Leben Gleichmut beigebracht, so sollte man sich durch Selbsterziehung so aufrütteln, daß der Ausdruck der Seele dem empfangenen Eindruck entspricht. Wer über nichts lachen kann, beherrscht sein Leben ebensowenig wie derjenige, welcher, ohne sich zu beherrschen, fortwährend zum Lachen gereizt wird.

Für das Denken und Fühlen ist ein weiteres Bildungsmittel die Erwerbung der Eigenschaft, welche man Positivität nennen kann. Es gibt eine schöne Legende, die besagt von dem Christus Jesus, daß er mit einigen andern Personen an einem toten Hund vorübergeht. Die andern wenden sich ab von dem häßlichen Anblick. Der Christus Jesus spricht bewundernd von den schönen Zähnen des Tieres. Man kann sich darin üben, gegenüber der Welt eine solche Seelenverfassung zu erhalten, wie sie im Sinne dieser Legende ist. Das Irrtümliche, Schlechte, Häßliche soll die Seele nicht abhalten, das Wahre, Gute und Schöne überall zu finden, wo es vorhanden ist. Nicht verwechseln soll man diese Positivität mit Kritiklosigkeit, mit dem willkürlichen Verschließen der

Augen gegenüber dem Schlechten, Falschen und Minderwertigen. Wer die «schönen Zähne» eines toten Tieres bewundert, der sieht *auch* den verwesenden Leichnam. Aber dieser Leichnam hält ihn nicht davon ab, die schönen Zähne zu sehen. Man kann das Schlechte nicht gut, den Irrtum nicht wahr finden; aber man kann es dahin bringen, daß man durch das Schlechte nicht abgehalten werde, das Gute, durch den Irrtum nicht, das Wahre zu sehen.

Das Denken in Verbindung mit dem Willen erfährt eine gewisse Reifung, wenn man versucht, sich niemals durch etwas, was man erlebt oder erfahren hat, die unbefangene Empfänglichkeit für neue Erlebnisse rauben zu lassen. Für den Geistesschüler soll der Gedanke seine Bedeutung ganz verlieren: «Das habe ich noch nie gehört, das glaube ich nicht.» Er soll während einer gewissen Zeit geradezu überall darauf ausgehen, sich bei jeder Gelegenheit von einem jeglichen Dinge und Wesen Neues sagen zu lassen. Von jedem Luftzug, von jedem Baumblatt, von jeglichem Lallen eines Kindes kann man lernen, wenn man bereit ist, einen Gesichtspunkt in Anwendung zu bringen, den man bisher nicht in Anwendung gebracht hat. Es wird allerdings leicht möglich sein, in bezug auf eine solche Fähigkeit zu weit zu gehen. Man soll ja nicht etwa in einem gewissen Lebensalter die Erfahrungen, die man über die Dinge gemacht hat, außer acht lassen. Man soll, was man in der Gegenwart erlebt, nach den Erfahrungen der Vergangenheit beurteilen. Das kommt auf die eine Waagschale; auf die andere aber muß für den Geistesschüler die Geneigtheit kommen, immer Neues zu erfahren. Und vor allem der Glaube an die Möglichkeit, daß neue Erlebnisse den alten widersprechen können.

Damit sind fünf Eigenschaften der Seele genannt, welche sich in regelrechter Schulung der Geistesschüler anzueignen hat: die Herrschaft über die Gedankenführung, die Herrschaft über die Willensimpulse, die Gelassenheit gegenüber Lust und Leid, die Positivität im Beurteilen der Welt, die Unbefangenheit in der Auffassung des Lebens. Wer gewisse Zeiten aufeinanderfolgend dazu verwendet hat, um sich in der Erwerbung dieser Eigenschaften zu üben, der wird dann noch nötig haben, in der Seele diese Eigenschaften zum harmonischen Zusammenstimmen zu bringen. Er wird sie gewissermaßen je zwei und zwei, drei und eine und so weiter gleichzeitig üben müssen, um Harmonie zu bewirken.

Die charakterisierten Übungen sind durch die Methoden der Geistesschulung angegeben, weil sie bei *gründlicher* Ausführung in dem Geistesschüler nicht nur das bewirken, was oben als unmittelbares Ergebnis genannt worden ist, sondern mittelbar noch vieles andere im Gefolge haben, was auf dem Wege zu den geistigen Welten gebraucht wird. Wer diese Übungen in genügendem Maße macht, wird während derselben auf manche Mängel und Fehler seines Seelenlebens stoßen; und er wird die gerade ihm notwendigen Mittel finden zur Kräftigung und Sicherung seines intellektuellen, gefühlsmäßigen und Charakterlebens. Er wird gewiß noch manche andere Übungen nötig haben, je nach seinen Fähigkeiten, seinem Temperament und Charakter; solche ergeben sich aber, wenn die genannten ausgiebig durchgemacht werden. Ja, man wird bemerken, daß die dargestellten Übungen *mittelbar* auch dasjenige nach und nach geben, was zunächst nicht in ihnen zu liegen scheint. Wenn zum Beispiel jemand zu wenig Selbstvertrauen hat, so wird er nach entsprechender Zeit bemerken können, daß sich durch die Übungen das notwendige Selbstvertrauen einstellt. Und so ist es in bezug auf andere Seeleneigenschaften. (Besondere, mehr ins einzelne gehende Übungen findet man in meinem Buche: «Wie erlangt man Erkenntnisse der höheren Welten?») – Bedeutungsvoll ist, daß der Geistesschüler die angegebenen Fähigkeiten in immer höheren Graden zu steigern vermag. Die Beherrschung der Gedanken und Empfindungen muß er so weit bringen, daß die Seele die Macht erhält, Zeiten vollkommener innerer Ruhe herzustellen, in denen der Mensch seinem Geiste und seinem Herzen alles fernhält, was das alltägliche, äußere Leben an Glück und Leid, an Befriedigungen und Kümmernissen, ja an Aufgaben und Forderungen bringt. Eingelassen werden soll in solchen Zeiten nur dasjenige in die Seele, was diese selbst im Zustande der Versenkung einlassen will. Leicht kann sich demgegenüber ein Vorurteil geltend machen. Es könnte die Meinung entstehen, man werde dem Leben und seinen Aufgaben entfremdet, wenn man sich mit Herz und Geist für gewisse Zeiten des Tages aus demselben zurückzieht. Das ist aber in Wirklichkeit durchaus nicht der Fall. Wer sich in der geschilderten Art Perioden der inneren Stille und des Friedens hingibt, dem wachsen aus denselben für die Aufgaben auch des äußeren Lebens so viele und so starke Kräfte zu, daß er die Lebenspflichten dadurch nicht nur nicht schlechter, sondern ganz gewiß besser erfüllt. – Von großem Werte ist es, wenn der Mensch in solchen Perioden ganz loskommt von den Gedanken an seine persönlichen Angelegenheiten, wenn er sich zu erheben vermag zu dem, was nicht nur *ihn*, sondern was den Menschen im allgemeinen überhaupt angeht. Ist er imstande, seine Seele zu erfüllen mit den Mitteilungen aus der höheren geistigen

Welt, vermögen diese sein Interesse in einem so hohen Grade zu fesseln, wie eine persönliche Sorge oder Angelegenheit, dann wird seine Seele davon besondere Früchte haben. – Wer in dieser Weise regelnd in sein Seelenleben einzugreifen sich bemüht, der wird auch zu der Möglichkeit einer Selbstbeobachtung kommen, welche die eigenen Angelegenheiten mit der Ruhe ansieht, als wenn sie fremde wären. Die eigenen Erlebnisse, die eigenen Freuden und Leiden wie die eines andern ansehen können, ist eine gute Vorbereitung für die Geistesschulung. Man bringt es allmählich zu dem in dieser Beziehung notwendigen Grad, wenn man sich täglich nach vollbrachtem Tagewerk die Bilder der täglichen Erlebnisse vor dem Geiste vorbeiziehen läßt. Man soll sich innerhalb seiner Erlebnisse selbst im Bilde erblicken; also sich in seinem Tagesleben wie von außen betrachten. Man gelangt zu einer gewissen Praxis in solcher Selbstbeobachtung, wenn man mit der Vorstellung einzelner kleiner Teile dieses Tageslebens den Anfang macht. Man wird dann immer geschickter und gewandter in solcher Rückschau, so daß man sie nach längerer Übung in einer kurzen Spanne Zeit vollständig wird gestalten können. Dieses Rückwärts-Anschauen der Erlebnisse hat für die Geistesschulung deshalb seinen besonderen Wert, weil es die Seele dazu bringt, sich im Vorstellen loszumachen von der sonst innegehaltenen Gewohnheit, *nur* dem Verlauf des sinnenfälligen Geschehens mit dem Denken zu folgen. Im Rückwärts-Denken stellt man richtig vor, aber nicht gehalten durch den sinnenfälligen Verlauf. Das braucht man zum Einleben in die übersinnliche Welt. Daran erkraftet sich das Vorstellen in gesunder Art. Daher ist es auch gut, außer seinem Tagesleben anderes rückwärts vorzustellen, zum Beispiel den Verlauf eines Dramas, einer Erzählung, einer Tonfolge usw. – Das *Ideal* für den Geistesschüler wird immer mehr werden, sich den an ihn herantretenden Lebensereignissen gegenüber so zu verhalten, daß er sie mit innerer Sicherheit und Seelenruhe an sich herankommen läßt und sie nicht nach *seiner* Seelenverfassung beurteilt, sondern nach ihrer inneren Bedeutung und ihrem inneren Wert. Er wird gerade durch den Hinblick auf dieses Ideal sich die seelische Grundlage schaffen, um sich den oben geschilderten Versenkungen in symbolische und andere Gedanken und Empfindungen hingeben zu können.

Die hier geschilderten Bedingungen müssen erfüllt sein, weil sich das übersinnliche Erleben auf dem Boden auferbaut, auf dem man im gewöhnlichen Seelenleben steht, bevor man in die übersinnliche Welt eintritt. In zweifacher Art ist alles übersinnliche Erleben abhängig von dem Seelen-Ausgangspunkt, auf dem man vor dem Eintritte steht. Wer nicht darauf bedacht ist, von vornherein eine gesunde Urteilskraft zur Grundlage seiner Geistesschulung zu machen, der wird in sich solche übersinnliche Fähigkeiten entwickeln, welche ungenau und unrichtig die geistige Welt wahrnehmen. Es werden gewissermaßen seine geistigen Wahrnehmungsorgane unrichtig sich entfalten. Und wie man mit einem fehlerhaften oder kranken Auge nicht richtig in der Sinnenwelt sehen kann, so kann man mit Geistorganen nicht richtig wahrnehmen, die nicht auf der Grundlage einer gesunden Urteilsfähigkeit herangebildet sind. – Wer von einer unmoralischen Seelenverfassung den Ausgangspunkt nimmt, der erhebt sich so in die geistigen Welten, daß sein geistiges Schauen wie betäubt, wie umnebelt ist. Er ist gegenüber den übersinnlichen Welten, wie jemand gegenüber der sinnlichen Welt ist, der in Betäubung beobachtet. Nur wird dieser zu keinen erheblichen Aussagen kommen, während der geistige Beobachter in seiner Betäubung doch immerhin wacher ist als ein Mensch im gewöhnlichen Bewußtsein. Seine Aussagen werden deshalb zu Irrtümern gegenüber der geistigen Welt.

*

Die innere Gediegenheit der imaginativen Erkenntnisstufe wird dadurch erreicht, daß die dargestellten seelischen Versenkungen (Meditationen) unterstützt werden von dem, was man die Gewöhnung an «sinnlichkeitsfreies Denken» nennen kann. Wenn man sich einen Gedanken auf Grund der Beobachtung in der physisch-sinnlichen Welt macht, so ist dieser Gedanke nicht sinnlichkeitsfrei. Aber es ist nicht etwa so, daß der Mensch *nur* solche Gedanken bilden könne. Das menschliche Denken braucht nicht leer und inhaltlos zu werden, wenn es sich nicht von sinnlichen Beobachtungen erfüllen läßt. Der sicherste und nächstliegende Weg für den Geistesschüler, zu solchem sinnlichkeitsfreien Denken zu kommen, kann der sein, die ihm von der Geisteswissenschaft mitgeteilten Tatsachen der höheren Welt zum Eigentum seines Denkens zu machen. Diese Tatsachen können von den physischen Sinnen nicht beobachtet werden. Dennoch wird der Mensch bemerken, daß er sie *begreifen* kann, wenn er nur Geduld und Ausdauer genug hat. Man kann ohne Schulung nicht in der höheren Welt forschen, man kann darin nicht selbst Beobachtungen machen; aber man kann ohne die höhere Schulung alles verstehen, was die Forscher aus derselben mitteilen. Und wenn jemand sagt: Wie kann ich dasjenige auf Treu und Glauben hinnehmen, was die Geistesforscher sagen, da ich es doch nicht selbst sehen kann?, so ist dies völlig unbegründet. Denn es ist durchaus möglich, aus dem *bloßen* Nachdenken heraus die sichere Überzeugung zu erhalten: das Mitgeteilte ist wahr. Und wenn diese Überzeugung sich jemand durch Nachdenken nicht bilden kann, so rührt das nicht davon her, weil man unmöglich an etwas «glauben» könne, was man nicht sieht, sondern lediglich davon, daß man sein Nachdenken noch nicht vorurteilslos, umfassend, gründlich genug angewendet hat. Um in diesem Punkte Klarheit zu haben, muß man bedenken, daß das menschliche Denken, wenn es sich energisch innerlich aufrafft, mehr begreifen kann, als es in der Regel wähnt. In dem Gedanken selbst liegt nämlich schon eine innere Wesenheit, welche im Zusammenhang steht mit der übersinnlichen Welt. Die Seele ist sich gewöhnlich dieses Zusammenhanges nicht bewußt, weil sie *gewöhnt* ist, die Gedankenfähigkeit nur an der Sinnenwelt heranzuziehen. Sie hält deshalb für unbegreiflich, was ihr aus der übersinnlichen Welt mitgeteilt wird. Dies ist aber *nicht nur* begreiflich für ein durch Geistesschulung erzogenes Denken, sondern für *jedes* Denken, das sich seiner vollen Kraft bewußt ist und sich derselben bedienen will. – Dadurch, daß man sich unablässig zum Eigentum macht, was die Geistesforschung sagt, gewöhnt man sich an ein Denken, das nicht aus den sinnlichen Beobachtungen schöpft. Man lernt erkennen, wie im Innern der Seele Gedanke sich an Gedanke webt, wie Gedanke den Gedanken sucht, auch wenn die Gedankenverbindungen nicht durch die Macht der Sinnenbeobachtung bewirkt werden. Das Wesentliche dabei ist, daß man so gewahr wird, wie die Gedankenwelt inneres Leben hat, wie man sich, indem man wirklich denkt, im Bereiche einer übersinnlichen lebendigen Welt schon befindet. Man sagt sich: Es ist etwas in mir, was einen Gedankenorganismus ausbildet; aber ich bin doch eines mit diesem «Etwas». Man erlebt so in der Hingabe an sinnlichkeitsfreies Denken, daß etwas Wesenhaftes besteht, was einfließt in unser Innenleben, wie die Eigenschaften der Sinnendinge durch unsere physischen Organe in uns einfließen, wenn wir sinnlich beobachten. Da draußen im Raume – so sagt sich der Beobachter der Sinnenwelt – ist eine Rose; sie ist mir nicht fremd, denn sie kündigt sich mir durch ihre Farbe und ihren Geruch an. Man braucht nun nur genug vorurteilslos zu sein, um sich dann, wenn das sinnlichkeitsfreie Denken in einem arbeitet, ganz entsprechend zu sagen: es kündigt sich mir ein Wesenhaftes an, welches in mir Gedanken an Gedanken bindet, welches einen Gedankenorganismus formt. Es besteht aber ein Unterschied in den Empfindungen gegenüber dem, was der Beobachter der äußeren Sinnenwelt im Auge hat, und dem, was sich wesenhaft in dem sinnlichkeitsfreien Denken ankündigt. Der erste Beobachter fühlt sich der Rose gegenüber außenstehend, derjenige, welcher dem sinnlichkeitsfreien Denken hingegeben ist, fühlt das in ihm sich ankündigende Wesenhafte wie *in sich,* er fühlt sich mit ihm eins. Wer mehr oder weniger bewußt nur das als wesenhaft gelten lassen will, was ihm wie ein äußerer Gegenstand gegenübertritt, der wird allerdings nicht das Gefühl erhalten können: was ein Wesenhaftes für sich ist, das kann sich mir auch dadurch ankündigen, daß ich mit ihm wie in eins vereinigt bin. Um in dieser Beziehung richtig zu sehen, muß man folgendes innere Erlebnis haben können. Man muß unterscheiden lernen zwischen den Gedankenverbindungen, die man durch eigene Willkür schafft, und denjenigen, welche man in sich erlebt, wenn man solche eigene Willkür in sich schweigen läßt. In dem letzteren Falle kann man dann sagen: Ich bleibe in mir ganz still; ich führe keine Gedankenverbindungen herbei; ich gebe mich dem hin, was «in mir denkt». Dann ist es vollberechtigt, zu sagen: in mir wirkt ein für sich Wesenhaftes, wie es berechtigt ist zu sagen: auf mich wirkt die Rose, wenn ich ein bestimmtes Rot sehe, einen bestimmten Geruch wahrnehme. – Es ist dabei kein Widerspruch, daß man doch den Inhalt seiner Gedanken aus den Mitteilungen der Geistesforscher schöpft. Die Gedanken sind dann zwar bereits da, wenn man sich ihnen hingibt; aber man kann sie nicht denken, wenn man sie nicht in jedem Falle in der Seele wieder neu nachschafft. Darauf eben kommt es an, daß der Geistesforscher solche Gedanken in seinem Zuhörer und Leser wachruft, welche diese *aus* sich erst holen müssen, während derjenige, welcher Sinnlich-Wirkliches beschreibt, auf etwas hindeutet, was von Zuhörer und Leser in der Sinnenwelt beobachtet werden kann.

(Es ist der Weg, welcher durch die Mitteilungen der Geisteswissenschaft in das sinnlichkeitsfreie Denken führt, ein durchaus sicherer. Es gibt aber noch einen andern, welcher sicherer und vor allem genauer, dafür aber auch für viele Menschen schwieriger ist. Er ist in meinen Büchern «Erkenntnistheorie der Goetheschen Weltanschauung» und «Philosophie der Freiheit» dargestellt. Diese Schriften geben wieder, was der menschliche Gedanke sich erarbeiten kann, wenn das Denken sich nicht den Eindrücken der physisch-sinnlichen Außenwelt hingibt, sondern *nur sich selbst*. Es arbeitet dann das reine Denken, nicht das bloß in Erinnerungen an Sinnliches sich ergehende in dem Menschen, wie eine in sich lebendige Wesenheit. Dabei ist in den genannten

Schriften nichts aufgenommen aus den Mitteilungen der Geisteswissenschaft selbst. Und doch ist gezeigt, daß das reine, nur in sich arbeitende Denken Aufschlüsse gewinnen kann über die Welt, das Leben und den Menschen. Es stehen diese Schriften auf einer sehr wichtigen Zwischenstufe zwischen dem Erkennen der Sinnenwelt und dem der geistigen Welt. Sie bieten dasjenige, was das Denken gewinnen kann, wenn es sich erhebt über die sinnliche Beobachtung, aber noch den Eingang vermeidet in die Geistesforschung. Wer diese Schriften auf seine ganze Seele wirken läßt, der steht schon in der geistigen Welt; nur daß sich diese ihm als Gedankenwelt gibt. Wer sich in der Lage fühlt, solch eine Zwischenstufe auf sich wirken zu lassen, der geht einen sicheren Weg; und er kann sich dadurch ein Gefühl gegenüber der höheren Welt erringen, das für alle Folgezeit ihm die schönsten Früchte tragen wird.)

*

Das Ziel der Versenkung (Meditation) in die oben charakterisierten symbolischen Vorstellungen und Empfindungen ist, genau gesprochen, die Heranbildung der höheren Wahrnehmungsorgane innerhalb des astralischen Leibes des Menschen. Sie werden aus der Substanz dieses astralischen Leibes heraus zunächst geschaffen. Diese neuen Beobachtungsorgane vermitteln eine neue Welt, und in dieser neuen Welt lernt sich der Mensch als ein neues Ich kennen. Von den Beobachtungsorganen der sinnlich-physischen Welt unterscheiden sich jene neuen schon dadurch, daß sie *tätige* Organe sind. Während Auge und Ohr sich passiv verhalten und Licht und Ton auf sich wirken lassen, kann von den geistig-seelischen Wahrnehmungsorganen gesagt werden, daß sie in fortwährender Tätigkeit sind, während sie wahrnehmen, und daß sie ihre Gegenstände und Tatsachen gewissermaßen in vollem Bewußtsein *ergreifen.* Dadurch ergibt sich das Gefühl, daß geistig-seelisches Erkennen ein Vereinigen mit den entsprechenden Tatsachen ist, ein «in ihnen leben». – Man kann die einzelnen sich bildenden geistig-seelischen Organe vergleichsweise «Lotusblumen» nennen, entsprechend der Form, die sich das übersinnliche Bewußtsein von ihnen (imaginativ) machen muß. (Selbstverständlich muß man sich klar sein darüber, daß solche Bezeichnung mit der Sache nicht mehr zu tun hat als der Ausdruck «Flügel», wenn man von «Lungenflügeln» spricht.) Durch ganz bestimmte Arten von innerer Versenkung wird auf den Astralleib so gewirkt, daß sich das eine oder andere geistig-seelische Organ, die eine oder die andere «Lotusblume» bildet. Es sollte, nach allem in diesem Buche Ausgeführten, überflüssig sein, zu betonen, daß man sich diese «Beobachtungsorgane» nicht wie etwas vorzustellen hat, das in der Vorstellung seines sinnlichen Bildes ein Abdruck seiner Wirklichkeit ist. Diese «Organe» sind eben übersinnlich und bestehen in einer bestimmt geformten Seelenbetätigung; und sie bestehen nur insofern und so lange, als diese Seelenbetätigung geübt wird. Etwas, was sich als Sinnenfälliges anschauen läßt, ist mit diesen Organen so wenig am Menschen, als irgendein «Dunst» um ihn ist, wenn er denkt. Wer sich das Übersinnliche durchaus sinnlich vorstellen will, gerät eben in Mißverständnisse. Trotz des Überflüssigen dieser Bemerkung mag sie hier stehen, weil es immer wieder Bekenner des Übersinnlichen gibt, die in ihren Vorstellungen nur ein Sinnliches haben wollen; und weil es immer wieder Gegner der übersinnlichen Erkenntnis gibt, die glauben, der Geistesforscher spreche von «Lotusblumen» wie von feineren sinnfälligen Gebilden. Jede regelrechte Meditation, die im Hinblick auf die imaginative Erkenntnis gemacht wird, hat ihre Wirkung auf das eine oder das andere Organ. (In meinem Buche «Wie erlangt man Erkenntnisse der höheren Welten?» sind einzelne von den Methoden der Meditation und des Übens angegeben, welche auf das eine oder andere Organ wirken.) Eine regelrechte Schulung richtet die einzelnen Übungen des Geistesschülers so ein und läßt sie so aufeinander folgen, daß die Organe sich einzeln mit- oder nacheinander entsprechend ausbilden können. Zu dieser Ausbildung gehört bei dem Geistesschüler viel Geduld und Ausdauer. Wer nur ein solches Maß von Geduld hat, wie es die gewöhnlichen Lebensverhältnisse dem Menschen in der Regel geben, der wird damit nicht ausreichen. Denn es dauert lange, oft sehr, sehr lange, bis die Organe so weit sind, daß der Geistesschüler sie zu Wahrnehmungen in der höheren Welt gebrauchen kann. In diesem Momente tritt für ihn das ein, was man *Erleuchtung* nennt, im Gegensatz zur *Vorbereitung* oder Reinigung, die in den Übungen für die Ausbildung der Organe besteht. (Von «Reinigung» wird gesprochen, weil durch die entsprechenden Übungen sich der Schüler von all dem für ein gewisses Gebiet inneren Lebens reinigt, was nur aus der sinnlichen Beobachtungswelt kommt.) Es kann durchaus so kommen, daß dem Menschen auch vor der eigentlichen Erleuchtung wiederholt «Lichtblitze» kommen aus einer höheren Welt. Solche soll er dankbar hinnehmen. *Sie* schon können ihn zu einem Zeugen von der geistigen Welt machen. Aber er sollte auch nicht wanken, wenn dies während seiner Vorbereitungszeit gar nicht der Fall ist, die ihm vielleicht allzulang erscheint. Wer überhaupt in Ungeduld verfallen kann, «weil er noch nichts sieht», der hat noch nicht das rechte Verhältnis zu einer höheren Welt gewonnen. Das letztere hat nur derjenige erfaßt, dem die Übungen, die er durch die Schulung macht, etwas wie Selbstzweck sein können. Dieses Üben ist ja in Wahrheit das Arbeiten an einem Geistig-Seelischen, nämlich an dem eigenen Astralleibe. Und man kann «fühlen», auch wenn «man nichts sieht»: «Ich arbeite geistig-seelisch». Nur wenn man sich von vornherein eine bestimmte Meinung macht, was man eigentlich «sehen» will, dann wird man dieses Gefühl nicht haben. Dann wird man für nichts halten, was in Wahrheit etwas unermeßlich Bedeutungsvolles ist. Man sollte aber subtil achten auf alles, was man während des Übens erlebt und was so grundverschieden ist von allen Erlebnissen in der sinnlichen Welt. Man wird dann schon bemerken, daß man in seinen Astralleib hinein nicht wie in eine gleichgültige Substanz arbeitet, sondern daß in demselben lebt eine ganz andere Welt, von der man durch das Sinnenleben nichts weiß. Höhere Wesenheiten wirken auf den Astralleib, wie die physisch-sinnliche Außenwelt auf den physischen Leib wirkt. Und man «stößt» auf das höhere Leben in dem eigenen Astralleib, wenn man sich davor nur nicht verschließt. Wenn sich jemand immer wieder und wieder sagt: «ich nehme nichts wahr», dann ist es zumeist so, daß er sich eingebildet hat, diese Wahrnehmung müsse so oder so aussehen; und weil er das dann nicht sieht, wovon er sich einbildet, er müsse es sehen, so sagt er: «ich sehe nichts.»

Wer sich aber die rechte Gesinnung aneignet gegenüber dem Üben der Schulung, der wird in diesem Üben immer mehr etwas haben, was er um seiner selbst willen liebt.

Dann aber weiß er, daß er durch das Üben selbst in einer geistig-seelischen Welt steht, und er wartet in Geduld und *Ergebung*, was sich weiter ergibt. Es kann diese Gesinnung in dem Geistesschüler in folgenden Worten am besten zum Bewußtsein kommen: «*Ich will* alles tun, was mir als Übungen angemessen ist, und ich weiß, daß mir in der entsprechenden Zeit so viel zukommen wird, als mir wichtig ist. Ich verlange dies nicht ungeduldig; mache mich aber immer bereit, es zu empfangen.» Dagegen läßt sich auch nicht einwenden: «Der Geistesschüler soll also im Dunkeln tappen, durch eine vielleicht unermeßlich lange Zeit; denn daß er mit seinem Üben auf dem richtigen Wege ist, kann sich ihm doch erst zeigen, wenn der Erfolg da ist.» Es ist jedoch nicht so, daß erst der Erfolg die Erkenntnis von der Richtigkeit des Übens bringen kann. Wenn der Schüler richtig sich zu den Übungen stellt, dann gibt ihm die Befriedigung, die er durch das Üben selbst hat, die Klarheit, daß er etwas Richtiges tut, *nicht erst der Erfolg*. Richtig üben auf dem Gebiete der Geistesschulung verbindet sich eben mit einer Befriedigung, die nicht bloße Befriedigung, sondern Erkenntnis ist. Nämlich die Erkenntnis: ich tue etwas, wovon ich sehe, daß es mich in der richtigen Linie vorwärts bringt. Jeder Geistesschüler kann diese Erkenntnis in jedem Augenblick haben, wenn er nur auf seine Erlebnisse subtil aufmerksam ist. Wenn er diese Aufmerksamkeit nicht anwendet, dann geht er eben an den Erlebnissen vorbei, wie ein in Gedanken versunkener Fußgänger, der die Bäume zu beiden Seiten des Weges nicht sieht, obgleich er sie sehen würde, wenn er den Blick aufmerksam auf sie richtete. – Es ist durchaus nicht wünschenswert, daß das Eintreten eines anderen Erfolges, als derjenige ist, der im Üben sich immer ergibt, beschleunigt werde. Denn es könnte das leicht nur der geringste Teil dessen sein, was eigentlich eintreten sollte. In bezug auf die geistige Entwickelung ist oft ein teilweiser Erfolg der Grund einer starken Verzögerung des vollen Erfolges. Die Bewegung unter solchen Formen des geistigen Lebens, wie sie dem teilweisen Erfolg entsprechen, stumpft ab gegen die Einflüsse der Kräfte, welche zu höheren Punkten der Entwickelung führen. Und der Gewinn, den man dadurch erzielt, daß man doch in die geistige Welt «hineingesehen hat», ist nur ein scheinbarer; denn *dieses* Hineinschauen kann nicht die Wahrheit, sondern nur Trugbilder liefern.

*

Die geistig-seelischen Organe, die Lotusblumen, bilden sich so, daß sie dem übersinnlichen Bewußtsein an dem in Schulung befindlichen Menschen wie in der Nähe bestimmter physischer Körperorgane erscheinen. Aus der Reihe dieser Seelenorgane sollen hier genannt werden: dasjenige, das wie in der Nähe der Augenbrauenmitte erfühlt wird (die sogenannte zweiblättrige Lotusblume), dasjenige in der Gegend des Kehlkopfes (die sechzehnblättrige Lotusblume), das dritte in der Herzgegend (die zwölfblättrige Lotusblume), das vierte in der Gegend der Magengrube. Andere solche Organe erscheinen in der Nähe anderer physischer Körperteile. (Die Namen «zwei-» oder «sechzehnblättrig» können gebraucht werden, weil die betreffenden Organe sich mit Blumen mit entsprechender Blätterzahl vergleichen lassen.)

Die Lotusblumen werden an dem astralischen Leibe bewußt. In dem Zeitpunkte, in dem man die eine oder die andere entwickelt hat, weiß man auch, daß man sie hat. Man fühlt, daß man sich ihrer bedienen kann und daß man durch ihren Gebrauch in eine höhere Welt wirklich eintritt. Die Eindrücke, welche man von dieser Welt erhält, gleichen in mancher Beziehung noch denen der physisch-sinnlichen. Wer imaginativ erkennt, wird von der neuen höheren Welt so sprechen können, daß er die Eindrücke als Wärme- oder Kälteempfindungen, Ton- oder Wortwahrnehmungen, Licht- oder Farbenwirkungen bezeichnet. Denn wie solche erlebt er sie. Er ist sich aber bewußt, daß diese Wahrnehmungen in der imaginativen Welt etwas anderes ausdrücken als in der sinnlich-wirklichen. Er erkennt, daß hinter ihnen nicht physisch-stoffliche Ursachen, sondern seelisch-geistige stehen. Wenn er etwas wie einen Wärmeeindruck hat, so schreibt er diesen nicht zum Beispiel einem Stück heißen Eisens zu, sondern er betrachtet ihn als Ausfluß eines seelischen Vorganges, wie er ihn bisher nur in seinem seelischen Innenleben gekannt hat. Er weiß, daß hinter den imaginativen Wahrnehmungen seelische und geistige Dinge und Vorgänge stehen, wie hinter den physischen Wahrnehmungen stofflich-physische Wesen und Tatsachen. – Zu dieser Ähnlichkeit der imaginativen mit der physischen Welt kommt aber ein bedeutsamer Unterschied hinzu. Es ist etwas in der physischen Welt vorhanden, was in der imaginativen ganz anders auftritt. In jener kann beobachtet werden ein fortwährendes Entstehen und Vergehen der Dinge, ein Wechsel von Geburt und Tod. In der imaginativen Welt tritt an Stelle dieser Erscheinung eine fortdauernde *Verwandlung* des einen in das andere. Man sieht zum Beispiel in der physischen Welt eine Pflanze *vergehen.* In der imaginativen zeigt sich in demselben Maße, in dem die Pflanze dahinwelkt, das Entstehen eines andern Gebildes, das physisch nicht wahrnehmbar ist und in welches sich die vergehende Pflanze allmählich verwandelt. Wenn nun die Pflanze dahingeschwunden ist, so ist dieses Gebilde an ihrer Stelle voll entwickelt da. Geburt und Tod sind Vorstellungen, welche in der imaginativen Welt ihre Bedeutung verlieren. An ihre Stelle tritt der Begriff von *Verwandlung des einen in das andere.* – Weil dies so ist, deshalb werden für das imaginative Erkennen jene Wahrheiten über die Wesenheit des Menschen zugänglich, welche in diesem Buche in dem Kapitel «Wesen der Menschheit» mitgeteilt worden sind. Für das physisch-sinnliche Wahrnehmen sind nur die Vorgänge des physischen Leibes wahrnehmbar. Sie spielen sich im «Gebiete von Geburt und Tod» ab. Die andern Glieder der Menschennatur: Lebensleib, Empfindungsleib und Ich stehen unter dem Gesetze der Verwandlung, und ihre Wahrnehmung erschließt sich der imaginativen Erkenntnis. Wer bis zu dieser vorgeschritten ist, nimmt wahr, wie sich aus dem physischen Leibe gleichsam herauslöst dasjenige, was mit dem Hinsterben in anderer Daseinsart weiterlebt.

Die Entwickelung bleibt nun aber innerhalb der imaginativen Welt nicht stehen. Der Mensch, der in ihr stehenbleiben wollte, würde zwar die in Verwandlung begriffenen Wesenheiten wahrnehmen; aber er würde die Verwandlungsvorgänge nicht deuten können, er würde sich nicht orientieren können in der neugewonnenen Welt. Die imaginative Welt ist ein unruhiges Gebiet. Es ist überall nur Beweglichkeit, Verwandlung in ihr; nirgends sind Ruhepunkte. – Zu solchen Ruhepunkten gelangt der Mensch erst, wenn er sich über die imaginative Erkenntnisstufe hinaus zu dem entwickelt, was die «Erkenntnis durch Inspiration» genannt werden kann. – Es ist nicht notwendig, daß derjenige, welcher die Erkenntnis der übersinnlichen Welt sucht, sich etwa so entwickele, daß er zuerst in vollem Maße das imaginative Erkennen sich aneigne und dann erst zur «Inspiration» vorschreite. Seine Übungen können so eingerichtet werden, daß nebeneinander das geht, was zur Imagination, und das, was zur Inspiration führt. Er wird dann, nach entsprechender Zeit, in eine höhere Welt eintreten, in welcher er nicht bloß wahrnimmt, sondern in der er sich auch orientieren kann, die er zu deuten versteht. Der Fortschritt wird in der Regel allerdings so gemacht werden, daß sich zuerst dem Geistesschüler einige Erscheinungen der imaginativen Welt darbieten und nach einiger Zeit er in sich die Empfindung erhält: Jetzt fange ich auch an, mich zu orientieren. – Dennoch ist die Welt der Inspiration etwas ganz Neues gegenüber derjenigen der bloßen Imagination. Durch diese nimmt man die Verwandlung eines Vorganges in den andern wahr, durch jene lernt man innere Eigenschaften von *Wesen* kennen, welche sich verwandeln. Durch Imagination erkennt man die seelische Äußerung der Wesen; durch Inspiration dringt man in deren geistiges Innere. Man erkennt vor allem eine Vielheit von geistigen Wesenheiten und von Beziehungen des einen auf das andere. Mit einer Vielheit verschiedener Wesen hat man es ja auch in der physisch-sinnlichen Welt zu tun; in der Welt der Inspiration ist diese Vielheit doch von einem anderen Charakter. Es ist da ein jedes Wesen in ganz bestimmten Beziehungen zu andern, nicht wie in der physischen durch äußere Einwirkung auf dasselbe, sondern durch seine innere Beschaffenheit. Wenn man ein Wesen in der inspirierten Welt wahrnimmt, so zeigt sich nicht eine äußere Einwirkung auf ein anderes, die sich mit der Wirkung eines physischen Wesens auf ein anderes vergleichen ließe, sondern es besteht ein Verhältnis des einen zum andern durch die innere Beschaffenheit der beiden Wesen. Vergleichen läßt sich dieses Verhältnis mit einem solchen in der physischen Welt, wenn man dazu das Verhältnis der einzelnen Laute oder Buchstaben eines Wortes zueinander wählt. Wenn man das Wort «Mensch» vor sich hat, so wird es bewirkt durch den Zusammenklang der Laute: M-e-n-sch. Es geht nicht ein Anstoß oder sonst eine äußere Einwirkung zum Beispiel von dem M zu dem E hinüber, sondern beide Laute wirken zusammen, und zwar innerhalb eines Ganzen durch ihre innere Beschaffenheit. Deshalb läßt sich das Beobachten in der Welt der Inspiration nur vergleichen mit einem *Lesen;* und die Wesen in dieser Welt wirken auf den Betrachter wie Schriftzeichen, die er kennenlernen muß und deren Verhältnisse sich für ihn enthüllen müssen wie eine übersinnliche Schrift. Die Geisteswissenschaft kann daher die Erkenntnis durch Inspiration vergleichsweise auch das «Lesen der verborgenen Schrift» nennen.

Wie durch diese «verborgene Schrift» gelesen wird und wie man das Gelesene mitteilen kann, soll nun an den vorangegangenen Kapiteln dieses Buches selbst klargemacht werden. Es wurde zunächst die Wesenheit des Menschen beschrieben, wie sie sich aufbaut aus verschiedenen Gliedern. Dann wurde gezeigt, wie das Weltwesen, auf dem sich der Mensch entwickelt, durch die verschiedenen Zustände, den Saturn-, Sonnen-, Monden- und Erdenzustand hindurchgeht. Die Wahrnehmungen, durch welche man die Glieder des Menschen einerseits, die aufeinanderfolgenden Zustände der Erde und ihrer vorhergehenden Verwandlungen andererseits erkennen kann, erschließen sich der imaginativen

Erkenntnis. Nun ist aber weiter notwendig, daß erkannt werde, welche Beziehungen zwischen dem Saturnzustande und dem physischen Menschenleib, dem Sonnenzustande und dem Ätherleib usw. bestehen. Es muß gezeigt werden, daß der Keim zum physischen Menschenleib schon während des Saturnzustandes entstanden ist, daß er sich dann weiterentwickelt hat bis zu seiner gegenwärtigen Gestalt während des Sonnen-, Monden- und Erdenzustandes. Es mußte zum Beispiel auch darauf hingewiesen werden, welche Veränderungen sich mit dem Menschenwesen vollzogen haben dadurch, daß einmal die Sonne sich von der Erde trennte, daß ein Ähnliches bezüglich des Mondes geschah. Es mußte ferner mitgeteilt werden, was zusammenwirkte, damit solche Veränderungen mit der Menschheit sich vollziehen konnten, wie sie in den Umwandlungen während der atlantischen Zeit, wie sie in den aufeinanderfolgenden Perioden, der indischen, der urpersischen, der ägyptischen usw., sich ausdrücken. Die Schilderung dieser Zusammenhänge ergibt sich nicht aus der imaginativen Wahrnehmung, sondern aus der Erkenntnis durch Inspiration, aus dem Lesen der verborgenen Schrift. Für dieses «Lesen» sind die imaginativen Wahrnehmungen wie Buchstaben oder Laute. Dieses «Lesen» ist aber nicht nur für Aufklärungen notwendig, wie die eben gekennzeichneten. Schon den Lebensgang des ganzen Menschen könnte man nicht verstehen, wenn man ihn nur durch die imaginative Erkenntnis betrachten würde. Man würde da zwar wahrnehmen, wie sich mit dem Hinsterben die seelisch-geistigen Glieder aus dem in der physischen Welt Verbleibenden loslösen; aber man würde die Beziehungen dessen, was nach dem Tode mit dem Menschen geschieht, zu den vorhergehenden und nachfolgenden Zuständen nicht verstehen, wenn man sich innerhalb des imaginativ Wahrgenommenen nicht orientieren könnte. Ohne die Erkenntnis durch Inspiration verbliebe die imaginative Welt wie eine Schrift, die man anstarrt, die man aber nicht zu lesen vermag.

Wenn der Geistesschüler fortschreitet von der Imagination zur Inspiration, so zeigt sich ihm sehr bald, wie unrichtig es wäre, auf das Verständnis der großen Welterscheinungen zu verzichten und sich nur auf die Tatsachen beschränken zu wollen, welche gewissermaßen das nächste menschliche Interesse berühren. Wer in diese Dinge nicht eingeweiht ist, der könnte wohl das Folgende sagen: «Mir erscheint es doch nur wichtig, das Schicksal der menschlichen Seele nach dem Tode zu erfahren; wenn mir jemand darüber Mitteilungen macht, so ist mir das genug: wozu führt mir die Geisteswissenschaft solch entlegene Dinge vor, wie Saturn-, Sonnenzustand, Sonnen-, Mondentrennung und so weiter.» Wer aber in diese Dinge richtig eingeführt ist, der lernt erkennen, daß ein wirkliches Wissen über das, was er erfahren will, nie zu erlangen ist ohne eine Erkenntnis dessen, was ihm so unnötig scheint. Eine Schilderung der Menschenzustände nach dem Tode bleibt völlig unverständlich und wertlos, wenn der Mensch sie nicht mit Begriffen verbinden kann, welche von jenen entlegenen Dingen hergenommen sind. Schon die einfachste Beobachtung des übersinnlich Erkennenden macht seine Bekanntschaft mit solchen Dingen notwendig. Wenn zum Beispiel eine Pflanze von dem Blütenzustand in den Fruchtzustand übergeht, so sieht der übersinnlich beobachtende Mensch eine Verwandlung in einer astralischen Wesenheit vor sich gehen, welche während des Blühens die Pflanze wie eine Wolke von oben bedeckt und umhüllt hat. Wäre die Befruchtung nicht eingetreten, so wäre diese astralische

Wesenheit in eine ganz andere Gestalt übergegangen, als die ist, welche sie infolge der Befruchtung angenommen hat. Nun versteht man den ganzen durch die übersinnliche Beobachtung wahrgenommenen Vorgang, wenn man sein Wesen verstehen gelernt hat an jenem großen Weltvorgange, welcher sich mit der Erde und allen ihren Bewohnern vollzogen hat zur Zeit der Sonnentrennung. Vor der Befruchtung ist die Pflanze in einer solchen Lage, wie die ganze Erde vor der Sonnentrennung. Nach der Befruchtung zeigt sich die Blüte der Pflanze so, wie die Erde war, als sich die Sonne abgetrennt hatte und die Mondenkräfte noch in ihr waren. Hat man sich die Vorstellungen zu eigen gemacht, welche an der Sonnentrennung gewonnen werden können, so wird man die Deutung des Pflanzen-Befruchtungsvorganges sachgemäß so wahrnehmen, daß man sagt: Die Pflanze ist vor der Befruchtung in einem Sonnenzustand, nach derselben in einem Mondenzustand. Es ist eben durchaus so, daß auch der kleinste Vorgang in der Welt nur dann begriffen werden kann, wenn in ihm ein Abbild großer Weltvorgänge erkannt wird. Sonst bleibt er seinem Wesen nach so unverständlich, wie die Raffaelsche Madonna für denjenigen bleibt, der nur ein kleines blaues Fleckchen sehen kann, während alles andere zugedeckt ist. – Alles, was nun am Menschen vorgeht, ist ein Abbild all der großen Weltvorgänge, die mit seinem Dasein zu tun haben. Will man die Beobachtungen des übersinnlichen Bewußtseins über die Erscheinungen zwischen Geburt und Tod und wieder vom Tode bis zu einer neuen Geburt verstehen, so kann man dies, wenn man sich die Fähigkeit erworben hat, die imaginativen Beobachtungen durch dasjenige zu entziffern, was man sich an Vorstellungen angeeignet hat durch die Betrachtung der großen Weltvorgänge. – Diese Betrachtung liefert eben den *Schlüssel* zum Verständnisse des menschlichen Lebens. Daher ist im Sinne der Geisteswissenschaft Saturn-, Sonnen-, Mondbeobachtung usw. zugleich Beobachtung des Menschen.

Durch Inspiration gelangt man dazu, die Beziehungen zwischen den Wesenheiten der höheren Welt zu erkennen. Durch eine weitere Erkenntnisstufe wird es möglich, diese Wesenheiten in ihrem Innern selbst zu erkennen. Diese Erkenntnisstufe kann die intuitive Erkenntnis genannt werden. (Intuition ist ein Wort, das im gewöhnlichen Leben mißbraucht wird für eine unklare, unbestimmte Einsicht in eine Sache, für eine Art Einfall, der zuweilen mit der Wahrheit stimmt, dessen Berechtigung aber zunächst nicht nachweisbar ist. Mit dieser Art «Intuition» hat das hier Gemeinte natürlich nichts zu tun. Intuition bezeichnet hier eine Erkenntnis von höchster, lichtvollster Klarheit, deren Berechtigung man sich, wenn man sie hat, in vollstem Sinne bewußt ist.) – Ein Sinneswesen erkennen, heißt *außerhalb* desselben stehen und es nach dem äußeren Eindruck beurteilen. Ein Geisteswesen durch Intuition erkennen, heißt völlig eins mit ihm geworden sein, sich mit seinem Innern vereinigt haben. Stufenweise steigt der Geistesschüler zu solcher Erkenntnis hinauf. Die Imagination führt ihn dazu, die Wahrnehmungen nicht mehr als äußere Eigenschaften von Wesen zu empfinden, sondern in ihnen Ausflüsse von Seelisch-Geistigem zu erkennen; die Inspiration führt ihn weiter in das Innere der Wesen: Er lernt durch sie verstehen, was diese Wesenheiten für einander sind; in der Intuition dringt er in die Wesen selbst ein. – Wieder kann an den Ausführungen dieses Buches selbst gezeigt werden, was für eine Bedeutung die Intuition hat. Es wurde in den vorhergehenden Kapiteln nicht nur davon gesprochen, wie der Fortgang der Saturn-, Sonnen-, Mondenentwickelung usw. geschieht, sondern es wurde mitgeteilt, daß Wesen sich an diesem Fortgange in der verschiedensten Art beteiligen. Es wurden Throne oder Geister des Willens, Geister der Weisheit, der Bewegung usw. angeführt. Es wurde bei der Erdenentwickelung von den Geistern des Luzifer, des Ahriman gesprochen. Der Weltenbau wurde auf die Wesenheiten zurückgeführt, welche sich an ihm beteiligen. Was über diese Wesenheiten erfahren werden kann, wird durch die intuitive Erkenntnis gewonnen. Diese ist auch schon notwendig, wenn man den Lebenslauf des Menschen erkennen will. Was sich nach dem Tode aus der physischen Leiblichkeit des Menschen herauslöst, das macht nun in der Folgezeit verschiedene Zustände durch. Die nächsten Zustände nach dem Tode wären noch einigermaßen durch die imaginative Erkenntnis zu beschreiben. Was aber dann vorgeht, wenn der Mensch weiter kommt in der Zeit zwischen dem Tode und einer neuen Geburt, das müßte der Imagination ganz unverständlich bleiben, wenn nicht die Inspiration hinzukäme. Nur die Inspiration kann erforschen, was von dem Leben des Menschen nach der Läuterung im «Geisterland» gesagt werden kann. Dann aber kommt ein Etwas, für welches die Inspiration nicht mehr ausreicht, wo sie gewissermaßen den Faden des Verständnisses verliert. Es gibt eine Zeit der menschlichen Entwickelung zwischen dem Tode und einer neuen Geburt, wo das menschliche Wesen nur der Intuition zugänglich ist. – Dieser Teil der menschlichen Wesenheit ist aber *immer* in dem Menschen; und will man ihn, seiner wahren Innerlichkeit nach, verstehen, so muß man ihn auch in der Zeit zwischen der Geburt und dem Tode durch die

Intuition aufsuchen. Wer den Menschen nur mit den Mitteln der Imagination und Inspiration erkennen wollte, dem entzögen sich gerade die Vorgänge des innersten Wesens desselben, die von Verkörperung zu Verkörperung sich abspielen. Nur die intuitive Erkenntnis macht daher eine sachgemäße Erforschung von den wiederholten Erdenleben und vom Karma möglich. Alles, was als Wahrheit über diese Vorgänge mitgeteilt werden soll, muß der Forschung durch intuitive Erkenntnis entstammen. – Und will der Mensch sich selbst seiner inneren Wesenheit nach erkennen, so kann er dies nur durch Intuition. Durch sie nimmt er wahr, was sich in ihm von Erdenleben zu Erdenleben fortbewegt.

*

Erlangen kann der Mensch die Erkenntnis durch Inspiration und Intuition auch nur durch seelisch-geistige Übungen. Sie sind denen ähnlich, welche als «innere Versenkung» (Meditation) zur Erreichung der Imagination geschildert worden sind. Während aber bei jenen Übungen, welche zur Imagination führen, eine Anknüpfung stattfindet an die Eindrücke der sinnlich-physischen Welt, muß bei denen für die Inspiration diese Anknüpfung immer mehr wegfallen. Um sich zu verdeutlichen, was da zu geschehen hat, denke man nochmals an das Sinnbild des Rosenkreuzes. Wenn man sich in dasselbe versenkt, so hat man ein Bild vor sich, dessen Teile von Eindrücken der sinnlichen Welt genommen sind: die schwarze Farbe des Kreuzes, die Rosen usw. Die Zusammenstellung dieser Teile zum Rosenkreuz ist aber nicht aus der sinnlich-physischen Welt genommen. Wenn nun der Geistesschüler versucht, aus seinem Bewußtsein das schwarze Kreuz und auch die roten Rosen als Bilder von sinnlich-wirklichen Dingen ganz verschwinden zu lassen und nur in der Seele jene geistige Tätigkeit zu behalten, welche diese Teile zusammengesetzt hat, dann hat er ein Mittel zu einer solchen Meditation, welche ihn nach und nach zur Inspiration führt. Man frage sich in seiner Seele etwa in folgender Art: Was habe ich innerlich getan, um Kreuz und Rose zu dem Sinnbild zusammenzufügen? Was ich getan habe (meinen eigenen Seelenvorgang) will ich festhalten; das Bild selber aber aus dem Bewußtsein verschwinden lassen. Dann will ich alles in mir *fühlen,* was meine Seele getan hat, um das Bild zustande zu bringen, das Bild selbst aber will ich mir nicht vorstellen. Ich will nunmehr ganz innerlich leben in meiner eigenen Tätigkeit, welche das Bild geschaffen hat. Ich will mich also in kein Bild, sondern in meine eigene bilderzeugende Seelentätigkeit versenken. Solche Versenkung muß in bezug auf viele Sinnbilder vorgenommen werden. Das führt dann zur Erkenntnis durch Inspiration. Ein anderes Beispiel wäre dies: Man versenkt sich in die Vorstellung einer entstehenden und vergehenden Pflanze. Man läßt in der Seele das Bild einer nach und nach werdenden Pflanze entstehen, wie sie aus dem Keime aufsprießt, wie sie Blatt nach Blatt entfaltet, bis zur Blüte und zur Frucht. Dann wieder, wie das Hinwelken beginnt, bis zur völligen Auflösung. Man gelangt allmählich durch die Versenkung in solch ein Bild zu einem Gefühl des Entstehens und Vergehens, für welches die Pflanze nur noch Bild ist. Aus diesem Gefühl kann dann, wenn die Übung ausdauernd fortgesetzt wird, sich die Imagination von jener Verwandlung herausbilden, welche dem physischen Entstehen und Vergehen zum Grunde liegt. Will man aber zur entsprechenden Inspiration kommen, dann muß man die

Übung noch anders machen. Man muß sich auf die eigene Seelentätigkeit besinnen, welche aus dem Bilde der Pflanze die Vorstellung von Entstehen und Vergehen gewonnen hat. Man muß die Pflanze nun ganz aus dem Bewußtsein verschwinden lassen und sich nur in das hineinversenken, was man selbst innerlich getan hat. Durch solche Übungen nur ist ein Aufsteigen zur Inspiration möglich. Zunächst wird es dem Geistesschüler nicht ganz leicht sein, in vollem Umfange zu begreifen, wie er sich zu einer solchen Übung anzuschicken hat. Es rührt dies davon her, daß der Mensch, welcher gewohnt ist, sich sein Innenleben von den äußeren Eindrücken bestimmen zu lassen, sofort ins Unsichere und völlig Schwankende gerät, wenn er noch ein Seelenleben entfalten soll, das alle Anknüpfung an äußere Eindrücke abgeworfen hat. In einem noch höheren Maße als bezüglich der Erwerbung von Imaginationen muß der Geistesschüler sich gegenüber diesen Übungen zur Inspiration klar sein, daß er sie nur vornehmen sollte, wenn er nebenher gehen läßt alle Vorkehrungen, welche zur Sicherung und Festigung der Urteilsfähigkeit, des Gefühlslebens und des Charakters führen können. Trifft er diese Vorkehrungen, so wird er ein Zweifaches davon als Erfolg haben. Erstens wird er durch die Übungen nicht das Gleichgewicht seiner Persönlichkeit beim übersinnlichen Schauen verlieren können; zweitens wird er sich zugleich die Fähigkeit aneignen, das wirklich ausführen zu können, was in diesen Übungen verlangt wird. Man wird diesen Übungen gegenüber nur so lange sagen, sie seien schwierig, als man sich eine ganz gewisse Seelenverfassung, ganz gewisse Gefühle und Empfindungen noch nicht angeeignet hat. Derjenige wird alsbald Verständnis und auch Fähigkeit für die Übungen gewinnen, der in

Geduld und Ausdauer in seiner Seele solche innere Eigenschaften pflegt, welche dem Aufkeimen übersinnlicher Erkenntnisse günstig sind. Wer sich daran gewöhnt, öfters Einkehr in sein Inneres so zu halten, daß es ihm dabei weniger zu tun ist, über sich selbst nachzugrübeln, als vielmehr still in sich die im Leben gemachten Erfahrungen zu ordnen und zu verarbeiten, der wird viel gewinnen. Er wird sehen, daß man seine Vorstellungen und Gefühle bereichert, wenn man die eine Lebenserfahrung mit der anderen in ein Verhältnis bringt. Er wird gewahr werden, in wie hohem Grade man nicht nur dadurch Neues erfährt, daß man neue Eindrücke und neue Erlebnisse hat, sondern auch dadurch, daß man die alten in sich arbeiten läßt. Und wer dabei so zu Werke geht, daß er seine Erlebnisse, ja sogar seine gewonnenen Meinungen so gegeneinander spielen läßt, als ob er selbst mit seinen Sympathien und Antipathien, mit seinen persönlichen Interessen und Gefühlen gar nicht dabei wäre, der wird für die übersinnlichen Erkenntniskräfte einen besonders guten Boden zubereiten. Er wird in Wahrheit das ausbilden, was man ein *reiches Innenleben* nennen kann. Worauf es aber vor allem ankommt, das ist Gleichmaß und Gleichgewicht der Seeleneigenschaften. Der Mensch ist nur zu leicht geneigt, wenn er sich einer gewissen Seelentätigkeit hingibt, in Einseitigkeit zu verfallen. So kann er, wenn er den Vorteil des inneren Nachsinnens und des Verweilens in der eigenen Vorstellungswelt gewahr wird, dafür eine solche Neigung erhalten, daß er sich gegen die Eindrücke der Außenwelt immer mehr verschließt. Das aber führt zur Vertrocknung und Verödung des Innenlebens. Am weitesten kommt derjenige, welcher sich neben der Fähigkeit, sich in sein Inneres zurückzuziehen, auch die offene Empfänglichkeit bewahrt für alle Eindrücke der Außenwelt. Und man braucht dabei nicht etwa bloß an die sogenannten bedeutsamen Eindrücke des Lebens zu denken, sondern es kann *jeder* Mensch in *jeder* Lage – auch in noch so ärmlichen vier Wänden – genug erleben, wenn er nur den Sinn dafür empfänglich hält. Man braucht die Erlebnisse nicht erst zu suchen; sie sind überall da. – Von besonderer Wichtigkeit ist auch, *wie* Erlebnisse in des Menschen Seele verarbeitet werden. Es kann zum Beispiel jemand die Erfahrung machen, daß eine von ihm oder andern verehrte Persönlichkeit diese oder jene Eigenschaft habe, die er als Charakterfehler bezeichnen muß. Durch eine solche Erfahrung kann der Mensch in einer zweifachen Richtung zum Nachdenken veranlaßt werden. Er kann sich einfach sagen: Jetzt, nachdem ich dies erkannt habe, kann ich jene Persönlichkeit nicht mehr in derselben Art verehren wie früher. Oder aber er kann sich die Frage vorlegen: Wie ist es möglich, daß die verehrte Persönlichkeit mit jenem Fehler behaftet ist? Wie muß ich mir vorstellen, daß der Fehler nicht *nur* Fehler, sondern etwas durch das Leben der Persönlichkeit, vielleicht gerade durch ihre großen Eigenschaften Verursachtes ist? Ein Mensch, welcher sich diese Fragen vorlegt, wird vielleicht zu dem Ergebnis kommen, daß seine Verehrung nicht im geringsten durch das Bemerken des Fehlers zu verringern ist. Man wird durch ein solches Ergebnis jedesmal etwas gelernt haben, man wird seinem Lebensverständnis etwas beigefügt haben. Nun wäre es gewiß schlimm für denjenigen, der sich durch das Gute einer solchen Lebensbetrachtung verleiten ließe, bei Personen oder Dingen, welche seine Neigung haben, alles Mögliche zu entschuldigen oder etwa gar zu der Gewohnheit überzugehen, alles Tadelnswerte unberücksichtigt zu lassen, weil ihm das Vorteil bringt für seine innere Entwickelung. Dies letztere ist nämlich dann *nicht* der Fall, wenn man durch sich selbst den Antrieb erhält, Fehler nicht bloß zu tadeln, sondern zu verstehen; sondern nur, wenn ein solches Verhalten durch den betreffenden Fall selbst gefordert wird, gleichgültig, was der Beurteiler dabei gewinnt oder verliert. Es ist durchaus richtig: *Lernen* kann man *nicht* durch die Verurteilung eines Fehlers, sondern *nur* durch dessen Verstehen. Wer aber wegen des Verständnisses durchaus das Mißfallen ausschließen wollte, der käme auch nicht weit. Auch hier kommt es nicht auf Einseitigkeit in der einen oder andern Richtung an, sondern auf Gleichmaß und Gleichgewicht der Seelenkräfte. – Und so ist es ganz besonders mit einer Seeleneigenschaft, die für des Menschen Entwickelung ganz hervorragend bedeutsam ist; mit dem, was man Gefühl der *Verehrung* (Devotion) nennt. Wer dieses Gefühl in sich heranbildet oder es durch eine glückliche Naturgabe von vornherein besitzt, der hat einen guten Boden für die übersinnlichen Erkenntniskräfte. Wer in seiner Kindheits- und Jugendzeit mit hingebungsvoller Bewunderung zu Personen wie zu hohen Idealen hinaufschauen konnte, in dessen Seelengrund ist etwas, worinnen übersinnliche Erkenntnisse besonders gut gedeihen. Und wer bei reifem Urteile im späteren Leben zum Sternenhimmel blickt und in restloser Hingabe die Offenbarung hoher Mächte bewundernd empfindet, der macht sich eben dadurch reif zum Erkennen der übersinnlichen Welten. Ein gleiches ist bei demjenigen der Fall, welcher die im Menschenleben waltenden Kräfte zu bewundern vermag. Und von nicht geringer Bedeutung ist es, wenn man auch noch als gereifter Mensch Verehrung bis zu den höchsten Graden für andere Menschen haben kann, deren Wert man ahnt oder zu erkennen glaubt. Nur wo solche Verehrung vorhanden ist, kann sich die Aussicht in die höheren Welten eröffnen. Wer nicht verehren kann, wird keinesfalls in seiner Erkenntnis besonders weit kommen. Wer nichts in der Welt anerkennen will, dem verschließt sich das Wesen der Dinge. – Wer sich jedoch durch das Gefühl der Verehrung und Hingabe dazu verführen läßt, das *gesunde* Selbstbewußtsein und Selbstvertrauen in sich ganz zu ertöten, der versündigt sich gegen das Gesetz des Gleichmaßes und Gleichgewichtes. Der Geistesschüler wird fortdauernd an sich arbeiten, um sich immer reifer und reifer zu machen; aber dann *darf* er auch das Vertrauen zu der eigenen Persönlichkeit haben und glauben, daß deren Kräfte immer mehr wachsen. Wer in sich zu richtigen Empfindungen nach dieser Richtung kommt, der sagt sich: In mir liegen Kräfte verborgen, und ich kann sie aus meinem Innern hervorholen. Ich brauche daher dort, wo ich etwas sehe, das ich verehren muß, weil es über mir steht, nicht bloß zu verehren, sondern ich darf mir zutrauen, alles das in mir zu entwickeln, was mich diesem oder jenem Verehrten gleich macht.

Je größer in einem Menschen die Fähigkeit ist, *Aufmerksamkeit* auf gewisse Vorgänge des Lebens zu richten, welche nicht von vornherein dem persönlichen Urteil vertraut sind, desto größer ist für ihn die Möglichkeit, sich Unterlagen zu schaffen für eine Entwickelung in geistige Welten hinauf. Ein Beispiel mag dies anschaulich machen. Ein Mensch komme in eine Lebenslage, wo er eine gewisse Handlung tun oder unterlassen kann. Sein Urteil sage ihm: Tue dies. Aber es sei doch ein gewisses unerklärliches Etwas in seinen Empfindungen, das ihn von der Tat abhält. Es kann nun so sein, daß der Mensch auf dieses unerklärliche Etwas keine Aufmerksamkeit verwendet, sondern einfach die Handlung so vollbringt, wie es seiner Urteilsfähigkeit angemessen ist. Es kann aber auch so sein, daß der Mensch dem Drange jenes unerklärlichen Etwas nachgibt und die Handlung unterläßt. Verfolgt er dann die Sache weiter, so kann sich herausstellen, daß Unheil gefolgt wäre, wenn er seinem Urteil gefolgt wäre; daß jedoch Segen entstanden ist durch das Unterlassen. Solch eine Erfahrung kann das Denken des Menschen in eine ganz bestimmte Richtung bringen. Er kann sich sagen: In mir lebt etwas, was mich richtiger leitet als der Grad von Urteilsfähigkeit, welchen ich in der Gegenwart habe. Ich muß mir den Sinn offen halten für dieses «Etwas in mir», zu dem ich mit meiner Urteilsfähigkeit noch gar nicht herangereift bin. Es wirkt nun in hohem Grade günstig auf die Seele, wenn sie ihre Aufmerksamkeit auf solche Fälle im Leben richtet. Es zeigt sich ihr dann wie in einer *gesunden* Ahnung, daß im Menschen *mehr* ist, als was er jeweilig mit seiner Urteilskraft übersehen kann. Solche Aufmerksamkeit arbeitet auf eine *Erweiterung* des Seelenlebens hin. Aber auch hier können sich wieder Einseitigkeiten ergeben, welche bedenklich sind. Wer sich *gewöhnen* wollte, stets deshalb sein Urteil auszuschalten, weil ihn «Ahnungen» zu dem oder jenem treiben, der könnte ein Spielball von allen möglichen unbestimmten Trieben werden. Und von einer solchen Gewohnheit zur Urteilslosigkeit und zum Aberglauben ist es nicht weit. – Verhängnisvoll für den Geistesschüler ist eine jegliche Art von Aberglauben. Man erwirbt sich nur dadurch die Möglichkeit, in einer wahrhaften Art in die Gebiete des Geisteslebens einzudringen, daß man sich sorgfältig hütet vor Aberglauben, Phantastik und Träumerei. Nicht derjenige kommt in einer richtigen Weise in die geistige

Welt hinein, welcher froh ist, wenn er irgendwo einen Vorgang erleben kann, der «von dem menschlichen Vorstellen nicht begriffen werden kann». Die Vorliebe für das «Unerklärliche» macht gewiß niemanden zum Geistesschüler. Ganz abgewöhnen muß sich dieser das Vorurteil, daß ein «Mystiker der sei, welcher in der Welt ein Unerklärliches, Unerforschliches» überall da voraussetzt, wo es ihm angemessen erscheint. Das rechte Gefühl für den Geistesschüler ist, überall verborgene Kräfte und Wesenheiten anzuerkennen; aber auch vorauszusetzen, daß das Unerforschte erforscht werden kann, wenn die Kräfte dazu vorhanden sind.

Es gibt eine gewisse Seelenverfassung, welche dem Geistesschüler auf jeder Stufe seiner Entwickelung wichtig ist. Sie besteht darin, seinen Erkenntnistrieb nicht einseitig so zu stellen, daß dieser immer darauf ausgeht: Wie kann man auf diese oder jene Frage antworten? Sondern darauf: Wie entwickele ich diese oder jene Fähigkeit in mir? Ist dann durch innere geduldige Arbeit an sich diese oder jene Fähigkeit entwickelt, so fällt dem Menschen die Antwort auf gewisse Fragen zu. Geistesschüler werden immer diese Seelenverfassung in sich pflegen. Dadurch werden sie dazu geführt, an sich zu arbeiten, sich immer reifer und reifer zu machen und sich zu versagen, Antworten auf gewisse Fragen herbeizwingen zu wollen. Sie werden *warten*, bis ihnen solche Antworten zufallen. – Wer aber auch darin wieder an Einseitigkeit sich gewöhnt, auch der kommt nicht richtig vorwärts. Der Geistesschüler kann auch das Gefühl haben, in einem bestimmten Zeitpunkte sich mit dem Maße seiner Kräfte selbst die höchsten Fragen zu beantworten. Also auch hier spielen Gleichmaß und Gleichgewicht in der Seelenverfassung eine gewichtige Rolle.

Noch viele Seeleneigenschaften könnten besprochen werden, deren Pflege und Entwickelung förderlich ist, wenn der Geistesschüler die Inspiration durch Übungen anstreben will. Bei allem würde zu betonen sein, daß Gleichmaß und Gleichgewicht diejenigen Seeleneigenschaften sind, auf die es ankommt. Sie bereiten das Verständnis und die Fähigkeit für die charakterisierten Übungen vor, die behufs der Erlangung der Inspiration zu machen sind.

Die Übungen zur Intuition erfordern, daß der Geistesschüler aus seinem Bewußtsein nicht nur die Bilder verschwinden läßt, welchen er sich zur Erlangung der Imagination hingegeben hat, sondern auch das Leben in der eigenen Seelentätigkeit, in welche er sich für die Erwerbung der Inspiration versenkt hat. Er soll also dann buchstäblich *nichts* von vorher gekanntem äußeren oder inneren Erleben in seiner Seele haben. Würde nun aber nach diesem Abwerfen der äußeren und der inneren Erlebnisse *nichts* in seinem Bewußtsein sein, das heißt, würde ihm das Bewußtsein überhaupt dahinschwinden und er in Bewußtlosigkeit versinken, so könnte er daran erkennen, daß er sich noch nicht reif gemacht hat, Übungen für die Intuition vorzunehmen; und er müßte dann die Übungen für die Imagination und Inspiration fortsetzen. Es kommt schon einmal die Zeit, in welcher das Bewußtsein nicht leer ist, wenn die Seele die inneren und äußeren Erlebnisse abgeworfen hat, sondern wo nach diesem Abwerfen als Wirkung etwas im Bewußtsein zurückbleibt, dem man sich dann in Versenkung ebenso hingeben kann, wie man sich vorher dem hingegeben hat, was äußerlichen oder inneren Eindrücken sein Dasein verdankt. Es ist dieses «Etwas» aber von ganz besonderer Art. Es ist gegenüber allen vorhergehenden Erfahrungen etwas wirklich Neues. Man weiß, wenn man es erlebt: Dies habe ich vorher nicht gekannt. Dies ist eine Wahrnehmung, wie der wirkliche Ton eine Wahrnehmung ist, welchen das Ohr hört; aber es kann dieses Etwas nur in mein Bewußtsein treten durch die Intuition, wie der Ton nur ins Bewußtsein treten kann durch das Ohr. Durch die Intuition ist der letzte Rest des Sinnlich-Physischen von des Menschen Eindrücken abgestreift; die geistige Welt beginnt für die Erkenntnis offen zu liegen in einer Form, die nichts mehr gemein hat mit den Eigenschaften der physisch-sinnlichen Welt.

*

Die imaginative Erkenntnis wird erreicht durch die Ausgestaltung der Lotusblumen aus dem astralischen Leibe heraus. Durch diejenigen Übungen, welche zur Erlangung von Inspiration und Intuition unternommen werden, treten im menschlichen Äther- oder Lebensleib besondere Bewegungen, Gestaltungen und Strömungen auf, welche vorher nicht da waren. Sie sind eben die Organe, durch welche der Mensch das «Lesen der verborgenen Schrift» und das, was darüber hinausliegt, in den Bereich seiner Fähigkeiten aufnimmt. Für das übersinnliche Erkennen stellen sich die Veränderungen im Ätherleibe eines Menschen, der zur Inspiration und Intuition gelangt ist, in der folgenden Art dar. Es wird, ungefähr wie in der Gegend nahe dem physischen Herzen, ein neuer Mittelpunkt im Ätherleibe bewußt, der sich zu einem ätherischen Organe ausgestaltet. Von diesem laufen Bewegungen und Strömungen nach den verschiedenen Gliedern des menschlichen Leibes in der mannigfaltigsten Weise. Die wichtigsten dieser Strömungen gehen zu den Lotusblumen, durchziehen dieselben und ihre einzelnen

Blätter und gehen dann nach außen, wo sie wie Strahlen sich in den äußeren Raum ergießen. Je entwickelter der Mensch ist, desto größer ist der Umkreis um ihn herum, in dem diese Strömungen wahrnehmbar sind. Der Mittelpunkt in der Gegend des Herzens bildet sich aber bei regelrechter Schulung nicht gleich im Anfang aus. Er wird erst vorbereitet. Zuerst entsteht als ein vorläufiger Mittelpunkt ein solcher im Kopfe; der rückt dann hinunter in die Kehlkopfgegend und verlegt sich zuletzt in die Nähe des physischen Herzens. Würde die Entwickelung unregelmäßig sein, so könnte sogleich in der Herzgegend das in Rede stehende Organ gebildet werden. Dann läge die Gefahr vor, daß der Mensch, statt zur ruhigen, sachgemäßen übersinnlichen Schauung zu kommen, zum Schwärmer und Phantasten würde. In seiner weiteren Entwickelung gelangt der Geistesschüler dazu, die ausgebildeten Strömungen und Gliederungen seines Ätherleibes unabhängig zu machen von dem physischen Leibe und sie selbständig zu gebrauchen. Es dienen ihm die Lotusblumen dabei als Werkzeuge, durch welche er den Ätherleib bewegt. Bevor dieses geschieht, müssen sich aber in dem ganzen Umkreis des Ätherleibes besondere Strömungen und Strahlungen gebildet haben, welche ihn wie durch ein feines Netzwerk in sich abschließen und zu einer in sich geschlossenen Wesenheit machen. Wenn das geschehen ist, können ungehindert die im Ätherleibe sich vollziehenden Bewegungen und Strömungen sich mit der äußeren seelisch-geistigen Welt berühren und mit ihnen sich verbinden, so daß äußeres geistig-seelisches Geschehen und inneres (dasjenige im menschlichen Ätherleibe) ineinanderfließen. Wenn das geschieht, ist eben der Zeitpunkt eingetreten, in dem der Mensch die Welt der Inspiration bewußt wahrnimmt. Dieses Erkennen tritt in einer anderen Art auf als das Erkennen in bezug auf die sinnlich-physische Welt. In dieser bekommt man durch die Sinne Wahrnehmungen und macht sich dann über diese Wahrnehmungen Vorstellungen und Begriffe. Beim Wissen durch die Inspiration ist es nicht so. Was man erkennt, ist unmittelbar, in einem Akte da; es gibt nicht ein Nachdenken *nach* der Wahrnehmung. Was für das sinnlich-physische Erkennen erst hinterher im Begriffe gewonnen wird, ist bei der Inspiration zugleich mit der Wahrnehmung gegeben. Man würde deshalb mit der seelisch-geistigen Umwelt in eins zusammenfließen, sich von ihr gar nicht unterscheiden können, wenn man das oben charakterisierte Netzwerk im Ätherleibe nicht ausgebildet hätte.

Wenn die Übungen für die Intuition gemacht werden, so wirken sie nicht allein auf den Ätherleib, sondern bis in die übersinnlichen Kräfte des physischen Leibes hinein. Man sollte sich allerdings nicht vorstellen, daß auf diese Art Wirkungen im physischen Leibe vor sich gehen, welche der gewöhnlichen Sinnenbeobachtung zugänglich sind. Es sind Wirkungen, welche nur das übersinnliche Erkennen beurteilen kann. Sie haben mit aller *äußeren* Erkenntnis nichts zu tun. Sie stellen sich ein als Erfolg der Reife des Bewußtseins, wenn dieses in der Intuition Erlebnisse haben kann, trotzdem es alle vorher gekannten äußeren und inneren Erlebnisse aus sich herausgesondert hat. – Nun sind aber die Erfahrungen der Intuition zart, intim und fein; und der physische Menschenleib ist auf der gegenwärtigen Stufe seiner Entwickelung im Verhältnisse zu ihnen grob. Er bietet deshalb ein stark wirkendes Hindernis für den Erfolg der Intuitionsübungen. Werden diese mit Energie und Ausdauer und in der notwendigen inneren Ruhe fortgesetzt, so überwinden sie zuletzt die gewaltigen Hindernisse des physischen Leibes. Der Geistesschüler bemerkt das daran, daß er allmählich gewisse Äußerungen des physischen Leibes, die vorher ganz ohne sein Bewußtsein erfolgten, in seine Gewalt bekommt. Er bemerkt es auch daran, daß er für kurze Zeit das Bedürfnis empfindet, zum Beispiel das Atmen (oder dergleichen) so einzurichten, daß es in eine Art Einklang oder Harmonie mit dem kommt, was in den Übungen oder sonst in der inneren Versenkung die Seele verrichtet. Das Ideal der Entwickelung ist, daß durch den physischen Leib selbst gar keine Übungen, auch nicht solche Atemübungen gemacht würden, sondern daß alles, was mit ihm zu geschehen hat, sich *nur* als eine Folge der reinen Intuitionsübungen einstellte.

*

Wenn der Geistesschüler auf dem Wege in die höheren Erkenntniswelten aufsteigt, so bemerkt er auf einer gewissen Stufe, daß das Zusammenhalten der Kräfte seiner Persönlichkeit eine andere Form annimmt, als es in der physisch-sinnlichen Welt hat. In dieser bewirkt das Ich ein einheitliches Zusammenwirken der Seelenkräfte, zunächst des Denkens, Fühlens und Wollens. Diese drei Seelenkräfte stehen ja in den gewöhnlichen menschlichen Lebenslagen jeweilig immer in gewissen Beziehungen. Man sieht zum Beispiel ein gewisses Ding in der Außenwelt. Es gefällt oder mißfällt der Seele. Das heißt, es schließt sich mit einer gewissen Notwendigkeit an die Vorstellung des Dinges ein Gefühl der Lust oder Unlust. Man begehrt auch wohl das Ding oder erhält den Impuls, es in dieser oder jener Richtung zu ändern. Das heißt: Begehrungsvermögen und Wille gesellen sich zu einer Vorstellung und einem Gefühle hinzu. Daß dieses Zusammengesellen stattfindet, wird bewirkt dadurch, daß das Ich Vorstellen (Denken), Fühlen und Wollen einheitlich zusammenschließt und auf diese Art Ordnung in die Kräfte der Persönlichkeit bringt. Diese *gesunde* Ordnung würde unterbrochen, wenn sich das Ich nach dieser Richtung machtlos erwiese, wenn zum Beispiel die Begierde einen andern Weg gehen wollte als das Gefühl oder die Vorstellung. Ein Mensch wäre nicht in einer gesunden Seelenverfassung, welcher zwar dächte, daß dies oder jenes richtig sei, aber nun etwas wollte, wovon er nicht die Ansicht hat, daß es richtig ist. Ebenso wäre es, wenn jemand nicht das wollte, was ihm gefällt, sondern das, was ihm mißfällt. Nun bemerkt der Mensch, daß auf dem Wege zur höheren Erkenntnis Denken, Fühlen und Wollen in der Tat sich sondern und jedes eine gewisse Selbständigkeit annimmt, daß zum Beispiel ein bestimmtes Denken nicht mehr wie durch sich selbst zu einem bestimmten Fühlen und Wollen drängt. Es stellt sich die Sache so, daß man im Denken etwas richtig wahrnehmen kann, daß man aber, um überhaupt zu einem Gefühle oder zu einem Willensentschluß zu kommen, wieder aus sich heraus einen selbständigen Antrieb braucht. Denken, Fühlen und Wollen bleiben eben während der übersinnlichen Betrachtung nicht drei *Kräfte*, welche aus dem gemeinsamen Ich-Mittelpunkte der Persönlichkeit ausstrahlen, sondern sie werden wie zu selbständigen Wesenheiten, gleichsam zu drei Persönlichkeiten; und man muß jetzt das eigene Ich um so stärker machen, denn es soll nicht bloß in drei Kräfte Ordnung bringen, sondern drei Wesenheiten lenken und führen. Aber diese Teilung darf eben nur *während* der übersinnlichen Betrachtung bestehen. Und wieder tritt es hier deutlich zutage, wie wichtig es ist, neben den Übungen zu höherer Schulung diejenigen einhergehen zu lassen, welche der Urteilsfähigkeit, dem Gefühls- und Willensleben Sicherheit und Festigkeit geben. Denn bringt man diese nicht mit in die höhere Welt, so wird man alsbald sehen, wie sich das Ich schwach erweist und kein ordentlicher Lenker sein kann des Denkens, Fühlens und Wollens. Die Seele würde, wenn diese Schwäche vorhanden wäre, wie von drei Persönlichkeiten in die verschiedenen Richtungen gezerrt, und ihre innere Geschlossenheit müßte aufhören. Wenn die Entwickelung des Geistesschülers aber in der rechten Art verläuft, so bedeutet die gekennzeichnete Kräftewandlung einen wahren Fortschritt; das Ich bleibt über die selbständigen Wesenheiten, welche nun seine Seele bilden, der Herrscher. – Im weiteren Verlaufe der Entwikkelung schreitet die angedeutete Entwickelung dann fort. Das Denken, das selbständig geworden ist, regt das Auftreten einer besonderen vierten seelisch-geistigen Wesenheit an, welche man bezeichnen kann wie ein unmittelbares Einfließen von Strömungen in den Menschen, die den Gedanken ähnlich sind. Die ganze Welt erscheint da als Gedankengebäude, das vor einem steht, wie die Pflanzen- oder Tierwelt im physisch-sinnlichen Gebiete. Ebenso regen das selbständig gewordene Fühlen und Wollen zwei Kräfte in der Seele an, welche in derselben wie selbständige Wesen wirken. Und noch eine siebente Kraft und Wesenheit kommt dazu, welche ähnlich dem eigenen Ich selber ist.

Dieses ganze Erlebnis verbindet sich noch mit einem andern. Vor dem Betreten der übersinnlichen Welt kannte der Mensch Denken, Fühlen und Wollen nur als innere Seelenerlebnisse. Sobald er die übersinnliche Welt betritt, nimmt er Dinge wahr, welche nicht Sinnlich-Physisches ausdrücken, sondern Seelisch-Geistiges. Hinter den von ihm wahrgenommenen Eigenschaften der neuen Welt stehen jetzt seelisch-geistige Wesenheiten. Und diese bieten sich ihm jetzt so dar als eine Außenwelt, wie sich ihm im physisch-sinnlichen Gebiet Steine, Pflanzen und Tiere vor die Sinne gestellt haben. Es kann nun der Geistesschüler einen bedeutsamen Unterschied wahrnehmen zwischen der sich ihm erschließenden seelisch-geistigen Welt und derjenigen, welche er gewohnt war, durch seine physischen Sinne wahrzunehmen. Eine Pflanze der sinnlichen Welt bleibt, wie sie ist, was auch des Menschen Seele über sie fühlt oder denkt. Das ist bei den Bildern der seelisch-geistigen Welt zunächst nicht der Fall. Sie ändern sich, je nachdem der Mensch dieses oder jenes empfindet oder denkt. Dadurch gibt ihnen der Mensch ein Gepräge, das von seinem eigenen Wesen abhängt. Man stelle sich vor, ein gewisses Bild trete in der imaginativen Welt vor dem Menschen auf. Verhält er sich zunächst in seinem Gemüte gleichgültig dagegen, so zeigt es sich in einer gewissen Gestalt. In dem Augenblicke aber, wo er Lust oder Unlust gegenüber dem Bilde empfindet, ändert es seine Gestalt. Die Bilder drücken somit zunächst nicht nur etwas aus, was selbständig außerhalb des Menschen ist, sondern sie spiegeln auch dasjenige, was der Mensch selbst ist. Sie sind ganz und gar durchsetzt von des Menschen eigener Wesenheit. Diese legt sich wie ein Schleier über die Wesenheiten hin. Der Mensch sieht dann, wenn auch eine wirkliche Wesenheit ihm gegenübersteht, nicht diese, sondern sein eigenes Erzeugnis. So kann er zwar durchaus Wahres vor sich haben und doch Falsches sehen. Ja, das ist nicht nur der Fall mit Bezug auf das, was der Mensch als seine Wesenheit selbst an sich bemerkt; sondern alles, was an ihm ist, wirkt auf diese Welt ein. Es kann zum Beispiel der Mensch verborgene Neigungen haben, die im Leben durch Erziehung und Charakter nicht zum Vorschein kommen; auf die geistig-seelische Welt wirken sie; und diese bekommt die eigenartige Färbung durch das ganze Wesen des Menschen, gleichgültig, wieviel er von diesem Wesen selbst weiß oder nicht weiß. – Um weiter fortschreiten zu können von dieser Stufe der Entwickelung aus, ist es notwendig, daß der Mensch unterscheiden lerne zwischen sich und der geistigen Außenwelt. Es wird nötig, daß er alle Wirkungen des eigenen Selbstes auf die um ihn befindliche seelisch-geistige Welt ausschalten lerne. Man kann das nicht anders, als wenn man sich eine Erkenntnis erwirbt von dem, was man selbst in die neue Welt hineinträgt. Es handelt sich also darum, daß man zuerst wahre, durchgreifende Selbsterkenntnis habe, um dann die umliegende geistig-seelische Welt rein wahrnehmen zu können. Nun bringen es gewisse Tatsachen der menschlichen Entwickelung mit sich, daß solche Selbsterkenntnis beim Eintritte in die höhere Welt wie naturgemäß stattfinden *muß*. Der Mensch entwickelt ja in der gewöhnlichen physisch-sinnlichen Welt sein Ich, sein Selbstbewußtsein. Dieses Ich wirkt nun wie ein Anziehungs-Mittelpunkt auf alles, was zum Menschen gehört. Alle seine Neigungen, Sympathien, Antipathien, Leidenschaften, Meinungen usw. gruppieren sich gleichsam um dieses Ich herum. Und es ist dieses Ich auch der Anziehungspunkt für das, was man das Karma des Menschen nennt. Würde man dieses Ich unverhüllt sehen, so würde man an ihm auch bemerken, daß bestimmt geartete Schicksale es noch in dieser und den folgenden Verkörperungen treffen müssen, je nachdem es in den vorigen Verkörperungen so oder so gelebt, sich dieses oder jenes angeeignet hat. Mit alle dem, was so am Ich haftet, *muß* es nun als erstes Bild vor die Menschenseele treten, wenn diese in die seelisch-geistige Welt aufsteigt. Dieser Doppelgänger des Menschen muß, nach einem Gesetz der geistigen Welt, vor allem andern als dessen erster Eindruck in jener Welt auftreten. Man kann das Gesetz, welches da zugrunde liegt, sich leicht verständlich machen, wenn man das Folgende bedenkt. Im physisch-sinnlichen Leben nimmt sich der Mensch nur insofern selbst wahr, als er sich in seinem Denken, Fühlen und Wollen innerlich erlebt. Diese Wahrnehmung ist aber eine innerliche; sie stellt sich nicht vor den Menschen hin, wie sich Steine, Pflanzen und Tiere vor ihn hinstellen. Auch lernt sich durch innerliche Wahrnehmung der Mensch nur zum Teil kennen. Er hat nämlich etwas in sich, was ihn an einer tiefergehenden Selbsterkenntnis hindert. Es ist dies ein Trieb, sogleich, wenn er durch Selbsterkenntnis sich eine Eigenschaft gestehen muß *und sich keiner Täuschung über sich hingeben will*, diese Eigenschaft umzuarbeiten.

Gibt er diesem Triebe nicht nach, lenkt er einfach die Aufmerksamkeit von dem eigenen Selbst ab und bleibt er, wie er ist, so benimmt er sich selbstverständlich auch die Möglichkeit, sich in dem betreffenden Punkte selbst zu erkennen. Dringt der Mensch aber in sich selbst und hält er sich ohne Täuschung diese oder jene seiner Eigenschaften vor, so wird er entweder in der Lage sein, sie an sich zu verbessern oder aber er wird dies in der gegenwärtigen Lage seines Lebens nicht können. In dem letzteren Falle wird seine Seele ein Gefühl beschleichen, das man als Gefühl des Schämens bezeichnen muß. So wirkt in der Tat des Menschen gesunde Natur: Sie empfindet durch die Selbsterkenntnis mancherlei Arten des Schämens. Nun hat dieses Gefühl schon im gewöhnlichen Leben eine ganz bestimmte Wirkung. Der gesund denkende Mensch wird dafür sorgen, daß dasjenige, was ihn an sich selbst mit diesem Gefühl erfüllt, nicht in Wirkungen nach außen sich geltend mache, daß es nicht in äußeren Taten sich auslebe. Das Schämen ist also eine Kraft, welche den Menschen antreibt, etwas in sein Inneres zu verschließen und dies nicht äußerlich wahrnehmbar werden zu lassen. Wenn man dies gehörig bedenkt, so wird man begreiflich finden, daß die Geistesforschung einem inneren Seelenerlebnis, das mit dem Gefühl des Schämens ganz nahe verwandt ist, noch viel weitergehende Wirkungen zuschreibt. Sie findet, daß es in den verborgenen Tiefen der Seele eine Art *verborgenes* Schämen gibt, dessen sich der Mensch im physisch-sinnlichen Leben nicht bewußt wird. Dieses verborgene Gefühl wirkt aber in einer ähnlichen Art wie das gekennzeichnete offenbare des gewöhnlichen Lebens: es verhindert, daß des Menschen innerste Wesenheit in einem wahrnehmbaren Bilde vor den Menschen hintritt. Wäre dieses Gefühl nicht da, so würde der Mensch vor sich selbst wahrnehmen, was er in Wahrheit ist; er würde seine Vorstellungen, Gefühle und seinen Willen nicht nur innerlich erleben, sondern sie wahrnehmen, wie er Steine, Tiere und Pflanzen wahrnimmt. So ist dieses Gefühl der Verhüller des Menschen vor sich selbst. Und damit ist es zugleich der Verhüller der ganzen geistig-seelischen Welt. Denn indem sich des Menschen eigene innere Wesenheit vor ihm verhüllt, kann er auch das nicht wahrnehmen, an dem er die Werkzeuge entwickeln sollte, um die seelisch-geistige Welt zu erkennen; er kann seine Wesenheit nicht umgestalten, so daß sie geistige Wahrnehmungsorgane erhielte. – Wenn nun aber der Mensch durch regelrechte Schulung dahin arbeitet, diese Wahrnehmungsorgane zu erhalten, so tritt dasjenige als erster Eindruck vor ihn hin, was er selbst ist. Er nimmt seinen Doppelgänger wahr. Diese Selbstwahrnehmung ist gar nicht zu trennen von der Wahrnehmung der übrigen geistig-seelischen Welt. Im gewöhnlichen Leben der physisch-sinnlichen Welt wirkt das charakterisierte Gefühl so, daß es fortwährend das Tor zur geistig-seelischen Welt vor dem Menschen zuschließt. Wollte der Mensch nur einen Schritt machen, um in diese Welt einzudringen, so verbirgt das sogleich auftretende, aber nicht zum Bewußtsein kommende Gefühl des Schämens das Stück der geistig-seelischen Welt, das zum Vorschein kommen will. Die charakterisierten Übungen aber schließen diese Welt auf. Nun ist die Sache so, daß jenes verborgene Gefühl wie ein großer Wohltäter des Menschen wirkt. Denn durch alles das, was man sich ohne geisteswissenschaftliche Schulung an Urteilskraft, Gefühlsleben und Charakter erwirbt, ist man nicht imstande, die Wahrnehmung der eigenen Wesenheit in ihrer wahren Gestalt ohne weiteres zu ertragen. Man würde durch diese Wahrnehmung alles Selbstgefühl, Selbstvertrauen und Selbstbewußtsein verlieren. Daß dies nicht geschehe, dafür müssen wieder die Vorkehrungen sorgen, welche man neben den Übungen für die höhere Erkenntnis zur Pflege seiner gesunden Urteilskraft, seines Gefühls- und Charakterwesens unternimmt. Durch seine regelrechte Schulung lernt der Mensch wie absichtslos so viel aus der Geisteswissenschaft kennen und es werden ihm außerdem so viele Mittel zur Selbsterkenntnis und Selbstbeobachtung klar, als notwendig sind, um kraftvoll seinem Doppelgänger zu begegnen. Es ist dann für den Geistesschüler so, daß er nur als Bild der imaginativen Welt in anderer Form das sieht, womit er sich in der physischen Welt schon bekanntgemacht hat. Wer in richtiger Art zuerst in der physischen Welt durch seinen Verstand das Karmagesetz begriffen hat, der wird nicht besonders erbeben können, wenn er nun die Keime seines Schicksales eingezeichnet sieht in dem Bilde seines Doppelgängers. Wer durch seine Urteilskraft sich bekanntgemacht hat mit der Welten- und Menschheitsentwickelung und weiß, wie in einem bestimmten Zeitpunkte dieser Entwickelung die Kräfte des Luzifer in die menschliche Seele eingedrungen sind, der wird es unschwer ertragen, wenn er gewahr wird, daß in dem Bilde seiner eigenen Wesenheit diese luziferischen Wesenheiten mit allen ihren Wirkungen enthalten sind. – Man sieht aber hieraus, wie notwendig es ist, daß der Mensch nicht den eigenen Eintritt in die geistige Welt verlange, bevor er durch seine gewöhnliche in der physisch-sinnlichen Welt entwickelte Urteilskraft gewisse Wahrheiten über die geistige Welt verstanden hat. Was in diesem Buche vor der Auseinandersetzung über die «Erkenntnis der höheren Welten» mitgeteilt ist, das sollte der Geistesschüler im regelrechten Entwickelungsgange durch seine gewöhnliche Urteilskraft sich angeeignet haben, bevor er das Verlangen hat, sich selbst in die übersinnlichen Welten zu begeben.

Bei einer Schulung, in welcher nicht auf Sicherheit und Festigkeit der Urteilskraft, des Gefühls- und Charakterlebens gesehen wird, kann es geschehen, daß dem Schüler die höhere Welt entgegentritt, bevor er dazu die nötigen inneren Fähigkeiten hat. Dann würde ihn die Begegnung mit seinem Doppelgänger bedrücken und zu Irrtümern führen. Würde aber – was allerdings auch möglich wäre – die Begegnung ganz vermieden und der Mensch doch in die übersinnliche Welt eingeführt, dann wäre er ebensowenig imstande, diese Welt in ihrer wahren Gestalt zu erkennen. Denn es wäre ihm ganz unmöglich, zu unterscheiden zwischen dem, was er in die Dinge hineinsieht, und dem, was sie wirklich sind. Diese Unterscheidung ist nur möglich, wenn man die eigene Wesenheit als ein Bild für sich wahrnimmt und dadurch sich alles das von der Umgebung loslöst, was aus dem eigenen Innern fließt. – Der Doppelgänger wirkt für das Leben des Menschen in der physisch-sinnlichen Welt so, daß er sich durch das gekennzeichnete Gefühl des Schämens sofort unsichtbar macht, wenn sich der Mensch der seelisch-geistigen Welt naht. Damit verbirgt er aber auch diese ganze Welt selbst. Wie ein «Hüter» steht er da vor dieser Welt, um den Eintritt jenen zu verwehren, welche zu diesem Eintritte noch nicht geeignet sind. Er kann daher der «Hüter der Schwelle, welche vor der geistig-seelischen Welt ist», genannt werden. – Außer durch das geschilderte Betreten der übersinnlichen Welt begegnet der Mensch noch beim Durchgang durch den physischen Tod diesem «Hüter der Schwelle». Und er enthüllt sich nach und nach im Verlaufe des Lebens in der seelisch-geistigen Entwickelung zwischen dem Tode und einer neuen Geburt. Da kann aber die Begegnung den Menschen nicht bedrücken, weil er da von andern Welten weiß als in dem Leben zwischen Geburt und Tod.

Wenn der Mensch, ohne die Begegnung mit dem «Hüter der Schwelle» zu haben, die geistig-seelische Welt betreten würde, so könnte er Täuschung nach Täuschung verfallen. Denn er könnte nie unterscheiden, was er selbst in diese Welt hineinträgt und was ihr wirklich angehört. Eine regelrechte Schulung darf aber den Geistesschüler nur in das Gebiet der Wahrheit, nicht in dasjenige der Illusion führen.

Eine solche Schulung wird durch sich selbst so sein, daß die Begegnung notwendig einmal erfolgen muß. Denn sie ist die eine der für die Beobachtung übersinnlicher Welten unentbehrlichen Vorsichtsmaßregeln gegen die Möglichkeit von Täuschung und Phantastik. – Es gehört zu den unerläßlichsten Vorkehrungen, welche jeder Geistesschüler treffen muß, sorgfältig an sich zu arbeiten, um nicht zum Phantasten zu werden, zu einem Menschen, der einer möglichen Täuschung, Selbsttäuschung (Suggestion und Selbstsuggestion) verfallen kann. Wo die Anweisungen zur Geistesschulung recht befolgt werden, da werden zugleich die Quellen vernichtet, welche die Täuschung bringen können. Hier kann natürlich nicht ausführlich von all den zahlreichen Einzelheiten gesprochen werden, die bei solchen Vorkehrungen in Betracht kommen. Es kann nur angedeutet werden, worauf es ankommt. Täuschungen, welche hier in Betracht kommen, entspringen aus zwei Quellen. Sie rühren zum Teil davon her, daß man durch die eigene seelische Wesenheit die Wirklichkeit färbt. Im gewöhnlichen Leben der physisch-sinnlichen Welt ist diese Quelle der Täuschung von verhältnismäßig geringer Gefahr; denn hier wird sich die Außenwelt immer scharf in ihrer eigenen Gestalt der Beobachtung aufdrängen, wie sie auch der Beobachter nach seinen Wünschen und Interessen wird färben wollen. Sobald man jedoch die imaginative Welt betritt, verändern sich deren Bilder durch solche Wünsche und Interessen, und man hat wie eine *Wirklichkeit* vor sich, was man erst selbst gebildet oder wenigstens mitgebildet hat. Dadurch nun, daß durch die Begegnung mit dem «Hüter der Schwelle» der Geistesschüler alles kennenlernt, was in ihm ist, was er also in die seelisch-geistige Welt hineintragen kann, ist diese Quelle der Täuschung beseitigt. Und die Vorbereitung, welche der Geistesschüler vor dem Betreten der seelisch-geistigen Welt sich angedeihen läßt, wirkt ja dahin, daß er sich gewöhnt, schon bei der Beobachtung der sinnlich-physischen Welt sich selbst auszuschalten und die Dinge und Vorgänge rein durch ihre eigene Wesenheit auf sich einsprechen zu lassen. Wer diese Vorbereitung genügend durchgemacht hat, kann ruhig die Begegnung mit dem «Hüter der Schwelle» erwarten. Durch sie wird er sich endgültig prüfen, ob er sich nun wirklich in der Lage fühlt, seine eigene Wesenheit auch dann auszuschalten, wenn er der seelisch-geistigen Welt gegenübersteht.

Außer dieser Quelle von Täuschungen gibt es nun noch eine andere. Sie tritt dann zutage, wenn man einen Eindruck, den man empfängt, unrichtig deutet. Im physisch-sinnlichen Leben ist ein einfaches Beispiel für solche Täuschung diejenige, welche entsteht, wenn man in einem Eisenbahnzuge sitzt und *glaubt*, die Bäume bewegen sich in der entgegengesetzten Richtung des Zuges, während man sich doch selbst mit dem Zuge bewegt. Obwohl es zahlreiche Fälle gibt, wo solche Täuschungen in der sinnlich-physischen Welt schwieriger richtigzustellen sind als in dem angeführten einfachen, so ist doch leicht einzusehen, daß innerhalb dieser Welt der Mensch auch die Mittel findet, solche Täuschungen hinwegzuschaffen, wenn er mit gesundem Urteil alles das in Betracht zieht, was der entsprechenden Aufklärung dienen kann. Anders steht die Sache allerdings, sobald man in die übersinnlichen Gebiete eindringt. In der sinnlichen Welt werden die Tatsachen durch die menschliche Täuschung nicht geändert; deshalb ist es möglich, durch eine unbefangene Beobachtung die Täuschung an den Tatsachen zu berichtigen. In der übersinnlichen Welt aber ist das nicht ohne weiteres möglich. Wenn man einen übersinnlichen Vorgang beobachten will und mit einem unrichtigen Urteile an ihn herantritt, so trägt man dieses unrichtige Urteil in ihn hinein; und es wird dieses mit der Tatsache so verwoben, daß es von ihr nicht sogleich zu unterscheiden ist. Der Irrtum ist dann nicht in dem Menschen und die richtige Tatsache außer demselben, sondern der Irrtum ist selbst zum Bestandteil der äußeren Tatsache gemacht. Er kann deshalb auch nicht einfach durch eine unbefangene Beobachtung der Tatsache berichtigt werden. Es ist damit auf dasjenige hingewiesen, was eine überreich fließende Quelle von Täuschung und Phantastik für denjenigen sein kann, welcher ohne die richtige Vorbereitung an die übersinnliche Welt herantritt. – Wie nun der Geistesschüler sich die Fähigkeit erwirbt, diejenigen Täuschungen auszuschließen, welche durch die Färbung der übersinnlichen Welterscheinungen mit der eigenen Wesenheit entstehen, so muß er auch die andere Gabe erlangen: die zweite charakterisierte Quelle der Täuschung unwirksam zu machen. Er kann ausschalten, was von ihm selbst kommt, wenn er erst das Bild des eigenen Doppelgängers erkannt hat; und er wird ausschalten können, was in der angegebenen Richtung eine zweite Täuschungsquelle ist, wenn er sich die Fähigkeit erwirbt, an der *Beschaffenheit* einer Tatsache der übersinnlichen Welt zu erkennen, ob sie Wirklichkeit oder Täuschung ist. Wenn die Täuschungen genau so aussehen würden wie die Wirklichkeiten, dann wäre eine Unterscheidung nicht möglich. So ist es aber nicht. Täuschungen der übersinnlichen Welten haben *an sich selbst* Eigenschaften, durch welche sie sich von den Wirklichkeiten unterscheiden. Und es kommt darauf an, daß der Geistesschüler weiß, an welchen Eigenschaften er die Wirklichkeiten erkennen kann. Nichts erscheint selbstverständlicher, als daß der Nichtkenner geistiger Schulung sagt: Wo gibt es denn überhaupt eine Möglichkeit, sich gegen Täuschung zu schützen, da die Quellen für dieselbe so zahlreich sind? Und wenn er weiter sagt: Ist denn überhaupt irgendein Geistesschüler davor sicher, daß nicht alle seine vermeintlichen höheren Erkenntnisse nur auf Täuschung und Selbsttäuschung (Suggestion und Autosuggestion) beruhen? Wer so spricht, berücksichtigt nicht, daß in jeder wahren Geistesschulung durch die ganze Art, wie diese verläuft, die Quellen der Täuschung verstopft werden. Erstens wird sich der wahre Geistesschüler durch seine Vorbereitung genügend viele Kenntnisse erwerben über alles das, was Täuschung und Selbsttäuschung herbeiführen kann, und sich dadurch in die Lage versetzen, sich vor ihnen zu hüten. Er hat in dieser Beziehung wirklich wie kein anderer Mensch Gelegenheit, sich nüchtern und urteilsfähig zu machen für den Gang des Lebens. Er wird durch alles, was er erfährt, veranlaßt, nichts von unbestimmten Ahnungen, Eingebungen usw. zu halten. Die Schulung macht ihn so vorsichtig wie möglich. Dazu kommt, daß jede wahre Schulung zunächst zu Begriffen über die großen Weltereignisse, also zu Dingen führt, welche ein Anspannen der Urteilskraft notwendig machen, wodurch diese aber zugleich verfeinert und geschärft wird. Nur wer es ablehnen wollte, in solche entlegene Gebiete sich zu begeben, und sich nur an näherliegende «Offenbarungen» halten wollte, dem könnte verlorengehen die Schärfung jener gesunden Urteilskraft, welche ihm Sicherheit gibt in der Unterscheidung zwischen Täuschung und Wirklichkeit. Doch alles dieses ist noch nicht das Wichtigste. Das Wichtigste liegt in den Übungen selbst, welche bei einer regelrechten Geistesschulung verwendet werden. Diese müssen nämlich so eingerichtet sein, daß das Bewußtsein des Geistesschülers während der inneren Versenkung genau alles überschaut, was in der Seele vorgeht. Zuerst wird für die Herbeiführung der Imagination ein Sinnbild geformt. In diesem sind noch Vorstellungen von äußeren Wahrnehmungen. Der Mensch ist nicht allein an ihrem Inhalte beteiligt; er macht ihn nicht selbst. Also kann er sich einer Täuschung darüber hingeben, wie er zustande kommt; er kann seinen Ursprung falsch deuten. Aber der Geistesschüler entfernt diesen Inhalt aus seinem Bewußtsein, wenn er zu den Übungen für die Inspiration aufsteigt. Da versenkt er sich nur noch in seine eigene Seelentätigkeit, welche das Sinnbild gestaltet hat. Auch da ist noch Irrtum möglich. Der Mensch hat sich durch Erziehung, Lernen usw. die Art seiner Seelentätigkeit angeeignet. Er kann nicht alles über ihren Ursprung wissen. Nun aber entfernt der Geistesschüler auch noch diese eigene Seelentätigkeit aus dem Bewußtsein. Wenn nun etwas bleibt, so haftet an diesem *nichts*, was nicht zu überschauen ist. In dieses kann sich nichts einmischen, was nicht in bezug auf seinen ganzen Inhalt zu beurteilen ist. In seiner Intuition hat also der Geistesschüler etwas, was ihm zeigt, wie eine ganz klare Wirklichkeit der geistig-seelischen Welt beschaffen ist. Wenn er nun die also erkannten Kennzeichen der geistig-seelischen Wirklichkeit auf alles anwendet, was an seine Beobachtung herantritt, dann kann er Schein von Wirklichkeit unterscheiden. Und er kann sicher sein, daß er bei Anwendung dieses Gesetzes vor der Täuschung in der übersinnlichen Welt ebenso bewahrt bleiben wird, wie es ihm in der physisch-sinnlichen Welt nicht geschehen kann, ein *vorgestelltes* heißes Eisenstück für ein solches zu halten, das wirklich brennt. Es ist selbstverständlich, daß man sich so nur zu denjenigen Erkenntnissen verhalten wird, welche man als seine eigenen Erlebnisse in den übersinnlichen Welten ansieht, und nicht zu denen, die man als Mitteilungen von anderen empfängt und welche man mit seinem physischen Verstande und seinem gesunden Wahrheitsgefühle begreift. Der Geistesschüler wird sich bemühen, eine genaue Grenzscheide zu ziehen zwischen dem, was er sich auf die eine, was auf die andere Art erworben hat. Er wird willig auf der einen Seite die Mitteilungen über die höheren Welten aufnehmen und sie durch seine Urteilsfähigkeit zu begreifen suchen. Wenn er aber etwas als Selbsterfahrung, als eine von ihm selbst gemachte Beobachtung bezeichnet, so wird er geprüft haben, ob ihm diese genau mit den Eigenschaften entgegengetreten ist, welche er an der untrügerischen Intuition wahrnehmen gelernt hat.

*

Wenn der Geistesschüler die Begegnung mit dem gekennzeichneten «Hüter der Schwelle» hinter sich hat, dann stehen ihm beim Aufstieg in übersinnliche Welten weitere Erlebnisse bevor. Zunächst wird er bemerken, daß eine innere Verwandtschaft besteht zwischen diesem «Hüter der Schwelle» und jener Seelenkraft, die sich in der oben gegebenen Schilderung als die siebente ergeben und wie zu einer selbständigen Wesenheit gestaltet hat. Ja, diese siebente Wesenheit ist in gewisser Beziehung nichts anderes als der Doppelgänger, der «Hüter der Schwelle» selbst. Und sie stellt dem Geistesschüler eine besondere Aufgabe. Er hat das, was er in seinem gewöhnlichen Selbst ist und was ihm im Bilde erscheint, durch das neugeborene Selbst zu leiten und zu führen. Es wird sich eine Art von Kampf ergeben gegen den

Doppelgänger. Derselbe wird fortwährend die Überhand anstreben. Sich in das rechte Verhältnis zu ihm setzen, ihn nichts tun lassen, was nicht unter dem Einflusse des neugeborenen «Ich» geschieht, das stärkt und festigt aber auch des Menschen Kräfte. – Nun ist es in der höheren Welt mit der Selbsterkenntnis nach einer gewissen Richtung hin anders als in der physisch-sinnlichen Welt. Während in der letzteren die Selbsterkenntnis nur als inneres Erlebnis auftritt, stellt sich das neugeborene Selbst sogleich als seelisch-äußere Erscheinung dar. Man sieht sein neugeborenes Selbst wie ein anderes Wesen vor sich. Aber man kann es nicht ganz wahrnehmen. Denn welche Stufe man auch erstiegen haben mag auf dem Wege in die übersinnlichen Welten hinauf: es gibt immer noch höhere Stufen. Auf solchen wird man immer noch mehr wahrnehmen von seinem «höheren Selbst». Es kann also dieses dem Geistesschüler auf irgendeiner Stufe nur teilweise sich enthüllen. Nun ist aber die Versuchung ungeheuer groß, welche den Menschen befällt, wenn er zuerst irgend etwas von seinem «höheren Selbst» gewahr wird, dieses «höhere Selbst» gleichsam von dem Standpunkte aus zu betrachten, welchen man in der physisch-sinnlichen Welt gewonnen hat. Diese Versuchung ist sogar gut, und sie *muß* eintreten, wenn die Entwickelung richtig vor sich gehen soll. Man muß das betrachten, was als der Doppelgänger, der «Hüter der Schwelle», auftritt, und es vor das «höhere Selbst» stellen, damit man den Abstand bemerken kann zwischen dem, was man ist, und dem, was man werden soll. Bei dieser Betrachtung beginnt der «Hüter der Schwelle» aber eine ganz andere Gestalt anzunehmen. Er stellt sich dar als ein Bild aller der *Hindernisse,* welche sich der Entwickelung des «höheren Selbst» entgegenstellen.

Man wird wahrnehmen, welche Last man an dem gewöhnlichen Selbst schleppt. Und ist man dann durch seine Vorbereitungen nicht stark genug, sich zu sagen: Ich werde hier nicht stehenbleiben, sondern unablässig mich zu dem «höheren Selbst» hinaufentwickeln, so wird man erlahmen und zurückschrecken vor dem, was bevorsteht. Man ist dann in die seelisch-geistige Welt hineingetaucht, gibt es aber auf, sich weiterzuarbeiten. Man wird ein Gefangener der Gestalt, die jetzt durch den «Hüter der Schwelle» vor der Seele steht. Das Bedeutsame ist, daß man bei diesem Erlebnis nicht die Empfindung hat, ein Gefangener zu sein. Man wird vielmehr etwas ganz anderes zu erleben glauben. Die Gestalt, welche der «Hüter der Schwelle» hervorruft, kann so sein, daß sie in der Seele des Beobachters den Eindruck hervorbringt, dieser habe nun in den Bildern, welche auf dieser Entwickelungsstufe auftreten, schon den ganzen Umfang aller nur möglichen Welten vor sich; man sei auf dem Gipfel der Erkenntnis angekommen und brauche nicht weiter zu streben. Statt als Gefangener wird man sich so als der unermeßlich reiche Besitzer aller Weltengeheimnisse fühlen können. Darüber, daß man ein solches Erlebnis haben kann, welches das Gegenteil des wahren Tatbestandes darstellt, wird sich derjenige nicht verwundern, welcher bedenkt, daß man ja dann, wenn man dies erlebt, bereits in der seelischgeistigen Welt steht, und daß es Eigentümlichkeit dieser Welt ist, daß in ihr sich die Ereignisse umgekehrt darstellen können. In diesem Buche ist auf diese Tatsache bei der Betrachtung des Lebens nach dem Tode hingewiesen worden.

Die Gestalt, welche man auf dieser Stufe der Entwickelung wahrnimmt, zeigt dem Geistesschüler noch etwas anderes als diejenige, in der sich ihm zuerst der «Hüter der

Schwelle» dargestellt hat. In diesem Doppelgänger waren wahrzunehmen alle diejenigen Eigenschaften, welche das gewöhnliche Selbst des Menschen hat infolge des Einflusses der Kräfte des Luzifer. Nun ist aber im Laufe der menschlichen Entwickelung durch den Einfluß Luzifers eine andere Macht in die Menschenseele eingezogen. Es ist diejenige, welche als die Kraft Ahrimans in früheren Abschnitten dieses Buches bezeichnet ist. Es ist dies die Kraft, welche den Menschen im physisch-sinnlichen Dasein verhindert, die hinter der Oberfläche des Sinnlichen liegenden geistig-seelischen Wesenheiten der Außenwelt wahrzunehmen. Was unter dem Einflusse dieser Kraft aus der Menschenseele geworden ist, das zeigt im Bilde die Gestalt, welche bei dem charakterisierten Erlebnisse auftritt. – Wer entsprechend vorbereitet an dieses Erlebnis herantritt, der wird ihm seine wahre Deutung geben; und dann wird sich bald eine andere Gestalt zeigen, diejenige, welche man den «großen Hüter der Schwelle» im Gegensatz zu dem gekennzeichneten «kleinen Hüter» nennen kann. Dieser teilt dem Geistesschüler mit, daß er nicht stehenzubleiben hat auf dieser Stufe, sondern energisch weiterzuarbeiten. Er ruft in dem Beobachter das Bewußtsein hervor, daß die Welt, die erobert ist, nur eine Wahrheit wird und sich in keine Illusion verwandelt, wenn die Arbeit in entsprechender Art fortgesetzt wird. – Wer aber durch eine unrichtige Geistesschulung unvorbereitet an dieses Erlebnis herantreten würde, dem würde sich dann, wenn er an den «großen Hüter der Schwelle» kommt, etwas in die Seele gießen, was nur mit dem «Gefühle eines unermeßlichen Schreckens», einer «grenzenlosen Furcht» verglichen werden kann.

Wie die Begegnung mit dem «kleinen Hüter der Schwelle»

dem Geistesschüler die Möglichkeit gibt, sich zu prüfen, ob er gegen Täuschungen geschützt ist, welche durch Hineintragen seiner Wesenheit in die übersinnliche Welt entstehen können, so kann er sich an den Erlebnissen, die zuletzt zu dem «großen Hüter der Schwelle» führen, prüfen, ob er jenen Täuschungen gewachsen ist, welche oben auf die zweite gekennzeichnete Quelle zurückgeführt wurden. Vermag er jener gewaltigen Illusion Widerstand zu bieten, welche ihm die errungene Bilderwelt als einen reichen Besitz vorgaukelt, während er doch nur ein Gefangener ist, so ist er im weiteren Verlauf seiner Entwickelung auch davor bewahrt, Schein für Wirklichkeit zu nehmen.

Der «Hüter der Schwelle» wird für jeden einzelnen Menschen eine individuelle Gestalt bis zu einem gewissen Grade annehmen. Die Begegnung mit ihm entspricht ja gerade demjenigen Erlebnis, durch welches der persönliche Charakter der übersinnlichen Beobachtungen überwunden und die Möglichkeit gegeben wird, in eine Region des Erlebens einzutreten, die von persönlicher Färbung frei und für jede Menschenwesenheit gültig ist.

*

Wenn der Geistesschüler die beschriebenen Erlebnisse gehabt hat, dann ist er fähig, in der seelisch-geistigen Umwelt dasjenige, was er selbst ist, von dem, was außer ihm ist, zu unterscheiden. Er wird dann erkennen, wie das Verständnis des in diesem Buche geschilderten Weltprozesses notwendig ist, um den Menschen und dessen Leben selbst zu verstehen. Man versteht ja den physischen Leib nur, wenn man erkennt, wie er sich aufgebaut hat durch die Saturn-, Sonnen-, Monden- und Erdenentwickelung. Man versteht den Ätherleib, wenn man seine Bildung durch Sonnen-, Monden- und Erdenentwickelung verfolgt usw. Man versteht aber auch dasjenige, was gegenwärtig mit der Erdenentwickelung zusammenhängt, wenn man erkennt, wie sich alles nach und nach entfaltet hat. Man wird durch die Geistesschulung in den Stand gesetzt, das Verhältnis von allem, was am Menschen ist, zu entsprechenden Tatsachen und Wesenheiten der außer dem Menschen befindlichen Welt zu erkennen. Denn so ist es: jedes Glied am Menschen steht in einem Verhältnis zu der ganzen übrigen Welt. In diesem Buche konnten darüber ja nur die Andeutungen im skizzenhaften Umriß gemacht werden. Man muß aber bedenken, daß zum Beispiel der physische Menschenleib während der Saturnentwickelung nur in der ersten Anlage vorhanden war. Seine Organe: das Herz, die Lunge, das Gehirn haben sich später, während der Sonnen-, Monden- und Erdenzeit, aus den ersten Anlagen herausgebildet. So also stehen Herz, Lunge, usw. in Beziehungen zu Sonnen-, Mondenentwickelung, Erdenentwickelung. Ganz entsprechend ist es mit den Gliedern des Ätherleibes, des Empfindungsleibes, der Empfindungsseele usw. Es ist der Mensch aus der ganzen, ihm zunächst liegenden Welt herausgestaltet; und jede Einzelheit, die an ihm ist, entspricht einem Vorgange, einem Wesen der Außenwelt. Der Geistesschüler kommt auf der entsprechenden Stufe seiner Entwickelung dazu, dieses Verhältnis seines eigenen Wesens zur großen Welt zu erkennen. Und man kann diese Erkenntnisstufe das Gewahrwerden nennen des Entsprechens der «kleinen Welt», des Mikrokosmos, das ist des Menschen selbst, und der «großen Welt», des Makrokosmos. Wenn der Geistesschüler bis zu solcher Erkenntnis sich durchgerungen hat, dann kann für ihn ein neues Erlebnis eintreten. Er fängt an, sich wie mit dem ganzen Weltenbau verwachsen zu fühlen, trotzdem er sich in seiner vollen Selbständigkeit empfindet. Es ist diese Empfindung ein Aufgehen in die ganze Welt, ein Einswerden mit derselben, aber *ohne* die eigene Wesenheit zu verlieren. Man kann diese Entwickelungsstufe als «Einswerden mit dem Makrokosmos» bezeichnen. Es ist bedeutsam, daß man dieses Einswerden nicht so zu denken hat, als wenn durch dasselbe das Sonderbewußtsein aufhören und die menschliche Wesenheit in das All ausfließen würde. Es wäre ein solcher Gedanke nur der Ausdruck einer aus ungeschulter Urteilskraft fließenden Meinung. – Die einzelnen Stufen der höheren Erkenntnis im Sinne jenes Einweihungsvorganges, der hier beschrieben worden ist, können nun in der folgenden Art bezeichnet werden:

1. Das Studium der Geisteswissenschaft, wobei man sich zunächst der Urteilskraft bedient, welche man in der physisch-sinnlichen Welt gewonnen hat.
2. Die Erwerbung der imaginativen Erkenntnis.
3. Das Lesen der verborgenen Schrift (entsprechend der Inspiration).
4. Das Sicheinleben in die geistige Umgebung (entsprechend der Intuition).
5. Die Erkenntnis der Verhältnisse von Mikrokosmos und Makrokosmos.
6. Das Einswerden mit dem Makrokosmos.
7. Das Gesamterleben der vorherigen Erfahrungen als eine Grund-Seelenstimmung.

Diese Stufen brauchen aber nicht etwa so gedacht zu werden, daß sie nacheinander durchgemacht werden. Die Schulung kann vielmehr so verlaufen, daß je nach der Individualität des Geistesschülers eine vorhergehende Stufe nur bis zu einem gewissen Grade durchschritten ist, wenn er beginnt, Übungen zu machen, welche der folgenden Stufe entsprechen. Es kann zum Beispiel ganz gut sein, daß man erst einige Imaginationen in sicherer Art gewonnen hat und doch schon Übungen macht, welche die Inspiration, die Intuition oder die Erkenntnis vom Zusammenhange des Mikrokosmos und Makrokosmos in den Bereich des eigenen Erlebens ziehen.

*

Wenn der Geistesschüler sich ein Erlebnis von der Intuition verschafft hat, so kennt er nicht nur die Bilder der seelisch-geistigen Welt, er kann nicht nur ihre Beziehungen in der «verborgenen Schrift» lesen: er kommt zu der Erkenntnis der Wesen selbst, durch deren Zusammenwirken die Welt zustande kommt, welcher der Mensch angehört. Und er lernt dadurch sich selbst in derjenigen Gestalt kennen, die er als geistiges Wesen in der seelisch-geistigen Welt hat. Er hat sich zu einer Wahrnehmung seines höheren Ich durchgerungen, und er hat bemerkt, wie er weiter zu arbeiten hat, um seinen Doppelgänger, den «Hüter der Schwelle», zu beherrschen. Er hat aber auch die Begegnung gehabt mit dem «großen Hüter der Schwelle», der vor ihm steht wie ein stetiger Aufforderer, weiterzuarbeiten. Dieser «große Hüter der Schwelle» wird nun sein Vorbild, dem er nachstreben will. Wenn diese Empfindung in dem Geistesschüler auftritt, dann hat er die Möglichkeit erlangt zu erkennen, *wer* da eigentlich als der «große Hüter der Schwelle» vor ihm steht. Es verwandelt sich nämlich nunmehr dieser Hüter in der Wahrnehmung des Geistesschülers in die Christus-Gestalt, deren Wesenheit und Eingreifen in die Erdenentwickelung aus den vorhergehenden Kapiteln dieses Buches ersichtlich ist. Der Geistesschüler wird dadurch in das erhabene Geheimnis selbst eingeweiht, das mit dem Christus-Namen verknüpft ist. Der Christus zeigt sich ihm als das «große menschliche Erdenvorbild». – Ist auf solche Art durch Intuition der Christus in der geistigen Welt erkannt, dann wird auch verständlich, was sich auf der Erde geschichtlich abgespielt hat in der vierten nachatlantischen Entwickelungsperiode der Erde (in der griechisch-lateinischen Zeit). Wie zu dieser Zeit das hohe Sonnenwesen, das Christus-Wesen, in die Erdenentwickelung eingegriffen hat, und wie es nun weiter wirkt innerhalb dieser Erdenentwikkelung, das wird für den Geistesschüler eine selbsterlebte Erkenntnis. Es ist also ein Aufschluß über den Sinn und die Bedeutung der Erdenentwickelung, welchen der Geistesschüler erhält durch die Intuition.

Der hiermit geschilderte Weg zur Erkenntnis der übersinnlichen Welten ist ein solcher, welchen ein jeder Mensch gehen kann, in welcher Lage er sich auch innerhalb der gegenwärtigen Lebensbedingungen befindet. Wenn von einem solchen Wege die Rede ist, so muß man bedenken, daß das Ziel der Erkenntnis und Wahrheit zu allen Zeiten der Erdenentwickelung dasselbe ist, daß aber die Ausgangspunkte des Menschen zu verschiedenen Zeiten verschiedene waren. Der Mensch kann gegenwärtig nicht von demselben Ausgangspunkte ausgehen, wenn er den Weg in die übersinnlichen Gebiete betreten will, wie zum Beispiel der alte ägyptische Einzuweihende. Daher lassen sich die Übungen, welche dem Geistesschüler im alten Ägypten auferlegt wurden, nicht ohne weiteres von dem gegenwärtigen Menschen ausführen.

Seit jener Zeit sind die menschlichen Seelen durch verschiedene Verkörperungen hindurchgegangen; und dieses Weiterschreiten von Verkörperung zu Verkörperung ist nicht ohne Sinn und Bedeutung. Die Fähigkeiten und Eigenschaften der Seelen ändern sich von Verkörperung zu Verkörperung. Wer das menschliche, geschichtliche Leben auch nur oberflächlich betrachtet, kann bemerken, daß seit dem zwölften und dreizehnten Jahrhundert nach Christus sich gegen früher alle Lebensbedingungen geändert haben, daß Meinungen, Gefühle, aber auch Fähigkeiten der Menschen anders geworden sind, als sie vorher waren. Der hier beschriebene Weg zur höheren Erkenntnis ist nun ein solcher, welcher für Seelen tauglich ist, welche in der unmittelbaren Gegenwart sich verkörpern. Er ist so, daß er den Ausgangspunkt der geistigen Entwickelung da ansetzt, wo der Mensch in der Gegenwart steht, wenn er in irgendwelchen durch diese Gegenwart ihm gegebenen Lebensverhältnissen sich befindet. – Die fortschreitende Entwickelung führt die Menschheit in bezug auf die Wege zu höherer Erkenntnis ebenso von Zeitabschnitt zu Zeitabschnitt zu immer anderen Formen, wie auch das äußere Leben seine Gestaltungen ändert. Und es muß ja auch jederzeit ein vollkommener Einklang herrschen zwischen dem äußeren Leben und der Einweihung.

GEGENWART UND ZUKUNFT DER WELT- UND MENSCHHEITS-ENTWICKELUNG

Im Sinne der Geisteswissenschaft von Gegenwart und Zukunft der Menschen- und Weltentwickelung etwas zu erkennen, ist nicht möglich, ohne die Vergangenheit dieser Entwickelung zu verstehen. Denn, was sich der Wahrnehmung des Geistesforschers darbietet, wenn er die verborgenen Tatsachen der Vergangenheit beobachtet, das enthält *zugleich* alles dasjenige, was er von Gegenwart und Zukunft wissen kann. Es ist in diesem Buche von Saturn-, Sonnen-, Monden- und Erdenentwickelung gesprochen worden. Man kann im geisteswissenschaftlichen Sinne die Erdenentwickelung nicht verstehen, wenn man nicht die Tatsachen der vorhergehenden Entwickelungszeiten beobachtet. Denn, was dem Menschen gegenwärtig innerhalb der Erdenwelt entgegentritt, darin stecken in gewisser Beziehung die Tatsachen der Monden-, Sonnen- und Saturnentwickelung. Die Wesen und Dinge, welche an der Mondenentwickelung beteiligt waren, haben sich weiter fortgebildet. Aus ihnen ist alles dasjenige geworden, was gegenwärtig zur Erde gehört. Aber es ist für das physisch-sinnliche Bewußtsein nicht alles wahrnehmbar, was sich vom Monde herüber zur Erde entwickelt hat. Ein Teil dessen, was sich von diesem Monde herüber entwickelt hat, wird erst auf einer gewissen Stufe des übersinnlichen Bewußtseins offenbar. Wenn diese Erkenntnis erlangt ist, dann ist für dieselbe unsere Erdenwelt verbunden mit einer übersinnlichen Welt. Diese enthält den Teil des Mondendaseins, welcher sich nicht bis zur physisch-sinnlichen Wahrnehmung verdichtet hat. Sie enthält ihn zunächst so, wie er *gegenwärtig* ist, *nicht* wie er zur Zeit der uralten Mondenentwickelung war. Das übersinnliche Bewußtsein kann aber ein Bild von dem damaligen Zustande erhalten. Wenn nämlich dieses übersinnliche Bewußtsein sich in die Wahrnehmung vertieft, welche es gegenwärtig haben kann, so zeigt sich, daß diese durch sich selbst sich in *zwei* Bilder allmählich zerlegt. Das eine Bild stellt sich dar als diejenige Gestalt, welche die Erde gehabt hat während ihrer Mondenentwickelung. Das andere Bild aber zeigt sich so, daß man daran erkennt: dieses enthält eine Gestalt, welche noch im Keimzustande ist und welche erst in der Zukunft in dem Sinne wirklich werden wird, wie die Erde jetzt wirklich ist. Bei weiterer Beobachtung zeigt sich, daß in diese Zukunftsform fortwährend dasjenige einströmt, was sich in einem gewissen Sinne als Wirkung dessen ergibt, was auf der Erde geschieht. In dieser Zukunftsform hat man deshalb dasjenige vor sich, was aus unserer Erde werden soll. Die Wirkungen des Erdendaseins werden sich mit dem, was in der charakterisierten Welt geschieht, vereinigen, und daraus wird das neue Weltenwesen entstehen, in welches sich die Erde so verwandeln wird, wie sich der Mond in die Erde verwandelt hat. Man kann diese Zukunftsgestalt den Jupiterzustand nennen. Wer diesen Jupiterzustand in übersinnlicher Anschauung beobachtet, für den zeigt sich, daß in der Zukunft gewisse Vorgänge stattfinden *müssen,* weil in dem übersinnlichen Teil der Erdenwelt, welcher vom Monde herrührt, Wesen und Dinge vorhanden sind, welche bestimmte Formen annehmen werden, wenn sich innerhalb der physisch-sinnlichen Erde dieses oder jenes ereignet haben wird. In dem Jupiterzustand wird deshalb etwas sein, was durch die Mondenentwickelung schon vorbestimmt ist; und es wird in ihm

Neues sein, was erst durch die Erdenvorgänge in die ganze Entwickelung hineinkommt. Deswegen kann das übersinnliche Bewußtsein etwas erfahren darüber, was während des Jupiterzustandes geschehen wird. Den Wesenheiten und Tatsachen, welche in diesem Bewußtseinsfelde beobachtet werden, ist der Charakter des Sinnlich-Bildhaften nicht eigen; selbst als feine, luftige Gebilde, von denen Wirkungen ausgehen könnten, die an Eindrücke der Sinne erinnern, treten sie nicht auf. Man hat von ihnen reine geistige Toneindrücke, Lichteindrücke, Wärmeeindrücke. Diese drücken sich *nicht* durch irgendwelche materielle Verkörperungen aus. Sie können nur durch das übersinnliche Bewußtsein erfaßt werden. Man kann aber doch sagen, daß diese Wesenheiten einen «Leib» haben. Doch zeigt sich dieser innerhalb ihres Seelischen, das sich als ihr gegenwärtiges Wesen offenbart, wie eine Summe *verdichteter Erinnerungen,* die sie innerhalb ihres seelischen Wesens in sich tragen. Man kann unterscheiden in ihrem Wesen zwischen dem, was sie *jetzt* erleben, und dem, was sie erlebt haben, und woran sie sich erinnern. Dies letztere ist in ihnen wie ein Leibliches enthalten. Sie erleben es, wie der Erdenmensch seinen Leib erlebt. Für eine Stufe der übersinnlichen Schauung, welche höher ist als die soeben für die Mond- und Jupitererkenntnis als notwendig bezeichnete, werden übersinnliche Wesen und Dinge wahrnehmbar, welche weiter entwickelte Gestalten dessen sind, was schon während des Sonnenzustandes vorhanden war, aber gegenwärtig so hohe Daseinsstufen hat, daß diese für ein Bewußtsein gar nicht vorhanden sind, welches es nur bis zum Wahrnehmen der Mondenformen gebracht hat. Auch das Bild dieser Welt spaltet sich bei innerer Versenkung wieder in zwei. Das eine führt zur Erkenntnis des Sonnenzustandes der Vergangenheit; das andere stellt eine Zukunftsform der Erde dar, nämlich diejenige, in welche sich die Erde verwandelt haben wird, wenn in die Gestalten jener Welt die Wirkungen der Erden- und Jupitervorgänge eingeflossen sein werden. Was man auf diese Art von dieser Zukunftswelt beobachtet, kann im Sinne der Geisteswissenschaft als Venuszustand bezeichnet werden. Auf ähnliche Weise ergibt sich für ein noch weiter entwickeltes übersinnliches Bewußtsein ein künftiger Zustand der Entwickelung, welcher als Vulkanzustand bezeichnet werden kann und der mit dem Saturnzustand in einem gleichen Verhältnisse steht, wie der Venuszustand mit dem Sonnen-, und der Jupiterzustand mit der Mondenentwickelung. Man kann deshalb, wenn man Vergangenheit, Gegenwart und Zukunft der Erdenentwickelung in Betracht zieht, von Saturn-, Sonnen-, Monden-, Erden-, Jupiter-, Venus- und Vulkanentwickelung sprechen. – Wie diese umfassenden Verhältnisse der Erdenentwickelung, so ergeben sich für das Bewußtsein auch Beobachtungen über eine nähere Zukunft. Es entspricht *jedem* Bilde der Vergangenheit auch ein solches der Zukunft. Doch muß, wenn von solchen Dingen gesprochen wird, etwas betont werden, dessen Berücksichtigung so notwendig *wie nur irgend möglich* angesehen werden muß. Man muß sich, wenn man dergleichen erkennen will, vollkommen der Meinung entschlagen, daß das bloße an der sinnenfälligen Wirklichkeit herangezogene philosophische Nachdenken darüber irgend etwas ergründen kann. Erforscht können und sollen diese Dinge niemals durch solches Nachdenken werden. Wer etwa glauben würde, wenn er durch die Geisteswissenschaft Mitteilung darüber erhalten hat, wie der Mondenzustand war: er könne nun durch solches Nachdenken herausbringen, wie es auf dem Jupiter aussehen werde, wenn er die Erdenverhältnisse und die Mondenverhältnisse zusammenhält, der wird sich gewaltigen Täuschungen hingeben. *Erforscht* sollen diese Verhältnisse nur werden, indem sich das übersinnliche Bewußtsein zur Beobachtung erhebt. Erst wenn das Erforschte mitgeteilt wird, kann es auch ohne übersinnliches Bewußtsein verstanden werden.

Gegenüber den Mitteilungen über die Zukunft ist der Geistesforscher nun in einer anderen Lage als gegenüber denen, welche die Vergangenheit betreffen. Der Mensch *kann zunächst* gar nicht den zukünftigen Ereignissen so unbefangen gegenüberstehen, wie ihm dies bezüglich der Vergangenheit möglich ist. Was in der Zukunft geschieht, erregt das menschliche Fühlen und Wollen; die Vergangenheit wird in ganz anderer Art ertragen. Wer das Leben beobachtet, weiß, wie dies schon für das gewöhnliche Dasein gilt. In welch ungeheurem Grade es sich aber steigert, welche Formen es annimmt gegenüber den verborgenen Tatsachen des Lebens, davon kann nur derjenige Kenntnis haben, welcher gewisse Dinge der übersinnlichen Welten kennt. Und damit ist der Grund angegeben, warum die Erkenntnisse über diese Dinge an ganz bestimmte Grenzen gebunden sind.

So wie die große Weltentwickelung in der Folge ihrer Zustände von der Saturn- bis zur Vulkanzeit dargestellt werden kann, so ist dies auch möglich für kleinere Zeitabschnitte, zum Beispiel solche der Erdenentwickelung. Seit jener gewaltigen Umwälzung, welche dem alten atlantischen Leben das Ende gebracht hat, sind sich innerhalb der Menschheitsentwickelung Zustände gefolgt, welche in diesem Buche als die Zeiten der alten indischen, der urpersischen, der ägyptisch-chaldäischen, der griechisch-lateinischen gekennzeichnet worden sind. Der *fünfte* Zeitabschnitt ist derjenige, in dem jetzt die Menschheit steht, ist die *Gegenwart*. Dieser Zeitabschnitt hat um das zwölfte, dreizehnte und vierzehnte Jahrhundert nach Christus allmählich begonnen, nachdem er sich vom vierten, fünften Jahrhundert an vorbereitet hatte. Ganz deutlich ist er vom fünfzehnten Jahrhundert an aufgetreten. Der vorhergehende griechisch-lateinische hat ungefähr im achten vorchristlichen Jahrhundert seinen Anfang genommen. Am Ende seines ersten Drittels fand das Christus-Ereignis statt. Die menschliche Seelenverfassung, alle menschlichen Fähigkeiten haben sich beim Übergang vom ägyptisch-chaldäischen zum griechisch-lateinischen Zeitraum geändert. In dem ersteren war das noch nicht vorhanden, was man jetzt als logisches Nachdenken, als verstandesmäßige Auffassung der Welt kennt. Was der Mensch sich jetzt durch seinen Verstand als Erkenntnis zu eigen macht, das bekam er in jener Form, in welcher es für die damalige Zeit geeignet war: unmittelbar durch ein inneres, in einer gewissen Beziehung übersinnliches Wissen. Man nahm die Dinge wahr; und indem man sie wahrnahm, tauchte in der Seele der Begriff, das Bild auf, welche die Seele von ihnen brauchte. Wenn die Erkenntniskraft so ist, so tauchen aber nicht nur Bilder der sinnlich-physischen Welt auf, sondern aus den Tiefen der Seele kommt auch eine gewisse Erkenntnis nichtsinnlicher Tatsachen und Wesenheiten herauf. Es war dies der Rest des alten, dämmerhaften übersinnlichen Bewußtseins, das einst Gemeinbesitz der ganzen Menschheit war. In der griechisch-lateinischen Zeit erstanden immer mehr Menschen, welchen solche Fähigkeiten mangelten. An ihre Stelle trat das verstandesmäßige Nachdenken über die Dinge. Die Menschen wurden immer mehr entfernt von einer unmittelbaren träumerischen Wahrnehmung der geistig-seelischen Welt und immer mehr darauf angewiesen, durch ihren Verstand und ihr Gefühl sich ein Bild von derselben zu formen. Dieser Zustand dauerte durch den ganzen vierten Zeitabschnitt der nachatlantischen Zeit in einer gewissen Beziehung fort. Nur solche Menschen, welche sich wie ein Erbgut die alte Seelenverfassung bewahrt hatten, konnten die geistige Welt noch unmittelbar ins Bewußtsein aufnehmen. Diese Menschen sind aber Nachzügler aus einer älteren Zeit. Die Art, wie ihre Erkenntnis war, eignete sich nicht mehr für die neue Zeit. Denn die Entwickelungsgesetze haben zur Folge, daß eine alte Seelenfähigkeit ihre volle Bedeutung verliert, wenn neue Fähigkeiten auftreten. Das Menschenleben paßt sich dann diesen neuen Fähigkeiten an. Und es kann mit den alten nichts mehr anfangen. Es gab aber auch solche Menschen, welche in ganz bewußter Art anfingen, zu den erlangten Verstandes- und Gefühlskräften andere höhere hinzuzuentwickeln, welche es ihnen wieder möglich machten, in die geistig-seelische Welt einzudringen. Sie mußten damit beginnen, dies auf andere Art zu tun, als es bei den Schülern der alten Eingeweihten geschah. Diese hatten die erst im vierten Zeitraum entwickelten Seelenfähigkeiten noch nicht zu berücksichtigen. Es begann im vierten Zeitraume in den ersten Anfängen diejenige Art der Geistesschulung, welche in diesem Buche als die gegenwärtige beschrieben worden ist. Aber sie war damals eben erst in den Anfängen; ihre eigentliche Ausbildung konnte sie erst im fünften Zeitabschnitte (seit dem zwölften, dreizehnten, namentlich fünfzehnten Jahrhundert) erfahren. Menschen, welche in dieser Weise den Aufstieg in die übersinnlichen Welten suchten, konnten durch eigene Imagination,

Inspiration, Intuition etwas von höheren Gebieten des Daseins erfahren. Jene Menschen, welche bei den entwickelten Verstandes- und Gefühlsfähigkeiten verblieben, konnten von dem, was das ältere Hellsehen wußte, nur durch Überlieferung erfahren, die sich von Geschlecht zu Geschlecht mündlich oder schriftlich fortpflanzte.

Auch von dem, was eigentlich das Wesen des Christus-Ereignisses ist, konnten die Nachgeborenen, wenn sie sich nicht in die übersinnlichen Welten erhoben, nur durch solche Überlieferung etwas wissen. Allerdings waren auch solche Eingeweihte vorhanden, welche die natürlichen Wahrnehmungsfähigkeiten für die übersinnliche Welt noch hatten und sich durch ihre Entwickelung doch in eine höhere Welt erhoben, trotzdem sie die neuen Verstandes- und Gemütskräfte unberücksichtigt ließen. Durch sie wurde ein Übergang geschaffen von der alten Einweihungsart zu der neuen. Solche Persönlichkeiten gab es auch für die folgenden Zeiträume noch. Das ist gerade das Wesentliche des vierten Zeitraumes, daß durch das Abgeschlossensein der Seele von einem unmittelbaren Verkehr mit der seelisch-geistigen Welt der Mensch gestärkt und gekräftigt wurde in den Verstandes- und Gefühlskräften. Die Seelen, welche sich damals so verkörperten, daß sie Verstandes- und Gefühlskräfte in hohem Maße entwickelt hatten, brachten dann das Ergebnis dieser Entwickelung in ihre Verkörperungen im fünften Zeitraum hinüber. Als Ersatz für diese Abgeschlossenheit waren dann die gewaltigen Überlieferungen vorhanden von den uralten Weistümern, namentlich aber von dem Christus-Ereignis, welche durch die Kraft ihres Inhaltes den Seelen ein vertrauendes Wissen gaben von den höheren Welten. – Nun waren aber immer auch Menschen vorhanden, welche die höheren Erkenntniskräfte zu den Verstandes- und Gefühlsfähigkeiten hinzuentwickelten. Ihnen oblag es, die Tatsachen der höheren Welt und namentlich das Geheimnis des Christus-Ereignisses durch ein unmittelbares übersinnliches Wissen zu erfahren. Von ihnen aus floß in die Seelen der anderen Menschen immer so viel hinüber, als diesen Seelen begreiflich und gut war. – Die erste Ausbreitung des Christentums sollte dem Sinne der Erdenentwickelung gemäß gerade in eine Zeit fallen, in welcher die übersinnlichen Erkenntniskräfte bei einem großen Teile der Menschheit nicht entwickelt waren. Deshalb war die Kraft der Überlieferung damals eine so gewaltige. Es brauchte die stärkste Kraft, um Menschen zum Vertrauen in die übersinnliche Welt zu führen, welche nicht selbst in diese Welt hineinschauen konnten. Es gab fast immer (wenn man von einer kurzen Ausnahmezeit im dreizehnten Jahrhundert absieht) auch solche Menschen, welche durch Imagination, Inspiration, Intuition sich zu den höheren Welten erheben konnten. Diese Menschen sind die nachchristlichen Nachfolger der alten Eingeweihten, der Leiter und Mitglieder des Mysterienwissens. Sie hatten die Aufgabe, durch ihre eigenen Fähigkeiten dasjenige wiederzuerkennen, was man durch das alte Mysterien-Erkennen hatte ergreifen können; und zu diesem hatten sie noch hinzuzufügen die Erkenntnis von dem Wesen des Christus-Ereignisses.

So entstand bei diesen neuen Eingeweihten eine Erkenntnis, welche alles dasjenige umfaßte, was Gegenstand der alten Einweihung war; aber im Mittelpunkte dieser Erkenntnis strahlte das höhere Wissen von den Geheimnissen des Christus-Ereignisses. Solche Erkenntnis konnte nur in einem geringen Maße einfließen in das allgemeine Leben, während die Menschenseelen im vierten Zeitraum die Verstandes- und Gefühlsfähigkeiten festigen sollten. Es war daher in diesem Zeitraum ein gar sehr «verborgenes Wissen». Dann brach der neue Zeitraum an, der als der fünfte zu bezeichnen ist. Seine Wesenheit besteht darin, daß die Entwickelung der Verstandesfähigkeiten fortschritt und zu gewaltiger Blüte sich entfaltete und über die Gegenwart in die Zukunft hinein sich entfalten wird. Langsam bereitete sich das vor von dem zwölften, dreizehnten Jahrhundert an, um immer schneller und schneller in dem Fortgange zu werden vom sechzehnten Jahrhundert an bis in die gegenwärtige Zeit. Unter diesen Einflüssen wurde die Entwickelungszeit des fünften Zeitraumes eine solche, welche die Pflege der Verstandeskräfte immer mehr sich angelegen sein ließ, wogegen das vertrauende Wissen von ehemals, die überlieferte Erkenntnis, immer mehr an Kraft über die Menschenseele verlor. Aber es entwickelte sich dafür auch in dieser Zeit dasjenige, was ein immer stärkeres Einfließen der Erkenntnisse neuzeitlichen übersinnlichen Bewußtseins in die Menschenseelen genannt werden kann. Das «verborgene Wissen» fließt, wenn auch anfangs recht unmerklich, in die Vorstellungsweisen der Menschen dieses Zeitraumes ein. Es ist nur selbstverständlich, daß sich, bis in die Gegenwart herein, die Verstandeskräfte ablehnend verhalten gegen diese Erkenntnisse. Allein, was geschehen soll, wird geschehen, trotz aller zeitweiligen Ablehnung. Man kann das «verborgene Wissen», welches von dieser Seite die Menschheit ergreift und immer mehr ergreifen wird, nach einem Symbol die Erkenntnis vom «Gral» nennen. Wer dieses Symbol, wie es in Erzählung und Sage gegeben ist, seiner tieferen Bedeutung nach verstehen lernt, wird nämlich finden, daß es bedeutungsvoll das Wesen dessen versinnlicht, was oben die Erkenntnis der neuen Einweihung, mit dem Christus-Geheimnis in der Mitte, genannt worden ist. Die neuzeitlichen Eingeweihten können deshalb auch die «Eingeweihten des Grales» genannt werden. Zu der «Wissenschaft vom Gral» führt der Weg in die übersinnlichen Welten, welcher in diesem Buche in seinen ersten Stufen beschrieben worden ist. Diese Erkenntnis hat die Eigentümlichkeit, daß man ihre Tatsachen nur *erforschen* kann, wenn man sich die Mittel dazu erwirbt, wie sie in diesem Buche gekennzeichnet worden sind. Sind sie aber erforscht, dann können sie gerade durch die im fünften Zeitraume zur Entwickelung gekommenen Seelenkräfte verstanden werden. Ja, es wird sich immer mehr herausstellen, daß diese Kräfte in einem immer höheren Grade durch diese Erkenntnisse sich befriedigt finden werden. Wir leben in der Gegenwart in einer Zeit, in welcher diese Erkenntnisse reichlicher in das allgemeine Bewußtsein aufgenommen werden sollen, als dies vorher der Fall war. Und dieses Buch möchte seine Mitteilungen von diesem Gesichtspunkte aus geben. In dem Maße, als die Entwickelung der Menschheit die Erkenntnisse des Grales aufsaugen wird, kann der Impuls, welcher durch das Christus-Ereignis gegeben ist, immer bedeutsamer werden. An die äußere Seite der christlichen Entwickelung wird sich immer mehr die *innere* anschließen. Was durch Imagination, Inspiration, Intuition über die höheren Welten in Verbindung mit dem Christus-Geheimnis erkannt werden kann, wird das Vorstellungs-, Gefühls- und Willensleben der Menschen immer mehr durchdringen. Das «verborgene Wissen vom Gral» wird offenbar werden; es wird als eine innere Kraft die Lebensäußerungen der Menschen immer mehr durchdringen.

Durch den fünften Zeitraum hindurch werden die Erkenntnisse der übersinnlichen Welten in das menschliche Bewußtsein einfließen; und wenn der sechste beginnen wird, kann die Menschheit auf einer höheren Stufe das wieder erlangt haben, was sie in einer noch dämmerhaften Art von nicht sinnlichem Schauen in einem früheren Zeitabschnitte besessen hat. Doch wird der neue Besitz eine ganz andere Form haben als der alte. Was die Seele in alten Zeiten von höheren Welten wußte, war in ihr nicht durchdrungen von ihrer eigenen Verstandes- und Gefühlskraft. Sie wußte es als Eingebung. In der Zukunft wird sie nicht bloß Eingebungen haben, sondern *diese* begreifen und als dasjenige empfinden, was Wesen von ihrem eigenen Wesen ist. Wenn eine Erkenntnis ihr wird über dieses oder jenes Wesen oder Ding, so wird der Verstand diese Erkenntnis auch durch seine eigene Wesenheit gerechtfertigt finden; wenn eine andere Erkenntnis über ein sittliches Gebot, über ein menschliches Verhalten sich geltend machen wird, so wird die Seele sich sagen: Mein Gefühl ist nur dann vor sich selber gerechtfertigt, wenn ich das auch ausführe, was im Sinne dieser Erkenntnis liegt. Eine solche Seelenverfassung soll bei einer genügend großen Anzahl von Menschen des sechsten Zeitraumes ausgebildet werden. – Es wiederholt sich in einer gewissen Art in dem fünften Zeitraum dasjenige, was der dritte, der ägyptisch-chaldäische, der Menschheitsentwickelung gebracht hat. Damals nahm die Seele gewisse Tatsachen der übersinnlichen Welt noch wahr. Die Wahrnehmung derselben war eben damals im Hinschwinden. Denn es bereiteten sich die Verstandeskräfte für ihre Entwickelung vor; und diese sollten den Menschen von der höheren Welt zunächst ausschließen. Im fünften Zeitraum werden die übersinnlichen Tatsachen, welche in dem dritten in dämmerhaftem Bewußtsein geschaut wurden, wieder offenbar, doch nunmehr durchdrungen mit den Verstandes- und persönlichen Gefühlskräften der Menschen. Sie werden durchdrungen mit dem auch, was durch die Erkenntnis des Christus-Geheimnisses der Seele zuteil werden kann. Daher nehmen sie eine ganz andere Form an, als sie ehemals hatten. Während die Eindrücke aus den übersinnlichen Welten in alten Zeiten als Kräfte empfunden wurden, welche den Menschen aus einer geistigen Außenwelt her trieben, in welcher er nicht darinnen war, werden durch die Entwickelung der neueren Zeit diese Eindrücke als die einer Welt empfunden werden, in welche der Mensch hineinwächst, in welcher er immer mehr und mehr darinnen steht. Niemand soll glauben, daß die Wiederholung der ägyptisch-chaldäischen Kultur so erfolgen kann, daß etwa einfach das von der Seele aufgenommen würde, was damals vorhanden war und aus jener Zeit überliefert ist. Der recht verstandene Christus-Impuls wirkt dahin, daß die Menschenseele, welche ihn aufgenommen hat, sich als Glied einer geistigen Welt fühlt und als solches erkennt und verhält, außerhalb welcher sie vorher gestanden hat. – Während in solcher Art im fünften Zeitraum der dritte wieder auflebt, um sich mit dem in den Menschenseelen zu durchdringen, was der vierte als ein ganz Neues gebracht hat, wird ein Ähnliches beim sechsten in bezug auf den zweiten und beim siebenten in bezug auf den ersten, den altindischen, der Fall sein. All die wundervolle Weisheit des alten Indiertums, welche die damaligen großen Lehrer verkündigen konnten, wird als Lebenswahrheit der Menschenseelen im siebenten Zeitraum wieder da sein können.

Nun gehen die Veränderungen in den Dingen der Erde, welche außerhalb des Menschen liegen, in einer Weise vor sich, welche zu der eigenen Entwickelung der Menschheit in einem gewissen Verhältnisse steht. Nach dem Ablauf des siebenten Zeitraumes wird die Erde von einer Umwälzung heimgesucht werden, welche mit jener sich vergleichen läßt, welche zwischen der atlantischen und der nachatlantischen Zeit geschah. Und die nachher verwandelten Erdenzustände werden wieder in sieben Zeitabschnitten sich weiter entwikkeln. Auf einer höheren Stufe werden die Menschenseelen, welche sich dann verkörpern werden, diejenige Gemeinschaft mit einer höheren Welt erleben, welche die Atlantier auf einer niedrigeren erlebt haben. Es werden sich aber nur jene Menschen den neugestalteten Verhältnissen der Erde gewachsen zeigen, welche in sich solche Seelen verkörpert haben, wie sie werden können durch die Einflüsse des griechisch-lateinischen, des darauffolgenden fünften, sechsten und siebenten Zeitraumes der nachatlantischen Entwickelung. Das Innere solcher Seelen wird dem entsprechen, was aus der Erde bis dahin geworden ist. Die andern Seelen werden dann zurückbleiben *müssen,* während es vorher in ihrer Wahl gestanden hätte, sich die Bedingungen zum Mitkommen zu schaffen. Reif für die entsprechenden Verhältnisse nach der nächsten großen Umwälzung werden diejenigen Seelen sein, welche sich gerade beim Hinüberleben vom fünften in den sechsten nachatlantischen Zeitraum die Möglichkeit geschaffen haben werden, die übersinnlichen Erkenntnisse mit den Verstandes- und Gefühlskräften zu durchdringen. Der fünfte und der sechste Zeitraum sind gewissermaßen die entscheidenden. In dem siebenten werden die Seelen, welche das Ziel des sechsten erreicht haben, sich zwar entsprechend weiter entwickeln; die anderen werden aber unter den veränderten Verhältnissen der Umgebung nur mehr wenig Gelegenheit finden, das Versäumte nachzuholen. Erst in einer späteren Zukunft werden wieder Bedingungen eintreten, welche dies gestatten. – So schreitet die Entwickelung von Zeitraum zu Zeitraum fort. Die *übersinnliche* Erkenntnis beobachtet nicht nur solche Veränderungen in der Zukunft, woran die Erde allein beteiligt ist, sondern auch solche, welche sich im Zusammenwirken mit den Himmelskörpern ihrer Umgebung abspielen. Es kommt eine Zeit, in welcher die Erden- und Menschheitsentwickelung so weit fortgeschritten sein wird, daß die Kräfte und Wesenheiten, welche sich während der lemurischen Zeit von der Erde loslösen mußten, um den weiteren Fortgang der Erdenwesen möglich zu machen, sich wieder mit der Erde vereinigen können. Der Mond wird sich dann wieder mit der Erde verbinden. Es wird dies geschehen, weil dann eine genügend große Anzahl von Menschenseelen so viel innere Kraft haben wird, daß sie diese Mondenkräfte zur weiteren Entwickelung fruchtbar machen wird. Das wird in einer Zeit sein, in welcher neben der hohen Entwickelung, die eine entsprechende Anzahl von Menschenseelen erreicht haben wird, eine andere einhergehen wird, welche die Richtung nach dem Bösen genommen hat. Die zurückgebliebenen Seelen werden in ihrem Karma so viel Irrtum, Häßlichkeit und Böses angehäuft haben, daß sie zunächst eine besondere, der guten Gemeinschaft der Menschen scharf entgegenstrebende Vereinigung der Bösen und Verirrten bilden werden.

Die gute Menschheit wird durch ihre Entwickelung den Gebrauch der Mondenkräfte sich erwerben und dadurch auch den bösen Teil so umgestalten, daß er als ein besonderes Erdenreich mit der weiteren Entwickelung mitgehen kann. Durch diese Arbeit der guten Menschheit wird die dann mit dem Monde vereinigte Erde fähig, nach einer gewissen Entwickelungszeit auch wieder mit der Sonne (auch mit den anderen Planeten) vereinigt zu werden. Und nach einem Zwischenzustande, der wie ein Aufenthalt in einer höheren Welt sich darstellt, wird sich die Erde in den Jupiterzustand verwandeln. Innerhalb dieses Zustandes wird es das nicht geben, was jetzt Mineralreich genannt wird; die Kräfte dieses Mineralreiches werden in pflanzliche umgewandelt sein. Das Pflanzenreich, welches aber gegenüber dem gegenwärtigen eine ganz neue Form haben wird, erscheint während des Jupiterzustandes als das niederste der Reiche. Höher hinauf gliedert sich das ebenfalls verwandelte Tierreich an; dann kommt ein Menschenreich, welches als Nachkommenschaft der auf der Erde entstandenen bösen Gemeinschaft sich erweist. Und dann die Nachkommen der guten Erden-Menschengemeinschaft, als ein Menschenreich auf einer höheren Stufe. Ein großer Teil der Arbeit dieses letzteren Menschenreiches besteht darin, die in die böse Gemeinschaft gefallenen Seelen so zu veredeln, daß sie den Zugang in das eigentliche Menschenreich noch finden können. Der Venuszustand wird ein solcher sein, daß auch das Pflanzenreich verschwunden sein wird; das niederste Reich wird das abermals verwandelte Tierreich sein; daran werden sich nach oben gehend drei Menschenreiche von verschiedenen Vollkommenheitsgraden finden. Während dieses Venuszustandes bleibt die Erde mit der Sonne verbunden; die Entwickelung während der Jupiterzeit geht dagegen so vor sich, daß in einem gewissen Augenblick sich die Sonne noch einmal loslöst von dem Jupiter und dieser die Einwirkung derselben von außen her empfängt. Dann findet wieder eine Verbindung von Sonne und Jupiter statt, und die Verwandlung geht allmählich in den Venuszustand hinüber. Während desselben spaltet sich aus der Venus ein besonderer Weltenkörper heraus, der alles an Wesen enthält, was der Entwickelung widerstrebt hat, gleichsam ein «unverbesserlicher Mond», der nun einer Entwickelung entgegengeht mit einem Charakter, wofür ein Ausdruck nicht möglich ist, weil er zu unähnlich ist allem, was der Mensch auf Erden erleben kann. Die entwickelte Menschheit aber schreitet in einem völlig vergeistigten Dasein zur Vulkanentwickelung weiter, deren Schilderung außerhalb des Rahmens dieses Buches liegt.

Man sieht, daß sich aus der «Erkenntnis des Grales» das höchste Ideal menschlicher Entwickelung ergibt, welches für den Menschen denkbar ist: die Vergeistigung, welche der Mensch durch seine eigene Arbeit erlangt. Denn diese Vergeistigung erscheint zuletzt als ein Ergebnis der Harmonie, welche er im fünften und sechsten Zeitraum der gegenwärtigen Entwickelung zwischen den erlangten Verstandes- und Gefühlskräften und den Erkenntnissen der übersinnlichen Welten herstellt. Was er da im Innern seiner Seele erarbeitet, soll zuletzt selbst Außenwelt werden. Des Menschen Geist erhebt sich zu den gewaltigen Eindrücken seiner Außenwelt und ahnt zuerst, erkennt nachher geistige Wesenheiten hinter diesen Eindrücken; des Menschen Herz empfindet die unendliche Erhabenheit dieses Geistigen. Der Mensch kann aber auch erkennen, daß die intellektuellen, gefühlsmäßigen und charaktermäßigen Erlebnisse seines Innern die Keime werdender Geisteswelt sind.

Wer da meint, daß die menschliche Freiheit mit dem Vorauswissen und Vorausbestimmtsein der zukünftigen Gestaltung der Dinge nicht vereinbar sei, der sollte bedenken, daß des Menschen freies Handeln in der Zukunft ebensowenig davon abhängt, wie die vorausbestimmten Dinge sein werden, wie diese Freiheit davon abhängt, daß er sich vornimmt, nach einem Jahr in einem Hause zu wohnen, dessen Plan er gegenwärtig feststellt. Er wird in dem Grade frei sein, als er es nach seiner inneren Wesenheit sein kann, eben in dem Hause, das er sich gebaut hat; und er wird auf dem Jupiter und der Venus so frei sein, wie es seinem Innern entspricht, eben *innerhalb* der Verhältnisse, die dort entstehen werden. Freiheit wird nicht abhängen von dem, was durch die vorhergehenden Verhältnisse vorausbestimmt ist, sondern von dem, was die Seele aus sich gemacht hat.

*

In dem Erdenzustand ist dasjenige enthalten, was sich innerhalb der vorangehenden Saturn-, Sonnen-, Mondenzustände entwickelt hat. Der Erdenmensch findet «Weisheit» in den Vorgängen, welche sich um ihn herum abspielen. Diese Weisheit ist darinnen als das Ergebnis dessen, was vorher geschehen war. Die Erde ist der Nachkomme des «alten Mondes». Und dieser bildete sich mit dem, was zu ihm gehörte, zum «Kosmos der Weisheit» aus. Die Erde ist nun der Beginn einer Entwickelung, durch welche eine neue Kraft in diese Weisheit eingefügt wird. Sie bringt den Menschen dahin, sich als ein selbständiges Glied einer geistigen Welt zu fühlen. Es rührt dies davon her, daß sein «Ich» in ihm von den «Geistern der Form» innerhalb der Erdenzeit so gebildet wird, wie auf dem Saturn von den «Geistern des Willens» sein physischer Leib, auf der Sonne von den

«Geistern der Weisheit» sein Lebensleib, auf dem Monde von den «Geistern der Bewegung» sein Astralleib gebildet worden ist. Durch das Zusammenwirken der «Geister des Willens, der Weisheit und der Bewegung» entsteht, was sich als Weisheit offenbart. In Weisheit zusammenstimmen mit den andern Wesen ihrer Welt können die Erdenwesen und Erdenvorgänge durch die Arbeit dieser drei Klassen von Geistern. Durch die «Geister der Form» erhält der Mensch sein selbständiges «Ich». Dieses wird nun in der Zukunft zusammenstimmen mit den Wesen der Erde, des Jupiter, der Venus, des Vulkan durch die Kraft, welche sich durch den Erdenzustand der Weisheit einfügt. Es ist dies die Kraft der *Liebe*. Im Menschen der Erde muß diese Kraft der Liebe ihren Anfang nehmen. Und der «Kosmos der Weisheit» entwickelt sich in einen *«Kosmos der Liebe»* hinein. Aus alledem, was das «Ich» in sich entfalten kann, soll *Liebe* werden. Als das umfassende «Vorbild der Liebe» stellt sich bei seiner Offenbarung das hohe Sonnenwesen dar, welches bei Schilderung der Christus-Entwickelung gekennzeichnet werden konnte. In das Innerste des menschlichen Wesenskernes ist damit der Keim der Liebe gesenkt. Und von da aus soll er in die ganze Entwickelung einströmen. Wie sich die vorher gebildete Weisheit in den Kräften der sinnlichen Außenwelt der Erde, in den gegenwärtigen «Naturkräften» offenbart, so wird sich in Zukunft die Liebe selbst in allen Erscheinungen als neue Naturkraft offenbaren. Das ist das Geheimnis aller Entwickelung in die Zukunft hinein: daß die Erkenntnis, daß auch alles, was der Mensch vollbringt aus dem wahren Verständnis der Entwickelung heraus, eine *Aussaat* ist, die als *Liebe* reifen muß. Und so viel als Kraft der Liebe entsteht, so viel Schöpferisches wird für die Zukunft geleistet. In dem, was aus der Liebe geworden sein wird, werden die starken Kräfte liegen, welche zu dem oben geschilderten Endergebnis der Vergeistigung führen. Und so viel geistige Erkenntnis in die Menschheits- und Erdenentwickelung einfließt, so viele lebensfähige Keime für die Zukunft werden vorhanden sein. Geistige Erkenntnis wandelt sich durch das, *was sie ist,* in Liebe um. Der ganze Vorgang, welcher geschildert worden ist, von der griechisch-lateinischen Zeit durch den gegenwärtigen Zeitraum hindurch, zeigt, wie diese Verwandlung vor sich gehen soll und wozu der *Anfang* der Entwickelung in die Zukunft hinein gemacht ist. Was sich durch Saturn, Sonne und Mond als Weisheit vorbereitet hat, wirkt im physischen, ätherischen, astralischen Leib des Menschen; und es stellt sich dar als «Weisheit der Welt»; im «Ich» aber verinnerlicht es sich. Die «Weisheit der Außenwelt» wird, von dem Erdenzustande an, innere Weisheit im Menschen. Und wenn sie da verinnerlicht ist, wird sie Keim der *Liebe.* Weisheit ist die Vorbedingung der Liebe; Liebe ist das Ergebnis der im «Ich» wiedergeborenen Weisheit.

Wer durch die vorangehenden Ausführungen zu der Meinung verführt werden könnte, die geschilderte Entwickelung trage ein fatalistisches Gepräge, der hätte sie mißverstanden. Wer etwa glaubte, bei einer solchen Entwickelung sei eine bestimmte Anzahl von Menschen dazu verurteilt, dem Reiche der «bösen Menschheit» anzugehören, der sieht nicht, wie sich das gegenseitige Verhältnis des Sinnenfälligen zu dem Seelisch-Geistigen bei dieser Entwickelung gestaltet. Beides, Sinnenfälliges und Seelisch-Geistiges, bilden innerhalb gewisser Grenzen getrennte Entwickelungsströmungen. Durch die der sinnenfälligen Strömung eigenen Kräfte entstehen die Formen des «bösen Menschentums». Eine Notwendigkeit für eine Menschenseele, sich in einer solchen Form zu verkörpern, wird nur bestehen, wenn diese Menschenseele selbst die Bedingungen dazu geschaffen hat. Es könnte auch der Fall eintreten, daß die aus den Kräften des Sinnenfälligen heraus entstandenen Formen keine aus der früheren Zeit stammenden Menschenseelen fänden, weil diese zu gut für derartige Körper wären. Dann müßten diese Formen anders als durch frühere Menschenseelen aus dem Weltall heraus beseelt werden. Von Menschenseelen werden die charakterisierten Formen nur dann beseelt sein, wenn diese sich zu solcher Verkörperung bereit gemacht haben. Die übersinnliche Erkenntnis hat auf diesem Gebiete eben zu sagen, was sie schaut. Das ist, daß in der angedeuteten Zukunft zwei Menschenreiche, ein gutes und ein böses, vorhanden sein werden; nicht aber hat sie etwa verstandesmäßig aus dem Zustand der gegenwärtigen Menschenseelen auf einen wie mit naturgemäßer Notwendigkeit eintretenden künftigen zu *schließen.* Entwickelung der Menschenformen und Entwickelung der Seelenschicksale muß übersinnliche Erkenntnis auf zwei ganz getrennten Wegen suchen; und ein Durcheinanderwerfen der beiden in der Weltanschauung wäre ein Rest materialistischer Gesinnung, der, wenn er vorhanden, in bedenklicher Art in die Wissenschaft des Übersinnlichen hineinragen würde.

EINZELHEITEN AUS DEM GEBIETE DER GEISTESWISSENSCHAFT

Der Ätherleib des Menschen

Wenn höhere Glieder des Menschen durch die übersinnliche Wahrnehmung beobachtet werden, dann ist diese Wahrnehmung niemals vollkommen gleich einer solchen, welche durch die äußeren Sinne gemacht wird. Wenn der Mensch einen Gegenstand berührt, und er hat eine Wärmewahrnehmung, so muß man unterscheiden zwischen dem, was vom Gegenstande kommt, von diesem gleichsam ausströmt, und dem, was man in der Seele erlebt. Das innere Seelenerlebnis der Wärme-Empfindung ist etwas anderes als die vom Gegenstande ausströmende Wärme. Man denke sich nun dieses Seelenerlebnis ganz allein, ohne den äußeren Gegenstand. Man denke sich das Erlebnis – aber eben ein seelisches – einer Wärme-Empfindung in der Seele, ohne daß ein äußerer physischer Gegenstand die Veranlassung dazu ist. Wäre ein solches nun einfach da *ohne* eine Veranlassung, so wäre es eine Einbildung. Der Geistesschüler erlebt solche innere Wahrnehmungen ohne physische Veranlassung, vor allem ohne Veranlassung seines eigenen Leibes. Sie stellen sich für eine gewisse Stufe der Entwickelung aber so dar, daß er wissen kann (wie gezeigt worden ist, durch das Erlebnis selbst wissen kann), daß die innere Wahrnehmung nicht Einbildung ist, sondern daß sie ebenso bewirkt ist durch eine geistig-seelische Wesenheit einer übersinnlichen Außenwelt, wie die gewöhnliche Wärme-Empfindung zum Beispiel durch einen äußerlich physisch-sinnlichen Gegenstand. So ist es auch, wenn man von einer Farbenwahrnehmung spricht. Da muß unterschieden werden zwischen der Farbe, die am äußeren Gegenstand ist, und dem innerlichen Empfinden der Farbe in der Seele. Man vergegenwärtige sich die innere Empfindung, welche die Seele hat, wenn sie einen *roten* Gegenstand der physisch-sinnlichen Außenwelt wahrnimmt. Man stelle sich vor, man behalte eine recht lebhafte Erinnerung an den Eindruck; aber man wende das Auge ab von dem Gegenstande. Was man da noch als Erinnerungsvorstellung von der Farbe hat, vergegenwärtige man sich als inneres Erlebnis. Man wird dann unterscheiden zwischen dem, was inneres Erlebnis ist an der Farbe, und der äußeren Farbe. Diese inneren Erlebnisse unterscheiden sich inhaltlich durchaus von den äußeren Sinneseindrücken. Sie tragen viel mehr das Gepräge desjenigen, was als Schmerz und Freude empfunden wird, als die normale Sinnesempfindung. Nun denke man sich ein solches inneres Erlebnis in der Seele aufsteigen, ohne daß die Veranlassung dazu durch einen äußeren physisch-sinnlichen Gegenstand oder die Erinnerung an einen solchen gegeben sei. Der übersinnlich Erkennende kann ein solches Erlebnis haben. Und er kann auch in dem entsprechenden Falle wissen, daß es keine Einbildung, sondern der Ausdruck einer seelisch-geistigen Wesenheit ist. Wenn nun diese seelisch-geistige Wesenheit denselben Eindruck hervorruft wie ein roter Gegenstand der sinnlich-physischen Welt, dann mag sie rot genannt werden. Beim sinnlich-physischen Gegenstand wird aber stets zuerst da sein der äußere Eindruck und dann das innere Farbenerlebnis; beim wahren übersinnlichen Schauen des Menschen unseres Zeitalters *muß* es umgekehrt sein: zuerst das innere Erlebnis, das schattenhaft ist wie eine bloße Farbenerinnerung, und dann ein immer lebhafter werdendes Bild. Je weniger man darauf achtet, daß der Vorgang so sein muß, desto weniger kann man unterscheiden zwischen wirklicher geistiger Wahrnehmung und eingebildeter Täuschung (Illusion, Halluzination usw.). Wie lebhaft nun das Bild wird bei einer solchen seelisch-geistigen Wahrnehmung, ob es ganz schattenhaft bleibt, wie eine dunkle Vorstellung, ob es intensiv wirkt, wie ein äußerer Gegenstand, das hängt ganz davon ab, wie sich der übersinnlich Erkennende entwickelt hat. – Man kann nun den allgemeinen Eindruck, welchen der Schauende von dem menschlichen Ätherleib hat, so beschreiben, daß man sagt: wenn ein übersinnlich Erkennender es bis zu einer solchen Willensstärke gebracht hat, daß er, trotzdem ein physischer Mensch vor ihm steht, die Aufmerksamkeit von dem ablenken kann, was das physische Auge sieht, so vermag er durch übersinnliches Bewußtsein in den Raum, welchen der physische Mensch einnimmt, zu schauen. Es gehört selbstverständlich eine starke Steigerung des Willens dazu, um nicht nur seine Aufmerksamkeit von etwas abzuwenden, woran man denkt, sondern von etwas, das vor einem steht, so daß der physische Eindruck ganz ausgelöscht wird. Aber diese Steigerung ist möglich und sie tritt durch die Übungen zur übersinnlichen Erkenntnis auf. Der so Erkennende kann dann zunächst den allgemeinen Eindruck des Ätherleibes haben. In seiner Seele taucht auf dieselbe innere Empfindung, welche er hat beim Anblick etwa der Farbe einer Pfirsichblüte; und diese wird dann lebhaft, so daß er sagen kann: der Ätherleib hat die Farbe der Pfirsichblüte. Dann nimmt er auch die einzelnen Organe und Strömungen des Ätherleibes wahr. Man kann aber den Ätherleib auch weiter beschreiben, indem man die Erlebnisse der Seele angibt, welche Wärmeempfindungen, Toneindrükken und so weiter entsprechen. Denn er ist nicht etwa *bloß* eine Farbenerscheinung. In demselben Sinne können auch der Astralleib und die andern Glieder der menschlichen Wesenheit beschrieben werden. Wer das in Betracht zieht, wird einsehen, wie Beschreibungen zu nehmen sind, welche im Sinne der Geisteswissenschaft gemacht sind. (Vergleiche «Wesen der Menschheit» S. 52 ff.)

Die astralische Welt

Solange man nur die physische Welt beobachtet, stellt sich die Erde als Wohnplatz des Menschen wie ein gesonderter Weltkörper dar. Wenn aber die übersinnliche Erkenntnis zu andern Welten aufsteigt, dann hört diese Sonderung auf. Daher konnte gesagt werden, daß die Imagination mit der Erde zugleich den bis in die Gegenwart herein entwickelten Mondenzustand wahrnimmt. Diejenige Welt, welche man in dieser Art betritt, ist nun eine solche, daß zu ihr nicht nur das Übersinnliche der Erde gehört, sondern daß auch noch andere Weltenkörper in sie eingebettet sind, welche physisch von der Erde abgesondert sind. Der Erkenner übersinnlicher Welten beobachtet dann nicht bloß das Übersinnliche der Erde, sondern *zunächst* auch das *Übersinnliche* anderer Weltkörper. (Daß es sich zunächst um eine Beobachtung des *Übersinnlichen* anderer Weltkörper handelt, möge derjenige beachten, welcher zu der Frage gedrängt wird: warum denn die übersinnlich Schauenden nicht angeben, wie es auf dem Mars usw. aussieht. Der Fragende hat dann die physisch-sinnlichen Verhältnisse im Auge.) Daher konnte in der Darstellung dieses Buches auch gesprochen werden über gewisse Beziehungen der Erdenentwickelung zu gleichzeitigen Saturn-, Jupiter-, Marsentwickelungen usw. – Wenn des Menschen astralischer Leib nun vom Schlafe hingenommen wird, so gehört er nicht nur den Erdenzuständen an, sondern Welten, an denen noch andere Weltgebiete (Sternenwelten) beteiligt sind. Ja, diese Welten wirken auch im Wachzustande in den astralischen Leib des Menschen herein. Daher kann der Name «astralischer Leib» gerechtfertigt erscheinen.

Vom Leben des Menschen nach dem Tode

Es ist in den Ausführungen dieses Buches gesprochen worden von der Zeit, durch welche hindurch, nach dem Todeseintritt des Menschen, der Astralleib noch mit dem Ätherleibe vereinigt bleibt. Während dieser Zeit ist eine allmählich verblassende Erinnerung an das ganze eben verflossene Leben vorhanden (vergleiche «Schlaf und Tod» S. 80 ff). Diese Zeit ist für verschiedene Menschen verschieden. Sie hängt davon ab, wie stark die Kraft ist, mit welcher bei einem Menschen der Astralleib den Ätherleib an sich hält, welche Gewalt der erste über den zweiten hat. Die übersinnliche Erkenntnis kann einen Eindruck von dieser Gewalt erhalten, wenn sie einen Menschen beobachtet, der eigentlich nach dem Grade seiner seelisch-leiblichen Verfassung schlafen müßte, der sich aber durch innere Kraft wach erhält. Und nun zeigt sich, daß verschiedene Menschen sich verschieden lang wach erhalten können, ohne zwischendurch von dem Schlafe überwältigt zu werden. Ungefähr so lange als ein Mensch sich im äußersten Falle, wenn es sein muß, wach erhalten kann, so lange dauert nach dem Tode die Erinnerung an das eben verflossene Leben, das heißt der Zusammenhalt mit dem Ätherleib.

*

Wenn der Ätherleib nach dem Tode von dem Menschen losgelöst ist (vergleiche «Schlaf und Tod»), so bleibt von ihm doch für alle spätere Entwickelung des Menschen noch etwas zurück, was man wie einen Extrakt oder eine Essenz desselben bezeichnen kann. Dieser Extrakt enthält die Früchte des verflossenen Lebens. Und er ist der Träger alles dessen, was während der geistigen Entwickelung des Menschen zwischen dem Tode und einer neuen Geburt sich wie ein Keim zum folgenden Leben entfaltet. (Vergleiche «Schlaf und Tod».)

*

Die Zeit zwischen dem Tode und einer neuen Geburt (vergleiche «Schlaf und Tod») ist in ihrer Dauer dadurch bestimmt, daß das «Ich» in der Regel erst dann wieder in die physisch-sinnliche Welt zurückkehrt, wenn diese sich inzwischen so umgestaltet hat, daß Neues von dem «Ich» erlebt werden kann. Während dieses in den geistigen Gebieten ist, ändert sich der Erdenwohnplatz. Diese Änderung hängt nach einer Richtung hin mit den großen Veränderungen im Weltall zusammen; mit Veränderungen in der Stellung der Erde zur Sonne usw. Das aber sind durchaus Veränderungen, in denen gewisse Wiederholungen in Verbindung mit neuen Verhältnissen eintreten. Sie finden ihren äußeren Ausdruck darin, daß zum Beispiel der Punkt am Himmelsgewölbe, in welchem die Sonne bei Frühlingsanbeginn aufgeht, sich im Laufe von etwa 26 000 Jahren in einem vollständigen Kreise dreht. Dieser Frühlingspunkt bewegt sich dadurch im Laufe dieser Zeit von einem Himmelsgebiete zum andern. Im Verlaufe des zwölften Teiles jener Zeit, das ist in 2100 Jahren ungefähr, haben sich die Verhältnisse auf der Erde so weit verändert, daß die Menschenseele auf derselben Neues nach einer vorangegangenen Verkörperung erleben kann. Da aber die Erlebnisse des Menschen verschieden sind, je nachdem er sich als Frau oder als Mann verkörpert, so finden innerhalb des charakterisierten Zeitraumes *in der Regel* zwei Verkörperungen, eine als Mann, eine als Frau, statt. Doch hängen diese Dinge auch davon ab, wie die Kräfte sind, welche sich der Mensch aus dem Erdendasein durch den Tod hindurch mitnimmt. Daher sind alle solche Angaben, wie die hier gegebenen, nur so aufzufassen, daß sie im wesentlichen gelten, im einzelnen aber sich in der mannigfaltigsten Weise abgeändert zeigen. Von den angeführten Verhältnissen im Weltenall hängt es eben nur in einer Beziehung ab, wie lange das Menschen-Ich in der geistigen Welt zwischen dem Tode und einer neuen Geburt verweilt. In einer andern Beziehung hängt dies ab von den Entwickelungszuständen, welche der Mensch in dieser Zeit durchmacht. Diese Zustände führen das «Ich» nach einem gewissen Zeitablauf zu einer geistigen Verfassung, die in ihrem inneren Geisterleben nicht mehr Befriedigung findet, welche das Verlangen nach jener Bewußtseinsänderung entwickelt, die in dem Sichspiegeln durch das physische Erleben sich befriedigt. Aus dem Zusammenwirken dieses inneren Durstes nach Verkörperung und der im Weltenall gegebenen Möglichkeit, die entsprechende Leiblichkeit zu finden, erfolgt der Eintritt des Menschen in das Erdenleben. Er erfolgt – weil zweierlei zusammenwirken muß – das eine Mal, auch wenn der «Durst» noch nicht seine Höhe erreicht hat, weil eine annähernd angepaßte Verkörperung erreicht werden kann; das andere Mal, auch wenn der «Durst» über seine normale Höhe hinausgeschritten ist, weil zur entsprechenden Zeit noch keine Möglichkeit der Verkörperung da war. Die allgemeine Lebensstimmung, in der sich ein Mensch durch die Beschaffenheit seines körperlichen Wesens befindet, hängt mit diesen Verhältnissen zusammen.

Der Lebenslauf des Menschen

Das Leben des Menschen, wie es sich äußert in der Aufeinanderfolge der Zustände zwischen Geburt und Tod, kann nur dadurch vollständig begriffen werden, daß man nicht nur den sinnlich-physischen Leib in Betracht zieht, sondern auch jene Veränderungen, welche sich mit den übersinnlichen Gliedern der Menschennatur vollziehen. – Man kann diese Veränderungen in der folgenden Art ansehen. Die physische Geburt stellt sich dar als eine Loslösung des Menschen von der physischen Mutterhülle. Kräfte, welche der Menschenkeim vor der Geburt mit dem Leibe der Mutter gemeinsam hatte, sind nach der Geburt nur noch als selbständige in ihm selbst vorhanden. Nun gehen aber im späteren Leben für die übersinnliche Wahrnehmung ähnliche übersinnliche Ereignisse vor sich, wie die sinnlichen sind bei der physischen Geburt. Der Mensch ist nämlich ungefähr bis zum Zahnwechsel (im sechsten oder siebenten Jahre) in bezug auf seinen Ätherleib von einer ätherischen Hülle umgeben. Diese fällt in diesem Zeitabschnitte des Lebens ab. Es findet da eine «Geburt» des Ätherleibes statt. Noch immer bleibt aber der Mensch von einer astralischen Hülle umgeben, welche in der Zeit vom zwölften bis sechzehnten Jahre (zur Zeit der Geschlechtsreife) abfällt. Da findet die «Geburt» des astralischen Leibes statt. Und noch später wird das eigentliche «Ich» geboren. (Die fruchtbaren Gesichtspunkte, welche sich aus diesen übersinnlichen Tatsachen für die Handhabung der Erziehung ergeben, sind in meiner kleinen

Schrift: «Die Erziehung des Kindes vom Gesichtspunkte der Geisteswissenschaft» dargestellt. Dort findet man auch weitere Ausführungen über dasjenige, was hier nur angedeutet werden kann.) Der Mensch lebt nun nach der Geburt des «Ich» so, daß er sich den Welt- und Lebensverhältnissen eingliedert und innerhalb ihrer sich betätigt, nach Maßgabe der durch das «Ich» tätigen Glieder: Empfindungsseele, Verstandesseele und Bewußtseinsseele. Dann tritt eine Zeit ein, in welcher der Ätherleib sich wieder zurückbildet, in welcher er die umgekehrte Bildung seiner Entfaltung vom siebenten Jahre an wieder durchmacht. Während vorher der Astralleib sich so entwickelt hat, daß er in sich zuerst das entfaltet hat, was in ihm als Anlage bei der Geburt vorhanden war, und sich dann, nach der Geburt des «Ich», durch die Erlebnisse der Außenwelt bereichert hat, beginnt er von einem bestimmten Zeitpunkte an damit, sich von dem eigenen Ätherleibe aus geistig zu nähren. Er zehrt am Ätherleibe. Und im weiteren Verlaufe des Lebens beginnt dann auch der Ätherleib an dem physischen Leibe zu zehren. Damit hängt des letzteren Verfall im Greisenalter zusammen. – Nun zerfällt dadurch des Menschen Lebenslauf in drei Teile, in eine Zeit, in welcher der physische Leib und Ätherleib sich entfalten, dann in diejenige, in welcher der Astralleib und das «Ich» zur Entwickelung kommen, und endlich diejenige, in welcher Ätherleib und physischer Leib sich wieder zurückverwandeln. Nun ist aber der astralische Leib bei allen Vorgängen zwischen Geburt und Tod beteiligt. Dadurch, daß er eigentlich aber erst mit dem zwölften bis sechzehnten Jahre geistig geboren ist und in der letzten Lebensepoche von den Kräften des Ätherleibes und physischen Leibes zehren muß, wird dasjenige, was er durch seine eigenen Kräfte kann, sich langsamer entwickeln, als wenn es nicht in einem physischen und Ätherleibe wäre. Nach dem Tode, wenn physischer und Ätherleib abgefallen sind, geht die Entwickelung in der Läuterungszeit (vergleiche «Schlaf und Tod») deshalb ungefähr so vor sich, daß sie ein Drittel derjenigen Dauer beträgt, die das Leben zwischen Geburt und Tod in Anspruch nimmt.

Die höheren Gebiete der geistigen Welt

Durch Imagination, Inspiration und Intuition steigt die übersinnliche Erkenntnis allmählich in diejenigen Gebiete der geistigen Welt hinauf, in welchen ihr erreichbar sind die Wesen, welche an der Welt- und Menschheitsentwickelung beteiligt sind. Und es wird ihr dadurch auch möglich, die Entwickelung des Menschen zwischen dem Tode und einer neuen Geburt so zu verfolgen, daß diese verständlich wird. Nun gibt es noch höhere Gebiete des Daseins, auf welche hier nur ganz kurz hingedeutet werden kann. Wenn sich die übersinnliche Erkenntnis bis zur Intuition erhoben hat, dann lebt sie in einer Welt geistiger Wesen. Auch diese machen Entwickelungen durch. Was Angelegenheit der gegenwärtigen Menschheit ist, das erstreckt sich gewissermaßen bis in die Welt der Intuition hinauf. Allerdings empfängt der Mensch auch Einflüsse aus noch höheren Welten im Laufe seiner Entwickelung zwischen dem Tode und einer neuen Geburt; aber diese Einflüsse erfährt er nicht direkt; die Wesen der geistigen Welt führen sie ihm zu. Und werden diese betrachtet, so ergibt sich alles, was an dem Menschen geschieht. Die eigenen Angelegenheiten aber dieser Wesen, dasjenige, was sie für sich brauchen, um die menschliche Entwickelung zu führen, können nur durch eine Erkenntnis beobachtet werden, welche über die Intuition hinausgeht. Es ergibt sich damit der Hinweis auf Welten, welche so vorzustellen sind, daß geistige Angelegenheiten, welche auf der Erde die höchsten sind, dort zu den niedrigeren gehören. Vernünftige Entschlüsse zum Beispiel gehören innerhalb des Erdengebietes zu dem höchsten; die Wirkungen des mineralischen Reiches zu dem niedrigsten. In jenen höheren Regionen sind vernünftige Entschlüsse ungefähr das, was auf Erden die mineralischen Wirkungen sind. Über dem Gebiete der Intuition liegt die Region, in welcher aus geistigen Ursachen heraus der Weltenplan gesponnen wird.

Die Wesensglieder des Menschen

Wenn gesagt worden ist (vergleiche Seite 69 und die folgenden), das «Ich» arbeite an den menschlichen Wesensgliedern, dem physischen Leib, dem Ätherleib und dem astralischen Leib, und gestalte diese in umgekehrter Folge um zu Geistselbst, Lebensgeist und Geistesmensch, so bezieht sich dieses auf die Arbeit des Ich an der menschlichen Wesenheit durch die höchsten Fähigkeiten, mit deren Entwickelung erst im Laufe der Erdenzustände der Anfang gemacht worden ist. Dieser Umgestaltung geht aber eine andere auf einer niedrigeren Stufe voran, und durch diese entstehen Empfindungsseele, Verstandesseele und Bewußtseinsseele. Denn während sich im Laufe der Entwickelung des Menschen die Empfindungsseele bildet, gehen Veränderungen im Astralleibe vor sich, die Bildung der Verstandesseele drückt sich in Verwandlungen des Ätherleibes, und jene der Bewußtseinsseele in solchen des physischen Leibes aus. Im Verlaufe der Schilderung der Erdenentwickelung, welche in diesem Buche gegeben worden ist, wurde darüber das Nähere angegeben. So kann man also in einer gewissen Beziehung sagen: schon die Empfindungsseele beruhe auf einem verwandelten Astralleib; die Verstandesseele auf einem verwandelten Ätherleib; die Bewußtseinsseele auf einem verwandelten physischen Leib. Man kann aber auch sagen, diese drei Seelenglieder seien Teile des astralischen Leibes, denn nur dadurch ist zum Beispiel die Bewußtseinsseele möglich, daß sie eine astralische Wesenheit in einem ihr angepaßten physischen Leib ist. Sie lebt ein astralisches Leben in einem zu ihrem Wohnplatz bearbeiteten physischen Leib.

Der Traumzustand

Der Traumzustand ist in einer gewissen Beziehung im Kapitel «Schlaf und Tod» dieser Schrift charakterisiert worden. Er ist aufzufassen auf der einen Seite als ein Überrest des alten Bilderbewußtseins, wie es dem Menschen während der Mondenentwickelung und auch noch während eines großen Teiles der Erdenentwickelung eigen war. Die Entwickelung schreitet eben so vorwärts, daß frühere Zustände in spätere hineinspielen. Und so kommt während des Träumens in dem Menschen jetzt als Überrest zum Vorschein, was früher normaler Zustand war. Zugleich aber ist dieser Zustand nach einer anderen Seite doch wieder anders als das alte Bilderbewußtsein. Denn seit der Ausbildung des Ich spielt dasselbe auch in die Vorgänge des astralischen Leibes hinein, welche im Schlafe während des Träumens sich vollziehen. So stellt sich im Traume ein durch die Anwesenheit des Ich verändertes Bilderbewußtsein dar. Weil aber das Ich nicht bewußt seine Tätigkeit auf den Astralleib während des Träumens ausübt, so darf auch nichts, was in das Gebiet des Traumlebens gehört, zu dem gerechnet werden, was in Wahrheit zu einer Erkenntnis der übersinnlichen Welten im Sinne der Geisteswissenschaft führen kann. Ein Gleiches gilt für das, was man oft als Vision, Ahnung oder «zweites Gesicht» (Deuteroskopie) bezeichnet. Diese kommen dadurch zustande, daß sich das «Ich» ausschaltet und dadurch Überreste alter Bewußtseinszustände entstehen. Sie haben in der Geisteswissenschaft keine unmittelbare Verwendung; was in ihnen beobachtet wird, kann nicht im echten Sinne als Ergebnis derselben betrachtet werden.

Zur Erlangung übersinnlicher Erkenntnisse

Der Weg zur Erlangung von Erkenntnissen der übersinnlichen Welten, der in diesem Buche ausführlicher beschrieben worden ist, kann auch der «unmittelbare Erkenntnisweg» genannt werden. Neben ihm gibt es noch einen solchen, welchen man als «Gefühlsweg» bezeichnen kann. Doch wäre es ganz unrichtig, etwa zu glauben, daß der erstere mit der Ausbildung des Gefühles nichts zu tun habe. Er führt vielmehr zur größtmöglichen Vertiefung des Gefühlslebens. Doch wendet sich der «Gefühlsweg» eben *unmittelbar* an das bloße Gefühl und sucht von diesem aus zu den Erkenntnissen aufzusteigen. Er beruht darauf, daß ein Gefühl, wenn sich die Seele ganz ihm hingibt eine gewisse Zeit hindurch, sich in eine Erkenntnis, in eine bildhafte Anschauung verwandelt. Wenn zum Beispiel die Seele sich ganz ausfüllt durch Wochen, Monate, ja länger, mit dem Gefühle der Demut, so verwandelt sich der Gefühlsinhalt in eine Anschauung. Man kann nun auch durch ein stufenweises Durchmachen solcher Gefühle einen Weg in die übersinnlichen Gebiete finden. Doch ist er für den gegenwärtigen Menschen innerhalb der gewöhnlichen Lebensbedingungen nicht leicht durchzuführen. Einsamkeit, Zurückgezogenheit von dem Leben der Gegenwart ist dabei fast unerläßlich. Denn was das alltägliche Leben bringt an Eindrücken, stört namentlich im Anfange der Entwickelung dasjenige, was die Seele durch Versenkung in bestimmte Gefühle erreicht. Dagegen ist der in diesem Buche geschilderte Erkenntnisweg in jeder gegenwärtigen Lebenslage durchzuführen.

Beobachtung besonderer Ereignisse und Wesen der Geisteswelt

Es kann die Frage gestellt werden, ob die innere Versenkung und die andern geschilderten Mittel zur Erlangung von übersinnlichen Erkenntnissen *nur* die Beobachtung des Menschen zwischen Tod und neuer Geburt oder andere geistige Vorgänge *im allgemeinen* gestatten, oder ob sie es auch ermöglichen, ganz bestimmte Einzelvorgänge und Wesen, zum Beispiel einen bestimmten Toten zu beobachten. Darauf muß geantwortet werden: Wer sich durch die geschilderten Mittel die Fähigkeit erwirbt zur Beobachtung der geistigen Welt, der kann auch dazu gelangen, Einzelheiten zu beobachten, welche in derselben vor sich gehen. Er macht sich fähig, sich mit Menschen, die in der geistigen Welt zwischen dem Tode und einer neuen Geburt leben, in Verbindung zu setzen. Nur muß beachtet werden, daß dieses im Sinne der Geisteswissenschaft nur geschehen soll, nachdem man die regelrechte Schulung für die übersinnlichen

Erkenntnisse durchgemacht hat. Denn erst dann kann man in bezug auf besondere Ereignisse und Wesenheiten zwischen Täuschung und Wirklichkeit unterscheiden. Wer einzelnes beobachten will ohne richtige Schulung, der wird vielen Täuschungen zum Opfer fallen können. Selbst das Anfänglichste: das Verstehen der Art, wie solche Eindrücke *besonderer* Tatsachen der übersinnlichen Welt zu deuten sind, ist nicht möglich ohne fortgeschrittene Geistesschulung. Jene Schulung, welche in die höheren Welten zur Beobachtung dessen führt, was in diesem Buche geschildert ist, sie führt auch dazu, das Leben eines einzelnen Menschen nach dem Tode verfolgen zu können; und nicht minder dazu, alle geistig-seelischen besonderen Wesen zu beobachten und zu verstehen, welche aus verborgenen Welten in die offenbaren hereinwirken. Doch ist sicheres Beobachten gerade des Einzelnen nur auf Grund der Erkenntnisse der allgemeinen, großen, jeden Menschen angehenden Welt- und Menschheitstatsachen der geistigen Welt möglich. Wer das eine begehrt, ohne das andere haben zu wollen, geht in die Irre. Es gehört nun einmal zu den Erfahrungen, die man in bezug auf das Beobachten der geistigen Welt machen muß, daß der Eintritt in diejenigen Gebiete des übersinnlichen Daseins, nach denen man zu allererst *begehrt*, einem erst dann beschert wird, wenn man sich auf ernsten und schwierigen, nur den allgemeinen Erkenntnisfragen zugeneigten Wegen um das bemüht hat, was Aufschluß über den Sinn des Lebens gibt. Ist man diese Wege in reinem, unegoistischem Erkenntnisdrange gegangen, dann ist man erst reif, Einzelheiten zu beobachten, deren Anschauung vorher doch nur die Befriedigung eines egoistischen Bedürfnisses wäre, auch wenn sich der Verlangende einredete, daß er nur aus Liebe – zum Beispiel zu einem Toten – den Einblick in die geistige Welt erstrebe. Der Einblick in das Besondere kann nur dem werden, der sich durch ernstes Interesse für geisteswissenschaftliche Allgemeinheiten die Möglichkeit gewonnen hat, auch das Besondere ganz ohne egoistische Begehrungen wie eine objektive wissenschaftliche Wahrheit hinzunehmen.

(Zu Seite 62 ff.) Auseinandersetzungen wie diejenigen, welche in diesem Buche gegeben werden über das Erinnerungsvermögen, können sehr leicht mißverstanden werden. Denn wer nur die äußeren Vorgänge betrachtet, dem wird der Unterschied gar nicht ohne weiteres auffallen zwischen dem, was am Tiere, ja selbst an der Pflanze geschieht, wenn so etwas eintritt, was der Erinnerung gleicht, und dem, was hier für den Menschen als wirkliche Erinnerung gekennzeichnet wird. Gewiß, wenn ein Tier eine Handlung ein drittes, viertes usw. Mal ausführt, so mag es sie so ausführen, daß sich der äußere Vorgang so darstellt, wie wenn Erinnerung und das mit dieser verknüpfte Lernen vorhanden wären. Ja, man mag, wie es einzelne Naturforscher und ihre Anhänger tun, sogar den Begriff der Erinnerung oder des Gedächtnisses so ausdehnen, daß man sagt, wenn das Küchlein aus der Eischale kriecht, so pickt es nach den Körnern, wisse sogar die Bewegungen des Kopfes und Körpers so zu machen, daß es zum Ziele komme. Das könne es nicht in der Eischale gelernt haben, sondern es sei gelernt durch die tausend und aber tausend Wesen, von denen es abstammt (so sagt zum Beispiel Hering*). Man kann die Erscheinung, die hier vorliegt, als etwas bezeichnen, was wie Erinnerung aussieht. Aber man wird nie zum wirklichen Begreifen der menschlichen Wesenheit kommen, wenn man nicht das ganz Besondere ins Auge faßt, was im Menschen als der Vorgang des wirklichen Wahrnehmens früherer Erlebnisse in späteren Zeitpunkten auftritt, nicht bloß als ein Hineinwirken früherer Zustände in spätere. Hier in diesem Buche wird Erinnerung dieses *Wahrnehmen* des Vergangenen genannt, nicht bloß das – selbst veränderte – Wiederauftreten des Früheren in dem Späteren. Wollte man das Wort Erinnerung schon für die entsprechenden Vorgänge im Pflanzen- und Tierreiche gebrauchen, so müßte man ein anderes für den Menschen haben. Es kommt bei der obigen Darstellung dieses Buches gar nicht auf das Wort an, sondern darauf, daß behufs Verständnisses der menschlichen Wesenheit der *Unterschied erkannt werden muß.* Ebensowenig können scheinbar sogar sehr hohe Intelligenzleistungen von Tieren mit dem zusammengebracht werden, was *hier* Erinnerung genannt wird.

(Zu Seite 72 f.) Zwischen den Veränderungen, welche sich durch die Tätigkeit des Ich im Astralleibe vollziehen, und jenen, die im Ätherleibe vorgehen, läßt sich eine feste Grenze nicht ziehen. Es gehen die einen in die anderen über. Wenn der Mensch etwas lernt und sich dadurch eine gewisse Fähigkeit des Urteiles erwirbt, so ist eine Veränderung im Astralleibe eingetreten; wenn aber dieses Urteil seine Seelenverfassung ändert, so daß er sich gewöhnt, über eine Sache nach dem Lernen anders zu *empfinden* als vorher, so liegt eine Änderung im Ätherleibe vor. Alles, was so menschliches Eigentum wird, daß sich der Mensch immer wieder daran erinnern kann, beruht auf einer Änderung des Ätherleibes. Was nach und nach ein fester Schatz des Gedächtnisses wird, dem liegt zugrunde, daß sich die Arbeit am Astralleibe auf den Ätherleib übertragen hat.

(Zu Seite 84 f.) Der Zusammenhang von Schlaf und *Ermüdung* wird zumeist nicht in einer durch die Tatsachen geforderten Weise angesehen. Man denkt, der Schlaf trete ein infolge der Ermüdung. Daß diese Vorstellung viel zu einfach ist, kann jedes Einschlafen eines oft gar nicht ermüdeten Menschen beim Anhören einer ihn nicht interessierenden Rede oder bei ähnlicher Gelegenheit zeigen. Wer behaupten will, bei solcher Veranlassung ermüde eben der Mensch, der erklärt doch nach einer Methode, welcher der rechte Erkenntniserenst mangelt. Unbefangene Beobachtung muß denn doch darauf kommen, daß Wachen und Schlafen verschiedene Verhältnisse der Seele zum Leibe darstellen, die im regelmäßigen Lebensverlaufe in rhythmischer Folge wie linker und rechter Pendelausschlag auftreten müssen. Es ergibt sich bei solch unbefangener Beobachtung, daß das Erfülltsein der Seele mit den Eindrücken der Außenwelt in dieser die Begierde erweckt, nach diesem Zustand in einen andern einzutreten, indem sie im Genuß der eigenen Leiblichkeit aufgeht. Es wechseln zwei Seelenzustände: Hingegebensein an die Außeneindrücke und Hingegebensein an die eigene Leiblichkeit. In dem ersten Zustande wird unbewußt die Begierde nach dem zweiten erzeugt, der selbst dann im Unbewußten verläuft. Der Ausdruck der Begierde nach dem Genusse der eigenen Leiblichkeit ist die Ermüdung. Man muß also eigentlich sagen: man fühle sich ermüdet, weil man schlafen will, nicht man wolle schlafen, weil man sich ermüdet fühle. Da nun die Menschenseele durch Gewöhnung die im normalen Leben notwendig auftretenden Zustände auch willkürlich in sich hervorrufen kann, so ist es möglich, daß sie, wenn sie sich für einen gegebenen äußeren Eindruck abstumpft, in sich die Begierde hervorruft nach dem Genuß der eigenen Leiblichkeit; das heißt, daß sie einschläft, wenn durch die innere Verfassung des Menschen keine Veranlassung dazu ist.

(Zu Seite 125 f.) Daß die persönlichen Gaben des Menschen, wenn sie dem Gesetz der bloßen «Vererbung» unterlägen, sich nicht am Ende, sondern am Anfange einer Blutsgemeinschaft zeigen müßten, könnte als Ausspruch natürlich leicht mißverstanden werden. Man könnte sagen, ja, sie können sich da doch nicht zeigen, denn sie müssen sich ja eben erst entwickeln. Aber dies ist kein Einwand; denn wenn man beweisen will, daß etwas von einem vorhergehenden vererbt ist, so muß man zeigen, wie sich an dem Nachkommen das wiederfindet, was vorher schon da war. Zeigte sich nun, daß etwas am Anfange einer Blutsgenossenschaft da wäre, was im weiteren Verlaufe wiedergefunden würde, so könnte man von Vererbung sprechen. Man kann es aber nicht, wenn am Ende etwas auftritt, was vorher nicht da war. Die Umkehrung des Satzes oben sollte nur zeigen, daß der Vererbungsgedanke ein unmöglicher ist.

(Zu Seite 148.) Es ist in einzelnen Kapiteln dieses Buches dargestellt worden, wie die Welt des Menschen und er selbst hindurchschreiten durch die Zustände, welche mit den Namen Saturn, Sonne, Mond, Erde, Jupiter, Venus, Vulkan bezeichnet worden sind. Es ist auch angedeutet worden, in welchem Verhältnisse die menschliche Entwickelung zu Himmelskörpern steht, welche neben der Erde vorhanden sind und welche als Saturn, Jupiter, Mars usw. angegeben worden sind. Diese letzteren Himmelskörper machen naturgemäß auch ihre Entwickelung durch. Im gegenwärtigen Zeitraum sind sie auf einer solchen Stufe angekommen, daß sich ihre physischen Teile der Wahrnehmung als dasjenige zeigen, was in der physischen Astronomie Saturn, Jupiter, Mars usw. genannt wird. Wenn nun im geisteswissenschaftlichen Sinne der gegenwärtige Saturn betrachtet wird, so ist er gewissermaßen eine Wiederverkörperung dessen, was der alte Saturn war. Er ist entstanden, weil vor der Trennung der Sonne von der Erde gewisse Wesenheiten vorhanden waren, welche die Trennung *nicht* mitmachen konnten, weil sie sich so viel von jenen Eigenschaften eingegliedert hatten, welche dem Saturndasein angemessen sind, daß ihr Platz nicht da sein konnte, wo vorzüglich die Sonneneigenschaften entfaltet werden. Der gegenwärtige Jupiter ist aber dadurch entstanden, daß Wesen vorhanden waren, welche Eigenschaften hatten, die erst auf dem künftigen Jupiter der Gesamtentwickelung sich entfalten können. Für sie entstand ein Wohnplatz, in dem sie diese spätere Entwickelung schon vorausnehmen können. So ist der Mars ein Himmelskörper, in dem Wesenheiten wohnen, welche die Mondenentwickelung so durchgemacht haben, daß ihnen ein weiterer Fortschritt auf der Erde nichts geben könnte. Der Mars ist eine Wiederverkörperung des alten Mondes auf einer höheren Stufe. Der gegenwärtige Merkur ist ein Wohnplatz für Wesen, welche der Erdenentwickelung voraus sind, aber gerade dadurch, daß sie gewisse Erdeneigenschaften in einer höheren Art ausgebildet haben, als dies auf der Erde geschehen kann. Die gegenwärtige Venus ist eine prophetische Vorausnahme des künftigen Venuszustandes in einer ähnlichen Art. Aus alledem rechtfertigt sich, wenn die Benennungen der Zustände, welche der Erde vorausgegangen sind und ihr nachfolgen, nach ihren gegenwärtigen Repräsentanten im Weltall gewählt werden. Es ist ganz selbstverständlich, daß gegen das hier Vorgebrachte derjenige wird viel einzuwenden haben, der die Parallelisierung der übersinnlich geschauten Saturn-, Sonnen- usw. Zustände mit den gleichbenannten physischen Himmelskörpern dem Urteile des an der äußern Naturbeobachtung herangezogenen Verstandes unterwerfen will. Aber wie es eine Möglichkeit gibt, das Sonnensystem durch die Mittel der mathematischen Vorstellung als Bild des räumlich-zeitlichen Geschehens vor die Seele zu stellen, so ist es der übersinnlichen Erkenntnis möglich, das mathematische Bild mit seelischem Inhalte zu durchsetzen. Dann aber gestaltet es sich so, daß die oben angegebene Parallelisierung statthaft wird. Dieses Durchsetzen mit seelischem Inhalte liegt aber auch durchaus in der weiteren Durchführung der streng naturwissenschaftlichen Betrachtungsart. Diese Betrachtungsart beschränkt sich allerdings gegenwärtig noch darauf, ein Wechselverhältnis des Sonnensystems und der Erde nach rein mathematisch-mechanischen Begriffen zu suchen. Indem sie dieses tut, wird die Naturwissenschaft der Zukunft durch sich selbst zu Vorstellungen getrieben werden, welche das Mechanische zum Seelischen erweitern. Zu zeigen, *was durchaus geschehen könnte,* daß solche Erweiterung schon auf der Grundlage gegenwärtiger, naturwissenschaftlicher Vorstellungen geschehen sollte, dazu müßte ein eigenes Buch geschrieben werden. Hier kann nur auf das in Betracht Kommende hingedeutet werden, was allerdings zur Folge hat, daß das Angedeutete manchem Mißverständnis ausgesetzt werden muß. Geisteswissenschaft stimmt eben oft *nur scheinbar* mit der Naturwissenschaft nicht überein, weil die letztere Wissenschaft gegenwärtig noch durchaus nicht Vorstellungen bilden will, die nicht nur von der übersinnlichen Erkenntnis, sondern auch von derjenigen in Wahrheit gefordert werden, die sich an das Sinnenfällige hält. Ein unbefangener Betrachter kann in den naturwissenschaftlichen Beobachtungsergebnissen der Gegenwart überall Hinweise auf rein sinnenfällige andere Beobachtungsgebiete sehen, die in Zukunft rein naturwissenschaftlich werden in Angriff zu nehmen sein, und die zeigen werden, daß, was übersinnliches Schauen offenbart, durch Naturbetrachtung voll bestätigt wird, soweit diese übersinnliche Erkenntnis auf solches übersinnliches Weltgeschehen sich bezieht, dem eine sinnenfällige Offenbarung entspricht.

ANMERKUNGEN

Die Ziffern am Rand verweisen auf die Seiten, die Ziffer in eckiger Klammer auf die Zeile.

23] *Julius Robert von Mayer:* (1814–1878), Arzt und Physiker. Er ent- 9
deckte das Gesetz von der Erhaltung der Energie.

24] *Hermann von Helmholtz:* (1821–1894), Physiologe und Physiker. Er gab die Begründung des von Mayer entdeckten Energiesatzes, maß die Fortpflanzungsgeschwindigkeit der Nervenleitung, erfand den Augenspiegel, erklärte die physiologischen Vorgänge von Sehen und Hören, entwickelte die Klananalyse mit Resonatoren, berechnete die Wirbelbewegung von Flüssigkeiten, bereitete eine umfangreiche Elektrizitätslehre vor. Erkenntnistheoretische Untersuchungen über die Geometrie.

24] *James Prescott Joule:* (1818–1889), engl. Physiker. Er bestimmte die Menge der durch mechanische Arbeit erzeugten Wärme und untersuchte die innere Energie der Gase. Das Joulesche Gesetz (1841): Die in einem stromdurchflossenen Widerstand erzeugte Wärmemenge ist der Größe des Widerstandes der Zeit des Stromdurchflusses und dem Quadrat der Stromstärke proportional.

24] *Rudolf Emanuel Clausius:* (1822–1888), Physiker. Begründer der mechanischen Wärmetheorie. Er formulierte den zweiten Hauptsatz der Wärmetheorie und führte den Entropiebegriff ein.

31] *Johann Friedrich Herbart:* (1776–1841), Philosoph und Pädagoge. 11

3] *William James:* (1842–1910), amerikanischer Psychologe und Philo- 12
soph. Begründer des Pragmatismus, schuf die Grundlage der Religionspsychologie und richtete in Harvard das erste psychologische Universitätsinstitut in Amerika ein.

3] *Ferdinand Canning Scott Schiller:* (1864–1937), englischer Philosoph. Bezeichnete den Pragmatismus als Humanismus, weil der Mensch und sein Tun im Mittelpunkt des Pragmatismus stehen.

19] *»Haeckel und seine Gegner«:* Wiederabgedruckt in *Methodische Grundlagen der Anthroposophie 1884–1901,* GA Dornach 1961, Bibl.-Nr. 30.

9] *»Theosophie«: Theosophie. Einführung in übersinnliche Welter-* 25
kenntnis und Menschenbestimmung (1904), GA Dornach 1973, Bibl.-Nr. 9.

14] *»Wie erlangt man Erkenntnisse der höheren Welten?«:* (1904), GA 26
Dornach 1975, Bibl.-Nr. 10 und *Ausgewählte Werke,* Frankfurt 1985, Bd. 4.

20] *was Goethe im Sinne hat, wenn er von den »offenbaren Geheimnis-* 34 *sen« in den Welterscheinungen spricht:* »Es gibt so viel offenbare Geheimnisse, weil das Gefühl derselben bei wenigen ins Bewußtsein tritt und diese denn, weil sie sich und andere zu beschädigen fürchten, eine innere Aufklärung nicht zum Worte kommen lassen.« Brief an Ch. L. F. Schultz vom 28. Nov. 1821; *Goethes Werke,* Weimarer Ausgabe. IV. Abt., 35. Bd. (1906), S. 192.

57 29] *Alle Organe werden in ihrer Form und Gestalt durch die Strömungen und Bewegungen des Ätherleibes gehalten:* Siehe hierzu den vom 20. bis 28. März 1911 in Prag gehaltenen Vortragszyklus: *Eine okkulte Physiologie,* GA Dornach 1971, Bibl.-Nr. 128, besonders die Ausführungen im 5. Vortrag.

68 8] *Eduard von Hartmann:* (1842–1906), *System der Philosophie im Grundriß,* Bd. III: *Grundriß der Psychologie,* Bad Sachsa 1908.

71 30] *Manas:* (Sanskrit), wörtlich: Das Denkvermögen oder die mentale Fähigkeit. Bei Blavatsky und Besant: Verstandesseele, inkarniertes Ego. Verstandesseele bei Paracelsus und Geistselbst bei Steiner.

75 6] *Buddhi:* (Sanskrit), Weltseele, universaler Geist, Lebensgeist (Steiner), Geistseele (Paracelsus); nach Pak Subu ist Buddhi die Gesamtheit der Kräfte und Eigenschaften, mit denen der Mensch von Gott ausgestattet ist und der Zustand, mit dem diese verschiedenen Kräfte zum Einklang mit der menschlichen Seele gebracht worden sind.

76 31] *Atma:* (Sanskrit), der universale Geist, der göttliche Funke im Menschen, der Geist selbst, der Geistmensch (Steiner). Nach Blavatsky ist Atma der absolute Geist, das unbedingte Universalprinzip der Träger der Geistseele ist (Buddhi).

81 30] *Die Natur hat den Tod erfunden, um viel Leben zu haben:* Wörtlich: »Leben ist ihre schönste Erfindung, und der Tod ist ihr Kunstgriff viel Leben zu haben.« *Die Natur,* Fragment.

97 25] *Moritz Benedikt:* (1835–1920), schildert in seiner Selbstbiographie *Aus meinem Leben. Erinnerungen und Erörterungen,* Wien 1906, S. 35, diesen Fall wie folgt: »Sehr liebte ich von Kindheit auf das Wasser, wobei ich manches erlebte, das mir im Gedächtnis blieb. Ich bemühte mich, Naturschwimmer zu sein, wobei es mir im offenen Donaubade passierte, daß ich unterging. Zum Glücke fuhr ich an einen Pfosten an, der als Marke für Badende diente. Es war wohl kaum mehr als eine halbe Minute, daß ich das Bewußtsein hatte, jetzt ertrinke ich. Dabei machte ich die merkwürdige Selbstbeobachtung, daß in dieser kurzen Zeit sämtliche Erinnerungen meines Lebens vor mir in rasender Eile vorübergingen. Diese Beobachtung ist in der Psychologie bekannt; selbst erlebt haben es wenige. Ich war damals etwa 12 Jahre alt…«

124 23] *Familie Bach:* Stammvater war der Bäcker *Veit Bach:* (gest. 1619). *Johann Christoph Bach:* (1671–1721), *Johann Sebastian Bach:* (1685 bis 1750), beides Söhne des Stadtmusikus von Eisenach, *Ambrosius Bach.*

Berühmte Musiker waren auch die Söhne von *Johann Sebastian B.: Johann Christian:* (1735–1782), *Carl Philipp Emanuel:* (1714–1788), *Wilhelm Friedemann:* (1710–1784) und *Johann Christoph Friedrich:* (1732–1795).

24] *Familie Bernoulli:* – niederländisch-schweizerische Gelehrtenfami- 124
lie: *Jakob Bernoulli:* (1654–1705), Mathematiker. *Johann B.:* (Bruder von Jakob, 1667–1748), Mathematiker. *Daniel B.:* (Sohn von Johann, 1700–1782), Physiker. *Carl Albrecht B.:* (1868–1937), Religionshistoriker.

13] *Immanuel Hermann Fichte:* (1796–1879), Philosoph. Vertrat eine 134
theistische Weltanschauung und knüpfte dabei an Leibniz an. Gründete 1837 die ›*Zeitschrift für Philosophie und spekulative Theologie*‹ und 1847 die ›Zeitschrift für Philosophie und philosophische Kritik‹.

14] *Johann Gottlieb Fichte:* (1762–1814), Philosoph. Fichtes Philosophie ist eine Fortbildung des Kantschen Kritizismus zu einem metaphysischen Idealismus. Kernpunkt von Fichtes Denken ist die »Wissenschaftslehre« (= Fichtes Ausdruck für Philosophie). Fichte gilt als schwierigster deutscher Philosoph.

15] *Immanuel Hermann Fichte:* (1796–1879), *Anthropologie,* Leipzig 1860. Die Seitenangaben im Text beziehen sich auf diese Ausgabe.

22] *»Unsere atlantischen Vorfahren«:* Diese Schrift ist in dem gleichna- 255
migen Kapitel des Bandes *Aus der Akasha-Chronik,* GA Dornach 1973, Bibl.-Nr. 11, wiederabgedruckt worden.

21] *Atlantis:* (griech.: Stützpfeiler). Von Plato benannter sagenhafter 259
Kontinent, der im Atlantik verschwand. Nach den meisten okkulten Deutungen war Atlantis die Heimat der »vierten Wurzelrasse«, der Atlantier. Der Kontinent soll seinen Höhepunkt vor etwa einer Million Jahre erreicht haben und das gesamte nordatlantische Gebiet bis Brasilien umspannt haben; ein Erdbeben zerstörte ihn vor ca. 80000 Jahren.

17] *Veda:* (Sanskrit), Wissen. Name der ältesten heiligen Schriften der 274
Inder, deren früheste aus der Zeit um 13–1200 v. Chr. stammen. In den Veden finden sich u.a. Sanskritas (religiöse Lieder und Sprüche), Brahmanas (Erläuterungen und Beschreibungen der heiligen Handlungen in Prosa), Aranjakas (theologische Abhandlungen, mystische Ausdeutungen des Opferdienstes), Upanishaden (Geheimlehren).

23] *Pythagoras:* (6. Jh. v. Chr.), griechischer Philosoph. Gründete ei- 286
nen Bund mit religiösen, wissenschaftlichen, politischen und sittlichen Zielen. Seine Schüler und Mitstreiter: Pythagoreer. Die Entdeckung bestimmter rationaler Zahlenverhältnisse in der Natur führte Pythagoras zur Feststellung, daß das Wesen der Wirklichkeit die Zahl sei.

30] *»Lieber ein Bettler auf der Erde, als ein König im Reich der Schat-* 288
ten«: Die Seele des Achilles, durch Totenopfer aus dem Hades heraufbeschworen, spricht zu Odysseus:

»Du, verrede mir nicht den Tod, erlauchter Odysseus.
Wär' ich doch lieber ein Knecht und duldete Fron auf dem Acker,
Einem erbärmlichen Mann von kärglicher Nahrung verdungen;
Als hier unten der König im Reich verstorbener Toten.«

(Homer, *Odyssee,* XI. Gesang; übers. von R. A. Schröder)

297 14] *Die christliche Mystik...:* Siehe hierzu Rudolf Steiner: *Die Mystik im Aufgange des neuzeitlichen Geisteslebens und ihr Verhältnis zur modernen Weltanschauung* (1901), GA Dornach 1960, Bibl.-Nr. 7 und *Ausgewählte Werke,* Frankfurt 1985, Bd. 2.

15] *Meister Eckhart:* (1260–1327), bedeutender deutscher Mystiker, Dominikaner.

15] *Johannes Tauler:* (1300–1361), Mystiker, Dominikaner.

334 21] *eine schöne Legende:* siehe Goethe »Noten und Abhandlungen zu besserem Verständnis des West-östlichen Diwans«.

426 1] *»Die Erziehung des Kindes vom Gesichtspunkte der Geisteswissenschaft«* (1907); in *Luzifer-Gnosis 1903–1908,* GA Dornach 1960, Bibl.-Nr. 34.

434 22] *Ewald Hering:* (1834–1918), *Über das Gedächtnis als eine allgemeine Funktion der organisierten Materie,* Wien 1870.

PERSONEN- UND SACHREGISTER

Perspektiven der Anthroposophie

Hermann Poppelbaum
Mensch und Tier
Fünf Einblicke in ihren Wesensunterschied
Band 5509

Woher stammt der Mensch? Trotz der unendlichen Detailforschungen der modernen Anthropologie bleibt dies die Kardinalfrage der Entwicklungsgeschichte. Poppelbaums schon klassische Darstellung zeigt die tiefliegenden Wesensunterschiede von Mensch und Tier auf: Der Mensch ist nicht zufälliger Endpunkt der Evolution, sondern von Urzeiten her ihr verborgener Motor. Dies manfestiert sich eindrucksvoll in den naturwissenschaftlichen Fakten.

Karl König
Bruder Tier
Mensch und Tier in Mythos und Evolution
Band 5530

Alarmierende Nachrichten über das Aussterben von vielen Tierarten genügen nicht mehr. Neben dem Schutz der Tiere, deren Lebensraum hier und dort noch gerettet werden kann, muß eine neue, umfassendere Erkenntnis des Wesens der Tiere gewagt werden: Das Wort vom »Bruder Tier« ist wörtlich zu nehmen, das Tier begleitet nicht nur die äußeren Wege des Menschen, sondern bildet durch die gesamte Evolution hindurch »menschliche« Qualitäten in einseitiger Weise aus und begründet so die Schönheit und Größe, aber auch die Tragik des Tierreiches. Aus dieser Haltung heraus gelingen dem Autor intensive, ja überraschende Wesensbilder auch »alltäglicher« Tiere.

Perspektiven der Anthroposophie

Rudolf Frieling
Christentum und Islam
Der Geisteskampf um das Menschenbild
Band 5503

Nur wenn die Christenheit ihrer eigenen Mysterien wieder inne wird, ist sie imstande, anderen Religionen und Weltanschauungen in rechter Weise zu begegnen – mit vertieftem Verstehen und zugleich mit klarem Unterscheidungsvermögen.

Christentum und Wiederverkörperung
Band 5516

Der Autor weist darauf hin, daß mit der Anthroposophie eine christliche Esoterik auf den Plan getreten ist, die in organischer Fortentwicklung abendländischer Erkenntnismöglichkeiten sowohl dem metaphysischen Tatsachen-Charakter des Christentums, als auch der Reinkarnation gerecht zu werden.

Emil Bock
Wiederholte Erdenleben
Die Wiederverkörperungsidee der deutschen Geistesgeschichte
Band 5506

Diese Sammlung von Zeugnissen der Wiederverkörperungsidee in der deutschen Geistesgeschichte dokumentiert die eigene europäische Tradition des Reinkarnationsgedankens im Gegensatz zur Vorstellung der Seelenwanderung im indischen Kulturraum.

Der Kreis der Jahresfeste

Die christlichen Jahresfeste wie Ostern, Himmelfahrt, Pfingsten, Johanni, Michaeli, Advent, Weihnachten usw. müssen nicht auf Traditionen beschränkt bleiben, sie lassen sich in den Jahresrhythmen der Natur als geistige Entsprechung zu den Rhythmen der Erde erleben. So müssen diese Feste nicht mehr nur gefeiert werden, wie sie fallen, sondern sie können aus einem neuen Verständnis ihrer Inhalte bewußt gestaltet werden.

Perspektiven der Anthroposophie

Friedrich Husemann
Vom Bild und Sinn des Todes
Geschichte, Physiologie und Psychologie des Todesproblems
Band 5510

Durch die anthroposophische Auffassung von Reinkarnation und Karma erfährt die Frage nach dem Sinn des Todes eine den Erkenntnisbedürfnissen des modernen Bewußtseins angemessene Beantwortung, durch die zugleich alte Menschheitsvorstellungen wieder nachvollziehbar werden.

Alfred Schütze
Das Rätsel des Bösen
Band 5511

Alfred Schütze schildert »das Böse« als ein ernst zu nehmendes Faktum, das sich mit moraltheologischen oder gesellschaftlich-sittlichen Normen nicht fassen läßt. Er zeichnet vielmehr eine Entwicklungsgeschichte des Bösen und seiner Erscheinungsformen, die mit der Geistesgeschichte der Menschheit eng verbunden ist. Auch die Frage nach dem »Wesen des Bösen« erfährt mit Hilfe anthroposophischer Erkenntnisse wesentliche Antworten, durch die schließlich auch »das Gute« in einem neuen Licht gesehen werden kann.

Rudolf Bubner
Evolution, Reinkarnation, Christentum
Band 5538

Der Gedanke an wiederholte Erdenleben stößt in christlichen Kreisen meist auf Ablehnung und Unverständnis. Solange Reinkarnation als Lehre verstanden wird, wird sie häufig als östliches Geistesgut abgetan.

Fischer Taschenbuch Verlag

fi 433/1b

Perspektiven der Anthroposophie

Rudolf Meyer

Zum Raum wird hier die Zeit

Die Gralsgeschichte
Band 5532

Rudolf Meyer, Jahrgang 1896, studierte Theologie und war Mitbegründer der 1922 von Friedrich Rittelmeyer mit Hilfe Rudolf Steiners ins Leben gerufenen »Christengemeinschaft«, ›Die Weisheit der deutschen Volksmärchen‹ (Fischer Taschenbuch Nr. 5505) gehört zu seinen am weitesten verbreiteten Werken.

In der Hochblüte des Mittelalters, zwischen 1180 und 1280, erhält die Welt erstmals Kunde vom Gral und seiner heiligen Stätte, der Gralsburg, sowie von Perceval, dem Gralssucher. Fast gleichzeitig sind die bedeutendsten Dichter jener Zeit vom Gralsmotiv ergriffen, das sie zum Mittelpunkt ihrer Epen machen. Rudolf Meyer geht den Ursprüngen der Gralssage nach, die mehr als eine gewöhnliche Sage ist und auf tiefe spirituelle Hintergründe verweist. Er behandelt eingehend die Motivwelt jener mittelalterlichen Gralsdichtungen und beschreibt die ungewöhnliche Ausstrahlungskraft dieses Themas.

Fischer Taschenbuch Verlag

fi 435/1